D1937693

DIE BEWEGUNG LEBT

100 Jahre
Linzer Sozialdemokratie

UMSCHLAG-TITELBILD:

November-Wahlrechtsdemonstration
der Arbeiter von Linz-Urfahr
am 6. November 1905
vor dem Landhaus

DIE BEWEGUNG LEBT

100 Jahre Linzer Sozialdemokratie

100 JAHRE SPÖ LINZ-STADT

MITARBEITER:

Wissenschaftliche Leitung:
Josef Weidenholzer

Lektorat und Redaktion:
Monika Dobusch
Johann Mayr

Koordination:
Christian Denkmaier

Statistiken:
Gudrun Steininger

Gestaltung:
Wolfgang Victor

IMPRESSUM:

Herausgeber:
SPÖ-Bezirksorganisation Linz-Stadt
4020 Linz, Landstraße 36

Druck:
Gutenberg-Werbering
Gesellschaft m. b. H.
Anastasius-Grün-Straße 6
4010 Linz

ISBN 3-900401-24-1

INHALT

ZUM GELEIT

Zum 100. Mal jährt sich die Vereinigung der sozialistischen Strömungen in Österreich zu einer einheitlichen Partei zur Jahreswende 1988/89.

Diese damals gegründete Sozialdemokratische Arbeiterpartei Österreichs und ihre Nachfolgerin, unsere SPÖ, stehen für Befreiung von Not und Elend, für Gleichheit, Freiheit, Solidarität, soziale Gerechtigkeit und Demokratie in unserem Land, aber auch als Motor einer Bildungsoffensive für die breite Masse der Bevölkerung.

Wir Sozialisten haben die Welt der arbeitenden Menschen verändert, können wir heute am Beginn des zweiten Jahrhunderts der sozialdemokratischen Bewegung mit Stolz sagen. Aus unserer Geschichte sollten wir daher vor allem eines lernen: daß die Gesellschaft veränderbar ist, daß die Lösung von Problemen aber immer wieder neue schafft. Sozialismus ist kein Endzustand, sondern ein fortwährender Prozeß gesellschaftlicher Veränderung. Gleich bleibt für uns Sozialisten das permanente Streben nach mehr Gerechtigkeit, Gleichheit, Solidarität, Freiheit und Demokratie. Und zwar für alle Menschen!

Die SPÖ Linz-Stadt, die größte Bezirksorganisation unseres Bundeslandes und Österreichs, war und ist an dieser Entwicklung entscheidend beteiligt. Mit dem vorliegenden Buch und ihren Festveranstaltungen zum 100. Geburtstag unserer Partei bestätigt sie, daß sie im Rahmen unserer sozialistischen Gesinnungsgemeinschaft in vielen Bereichen eine führende Rolle innehatte und innehat. Denken wir nur daran, daß es Linzer Genossen waren, die als erste in der Welt dem Faschismus organisierten und bewaffneten Widerstand entgegensetzten und daß heute entscheidende Impulse in der Umweltpolitik von Linz ausgehen, um nur diesen Bereich herauszugreifen.

Als Landesparteivorsitzender danke ich der Linzer SPÖ für ihre hervorragende Arbeit, im vorliegenden Fall vor allem für die intensive und extensive Beschäftigung mit der 100jährigen Geschichte der SPÖ in der oberösterreichischen Landeshauptstadt.

Ich gratuliere zum vorliegenden Werk und wünsche der SPÖ Linz-Stadt weiterhin viel Erfolg.

LhStv. Dr. Karl Grünner
Oö. Landesparteivorsitzender

Vorwort

Die Entwicklung der Österreichischen Sozialdemokratischen Partei nahm zur Jahreswende 1888/89 mit der Annahme der Prinzipienerklärung auf dem Einigungsparteitag in Hainfeld – der „Geburtsstunde" somit auch der SPÖ – ihren Anfang. Die oö. Sozialdemokratische Partei wurde im Sinne des Hainfelder Programms am 22. November 1891 im Linzer Gasthaus „Zum Goldenen Hirschen" gegründet. Damals wie heute gilt die unverrückbare Forderung der Arbeiterbewegung nach Freiheit, Gleichheit, Gerechtigkeit und Solidarität. Diese programmatische Zielsetzung war ausschlaggebend für einen gesellschaftlichen Wandel, für den Aufstieg zum heutigen modernen Wohlfahrtsstaat.

Die Geschichte der österreichischen Arbeiterbewegung war von Beginn an untrennbar mit dem Wirken und dem Aufbauwerk sozialistischer Organisationen in Linz verbunden. Die sozialdemokratische Idee wurde bereits in der „Frühzeit" des österreichischen Sozialismus von der Linzer Bevölkerung rege aufgenommen und getragen. Und es war ein Linzer, Anton Weiguny, der an der Parteigründung maßgeblich beteiligt war. Bereits 1868 war in Linz einer der ersten österreichischen Arbeiterbildungsvereine gegründet worden. Dieser Arbeiterbildungsverein wurde zwar anfangs hauptsächlich von Liberalen wie Dr. Josef Netwald getragen, doch übernahmen bald Arbeiter die Führung. Die Ziele dieser Vorläuferorganisation waren der Aufbau einer Erwachsenenbildung, eines modernen Wohlfahrtswesens und das Streben nach mehr sozialen Rechten für die Arbeiterschaft; somit also wesentliche Grundwerte, die auch für die heutige SPÖ gelten.

Mit dem vorliegenden Buch wurde erstmals eine umfassende Chronik über die Geschichte der Arbeiterbewegung in Linz geschrieben. Anhand von 16 sorgfältig erstellten und interessant gestalteten Autorenbeiträgen wird über das Wirken der Sozialdemokratie und ihrer Organisationen in Linz informiert. Das Werk dient nicht nur der dokumentarischen Erfassung eines Stücks Zeitgeschichte in Text und Bild, sondern gibt uns vor allem auch die Möglichkeit, unsere Grundwerte und programmatischen Zielsetzungen besser zu verstehen. Aus dem Wissen um die erzielten Fortschritte, aber auch um die Fehler, die in diesen hundert Jahren der geeinten österreichischen Arbeiterbewegung begangen wurden, können wir grundlegende Erkenntnisse für unser politisches Handeln in Gegenwart und Zukunft gewinnen.

Die Einsatzbereitschaft, der Mut und die Entschlossenheit von Linzer Sozialisten auch im Zeichen drohender Verfolgung und unmittelbarer Konsequenzen für Leib und Leben im Kampf um mehr soziale Gerechtigkeit seien uns Ansporn zu ebensolcher Standfestigkeit, wenn es um die Umsetzung sozialer Grundsätze geht.

In diesem Sinne stellt sich die Linzer SPÖ auch den Herausforderungen der Gegenwart: Sie fordert nicht nur eine glaubwürdige Umweltpolitik, sondern setzt diese auch um und schafft trotz wirtschaftlicher Probleme die strukturellen Voraussetzungen für den weiteren Aufschwung von Linz als Arbeitszentrum. Alle diese Erfolge können jedoch nur mit der breiten Basis der Partei erzielt werden. Sie sind ohne eine funktionierende Organisation und ohne die Arbeit in den Sektionen und Nebenorganisationen undenkbar.

Die SPÖ erscheint damit auch nach hundert Jahren Vergangenheit, wie ich meine, als eine junge, flexible und dynamische Partei – offen für Ideen und bereit zur Diskussion; in diesem Sinne bitte ich Sie, am Diskussionsprozeß über das vorliegende Buch teilzunehmen.

Abschließend darf ich allen Verfasserinnen und Verfassern dieser hervorragenden Dokumentation über das Wesen und die Ziele der Linzer Sozialisten für ihre sehr gut gelungene Arbeit herzlich danken.

Linz, im Dezember 1988

Bürgermeister Dr. Franz Dobusch
Vorsitzender der SPÖ-Bezirksorganisation Linz-Stadt

EIN JAHRHUNDERT SOZIALDEMOKRATIE IN LINZ

Josef Weidenholzer

LINZ AM BEGINN DER INDUSTRIALISIERUNG

Die Industrialisierungswelle des 19. Jahrhunderts, die ganz Europa von Grund auf verändert hat, aus idyllischen Städtchen große urbane Zusammenballungen gemacht und zu schier unlösbaren sozialen Herausforderungen geführt hat, ließ Linz

Plan Linz ca. 1860 – Zu Beginn der Industrialisierung war Linz ein verschlafenes Städtchen.

weitgehend unberührt. Nicht nur aus heutiger Sicht ist diese Feststellung überraschend.

Blickt man 500 Jahre zurück, so war Linz eine blühende Handelsstadt, die einem Vergleich mit vielen europäischen Städten durchaus standgehalten hat. Am Kreuzungspunkt zweier europäischer Hauptverkehrslinien von Westen nach Osten wie von Norden nach Süden gelegen, hat die Stadt jahrhundertelang eine maßgebliche wirtschaftliche Bedeutung gehabt. Nicht zuletzt diese geographische Lage hat dazu beigetragen, Linz, das sich gerne als „Emporium des Handels und der Industrie" bezeichnen ließ, zum Sitz der europaweit bedeutenden Wollzeugmanufaktur zu machen. Auf dem Höhepunkt seiner Bedeutung (1762) beschäftigte das Unternehmen mehr als 48.500 Menschen in vielen Teilen der Monarchie. Mangels Anpassung an den technologischen Modernisierungsprozeß verlor die Wollzeugfabrik jedoch im Laufe der Zeit immer mehr an Bedeutung. Während im übrigen Europa bereits Spinnma-

Die Linzer Wollzeugfabrik. Sie wurde als solche bereits 1852 geschlossen.

schinen und mechanische Webstühle die Produktion bestimmten, überwog hier die Handarbeit. Auch die 1840 erfolgte Inbetriebnahme der ersten Dampfmaschine konnte den Niedergang nicht mehr aufhalten. Zu einem Zeitpunkt, wo weltweit die Textilfabrikation in Gang kam, mußte 1852 der Betrieb endgültig eingestellt werden.

Verantwortlich für den Niedergang der oberösterreichischen Wirtschaft in der ersten Hälfte des 19. Jahrhunderts ist nach Meinung der Wirtschaftshistoriker die Verschiebung der Verkehrswege. Obwohl Linz bereits 1832 die erste Stadt am Kontinent war, die an einem längeren Schienenweg lag (Pferdebahn Linz – Budweis), gelang dennoch keine Eingliederung in andere Schienennetze. Der Ausbau der Nord- und Südbahn lenkte vielmehr den Verkehrsstrom von Böhmen zum Meer über Wien. Linz verlor damit seine Bedeutung als Verkehrsmittelpunkt, den es seit dem frühen Mittelalter gehabt hatte. Erst der Bau der Westbahn (1858 – 1860) verbesserte die verkehrsmäßige Position der Stadt. Allerdings entschied man sich, was wohl ein Licht auf die geschwundene Bedeutung der Stadt wirft, die Abzweigung der Westbahn nach Passau nach Wels zu verlegen.

Linz war also am Beginn der Industrialisierung gerade dabei, seine Bedeutung als „Emporium" (Zentrum) der Industrie zu verlieren. Die Struktur der Wirtschaft war kleingewerblich. Allein in der Linzer Altstadt gab es über 200 Textilunternehmen mit ca. 1800 Arbeitern, die auf dem Know-how der früheren Wollzeugfabrik anknüpften.

Größere Fabriken waren die k.k. Tabakfabrik, welche in die leergewordenen Gebäude der Wollzeugfabrik eingezogen war und zeitweise über 1000 Arbeiter, überwiegend Frauen beschäftigte; weiters die vom liberalen Unternehmer *Ignaz Mayer* 1840 gegründete Schiffswerft, die zeitweilig über 500 Arbeiter beschäftigte. Daneben gab es eine Brauerei, Kaffeefabriken, wie die Firma Franck mit über 300 Beschäftigten und verschiedene andere kleinere Produktionsstätten.

Für die Entwicklung der Arbeiterbewegung waren die Werkstätten der Eisenbahn bedeutsam, die sich seit dem Bau der Kaiserin-Elisabeth-Bahn in Linz befanden. Dennoch war Linz ein idyllisches Städtchen, das keine den europäischen Städten adäquate Entwicklung durchgemacht hatte. Niemand konnte erahnen, daß die Stadt dereinst zum Inbegriff einer Industriestadt werden sollte. Die Entwicklung der Stadt ging sehr langsam vor sich; 1880 zählte Linz erst etwas mehr als 40.000 Einwohner.

Für die Linzer Industrialisierung war im besonderen die Peripherie im Süden der Stadt von Bedeutung. Am Lauf des Traunflusses hatten sich seit jeher Mühlen befunden, die später, die Wasserkraft gleichfalls als Antrieb ausnutzend, zu Baumwollspinnereien umgewandelt wurden. Kleinmünchen, allerdings erst 1923 nach Linz eingemeindet, wurde zum eigentlichen Zentrum der Industrialisierung im Linzer Raum.

Die Brüder *Rädler* beschäftigten bereits 1832 mehr als 200 Arbeiter. Der Unternehmer *Grillmayr* war nicht nur wegen seiner Vorliebe für technische Neuerungen bekannt, sondern auch dafür, seine Arbeiterinnen und Arbeiter bis zum letzten auszunutzen. Kleinmünchen, eine eigene Welt neben der Welt des kleinstädtischen Linz, entwickelte alle Erscheinungen des Frühkapitalismus, die für das 19. Jahrhundert typisch waren. Kleinmünchen und Traun galten als jene Gegenden, wo man am wenigsten verdiente. Noch gegen Ende des 19. Jahrhunderts nannte man die Textilarbeiter „Siebzig-Kreuzer-Manderln“, da sie um 1900 herum nicht mehr als 70 Kreuzer pro Tag verdienten. Frauen kamen nur auf die Hälfte dieser Summe und Kinder gar nur auf 30 Kreuzer pro Tag. Wenn man bedenkt, daß 1 kg Rindfleisch 80 Kreuzer oder eine Flasche „ordinäres Bier“, wie es in der Sprache der damaligen Zeit heißt, 12 Kreuzer kostete, dann läßt sich erahnen, daß die „Gute alte Zeit“ auch erschreckende Schattenseiten hatte.

Der Schwerpunkt der industriellen Entwicklung lag außerhalb der Stadt – in Kleinmünchen.

Eine besonders tragische Erscheinung des Frühkapitalismus, die Kinderarbeit, wurde einerseits aus pädagogischen Gründen begrüßt, vor allem aber wegen der finanziellen Vorteile, die die Unternehmer daraus zogen, eingeführt. Schon 1846 hatte sich daher die oberösterreichische Regierung verpflichtet gefühlt – noch lange bevor die Wiener Zentralstellen etwas unternommen hatten – gegen 14- bis 15stündige Normalarbeitszeiten für Kinder in Ebelsberg bei Linz einzuschreiten.

Wie wenig sich dadurch änderte und wie sehr die frühkapitalistische Logik der schrankenlosen Ausnutzung der Arbeitskraft bestimmend blieb, zeigt, daß 1880 in Kleinmünchen nach wie vor die gleichen Zustände herrschten. Der Anteil der Kinderarbeit war hoch, die Arbeitszeit lang und die Löhne niedrig. Der Schulunterricht fand nur sporadisch statt, und auf einen Lehrer entfielen 240 Kinder.

Daß diese Zustände nicht unbedingt auf die Zustimmung der Bevölkerung stießen, zeigt eine „Einsendung" an die liberale Tages-Post, die diese 1877 veröffentlichte: „Man erlaubt sich an die Direktion einer Fabrik in Kleinmünchen die Anfrage, ob es noch lange so fortdauern wird, daß Kinder 18 Stunden, an Samstagen gar 24 Stunden zu arbeiten haben, und ob eine so unerhörte Kinderschinderei in der Ordnung oder halbwegs menschlich ist. Ich hoffe, daß es nicht notwendig sein wird, weiters zu erörtern und Namen zu nennen, und daß sich der Herr Eigentümer der Fabrik beeilen wird, diesen Mißstand abzuschaffen und die gesetzliche Arbeitszeit von 5 Uhr bis 7 Uhr einzuführen. Ein Kinderfreund."

Es verwundert nicht, daß diese Zustände einhergingen mit einem schlechten gesundheitlichen Niveau. Die durchschnittliche Lebenserwartung betrug in den achtziger Jahren etwas mehr als 35 Jahre. Vor allem die Tuberkulose traf als klassische Proletarierkrankheit die Ärmsten. Der Anteil an den Todesfällen betrug im Durchschnitt ein Viertel. Nicht zuletzt die bis in die achtziger Jahre hinein katastrophale Wohnungssituation „begünstigte" das Auftreten der Krankheit. Wie die Berichte der Gewerbeinspektoren zeigen, waren die Zustände katastrophal und die Schlafstellen wohl eher als Löcher denn als Wohnungen zu bezeichnen. In Textilbetrieben galt das sogenannte „Kasernierungssystem", bei dem oft bis zu zehn Familien ohne Unterschied des Geschlechtes in Schlafsälen untergebracht waren. Erst in den achtziger Jahren gingen die Unternehmer dazu über, Werkswohnungen zu errichten. Arbeiterkolonien, wie sie die Spinnerei Grillmayr in Kleinmünchen errichtete, blieben lange Zeit die Ausnahme.

Auch die Situation am Ernährungssektor war mit der heutigen nicht vergleichbar. Während in Oberösterreich ein Angehöriger der städtischen Oberschicht um 1880 jährlich 143,8 kg Fleisch verzehrte, ein Angehöriger der städtischen Mittelschicht 114,8 kg, kam ein Arbeiter auf nur 45,3 kg. Bei den Kartoffeln hingegen lag das Verhältnis 29,2 zu 70,3 zu 109,5 kg.

Diese Zahlen zeigen deutlich das Ausmaß der sozialen Differenzierung, die das 19. Jahrhundert bestimmte. Die sozialen Zustände waren unbefriedigend. Die bestehenden Strukturen aber erwiesen sich als ungeeignet, die Probleme im Sinn der arbeitenden Menschen zu lösen. Eine Lösung konnte nur von außen kommen.

AUF DEM WEG ZUR PARTEI

Aus eigener Kraft die Probleme zu lösen, dazu waren die Arbeiter ursprünglich nicht in der Lage. Dazu waren die Probleme zu gewichtig, die Abhängigkeiten zu groß, und es mangelte auch an geeigneten Vorbildern. Die politisch dominierenden Kräfte jener Zeit – katholische Kirche und liberales Bürgertum – waren in ihren Programmen zwar verpflichtet, die Ärmsten nicht im Stich zu lassen, in der Praxis kamen deren Ideale jedoch – das der Bergpredigt, bzw. das von Freiheit, Gleichheit und

Brüderlichkeit – nicht zum Tragen. Die Arbeiter, deren Anzahl durch die industrielle Entwicklung immer bedeutender wurde, waren eine politisch unbedeutende und unliebsame Kategorie. Sie wollte man unter keinen Umständen bei der Gestaltung der großen gesellschaftlichen Herausforderungen mitspielen lassen. Die Arbeiter ruhig zu halten, hieß die Devise der Herrschenden.

Es ist daher verständlich, daß die ersten politischen Gehversuche der Arbeiter sich noch in sehr elementarer Form zeigten. Die erste aktenkundige politische Aktivität war 1847 ein Streik von Kleinmünchner Spinnereiarbeitern gegen die neuerlassene Fabriksordnung. In der Revolution von 1848, die in dem verschlafenen Provinzstädtchen Linz sehr ruhig verlief, tauchte ein Drohbrief auf, der im Namen von „Dreißig Verschworenen" abgefaßt war und sich gegen die Kleinmünchner Großindustriellen *Dierzer, Rädler* und *Grillmayr* wandte. Er rief dazu auf, deren Fabriken niederzubrennen und wollte die „Armen von Linz" zum Aufstand bewegen: „. . . wir führen Euch, folgt uns, wenn die Fackel auf den Dächern leuchtet, rächt Euch, holt Euch Brot und schützt Eure heiligen Menschenrechte. Auf! Verliert keine Zeit!"

Dieser Aufruf blieb ungehört. Es gab lediglich kleinere Aufläufe und „Katzenmusiken", die sich vor allem gegen die hohen Fleisch- und Brotpreise richteten. Obwohl die Probleme auf Grund der voranschreitenden Industrialisierung nicht geringer wurden, sind uns aus den fünfziger und sechziger Jahren keine nennenswerten Berichte über politische Aktivitäten von Arbeitern bekannt.

Klerikale bzw. liberale Institutionen und Persönlichkeiten nahmen sich gelegentlich der Probleme der Arbeiter an; allerdings geschah dies mit dem Hintergrund, diese ruhig zu halten und sie von autonomen Aktivitäten abzuhalten. So unterhielten kirchliche Kreise eine Reihe von Hilfsorganisationen, allein in Linz gab es siebzehn. Die mitgliederstärkste Organisation war der katholische Arbeiter-Hilfsverein mit 800 Mitgliedern im Jahre 1855. Er stellte sich unter den Schutz des heiligen Josef und stand allen „rechtschaffenen Katholiken aus dem Arbeiterstande", die einen sittlichen Lebenswandel führten, offen. Der Verein gewährte Unterstützung im Krankheitsfall, stellte die „Geldmittel zur anständigen Beerdigung der Leichen nach der 3. Klasse bei" und verlangte von den Mitgliedern, ihre Kollegen im Erkrankungsfall „nach Kräften und Rath und That zu unterstützen".

Die bereits 1852 erfolgte Gründung des Kolpingvereins unterstreicht die politische Dominanz des Katholizismus über die Arbeiter im Linz des Neoabsolutismus. Damit war der Linzer Kolpingverein der erste auf dem Gebiet des heutigen Österreich. Kolpingverein und Arbeiter-Hilfsverein standen in den sechziger Jahren unter gemeinsamer Leitung. Diese oblag prinzipiell Priestern, und vom „demokratischen Unwesen" der Führung des Vereins durch die Gesellen selbst hielt man nicht viel, wie ein Aufruf des zur gleichen Zeit begründeten Steyrer Kolpingvereins zum Ausdruck bringt.

Dennoch dürfte die katholische Arbeiterbewegung dieser Jahre nicht nur nach hinten geblickt und die heile Welt der vorindustriellen patriarchalischen Strukturen verherrlicht haben. Der Geschichtsschreiber der oberösterreichischen Arbeiterbewegung *G. Baron* berichtet von Linzer Domherren und Priestern, die in Kolpingvereinen tätig waren, denen die Schriften des bekannten deutschen Sozialistenführers *Ferdinand Lassalle* sehr gut vertraut waren. Einige hatten, ganz im Gegensatz zum äußerst konservativen Bischof *Rudigier*, durchaus mit manchen sozialistischen Positionen geliebäugelt. Doch die Zeit war nicht reif für einen Dialog der Kirche mit der Arbeiterschaft. Die kirchliche Hierarchie tat alles, um sich vom Sozialismus und von der Demokratie abzugrenzen. Damit begann eine Auseinandersetzung, die fast ein Jahrhundert das Verhältnis beider Strömungen zueinander bestimmte. Sozialdemokratie und Kirchen verhielten sich, *August Bebel* zitierend, wie Feuer und Wasser zueinander.

Von ebenso großer Bedeutung für das Entstehen der sozialdemokratischen Bewegung in Linz waren die Liberalen. Diese waren sich der Gegensätze zu den Arbeitern und zu deren Vorstellung von einer autonomen Organisation ebenso bewußt. Sie versuchten allerdings, diese Bestrebungen für sich zu vereinnahmen und mehr nach Gemeinsamkeiten als nach Trennendem zu suchen. Aus dieser frühen Zeit, der Urzeit der Arbeiterbewegung gewissermaßen, stammen auch viele kulturpolitische Gemeinsamkeiten von Sozialdemokratie und Liberalismus. Lange bevor sich im Konflikt um den Linzer Diözesanbischof *Rudigier* eine politische Kampfgemeinschaft

Bischof Rudigier

von Liberalen und Sozialdemokraten entwickelte, finden wir bereits in den frühen sechziger Jahren erste Ansätze des liberalen Bemühens um eine politische Entschärfung der Arbeiterfrage. In diesen von den Gedanken des deutschen Liberalen *Hermann Schulze-Delitzsch* geprägten Vereinen wurde die Lösung der sozialen Frage auf die Selbsthilfe der Arbeiter ohne die Inanspruchnahme des Staates reduziert.

Der erste Consum-Verein wurde am 12. August 1862 von wohlhabenden Bürgern der Stadt begründet. Sein Zweck bestand vor allem darin, den Mitgliedern „Proviant-Gegenstände" zu möglichst billigen Preisen und in guter Qualität zu beschaffen.

DER ERSTE ARBEITERBILDUNGSVEREIN

Erst ein Ereignis von europäischer Tragweite, die Niederlage der österreichischen Truppen gegen Preußen in der Schlacht bei Königgrätz, brachte große Veränderungen im staatlichen Ordnungsgefüge mit sich. Waren seit der niedergeschlagenen Revolution von 1848 die demokratischen Rechte eingeschränkt und ein politisches Agieren nur in sehr engen Begrenzungen möglich, so brachen mit der Niederlage der Militärs auch die Dämme des Polizeistaates. Mit der Machtübernahme der Regierungsgewalt durch das liberale Bürgertum, die sich als Konsequenz der Ereignisse ergab, wurden die elementaren Grundfreiheiten etabliert. Noch heute bestimmt der Geist dieser Jahre liberaler Herrschaft die demokratischen Grundpfeiler unseres politischen Systems. Zum ersten Mal im 19. Jahrhundert – vom kurzen Intermezzo des Revolutionsjahres 1848 abgesehen – gab es die Möglichkeit, die Gedanken frei zu äußern und sich in Vereinen zu organisieren. Das Staatsgrundgesetz von 1867 hielt ausdrücklich das Recht der Bürger, sich zu versammeln und Vereine zu bilden, fest. Damit wurde die rechtliche Grundlage für die Entwicklung der Arbeiterbewegung geschaffen. Das liberale Bürgertum schuf allerdings nicht nur die rechtlichen Voraussetzungen für die Arbeiterbewegung. Wie die Ereignisse auch in einer „Provinzstadt“ wie Linz zeigen, waren es liberale Bürger, die der frühen Arbeiterbewegung auch den ideologischen Rahmen gaben. Der Herausgeber der Linzer Tagespost, *Josef Netwald*, ein typischer ehemaliger 1848er, wurde zum Geburtshelfer der Linzer Arbeiterbewegung. Er war nicht nur im Kampf um Geistesfreiheit, den er sich beharrlich mit dem Linzer Bischof *Rudigier* lieferte, hervorgetreten. Als Arzt kannte er vor allem die Nöte der arbeitenden Menschen aus unmittelbarer Anschauung. Wie stark diese Vertrauensbasis war, zeigt der Umstand, daß sich nach Verlautbarung des Vereinsgesetzes Arbeiter an *Netwald* mit der Bitte wandten, sie bei der Gründung eines Arbeiterbildungsvereins zu beraten. Um die Jahreswende 1867/68 wurden die Bemühungen, einen Arbeiterbildungsverein ins Leben zu rufen, immer hektischer. Klerikale und Liberale lieferten sich in ihren politischen Organen ideologische Scharmützel, wie denn die Arbeiterfrage zu lösen wäre. In den verschiedensten Vereinen wurden die Probleme der Arbeiter erörtert. Sogar die Freiwillige Feuerwehr fühlte sich berufen, sich daran zu beteiligen.

Im Sommer 1868 war es dann soweit. Ein Komitee von 15 Personen – unterstützt von der liberalen Öffentlichkeit – rief für den 5. Juli 1868 zur Gründungsversammlung eines Arbeiterbildungsvereines auf. Die damaligen Zeitungen berichten, daß in den Kleinmünchner Fabriken die Plakate, welche zur Gründungsversammlung einluden, auf Anordnung der Fabriksdirektoren herabgerissen wurden. Ebenso entwickelte sich eine vehemente Gegenagitation aus klerikalen Kreisen.

Allen Behinderungsversuchen zum Trotz wurde die Gründungsversammlung zum durchschlagenden Erfolg. Mehr als 700 Arbeiter waren der Einladung in Poschachers Bierhalle in Urfahr gefolgt. 300 Arbeiter ließen sich nach Ende der

Poschacher Bierhalle – Da es an öffentlichen Versammlungsräumen mangelte, mußten die Arbeiter zu Bierhallen Zuflucht nehmen.

Versammlung als Mitglieder einschreiben. Es war wohl nicht nur der große Andrang, der die Statthalterei dazu bewegte, die Statuten nicht zu untersagen. Vielmehr war es auch die ideologische Richtung des neuen Vereins, die ursprünglich fest dem liberalen Nährboden des *Schulze-Delitzschen* Gedankengutes verhaftet blieb.

Diese Richtung legte den Arbeitern nahe, sich vorrangig um die Verbesserung ihrer Lebensbedingungen mittels verschiedener Selbsthilfeeinrichtungen wie Genossenschaften, Krankenkassen etc. zu kümmern und erst in zweiter Linie, wenn überhaupt notwendig, politische Ziele zu verfolgen. Als am besten geeignetes Medium,

Goldener Elefant – Geburtsort der Linzer Sozialdemokratie.

die Situation des arbeitenden Menschen im aufgezeigten Sinn zu verbessern, wurde die „Hebung der Bildung“ betrachtet.

Der 1868 gegründete Arbeiterbildungsverein war allerdings weit mehr als ein Vorläufer der modernen Erwachsenenbildung, weit mehr als ein Ableger des liberalen Bürgertums. Obwohl vieles noch den alten Vorstellungen folgte, entwickelten sich auf diesem Weg, quasi noch im Schoß der alten Gesellschaft, jene Institutionen, die das Gesicht des modernen Wohlfahrtsstaates prägen.

Der Arbeiterbildungsverein (ABV) war weder was seine politische Ausrichtung noch was die von diesem Boden aus entwickelten Projekte betrifft einseitig ausgerichtet. Die Mitgliedschaft war fluktuierend, was wohl auch mit der handwerklichen Struktur der Linzer Arbeiterschaft zusammenhing und die Generallinie keineswegs von vornherein festgelegt. In der gegenwärtigen Terminologie würde man die damalige organisatorische Ausrichtung basisdemokratisch nennen. So sah das Statut vor, daß der Vorstand bei jeder Wahl zur Hälfte neu zusammengesetzt werden sollte, wobei die Auszuscheidenden durch Los bestimmt werden sollten. Generalversammlungen fanden in mindestens halbjährlichem Abstand statt und Vorstandsmitglieder durften nicht mehr als eine Stelle in anderen Vereinen bekleiden. Die Aufgaben des Vereines reichten von der eigentlichen Vereinsabsicht, der Arbeiterbildung, über die Unterstützung der Konsumgenossenschaften, der Gründung einer Kranken- und Invaliden-Kasse, der Unterstützung gewerkschaftlicher Kampfmaßnahmen sowie dem Versuch der Begründung einer Arbeitsvermittlung bis hin zu Erörterungen der politischen Ziele und der Frage der Notwendigkeit einer Parteigründung.

Interessant ist ein kurzer Blick auf die Gegenstände, die im Arbeiterbildungsverein gelehrt wurden.

Im ersten Vereinsjahr wurden von Vereinsmitgliedern und von Gymnasialprofessoren folgende Gegenstände unterrichtet: Geographie und Geschichte, Naturgeschichte, Zeichnen und Geometrie, Stenographie, Deutsch, Französisch und Gewerbliche Buchhaltung.

Daneben gab es auch Gesangsunterricht. Diese kulturelle Dimension spielte von Anbeginn eine wichtige Rolle. In diesem Zusammenhang ist interessant, daß die Vereinsführung strikt gegen das Rauchen und Trinken während der Versammlungen auftrat. Die Arbeiterbewegung wollte sich durch die Betonung von Nüchternheit und Sachlichkeit von ihren bürgerlichen und klerikalen Opponenten absetzen.

IN LINZ ENTSTEHT EINE SOZIALISTISCHE GRUPPE

Der Arbeiterbildungsverein trug aber nicht nur mit dem Versuch zur Herausbildung einer eigenständigen Arbeiterkultur bei, sondern, da er wegen der dort erhältlichen verschiedensten Bücher und Zeitungen und wegen der erörterten Themen keine Frage aussparte, wurde er automatisch zum Ort inhaltlicher Auseinandersetzungen. Sehr bald fanden sich immer mehr Mitglieder des Vorstandes, die sich offen zur sozialdemokratischen Idee bekannten. Das große Vorbild wurde bald der deutsche Sozialistenführer *Ferdinand Lassalle*. Dessen Ideen wurden im Linzer Arbeiterbildungsverein – zumindest haben wir keine früheren schriftlichen Hinweise – erstmals durch das Gründungsmitglied des Wiener Arbeiterbildungsvereins *Hermann Hartung* vorgetragen. *Hartung* befand sich auf der Rückreise von einem Vereinstag der deutschen Arbeiterbildungsvereine, die sich der damals unter der Führung von *Karl Marx* stehenden Internationalen Arbeiter-Association angeschlossen hatten; seine Ausführungen stießen auf lebhaftes Interesse und führten dazu, daß sich im Linzer Arbeiterbildungsverein eine sozialistische Fraktion herausentwickelte. Es ist daher durchaus angebracht, den Geburtstag der Linzer Sozialdemokratie mit dem 19. oder 20. September 1868 anzusetzen. Ein erstes Zeichen, in welche Richtung die Forderun-

Ferdinand Lassalle

gen der Sozialdemokraten zielten, setzte der spätere Obmann des Linzer Arbeiterbildungsvereins, der Schuhmacher *Adolf Dietel,* schon nach wenigen Wochen, als er die Verkürzung der Arbeitszeit forderte. Die tägliche Arbeitszeit müßte auf maximal zwölf Stunden beschränkt werden, da es nur so für die Arbeiter möglich wäre, sich wirklich geistig fortzubilden.

Diese sozialdemokratische Richtung konnte immer mehr Anhänger um sich scharen, und es dauerte kein Jahr, bis sich eine Mehrheit im Arbeiterbildungsverein fand. Welchen großen Anklang die Sozialdemokraten erzielten, zeigt die enorme Anzahl von Interessenten und Neugierigen, die der Einladung zur ersten großen Linzer Volksversammlung folgten. Am 29. Juni 1869 strömten auf der Wiese nahe dem Märzenkeller in Urfahr über 4000 Arbeiter zusammen, um den sozialdemokratischen Rednern zuzuhören.

Neben der erregten Diskussion um den Linzer Bischof *Rudigier,* der sich geweigert hatte, die liberalen neuen Ehe- und Schulgesetze anzuerkennen, und deswegen von den staatlichen Gerichten zu vierzehn Tagen Kerker verurteilt worden war, beschäftigten sich alle Redner mit dem allgemeinen Wahlrecht. So meinte *Adolf Dietel:* „Wir allein sind die produzierende, wir allein sind die bewegende Kraft, durch welche die Staatsmaschine in Gang gebracht wird."

Diese Redeweise stieß beim Regierungskommissär, der der Versammlung nebst einer Reihe anderer Vertreter des Staatsapparates beiwohnte, nicht gerade auf Gegenliebe. Als die Anwesenden über das sozialdemokratische Programm abstimmen wollten, wurde dies von Behördenvertretern untersagt: Es gehörte übrigens zur Normalität dieser Jahre, daß auf Arbeiter- und Volksversammlungen, oft in hitziger Debatte, die die Menschen bewegenden Probleme durchdiskutiert wurden und sich öffentliche Meinung auf diese basisdemokratische Weise konstituierte. Die Stärke der frühen Sozialdemokratie war es, daß sie das Sprachrohr der Stimmung der breiten Massen war, ohne sich diesen allerdings opportunistisch anzupassen. Vielmehr zeigte sich schon in diesem frühen Stadium der Bewegung ihr Bestreben, vereinheitlichend und erzieherisch auf die breite Masse der Arbeiter einzuwirken. Trotz aller emanzipatorischen Bestrebungen waren es natürlicherweise oft die ganz banalen Dinge des

Lebens, welche die Arbeiter bewegten. Als etwa einmal die Brauer die Bierpreise über Gebühr erhöht hatten, kam es zu einer Volksversammlung mit mehr als 2000 Besuchern. Ein Antrag, ein Verhandlungskomitee zu den Brauern zu schicken, wurde von den Anwesenden abgelehnt. Stattdessen entschloß man sich zum Mittel des Boykotts. Jeder Teilnehmer gelobte, kein verteuertes Bier zu trinken.

Der Enthusiasmus der ersten Jahre, der Massenzulauf, den die ersten Arbeiterversammlungen zu verzeichnen hatten, ließen sich allerdings nicht auf Dauer halten. Die Erfolge hatten die Gegner der jungen Sozialdemokratie auf den Plan gerufen. Die Behörden begannen ängstlich alle Vorgänge zu beobachten. Das liberale Bürgertum, das die junge Bewegung anfänglich wohlwollend gefördert und vor allem als Bundesgenossen gegen die Klerikalen geschützt hatte, begann sich von den immer selbstbewußter auftretenden Arbeitern, die in ihrer Mehrheit schon längst den sozialliberalen Boden der Schultze-Delitzsch'schen Ideen verlassen hatten, abzugrenzen. Wie selbstbewußt die Sozialdemokraten in diesen Jahren aufzutreten wagten, beschreibt *Anton Weiguny* am Beispiel von *Johann Chaloupka,* der in den Gründungsjahren eine zentrale Rolle spielte: Man kannte ihn in der ganzen Stadt, „da er sich

Anton Weiguny

selbst auffällig kenntlich machte: breiter Schlapphut mit roter Feder, Chemisette und Manschetten, Knöpfe geziert mit dem Arbeiterwappen (den Handschlag mit dem Hammer), im Knopfloch die rote Nelke oder ein Arbeiterabzeichen, die Rocktaschen vollgestopft mit Zeitungen, die er trotz seines tschechischen Akzents an den Mann zu bringen wußte."

Es läßt sich leicht nachvollziehen, daß die gutsituierten und einflußreichen Kreise der Stadt solche Erscheinungen nicht gerne sahen und alles daransetzten, das Rad der Geschichte wieder zurückzudrehen.

SOZIALISTISCHE RICHTUNGSKÄMPFE UND WIRTSCHAFTSKRISE

Es waren aber nicht nur die kleinlichen Verfolgungen durch die staatlichen Organe, die für den bereits zu Beginn der 1870er Jahre einsetzenden Niedergang der

Andreas Scheu

Bewegung verantwortlich waren. Der in der ostösterreichischen Arbeiterbewegung tobende Fraktionskampf zwischen *Andreas Scheu* und *Heinrich Oberwinder* erreichte bald auch Linz. Die Auseinandersetzung war natürlich für das Wachstum der Organisation nicht gerade förderlich. Durch den großen Wiener Börsenkrach am 9. Mai 1873 ausgelöst, kam es zu einer rapiden Verschlechterung der wirtschaftlichen Lage. Auch eine Reihe von Betrieben in Oberösterreich wurde von der Krise schwer getroffen. Allein sechs liberale Landtagsabgeordnete hatten in diesen Tagen ihr gesamtes Vermögen verloren. Es war leicht auszumalen, was die Krise für die Arbeiter Oberösterreichs bedeutete. Tausende verloren ihre Arbeitsplätze oder mußten empfindliche Lohneinbußen hinnehmen. Gerhart Baron schreibt: Die Arbeiter wurden wie mit Keulenschlägen getroffen, sie hatten nicht mehr den Zehner oder Zwanziger, um die Vereinsbeiträge zu bezahlen; sie verloren jede Lust an Weiterbildung und an Politik. Diejenigen, die trotz alldem daran festhalten wollten, haderten kurzsichtig mit den eigenen Führern und mit den nächsten Kameraden, die böse Streitsucht feierte fröhliche „Urständ".

Trotz der widrigen Umstände bedeutete das Jahr 1874 nochmals einen kurzen Aufschwung. Delegierte oberösterreichischer Arbeitervereine, unter ihnen auch der Linzer *Chaloupka,* beteiligten sich am Gründungsparteitag der österreichischen Sozialdemokratie 1874 in Neudörfl an der Leitha. Neudörfl bedeutete den ersten Versuch, in Österreich eine über das ganze Reich ausgelegte Partei auf marxistischer Grundlage zu gründen. Als unmittelbare Konsequenz der Beschlüsse wurde dann auch eine sozialdemokratische Landesorganisation Oberösterreichs ins Leben gerufen.

Die Konsolidierung der Sozialdemokratie, die sich nunmehr abzuzeichnen schien, bewog die Hüter der staatlichen Ordnung, noch vehementer gegen die Arbeitervereine vorzugehen. Bespitzelungen und Überwachungen waren an der Tagesordnung. Jede Veranstaltung, ob Ausschußsitzung oder Ballveranstaltung, mußte im vorhinein dem Bürgermeister angezeigt und die jeweiligen Protokolle sodann vorgelegt werden. Es braucht nicht weiter betont zu werden, daß allen Veranstaltungen ein Polizeibeamter „beiwohnen" durfte. So verwundert es nicht, daß der liberale Bürgermeister immer, wenn er mit der Forderung nach dem Normalarbeitstag konfrontiert wurde, sofort heftig dagegen intervenierte.

Auch die gewerkschaftliche Tätigkeit hatte in den letzten Jahren immer mehr Bedeutung erlangt. So bestanden neben der Gewerkschaft (in der damaligen Terminologie „Fachverein") der Buchdrucker und Schriftgießer, der Fachverein der Schuhmacher, der Fachverein der Kleidermachergehilfen und der Fachverein der Holzarbeiter. Die drei zuletzt genannten hatten sich der sozialdemokratischen Richtung angeschlossen und waren auf das engste mit dem Arbeiterbildungsverein verwoben. Diese Verbindung wurde dann auch von der Statthalterei zum Anlaß genommen, am 30. Oktober 1877 sämtliche sozialdemokratischen Vereine aufzulösen. Die Begründung war, „daß es immer weniger um die Förderung der geistigen und materiellen Interessen und Rechte der Mitglieder (...) als um Verfolgung sozialdemokratischer Tendenzen zu tun war."

VERFOLGUNG UND NEUBEGINN - ANTON WEIGUNY

Die achtziger Jahre des 19. Jahrhunderts waren im gesamten deutschen Sprachgebiet Jahre der Verfolgung. Der deutsche Reichskanzler Fürst Bismarck hatte mit den Sozialistengesetzen die Sozialdemokratie und mit ihr die gesamte Arbeiterklasse zu Staatsfeinden erklärt. Auch in Österreich kam es zu immer stärkerer Verfolgung. Die Arbeiterbewegung, in ihrem ersten Frühling fast Massenbewegung, verfiel zu einer politischen Sekte. In diesen Jahren der Bespitzelung, des Zankes und des Haders unter den politischen Ausrichtungen machte sich eine Person besonders um den Sozialismus in Linz verdient: *Anton Weiguny.* Aus dem Fundament, das er legte, konnten österreichweit die Errungenschaften des modernen Wohlfahrtsstaates entwikkelt werden.

Victor Adler bezeichnet man gerne als den Einiger der österreichischen Arbeiterbewegung, den Gründer und Stifter, wie sich *Hermann Bahr* einmal ausdrückte. Es gab aber auch in der Provinz herausragende und integrative Persönlichkeiten. Einer von ihnen ist der Linzer *Anton Weiguny,* der immer wieder als der *August Bebel* von Linz bezeichnet wird. So wie dieser stammte er aus der Arbeiterklasse. *Anton Weiguny* wurde am 29. März 1851 in Urfahr geboren. Nach dem Besuch einer einklassigen Volksschule kam er bereits mit zwölf (!) Jahren zu einem Schneidermeister in die Lehre.

Die Arbeitssituation, mit der der Knabe *Weiguny* konfrontiert wurde, schildert er in seinen „Erinnerungen eines Alten":

„Diese Werkstätte mit den wechselnden Gestalten von zureisenden und abreisenden Gehilfen, ihren groben Handwerksburschenliedern, dann wieder die unbändige Arbeitslust dieser Gesellen, die Tag und Nacht anhielt (meistens Freitag oder Samstag), mit darauffolgendem Müßiggange und burschikoser Sauferei an einem Montag, das Geplauder über sexuelle Vorgänge in den ersten Tagen der Arbeitswoche, das Stummsein an den letzten Arbeitstagen war eine neue Welt für mich, und gar früh lernte man da, was Handwerksburschen, die keine ernsten Ziele haben, wissen."

In diesen Zeilen *Weigunys* kommt die ganze Doppelseitigkeit des Arbeiterschicksals dieser Zeit zum Ausdruck. Das Elend der Proletarier bestand ja nicht nur darin, im Betrieb, an der Arbeitsstätte schändlichst ausgenützt und ausgebeutet zu werden, sondern ja in ganz besonderem Maße in einer geistigen Knechtung durch Bürgertum und Klerus.

Weiguny begann sich bereits früh politisch zu betätigen. Politik bedeutete für ihn immer gleichzeitig auch gewerkschaftliche Arbeit: Am Beginn der oberösterreichischen Gewerkschaftsbewegung standen zwei Streiks, die großes Aufsehen erregten. Den ersten Kampf führten die Eisenbahner mit Erfolg. Im Frühjahr 1870 errangen die Schneidergehilfen einen überaus erfolgreichen Streik mit einer 25- bis 30prozentigen Lohnerhöhung.

Wenn wir uns an *Weigunys* Schilderung der Arbeitsverhältnisse in der Schneiderbranche erinnern, so können wir ermessen, wieviel sich in diesen Jahren ereignete, welch elementare Änderungen im Bewußtsein dieser Gruppe vor sich gegangen sein müssen. *Anton Weiguny* war – wie hätte es auch anders sein können – an der Streikbewegung beteiligt, obwohl er damals erst 18 Jahre zählte. In den Jahren 1870 bis 1873 fanden im Anschluß an den Streik der Schneider Lohnkämpfe der Tischler, Schuster und abermals der Schneider statt. Aus diesen Kämpfen bildeten sich die oben erwähnten Fachvereine (Gewerkschaften) der Schneider, der Schuhmacher und der Tischler.

Anton Weiguny war es, der erst 23jährig den Fachverband der Kleidergehilfen in Linz begründete. Seine emsige Gewerkschaftsarbeit, die damals alle Aspekte des Arbeiterdaseins umfaßte, machte ihn im wahrsten Sinne des Wortes zum ersten Vertrauensmann der Linzer Arbeiterbewegung.

Anton Weigunys historisches Verdienst in diesen Jahren der Stagnation war es auch, für eine politische Orientierung der Arbeitervereine im Sinne sozialdemokratischer Grundsätze eingetreten zu sein. So kann man ihn heute mit Recht als den Gründer der oberösterreichischen Sozialdemokratie bezeichnen.

SOZIALDEMOKRATISCHER ARBEITERVEREIN

Nach dem Verbot des Sozialdemokratischen Arbeitervereins im Jahre 1877 liefen alle Fäden der illegalen Arbeit bei *Anton Weiguny* zusammen, und im Frühjahr 1879 gelang es ihm, eine Nachfolgeorganisation, den Allgemeinen Arbeiterverein, für Linz und Umgebung zu gründen.

Es würde aber die historischen Verdienste *Weigunys* schmälern, wenn man seine Bedeutung lediglich auf den lokalen Raum von Linz festlegen wollte. So war er an der Vorbereitung einer österreichweiten Parteikonferenz im Oktober 1880 in Linz, bei der es wieder einmal um die Einigungsfrage gehen sollte, maßgeblich beteiligt. Zur Parteikonferenz, die wegen der Verhaftung eines Genossen nicht stattfinden konnte, war auch der berühmte deutsche Sozialistenführer *Karl Kautsky* von Zürich nach Linz gereist.

Zur polizeilichen Unterdrückung kam noch ein weiteres Handikap für das Aufstreben der jungen Arbeiterbewegung – der Zwist zwischen den Radikalen und Gemäßigten, der die achtziger Jahre des 19. Jahrhunderts entscheidend bestimmte.

Gerade die behördlichen Unterdrückungsmaßnahmen begünstigten den Aufstieg der Radikalen. Wurden radikale Arbeiterführer ausgewiesen – zumeist aus Wien –, so verbreiteten sie ihr Gedankengut im gesamten Gebiet Österreich-Ungarns. Die Ideen der Radikalen fielen nicht ohne Grund auf fruchtbaren Boden – war es unter den politischen Umständen der Sozialistenverfolgung doch wahrhaftig nicht leicht, zu revolutionärer Geduld zu mahnen. Auch Linz blieb von diesem Bruderkrieg nicht unberührt. Im Sommer 1883 kamen die ersten ausgewiesenen Arbeiter aus Wien nach Linz, um hier sofort mit ihrer agitatorischen Tätigkeit zu beginnen. Sehr bald gelang es ihnen, in der Organisation Fuß zu fassen. Im März 1884 mußte der Arbeiterverein jedoch vorsichtshalber eingestellt werden, da eine polizeiliche Auflösung befürchtet wurde. *Weiguny* bezog im Konflikt Radikale – Gemäßigte eindeutig Stellung. Er galt als Gemäßigter und machte auch keinen Hehl daraus. So erzählt er in seinen „Erinnerungen eines Alten“ über eine Begegnung mit dem Anarchistenführer *Peukert,* der gerade auf der Flucht nach Deutschland war:

„Ich . . . sagte dem *Peukert* also meine Meinung schnurstracks ins Gesicht, das was unter seiner Leitung geschehe, sei geradezu eine Gaunerei. Der Mann wurde rot über meine Vorwürfe . . .“

Weigunys Bedeutung in der Auseinandersetzung mit den Anarchisten ging dabei weit über den lokalen Rahmen Oberösterreichs und auch Salzburgs hinaus. *Josef Dametz,* der spätere Bürgermeister von Linz, kam bei einer Gedenkrede aus Anlaß des 10. Todestages *Weigunys* im Dezember 1924 im Hotel Schiff auf die damalige Zeit zu reden:

„*Weiguny* wurde zu den Gemäßigten gezählt. Er hat aber die Radikalen mit Rat und Tat unterstützt. Und er war der Wegbahner zu einer Linie, auf der sich die feindlichen Brüder finden konnten."

Diese Haltung ließ Weiguny zum unbestrittenen Mittelpunkt der sozialistischen Bewegung in Oberösterreich werden. Auch in Zeiten, wo die Radikalen durch spektakuläre Attentate und Entführungen Aufsehen erregten, versuchte er eine Gesprächsbasis zu finden, obwohl er, wie wir bereits gesehen haben, heftige Kritik nicht scheute. Als selbstverständlich erachtete er, inhaftierten Genossen, ob sie nun der radikalen oder gemäßigten Richtung angehörten, durch Lebensmittel und Geldunterstützung zu helfen. Auf die Frage seiner Tochter: „Vater, weißt du denn nicht mehr, wie diese Leute dich beschimpft haben, und jetzt kommen sie zu dir und du willst ihnen helfen?", antwortete er: „Ja, Kind, jetzt tritt für mich die Pflicht heran, zu helfen und zu schützen, soweit ich kann."

Die Richtung *Weigunys* war keinesfalls immer die stärkste. Die Jahre 1884 – 1886 brachten die Anarchisten in das Vordertreffen. Zeitweilig war Linz, der Argumentation *Helmut Konrads* folgend, sogar das Zentrum der anarchistischen Bewegung. Dies war allerdings nicht so sehr Folge der Entwicklung in Linz, vielmehr waren als Konsequenz der Verhängung des Ausnahmezustandes in Wien, Wiener Neustadt und Korneuburg eine Reihe von Arbeiterführern ausgewiesen worden bzw. abgewandert. Es ist naheliegend, daß Linz davon im besonderen Ausmaß profitierte.

Aus Konrads Forschungen ergibt sich auch, daß die Radikalen in ihrem Wachstum später entscheidend geschwächt wurden, weil sich ein Spitzel in ihre Reihen eingeschlichen hatte. Fein säuberlich hielt er alle Aktivitäten der Anarchisten fest und übermittelte regelmäßig seine Erkenntnisse der Linzer Bezirkshauptmannschaft. Obwohl die Arbeiterfunktionäre um einen Verräter in ihren Reihen wußten, blieb er unentdeckt. Diesen widrigen Umständen zum Trotz konnte das Gedankengut der Sozialdemokratie überdauern. Dies ist dem Beharrungsvermögen der Mitglieder ebenso zuzuschreiben wie dem Geschick einzelner Funktionäre. Als etwa eine demokratische Gruppierung 1887 eine Volksversammlung einberufen hatte, bei der über die Arbeiterkammern beraten werden sollte und der Referent aus Wien kurzfristig absagen mußte, da sprang *Weiguny* ein und gestaltete den Abend zu einem triumphalen Erfolg.

VOR 100 JAHREN – GRÜNDUNGSPARTEITAG IN HAINFELD

Weiguny versuchte diese Situation auszunutzen, um mehr als zehn Jahre nach dem Verbot des Arbeiterbildungsvereins wiederum einen sozialdemokratischen Verein zu gründen. Allerdings waren diese Bemühungen noch nicht von Erfolg gekrönt. Zu tief waren noch der Zwist und das Mißtrauen zwischen den beiden Fraktionen. Erst ein äußeres Ereignis trug wesentlich zur Konsolidierung bei: der Einigungsparteitag der österreichischen Sozialdemokratie 1888/89 in Hainfeld. Oberösterreich war durch fünf Delegierte vertreten, wobei drei das Wort ergriffen. *Anton Weiguny* war als Referent zum Tagesordnungspunkt „Soziale Reform und Arbeiterschutz-Gesetzgebung" eingeteilt und trug wesentlich zur Beschlußfassung der Resolution des Parteitages zur Sozialpolitik bei, in der u. a. die Forderung nach dem Achtstundentag erhoben wurde. Die Aufgabe der Sozialpolitik wurde nicht als Selbstzweck definiert, sondern als Mittel, es dem zum „stumpfsinnigen Sklaven herabgesunkenen Arbeiter“ zu ermöglichen, durch die gewonnene freie Zeit Kraft zu finden, sich seiner „eigenen Befreiung“ zu widmen.

Es mag verwundern, weshalb man ausgerechnet auf *Weiguny* kam, gab es doch eine Reihe namhafter Experten auf dem Gebiet der Sozialpolitik, die bereits damals den Weg zur Sozialdemokratie gefunden hatten. *Weigunys* Kompetenz bestand darin, daß er die Sorgen und Nöte der arbeitenden Menschen aus eigener Anschauung her kannte. Er verkörperte in seiner Person die Rolle eines Parteisekretärs, eines Gewerkschaftssekretärs, eines Krankenkassenbeamten, Arbeitsvermittlers und Erziehers, um nur die wichtigsten Aspekte seiner Tätigkeit hervorzuheben.

Weiguny pflegte im damaligen Vorstadtwirtshaus „Zum Goldenen Hirschen“, an dem die Arbeiter frühmorgens und spätabends auf dem Weg von und zur Arbeit in der Innenstadt vorbeiströmten, seinen politischen Geschäften nachzugehen. Jahrelang bildete der Goldene Hirsch den Mittelpunkt der sozialdemokratischen Bestrebungen. So beschreibt der bekannte Gewerkschafter *Hans Ottenbacher,* der im selben Wirtshaus zur Sozialdemokratie gestoßen war, *Anton Weiguny:* „Eine Groteske könnte man es nennen, wenn der konfessionslose Schneidergeselle mit dem Karl-Marx-Kopf unter dem Bilde der Heiligen Dreifaltigkeit pfeifenrauchend die Kreuzer der Partei zählte und den Schatz der reisenden Handwerksburschen verwaltete, wenn er mit den Eisenbahnern ernsthaft über den Achtstundentag plauderte und dessen Möglichkeit schon betonte.“

Das Dreifaltigkeitszimmer des Hirschen war sozusagen die Kommandozentrale der Partei. Hier hatten mehrere Gewerkschaften ihren Sitz, auch die Krankenkassen der Tischler und Schneider wurden von hier aus organisiert. Sogar einen Arbeiterinnenbildungsverein gab es. Streiks und Aussperrungen, in diesen Jahren an der Tagesordnung, wurden von hier aus kommandiert und die wesentlichen Versammlungen fanden im Saal des Hirschen statt. Hinter den vorgezogenen Vorhängen des Dreifaltigkeitszimmers wurde die Organisation zum 1. Mai in Linz vorbereitet: Dem Aufruf der II. sozialdemokratischen Internationale, am 1. Mai 1890 in den industrialisierten Ländern der Arbeit fernzubleiben und für die Einführung des Achtstundentages zu demonstrieren, folgten die oberösterreichischen Arbeiter mit Begeisterung.

Im industrialisierten Steyr kam die Arbeit vollständig zum Erliegen, während im eher von der gewerblichen Struktur geprägten Linz der Aktion ein teilweiser Erfolg beschieden war. Angesichts der Behinderungen durch die Behörden war dies dennoch ein beachtlicher Fortschritt in den Bemühungen, eine einheitliche Arbeiterbewegung zu etablieren. Die Behörden hatten ein Flugblatt mit der Parole „Arbeiter, rüstet zur Maifeier“ als Provokation ausgelegt und ihm aggressiv-militante Absichten unterstellt. Die Linzer Garnison wurde in Alarmbereitschaft versetzt und das Gaswerk und der Brückenkopf in Kleinmünchen-Ebelsberg vom Militär besetzt.

Soviel massierte Staatsgewalt konnte aber die Arbeiter dennoch nicht einschüchtern. Ich meine, daß der 1. Mai im Jahr 1890 als eigentlicher Geburtstag der österreichischen Arbeiterbewegung zu bezeichnen ist. Hier hatten die Arbeitnehmer massenhaft bekundet, daß sie voll und ganz hinter der Sozialdemokratie standen. Die großartigsten Einigungsparteitage hätten keinen Platz in den Geschichtsbüchern, hätten sich nicht die Massen hinter die Beschlüsse und Resolutionen gestellt.

Es ist daher zweitrangig, wann die Partei in Oberösterreich auch formal zu existieren begann. Als am 22. November 1891 im Saal des „Goldenen Hirschen“ 83 Delegierte aus Salzburg und Oberösterreich je einen sozialdemokratischen Landesverein für Salzburg und Oberösterreich konstituierten, war die Straße bereits für die Sozialdemokratie erobert.

Die Versammlung beschäftigte sich mit Fragen der Organisation und Agitation, des Pressewesens, der Arbeitervereine und Gewerkschaften sowie mit den Beiträgen zur Unfallversicherung. Ein besonderes Problem sah man in der „ländlichen Frage“.

Weiguny war klar, daß es an geeigneten Agitationsmitteln mangelte, um die Ideen des Sozialismus in jene Teile des Landes hinauszutragen, wo die bäuerliche Bevölkerung überwog. Deshalb entschloß man sich, geeignete Flugblätter und Broschüren herauszugeben, die die Agrarfrage zum Gegenstand haben sollten.

Auch die Gründung einer eigenen Tageszeitung, der „Wahrheit" (dem späteren „Tagblatt"), im Jahr 1897 verbesserte die Situation nur geringfügig. Allerdings stellte die Zeitungsgründung einen wichtigen Schritt in Richtung der Parteiwerdung dar.

AUF DEM WEG INS RATHAUS

Die Etablierung der Partei drückte sich nicht nur in einem stetigen Organisationsausbau, in einem kontinuierlichen Mitgliederzuwachs und in einer Verbesserung der materiellen Ressourcen aus. Sie zeigte sich vor allem in der Wahl der Lokale. Der Weg ins Rathaus führte von der Vorstadt, vom „Goldenen Hirschen" über die Spittelwiese auf den Hauptplatz. Der Kauf des Hauses Spittelwiese 5 bedeutete mehr, als neue und größere Räumlichkeiten zu organisieren. Es war ein symbolischer Akt. Die Partei, einstmals eine Vereinigung „vaterlandsloser Gesellen", wurde Besitzer eines Hauses. Die Partei wurde seßhaft, ließ sich auf eine langwierige Auseinandersetzung ein, wollte nicht mehr vom Augenblick abhängig sein. Der Erwerb des Hauses war keineswegs einfach. Die Partei verfügte über keine nennenswerten Mittel und hätte den Kaufpreis von 66.000 Kronen aus eigener Substanz wohl auch nicht aufbringen können. Bezeichnend für den idealistischen Geist der Gründungszeit ist, daß sich die Arbeiter des gesamten Bundeslandes mit ihren persönlichen Ersparnissen beteiligten. Die Begeisterung, über ein eigenes Haus zu verfügen, war übergroß und trug zur Festigung der Identifikation bei. Allerdings bedeutete dies noch nicht, auch über tatsächlichen Einfluß zu verfügen. Auch die Etablierten des Jahres 1900 wollten Konkurrenten von der Macht fernhalten; so hielten sie den Kreis der Mächtigen mittels administrativer Regelungen klein. Es konnten die Ideen der Arbeiterbewegung noch so vernünftig, noch so effizient sein, sie fanden keine Berücksichtigung. Das Machtkartell bestand aus 120 Wählerstimmen, die bestimmten, wer Bürgermeister werden sollte. Die Forderung, daß die Arbeiter im Gemeinderat vertreten sein sollten, mußte zum Zeitpunkt der Etablierung der sozialdemokratischen Bewegung noch völlig illusorisch klingen.

Doch bereits 1905 war ein erster, wichtiger Schritt in diese Richtung vollzogen. Wenngleich man von der Realisierung des Prinzips ein Mann – eine Stimme (die Forderung nach dem Wahlrecht für Frauen wurde damals kaum erhoben) noch weit entfernt war, so durften immerhin auch Besitzlose in einem Wahlkörper Vertreter in den Gemeinderat entsenden. Die Wahlreform war von den Liberalen, die den Bürgermeister stellten, initiiert worden. Die ersten drei Wahlkörper waren von den Hochbegüterten, den Vertretern der Intelligenz sowie den Gewerbetreibenden beschickt.

Obwohl die überwiegende Mehrheit der Bevölkerung, die lohnabhängige Bevölkerung, nur eine Minderheit von Mandaten zu beschicken hatte, war dies dennoch ein Fortschritt in Richtung Demokratie. Linz war nach Graz die zweite Stadt Österreichs, in der Schritte in Richtung einer Demokratisierung der Gemeindestuben unternommen worden waren. Der Wahlkampf verlief sehr heftig. Sogar die Ergebnisse, obwohl eindeutig zugunsten der Sozialdemokraten, wurden bestritten, was wohl die Hektik der Auseinandersetzungen unterstreicht. *Leopold Winarsky* hielt seine Eindrükke in der Arbeiter-Zeitung fest: „So ist denn die Wahlschlacht geschlagen und Linz gewinnt wieder sein gewohntes ruhig-patriarchalisches Aussehen. War das ein ungewohntes Bild! Plakate an den Ecken, sogar das Straßenpflaster mit Wahlaufforde-

Kandidaten der Arbeiterpartei:

Josef Dametz Buchdrucker.	**Matthias Kotzian** Eisendreher.	**Johann Siegl** Geschäftsleiter.
Josef Gruber Fachlehrer.	**Alois Maier** Kürschner.	**Julius Spielmann** Redakteur der „Wahrheit".
Johann Jakubetz Oberwerkmann.	**Josef Plöckinger** Geschäftsleiter.	**Johann Thaler** Zugsführer der Staatsbahn.
Rupert Kollinger Privatangestellter.	**Anton Reichharzer** Eisendreher.	**Anton Weiguny** Herausgeber der „Wahrheit".

Wähler des IV. Wahlkörpers! Versäume es keiner, sein Wahlrecht auszuüben und die Kandidaten der Arbeiterschaft zu wählen.

Das sozialdemokratische Wahlkomitee.

rungen übersäet und überall in allen Gassen Agitatoren mit Flugblättern der verschiedenen Parteien."

Erstmals in der langen Geschichte der Stadt Linz war das Volk darangegangen, seine politische Meinung kundzutun. 13.000 Linzer waren aufgerufen, zu den Urnen zu gehen. Die Parteien mußten den Wahlberechtigten erst auf mühsame Weise die Prozedur des Wahlvorganges erklären, da es für alle eine Premiere bedeutete. Interessant für den gegenwärtigen Beobachter ist die Tatsache, daß eine Wahlbeteiligung von 79 Prozent von den zeitgenössischen Beobachtern als sehr hoch empfunden wurde. Die Sozialdemokratie kandidierte mit dem Slogan: „Wähler von Linz! Am Wahltage soll freie Bahn geschaffen werden für die zielbewußte Tätigkeit einer freiheitlichen, fortschrittlich wirkenden Oppositionspartei."

Von Bedeutung ist, daß die Sozialdemokratie nicht als fundamental-oppositionelle Partei auftrat. Vielmehr akzeptierte sie die Errungenschaften der Liberalen. Die Entstehungsphase, in der bekanntlich das liberale Bürgertum Geburtshelfer gespielt hatte, ließ sich nicht verleugnen. Dieser Zusammenhang macht auch deutlich, daß die *Kreisky'sche* Sozialdemokratie der siebziger Jahre unseres Jahrhunderts durchaus auf eine historische Fundierung ihrer liberalen Rechts- und Demokratiepolitik verweisen konnte.

Der bekannte Wiener Sozialistenführer und Volksheld *Franz Schuhmeier,* der im Linzer Wahlkampf mitgeholfen hatte, drückte dies nach gewonnener Wahl bei einer Volksversammlung folgendermaßen aus: „Die gewählten Sozialdemokraten werden keine Weinberl in dem deutschnationalen Guglhupf sein, sondern der Sauerteig, der ihn treibt. Bisher war die Schonzeit, jetzt ist Schußzeit!" Was waren nun die Forderungen, die der Sozialdemokratie einen so überzeugenden Wahlerfolg (10 von 12 zu vergebenden Mandaten der allgemeinen Kurie) beschert hatten?

Im Vordergrund standen Forderungen sozialpolitischer Natur. Die grundsätzlich freiheitliche Ausrichtung der Kommunalpolitik wurde akzeptiert und es wurde versichert, daß sie so wie bisher durch die Arbeiterbewegung „auch in Zukunft ihre stärkste Stütze finden wird."

Die Forderungen sahen im einzelnen vor:

- Reform der kommunalen Armenpflege vor allem in Hinblick auf die staatliche Altersvorsorge
- Beseitigung der „Heimat-, Schub- und Vagabondagegesetze" und Aufhebung des Ausweisungsrechtes der Gemeinde
- Errichtung eines städtischen Arbeitsamtes

- Errichtung eines städtischen Gesundheitsamtes sowie Garantie eines ärztlichen Nachtdienstes
- Kommunalisierung der Kinderpflege, Bewahranstalten
- Neuorganisation der Wohnbaupolitik u. a. Errichtung billiger und kommunaler Wohnungen
- Organisierung der Lebensmittelversorgung unter Ausschluß des Zwischenhandels
- Errichtung von Gemeindebäckereien und von kommunalen Fleischhallen
- Unentgeltlichkeit des Bestattungswesens
- Soziale Besserstellung der Gemeindearbeiter und Vergabe städtischer Aufträge nur an Firmen, die „anständige" Arbeitsverhältnisse garantieren
- Unterstützung der Forderungen der Handelsangestellten auf Erringung der Sonntagsruhe
- Bezüglich des Schulwesens erhoben die Sozialdemokraten ein ganzes Paket von Forderungen:
  Neben der Unentgeltlichkeit des Unterrichts, der Lehrmittel, der Verköstigung, dem Verbot der Kinderarbeit bemühte man sich um eine soziale und intellektuelle Besserstellung der Lehrer. Die Klassenschülerhöchstzahl sollte 30 betragen, Jugendbibliotheken und Lesehallen sollten ebenso errichtet werden wie Jugendspielplätze.
- Eine besonders interessante Forderung betraf die Gewerbebehörden, denen man beratende Sachverständigenkollegien zur Seite stellen wollte, die sich paritätisch aus Arbeitern und Unternehmern zusammensetzen sollten.

Dieses sehr detaillierte und ambitionierte Programm machte sich aber auch über die Aufbringung der dafür erforderlichen Mittel Gedanken. So sollte verwirklicht werden:

Die ersten soz.-dem. Gemeinderäte von Linz

- Aufhebung aller indirekten Steuern und Abgaben, dafür Einführung einer kommunalen Einkommens- und Vermögensteuer.
- Stärkere Besteuerung des Grundeigentums.
- Einführung einer progressiven Erbschaftssteuer.
- Gewinne kommunaler Unternehmungen sollten ebenfalls zur Finanzierung herangezogen werden. Grundsätzlich unterstellte man, daß die Kommunalisierung automatisch höhere Gewinne abwerfen würde.
- Deshalb forderte man auch eine Kommunalisierung des Transportwesens, des Beleuchtungswesens, der Elektrizitätsanlagen und der Brandschadenversicherung. Die Tarifgestaltung sollte vereinheitlicht werden und nicht mehr wie bisher auf einzelne private Abnehmer Rücksicht nehmen.

DIE SOZIALDEMOKRATIE WIRD EINE WAHLPARTEI

Waren die Gemeinderatswahlen von 1905 die ersten Wahlen in eine Gebietskörperschaft, an denen sich die Arbeiter beteiligten und die Agitation dazu etwas völlig Ungewohntes – bislang hatte die Straße die Regeln der Interessensdurchsetzung definiert –, so wurden die Wahlen nunmehr zum eigentlichen Zielpunkt der politischen Agitation. Der Notwendigkeit, Wahlen zu schlagen, wurde ab jetzt die Tätigkeit der Partei untergeordnet. Die Organisationsstruktur begann sich diesen Notwendigkeiten genauso unterzuordnen, wie sich auch in der sozialen Zusammensetzung der Parteiführung eine Änderung vollzog: es waren vor allem Lehrer, die sich der Partei zuzuwenden begannen.

Der Beginn des 20. Jahrhunderts stellt in bezug auf die Arbeiterbewegung eigentlich die große Zäsur dar. Hier begann sich eine ehemals rebellische Bewegung „häuslich“ im kapitalistischen System einzurichten. Nicht mehr der revolutionäre Elan sollte so sehr zählen, als vielmehr das nüchterne Kalkül. Die strategische Planung begann die Improvisation als politische Tugend abzulösen. Dieser Weg vom „Goldenen Hirschen“ in der Hirschgasse, der eine kleine Arbeiterkammer darstellte, zur modenen Büroorganisation der Gewerkschaften und der Sozialversicherungsinstitute begann mit den Wahlrechtsreformen des frühen 20. Jahrhunderts. Die Arbeiter versprachen sich durch eine Vertretung im Parlament nicht nur eine bessere Möglichkeit, ihre Interessen durchzusetzen, sie fühlten sich vor allem dadurch als vollwertige Menschen akzeptiert. Auch die Linzer beteiligten sich an den Wahlrechtskämpfen dieser Jahre. Am 6. November 1905 fand eine Massendemonstration der Linzer Arbeiterschaft für die Einführung des allgemeinen Wahlrechts statt.

Aufgrund der massenhaften Proteste der österreichischen Arbeiter gegen das ungerechte Kurienwahlsystem, das die Besitzenden bevorzugte, kam es schließlich nach heftigen Auseinandersetzungen zur Gewährung des allgemeinen Wahlrechts für Männer.

1907 wurden erstmals Reichsratswahlen auf der Grundlage des allgemeinen Wahlrechts abgehalten. Linz wurde in drei Wahlkreise eingeteilt und die Wahlen nach dem Persönlichkeitswahlrecht ausgerichtet. Die Grenzen der Wahlkreise waren so gezogen, daß die Kandidaten der Arbeiterpartei benachteiligt waren. So wurde ein Arbeiterwohnhaus an der Donaulände aus diesen Gründen dem Wahlkreis III, zu dem auch Traun gehörte, zugeschlagen. Auch die noch heute existierenden Arbeiterwohnhäuser im Franckviertel wurden aus wahlgeometrischen Gründen „in die Wildnis“ gebaut. Trotz dieser Machenschaften gingen die Sozialdemokraten in die Stichwahl, da keiner der Kandidaten eine absolute Mehrheit erreichen konnte. Ihnen standen drei Vertreter der deutschnationalen Volkspartei gegenüber. Die Christlichsozialen hatten überall das Nachsehen. In dieser Situation geschah etwas sehr Entscheidendes, das einen Bruch der bisherigen Koalitionslinien bedeutete. Seit den sechziger Jahren des

In einer machtvollen Demonstration kämpften die Linzer Arbeiter 1905 für das allgemeine Wahlrecht.

19. Jahrhunderts, also fast ein halbes Jahrhundert, bestand zwischen katholischer Kirche bzw. Christlichsozialen auf der einen Seite und der Sozialdemokratie auf der anderen Seite ein unüberwindbarer Gegensatz. Falls die Sozialdemokratie die Zusammenarbeit mit einer bürgerlichen Partei wollte, dann immer mit den antiklerikalen Liberalen bzw. Deutschnationalen. Diese wiederum sahen ihren bevorzugten Koalitionspartner in den Christlichsozialen; das gemeinsame wirtschaftliche Interesse überwog eben. Auf Grund dieser Konstellation war die Ausgangssituation für die Sozialdemokratie aussichtslos. Die beiden bürgerlichen Parteien hätten ohne große Schwierigkeiten die Kandidaten des Kapitals durchgebracht. Bei den Christlichsozialen begann zu diesem Zeitpunkt aber Prälat *Hauser* dominant zu werden, der um einen

Prälat Hauser

Ausgleich mit den Arbeitern bemüht war und sich in der Ersten Republik großartige Verdienste um die Demokratie erwerben konnte. *Hauser* kommt das historische Verdienst zu, in seiner Partei durchgesetzt zu haben, daß man in der Stichwahl für die sozialdemokratischen Kandidaten votieren sollte. So kam es, daß zum ersten Mal und wohl auch zum letzten Mal in der Geschichte der vielen Wahlen, die die Stadt Linz in diesem Jahrhundert erlebte, der Klerus gechlossen für die Sozialdemokratie votierte. *Ottenbacher* schreibt: „Wir gingen als Wahlwerber in die klösterlichen Institute, dort war man schon informiert, daß rot gewählt werden sollte."

Das Ergebnis war sensationell. Alle drei Kandidaten der Sozialdemokratie *Weiguny, Spielmann* und *Gruber,* kamen in den Reichsrat. Der Jubel in den Betrieben war überwältigend. Noch Jahre nach den Ereignissen pflegte man sich mit dem Gruß „Alle Drei" zu grüßen.

ETABLIERUNG, NEUORDNUNG UND BASISDEMOKRATISCHE GEGENBEWEGUNGEN

Die Sozialdemokratie war innerhalb weniger Jahre zu einem machtvollen und bedeutsamen Faktor geworden. „Aus eigener Kraft" hieß die Losung dieser Jahre. Dieses schnelle Wachstum hatte jedoch nicht nur positive Folgen. Viele, die sich bislang abwartend verhalten hatten, sprangen nun auf den fahrenden Zug auf und traten der Sozialdemokratie bei. Der Eintritt in die Parlamente veränderte aber auch den Stil der Politik. Professionalisierung und Bürokratisierung waren die Konsequenzen – und auch die dazugehörenden Gegenbewegungen.

Auch hierzulande begannen sich Gruppierungen zu regen, die gegen die ihrer Meinung nach erstarrten Strukturen auftraten und nach unmittelbarer, direkter Beteiligung der arbeitenden Menschen am politischen Prozeß riefen. Dazu kam die mit dem Verlauf des Ersten Weltkrieges sich steigernde Ablehnung des Krieges. So bildeten sich auch in Linz gegen Ende des Ersten Weltkrieges Arbeiter- und Soldatenräte. Von erstaunenswerter Bedeutung ist aber, daß die Arbeiter- und

Richard Strasser

Soldatenräte nicht im Gegensatz und im Konflikt zur sozialdemokratischen Partei entstanden, wie in den meisten Teilen Österreichs. In Linz waren die führenden Exponenten der Rätebewegung in der Partei verankert. *Eduard Euller* wurde zum Vorsitzenden des Soldatenrates gewählt und *Richard Strasser* stand dem Linzer Arbeiterrat vor. Wie sehr die Linzer Sozialdemokraten bereit waren, die vorhin geschilderte Kritik ernstzunehmen, zeigt der Beschluß des Linzer Bezirksausschusses der Partei vom 14. November 1918, sich als Arbeiterrat zu konstituieren. Diese Linie verdeutlicht den Versuch, alle kritischen Strömungen zu integrieren. Die Politik der Räteexponenten um *Strasser, Kelischek* und *Baumgärtel* zielte auf die Integration aller kritischen Kräfte. Vor allem trachtete man ein Abgleiten vieler radikal eingestellten Arbeiter in die sich formierende kommunistische Partei zu verhindern.

Die Rätebewegung war in Linz ein machtvoller Faktor, an dem niemand vorbeigehen konnte. Ihre (illegalen) Anfänge reichen in das Jahr 1917 zurück. Schon bei ihrem ersten Auftreten, am 1. November 1918 – zu einem Zeitpunkt also, wo noch der Krieg im Gang war und der Kaiser noch glaubte, seinen Thron retten zu können –, kam es zu einer großen Demonstration. Angeführt von der Eisenbahner-Kapelle, zogen die Massen mit roten Fahnen vom Südbahnhof zum Rathaus und setzten durch, daß die bisherigen militärischen Gewalten ihrer Funktion entkleidet und an deren Stelle Soldatenräte gewählt wurden. Trotz Mahnung zur Besonnenheit ließen sich die Massen vom Vorsitzenden des Soldatenrates, dem gemäßigten *Euller,* nicht davon abhalten, die sofortige Freilassung der militärischen Gefangenen zu fordern; die Menge zog zur Schloßkaserne und setzte deren Freilassung durch.

Der anerkannte Historiker der österreichischen Rätebewegung *Hans Hautmann* schreibt über die Bedeutung der Linzer Rätebewegung: „Der Linzer Soldatenrat war in den ersten Revolutionswochen das einzig maßgebende und Autorität besitzende Exekutivgremium in der oberösterreichischen Landeshauptstadt: Er wählte seine Offiziere und sorgte für eine geregelte Löhnung und Verpflegung."

Sogar die Vertreter der bürgerlichen Parteien konnten nicht anders als den Räten zu hofieren. *Franz Langoth,* der spätere NS-Oberbürgermeister von Linz und Mitglied des Volksgerichtshofes, damals als Sicherheitsreferent Landeshauptmannstellvertreter, versprach die rechtliche Anerkennung der Soldatenräte. Diese Anerkennung entsprach keiner besonderen Vorliebe der Deutschnationalen für die Revolution, sondern war vielmehr Ausdruck eines realistischen Beurteilungsvermögens der Kräfteverhältnisse im Winter 1918/19.

Die Landesregierung und die Gemeindevertretung von Linz, noch auf der Basis eines ungerechten Wahlrechtes zusammengesetzt, spielten in diesen Monaten nur eine untergeordnete Rolle. Die Arbeiter- und Soldatenräte übernahmen gewissermaßen deren Funktion. Der Linzer Arbeiter- und Soldatenrat umfaßte 300 Mitglieder. Er wurde mehrheitlich von den Sozialdemokraten dominiert. Allerdings gehörten ihm auch Kommunisten und Mitglieder anderer linker Splittergruppen an.

Er fühlte sich nicht als Alternative zur parlamentarischen Republik, wiewohl er von seinen Mitgliedern und Gegnern aus den Reihen des rechten Flügels der Sozialdemokratie sowie der bürgerlichen Parteien gelegentlich als solche mißverstanden wurde. So heißt es in einer am 26. November 1918 auf Antrag des Sozialdemokraten *Euller* einstimmig beschlossenen Resolution: „Der Arbeiter- und Soldatenrat in Linz erklärt sich mit der Deutschösterreichischen Volksrepublik vollständig solidarisch und verpflichtet sich, reaktionäre Anschläge gegen dieselbe – mögen sie von welcher Seite immer ausgehen – mit allen ihm zu Gebote stehenden Mitteln auf das energischste zu bekämpfen und für die ruhige und normale Entwicklung des freien Volksstaates seine Kräfte einzusetzen."

Die Tätigkeit des Arbeiter- und Soldatenrates umfaßte eigentlich alle nennenswerten Aspekte des politischen, sozialen und wirtschaftlichen Lebens.

Die Hauptaufgaben der Räte bestanden in der Aufbringung und Verteilung von Lebensmitteln an die hungernde Bevölkerung. Die Aufbringung der Lebensmittel war alles andere als einfach. Häufig verwehrten sich die Bauern gegen eine Lieferung von Fleisch und Getreide. Dennoch gelang es in Oberösterreich dank der guten Kollaboration mit den staatlichen Organen, die Lebensmittelversorgung einigermaßen sicherzustellen. Besonders eng war hier die Zusammenarbeit mit dem sozialistischen Landeshauptmannstellvertreter *Josef Gruber,* der für die Ernährungsfragen in der Landesregierung zuständig war.

Eine andere wichtige Aufgabe war die Vergabe von Wohnungen. Der Arbeiterrat verhinderte in vielen Fällen die Delogierung mittelloser Personen und requirierte Wohnungen, um sie auf Bedürftige aufzuteilen. Neben diesen Tätigkeitsgebieten bestanden noch folgende Ausschüsse: Politischer Ausschuß, Sicherheitsausschuß, Sozialisierungsausschuß, Ausschuß für soziale Fürsorge, Verkehrsausschuß, Ausschuß für Schule, Volksbildung und Jugendfürsorge sowie der sehr wichtige Ausschuß für Brennmaterialien.

Die Tätigkeit war keinesfalls einfach. Wiederholt kam es auch zu Reibereien mit den hungernden und verarmten Bürgern. Bereits im Februar 1919 kam es zu Demonstrationen gegen den unerträglichen Lebensmittelmangel. Diese gingen im Verlauf der Aktion in Plünderungen und schwere Ausschreitungen über. So wurden die Geschäfte auf der Landstraße geplündert, die Polizei war machtlos. In dieser Situation griff der Arbeiter- und Soldatenrat ein und stellte mit Volkswehrkräften die Ruhe wieder her. Wenngleich es im Zuge dieser Aktion ein Todesopfer und mehrere Verletzte gab, konnte dennoch ein fürchterliches Blutvergießen verhindert werden.

Ein Jahr später, am 10. Mai 1920, kam es abermals zu ähnlichen Zwischenfällen. Ausgehend von einer von Kommunisten initiierten Demonstration verlangte die Menge die Freilassung von bei anderen Demonstrationen Verhafteten. Die Volkswehr, die wiederum anstelle der Polizei auf Verlangen des Arbeiter- und Soldatenrates als Ordnungskraft auftrat, drängte die Demonstranten auf den Hauptplatz zurück. Als ein Schuß fiel, eröffnete die Volkswehr das Feuer. Die Bilanz war schrecklich. Neun Menschen wurden getötet und 28 schwer verletzt.

Diese Vorfälle hatten natürlich weitreichende politische Konsequenzen. Es galt als erwiesen und war allgemein akzeptiert, daß kommunistische Elemente für den Ablauf der Ereignisse verantwortlich waren. Der rechte Parteiflügel, dessen Wortführer *Ernst Koref* war, forderte als Konsequenz den Ausschluß der Kommunisten aus dem Arbeiterrat, die zu diesem Zeitpunkt über zehn Prozent der Mandate verfügten. Als diese Vorstellung eine Mehrheit fand, legte *Richard Strasser* seine Obmannstelle zurück. Die Entscheidung wurde zwar rückgängig gemacht, die Rätebewegung hatte aber mit diesen Vorfällen den Zenit überschritten. Sie existierte zwar formal weiter, allerdings ging, wohl auch als Folge des Ablaufes der revolutionären Nachkriegsstimmung, ihr Einfluß schrittweise zurück. Die Gebietskörperschaften konnten parallel dazu ihren Einfluß systematisch erweitern.

1924 wurde der Arbeiter- und Soldatenrat auf Grund eines Beschlusses des Salzburger Parteitages der Sozialdemokratischen Partei formal aufgelöst. Er ging in den Republikanischen Schutzbund, die bewaffnete Wehrorganisation der Partei, über. Von dieser Veränderung war auch der Linzer Arbeiterrat *Richard Bernaschek* betroffen, der nunmehr zu einem wichtigen Funktionär des Schutzbundes wurde. Es ist nicht verfehlt, zu behaupten, daß die Tätigkeit im Arbeiterrat ihn und seine Genossen nachhaltig prägte. Sein Selbstbewußtsein und sein Autonomiebedürfnis, das ihn 1934 zu einer der zentralen Figuren der gesamtösterreichischen Arbeiterbewegung machen sollte, ist sicherlich auch auf die Zeit seines Mitwirkens in der Rätebewegung zurückzuführen.

DIE SOZIALDEMOKRATEN ALS STAATSTRAGENDE PARTEI

Die Schilderung der Umsturzjahre zeigt bereits die geänderte Rolle der Sozialdemokratie. Aus einer oppositionellen Kraft war ein Ordnungsfaktor geworden, ohne den die Stadt im Chaos versunken wäre. Bedeutsam war, daß dies von den breiten Massen akzeptiert wurde. Die Partei hatte sich nicht gegen die revolutionäre Grundstimmung gesetzt, sondern sie vielmehr ernst genommen und in politisch wirksame Bahnen gelenkt.

Die Sozialdemokratie war aber nicht nur die prägende Kraft im Arbeiterrat, sie ging auch aus den ersten allgemeinen Wahlen zum Linzer Gemeinderat als stimmenstärkste Partei hervor. Von den 60 zu vergebenden Mandaten konnte sie auf Anhieb 33 erreichen. Erster roter Bürgermeister wurde der Buchdrucker *Josef Dametz,* der schon zu *Weigunys* Zeiten eine wichtige Rolle gespielt hatte. Trotz mitunter unterschiedlicher Bewertungen der Bedeutung der einzelnen politischen Aktionsebenen ist es das Verdienst von Männern wie *Dametz,* die den Geist der Entstehungssituation noch kannten, darauf hingearbeitet zu haben, daß zwischen „parlamentarischer" und außerparlamentarischer Tätigkeit keine allzu großen Klüfte auftraten.

Die Sozialdemokraten wollten die gewonnenen Mehrheiten in den verschiedenen Gemeinden dazu einsetzen, diese zu Mustereinrichtungen auszugestalten. Der Sozialismus der Ersten Republik war auch ganz maßgeblich kommunaler Sozialismus. Das Vertrauen, das viele Menschen in die Sozialdemokratie zu setzen begannen, ist ganz wesentlich auf die kommunalpolitischen Leistungen sozialdemokratischer Gemeindepolitiker zurückzuführen. Für viele Menschen bedeutete dies eine ganz außerordentliche Verbesserung ihrer Lebensverhältnisse. Eine authentische Beschreibung der hauptsächlichen Aspekte gibt ein Tätigkeitsbericht der Landespartei aus den zwanziger Jahren, wo es u. a. heißt: „Meistens übernahmen unsere Vertreter die Agenden der sozialpolitischen Verwaltung wie Armenangelegenheiten, Fürsorgetätigkeit und Wohnungsangelegenheiten. Sie haben . . . im Interesse der Arbeiterklasse viel Leid gemildert, noch mehr aber Unrecht verhindert, das sonst über die Armen und Mittellosen von den Bürgerlichen verhängt worden wäre."

Die Erwartungen der mittellosen und ausgehungerten Menschen der Nachkriegszeit waren nicht einfach zu befriedigen. Dies lag einmal in den katastrophalen Versorgungsengpässen begründet. *Ernst Koref* beschreibt diese verheerende Situation in seinen Erinnerungen: „Die Ernährungsschwierigkeiten erreichten Höhepunkte, die aus den Tiefpunkten der Auslieferungen resultierten. Manchmal konnte nicht einmal mehr das Minimum der Lebensmittelkontingente zugewiesen werden: in dem damals noch betont-agrarischen Bundesland! Infolge Kohlenmangels mußte der Bahnverkehr stillgelegt werden. In den Wintermonaten gab es kein Heizmaterial, und die Menschen mußten jämmerlich frieren. Auch der Schulbetrieb konnte nur teilweise aufrechterhalten werden. Zeitweise betrug die Wurstquote pro Person und Woche 3 dkg. Die Eierversorgung versagte, Milch konnte nur noch für den Säuglingsbedarf zugeteilt werden, und Brot war zur erschütternden Mangelware geworden."

Es waren aber nicht nur diese Versorgungsschwierigkeiten, die es zu überwinden galt, es fehlte vor allem an rechtlichen Möglichkeiten. In der revolutionären Periode hatten die Arbeiter- und Soldatenräte einfach zur Selbsthilfe gegriffen und etwa Wucherern und Schleichhändlern die Güter abgenommen und sie verteilt. Nunmehr war wieder Normalität eingekehrt, die Herrschenden wieder fest in ihrem Sattel. Die Sozialdemokratie ging daran, Steuern und Abgaben mit besonderer Dringlichkeit den Besitzenden abzufordern. Der Landtag, der eine konservative Mehrheit aufwies, wollte sich allerdings mit einer zu großen Eigenständigkeit der Statutarstädte nur ungern abfinden. So wurde etwa eine von der Stadt Linz eingeführte

Bodenwertabgabe, die zur Finanzierung des Wohnbaues verwendet hätte werden sollen, vom Landtag verhindert.

Bitter beklagte sich der Landesparteivorstand in seinem Bericht an den Landesparteitag 1929 über die Probleme der Statutarstädte: „Ihre Abhängigkeit von einem Bauernlandtag machte ihnen viel zu schaffen...". Zusätzlich zu diesen Behinderungen kam der aus politischen Gründen die Gemeinden benachteiligende Finanzausgleich. Mit dem Abgabenteilungsgesetz wurden diese Veränderungen vollzogen und wären wohl noch drastischer ausgefallen, hätte nicht die Sozialdemokratie im Nationalrat heftig dagegen opponiert und sich der Städtebund vehement dagegen ausgesprochen.

Für Linz bedeutete dies, daß der kommunale Wohnungsbau dadurch fast völlig zum Erliegen kam. Deutlich ist dies heute noch in der Wimhölzelstraße im Franckviertel feststellbar. Dennoch gelang es der Stadtverwaltung zumeist in Zusammenarbeit mit gemeinnützigen Wohnbaugenossenschaften, eine Reihe von Wohnanlagen, so etwa in der Gegend um die Weißenwolffstraße oder im Franckviertel, fertigzustellen. Wenngleich sich die Bauten auch nicht mit denen des Roten Wien messen können – was vorrangig wohl in der finanziellen Situation begründet liegt – so weisen sie dennoch die gleiche Durchdachtheit und eine gewisse architektonische Bedeutsamkeit auf. Die städtische Baupolitik setzte auch bedeutsame Akzente im

Wohnanlage Wimhölzelstraße: Der soziale Wohnbau wird eine der bedeutendsten Errungenschaften der Sozialdemokratie.

Ausbau der sozialen Infrastruktur (Kindergärten und Mutterberatungsstellen, Volksküchen etc.) sowie im Schulbau. Ein sehr umstrittener Bau war die Diesterwegschule, die, nahe dem damals fast ausschließlich von Arbeitern bewohnten Franckviertel gelegen, von der bürgerlichen Opposition als überflüssig und unnütz betrachtet wurde. Die Diesterwegschule war ganz auf die Methoden der *Glöckel'schen* Reformpädagogik ausgerichtet und wies sogar einen eigenen Schulgarten auf. Dort sollten die Haupt-

Parkbad, 1. Republik – Die Körperkultur war ein zentraler Bestandteil sozialistischer Kulturpolitik.

schüler lernen, wie man durch eigenen Gemüseanbau den täglichen Speisezettel etwas bereichern könnte.

Der Leibesertüchtigung widmete man breiten Raum. Für die damalige Zeit sensationell war die Errichtung des Parkbades. Es war dies das erste öffentliche Hallenbad im Bundesland. Damit stellten die Sozialdemokraten anschaulich unter Beweis, daß ihr Kulturbegriff alle Lebensaspekte mit einschloß.

Die sozialdemokratische Bewegung war aber niemals nur eine Bewegung, die sich nur um die Gestaltung der Gemeindeverhältnisse bemüht hatte. Sie hatte seit ihrem Beginn ihr Augenmerk auf die Gestaltung der Reproduktions- sowie der Produktionssphäre gelegt, welche so miteinander verbunden waren, daß man in Österreich von Partei und Gewerkschaft gerne von siamesischen Zwillingen sprach. Wir wissen, daß Weiguny in seiner Person alle Organisationen vereinte. Er stand der Partei ebenso vor wie den Gewerkschaften. In der Gründerzeit der Arbeiterbewegung in Linz waren die dominierenden Gewerkschaften noch kleingewerblich geprägt. In der Ersten Republik hingegen dominierten bereits die großen Betriebe die Gewerkschaftsstruktur, besonders die Linzer Schiffswerft war gewissermaßen das Rückgrat der Gewerkschaftsbewegung. Neben dem Metallarbeiterverband waren vor allem die Eisenbahner von Bedeutung; sie sind untrennbar mit dem Aufstieg der Sozialdemokratie verbunden. Die Eisenbahnschienen waren es sozusagen, die den Sozialismus in jedes Dorf brachten. Eisenbahnerhochburgen waren immer zugleich Hochburgen der Sozialdemokratie.

Eine besondere Stütze erfuhren alle sozialreformerischen Bestrebungen aber 1921 durch die Gründung der Kammer für Arbeiter und Angestellte, die zu einem wahren Bollwerk der Arbeiterbewegung wurde. In wirtschaftlich bewegten Zeiten, die

Die Arbeiterkammer in der 1. Republik – Ausdruck der staatlichen Gleichberechtigung der Arbeiterklasse.

mit der Genfer Sanierung, die sich ausschließlich zu Lasten der arbeitenden Menschen auszuwirken begann, anbrachen, bildete die Arbeiterkammer einen wichtigen Rückhalt. Sie entwickelte sich zu einem Garanten der sozialen Errungenschaften.

DIE ENTWICKLUNG DER PARTEI

Die Rahmenbedingungen waren im Gegensatz zur Gründungssituation grundverschieden. Das allgemeine Wahlrecht garantierte gleiche Ausgangsbedingungen für alle Parteien. Die Arbeiterkammern und das Kollektivvertragsgesetz, das seit 1920 die Beziehungen zwischen Arbeitgebern und Arbeitnehmern regelte, garantierten, daß der Staat die Tatsache einer autonomen Arbeitnehmervertretung zu akzeptieren bereit war.

Aus den ehemals vaterlandslosen Gesellen waren Staatsbürger geworden. Es war tatsächlich eine „Neue Zeit“ angebrochen. Erstmals waren Arbeiter auch zum Genuß eines Urlaubs berechtigt und die Arbeitszeit war auf acht Stunden täglich reduziert (6-Tage-Woche). Diese Voraussetzungen führten dazu, daß die sozialdemokratische Bewegung eine bislang nicht gekannte organisatorische Blüte erlebte. Vielen Menschen bot die Sozialdemokratie nicht nur Kurzweil, sie gab ihrem Leben vor allem Sinn und Inhalt.

Mitglied der Bewegung zu sein bedeutete, sich auch im Alltäglichen von der bürgerlichen Umwelt zu unterscheiden. Von der Wiege bis zur Bahre bot die Bewegung Gelegenheit, sich im sozialistischen Sinn zu betätigen.

Um einen Einblick in die organisatorische Vielfalt zu geben, sei der Jahresbericht 1928 zu den erwähnten Partei-, Kultur- und Wirtschaftsorganisationen der Partei in Linz angeführt.

- Bezirksausschuß
- Kulturstelle des Landesbildungsausschusses
- Republikanischer Schutzbund
- Sozialistische Arbeiter-Jugend
- Lebensmittelmagazin und Spargenossenschaft
- Genossenschaftsbeirat der Betriebsräte
- Verband der sozialdemokratischen Gewerbetreibenden und Kaufleute
- Arbeiter-Turn- und Sportbund

- Freie Schule Kinderfreunde
- Touristenverein „Naturfreunde“
- Arbeitergesangsverein
- Arbeiter-Radiobund
- Ruderverein Donau
- Verband der Amateurfußballer
- „ARBÖ“ Motorfahrer
- Arbeiter Abstinentenbund
- Austria Laborista Liga Esperantista
- Arbeiter-Schachverein
- Arbeiter Feuerbestattungsverein „Flamme“
- Mieterverein
- Freidenker
- Verband der Arbeiter-Radfahrer

Dieses vielfältige Angebot macht deutlich, daß die Sozialdemokratie zum Staat im Staate geworden war, d. h. eine sozialistische Gegenwelt zur Welt des Bürgertums darstellte. Gerade die Bildungs- und Kulturarbeit der Sozialdemokratie zielte darauf ab, diese sozialistische Gegenwelt kulturell zu überhöhen. Die Bildungsarbeit hatte sich drei Schwerpunkte gesetzt:

- Parteipolitische Schulung
- Allgemeine Volksbildung
- Festkultur

Die politische Schulung diente der ideologischen Fundierung der Funktionäre und bewegte sich in den auch heute noch üblichen Bahnen. Allerdings war die Bedeutung für die Organisation größer. Es war der Regelfall, daß die Spitzenfunktionäre als Lehrer auftraten. So leitete etwa *Josef Gruber* höchstpersönlich ein wirtschaftsgeographisches Seminar, das als Vertiefung der Parteischule diente. Er machte es sich zur Aufgabe, die Ökonomie des Imperialismus anschaulich nachzuvollziehen und trat sogar mit einer Ausstellung an die Öffentlichkeit.

Die allgemeine Volksbildung, noch im Sinne der „ersatzweisen Elementar- und Fortbildungstradition“ der frühen Arbeiterbildungsvereine, wurde ebenfalls von der

Sozialdemokratie betrieben. Ganz besondere Verdienste erwarb sich dabei der Bildungsvorsitzende und Mittelschulprofessor *Ernst Koref.* Das Kursangebot war vielfältig und reichte von Kursen in Fremdsprachen (Englisch, Französisch, Italienisch, Russisch, Tschechisch) über solche in Deutsch oder Buchhaltung und Rechnungswesen bis hin zu Kursen im Aktzeichnen.

Die Glanzpunkte der Tätigkeit der Bildungszentrale stellten aber zweifellos die Hauptschulabschlußkurse (einjährig) und der Mittelschulkurs (vierjährig) dar, der mit Recht als Vorläufer und Vorbild der späteren Arbeitermittelschule angesehen werden darf.

Die Kulturarbeit erstreckte sich von der Vermittlung von Theaterkarten über die Gestaltung – heute kann man das wohl so nennen – „alternativer“ Filmabende einmal wöchentlich im Zentralkino bis hin zur Organisierung spektakulärer Kulturdarbietungen.

So veranstaltete man im Juni 1928 in Linz ein monumentales Weihefestspiel, „Flammen der Nacht“, welches von *Otto Stöber* verfaßt und von *Eduard Macku*

Weihefeste zogen die arbeitenden Menschen in Bann.

inszeniert worden war. Symbolischerweise wurde die „Figur des Lichtes“, wie es auch bei dem Vorbild mit *Spartakus* geschah, „von den Mächten der Finsternis“ ans Kreuz geschlagen.

Wie die Parteipresse und somit die Parteiöffentlichkeit dieses Ereignis aufnahm, ist für unsere Fragestellung von unmittelbarem Interesse. Das folgende Zitat aus dem Linzer Tagblatt gibt uns Aufschluß darüber. Es gestattet uns aber auch, das vorhin Dargelegte zu illustrieren und aus dem Munde eines „typischen“ Organs der österreichischen Sozialdemokratie bestätigen zu lassen. Wir wollen dieser Besprechung deshalb möglichst viel Platz einräumen: „In Linz, wohl auch in Österreich, zum ersten Male sahen wir ein Spiel jener Gattung proletarischer Theaterkunst, die wir vom sowjetischen Rußland her kennen, jene Massentheaterszenen des sogenannten ‚Proletkultes‘, die immer und immer wieder den Sieg des Sozialismus feiern. Nun ist das kein Vorwurf. Die Christen feiern durch ein Jahrtausend lang immer dasselbe Spiel vom Siege ihrer Ideen . . . in ihren Mysterienspielen, und ebensoviel wie den Christen die Erlösung durch den Heiland bedeutet den Sozialisten die Erlösung durch den Sozialismus . . . Vielen Tausenden Arbeitern war es ein Erlebnis. Sie sahen ihre aufblühende Macht, sie erlebten die Freude an einem großen Werke, das sie vollbracht. Das Erlebnis ‚Wir!‘ Wir sind das, wir haben das gemacht . . . das ist schon sehr viel.“

Ein großes Spektakel, bei dem es um die aktive Mittätigkeit der Arbeiter in den Betrieben ging, war die Aufführung einer sogenannten „Roten Symphonie". Es ist der einzige uns bekannte Versuch, die konventionellen Formen des Musikbetriebes zu ignorieren und die Arbeiter direkt an der Kunstausübung zu beteiligen. Nach einem von *Macku* und *Stöber* minutiös festgelegten Zeitplan ließen die verschiedenen Linzer Fabrik- und Schiffssirenen die Internationale „in einer wahren Symphonie der Arbeit" ertönen.

Ihren spezifischen Charakter ließ die Sozialdemokratie auch durch ihre Feste erkennen, die alljährlich nach dem gleichen Schema abliefen. Im März feierte man den Ausbruch der 1848er Revolution und den Frauentag, der 1. Mai war der bedeutendste Festtag, an dem nach Angaben der Partei zumeist fast ein Drittel der Linzer Bevölkerung teilnahm. Am Fronleichnamstag feierten die Kinderfreunde den Tag des proletarischen Kindes und die Naturfreunde den Tag der Blüten. Tausende Linzer sollen sich nach den Angaben der uns zur Verfügung stehenden Berichte daran beteiligt haben.

Der 12. November, der Tag der Ausrufung der Republik, wurde in ebenso festlicher Weise wie der 1. Mai alljährlich begangen. Interessant sind zweifellos auch die bewußt angelegten Parallelen zur Festkultur des Katholizismus. So veranstaltete *Korefs* Bildungszentrale eine Zeitlang jeden Sonntag im Landestheater eine sozialistische Morgenfeier, und die Kinderfreunde führten alljährlich Jugendweihen durch, die unschwer als Pendant zur Firmung zu erkennen sind.

Diese vielfältigen Aktivitäten und die ständige Vertiefung sozialistischer Vorstellungen sind sicherlich dafür verantwortlich, daß die Partei sich stetig entwickelte. Ganz im Gegensatz zum übrigen Oberösterreich, wo die sozialdemokratische Partei von 1922 auf 1931 von 70.000 Mitgliedern auf 40.000 schrumpfte, verringerte sich die Linzer Bezirksorganisation im gleichen Zeitraum nur von 14.000 auf 11.000 Mitglieder. Waren 1922 noch ca. 20 Prozent der oberösterreichischen Parteimitglieder Linzer, so waren es 1931 beinahe 30 Prozent.

Diese relative Konstanz wirkte sich auch bei den Wahlen aus. Der Sozialdemokratie gelang es, im Verlauf der gesamten Ersten Republik eine Mehrheit im Gemeinderat zu erreichen. Von 60 Mandaten hatten die Sozialdemokraten 1919 33, bei den Wahlen 1923 nur 30, also nur die relative Mehrheit, 1927 mit 32 Mandaten wiederum die absolute Mehrheit. Diesen Mandatsstand konnten die Sozialdemokraten auch bei den letzten freien Wahlen (1931) halten.

DIE ZERSTÖRUNG VON DEMOKRATIE UND WOHLFAHRT

Die Zeit der Ersten Republik war eine schwierige Zeit. Not und Armut waren die Regel. Die Herausforderungen waren schier unbewältigbar und die Perspektiven schienen trostlos. Niemand wollte an die Überlebensfähigkeit des Landes glauben, und die ökonomischen Eckdaten waren deprimierend. Wenn man weiß, daß 1937 die Industrieproduktion hinter der des letzten Friedensjahres 1913 zurücklag, dann kann man sich weitere Erläuterungen dieser Zusammenhänge ersparen.

Trotz dieser Perspektiven versank die Sozialdemokratie der zwanziger Jahre nicht in Defaitismus oder Apathie. Selbst ihre politischen Gegner zollten ihr Anerkennung für ihren unbändigen Optimismus. Die Sozialisten glaubten an die Veränderbarkeit der Umstände und an die Veränderungsmöglichkeit der Menschen. Die fast missionarische Zuversicht in die Verwirklichbarkeit der eigenen Programme war aber nicht dazu angetan, die politischen Gegner zu vereinnahmen. Die Klüfte in der politischen Landschaft waren unüberwindbar; die Stadt war genauso gespalten wie ganz Österreich. Die politischen Trennlinien verliefen quer durch die Familien, und

Kollaboration über die Lagergrenzen war nicht gefragt. Mitunter nahmen Konfrontationen zwischen Anhängern des sozialistischen und des bürgerlichen Lagers auch bedrohlichen Charakter an.

Dennoch wäre es töricht, die Zuspitzung der politischen Gegensätze, die 1933/34 zur Beseitigung der Demokratie führten, allein auf psychologische Hintergründe zurückzuführen. Wer meint, allein aus dem Vorhandensein von Militanz bereits die Schuldfrage, weshalb es zu Konflikten kam, klären zu können, der irrt. Politik ist zu vielschichtig, als daß sie sich auf eine moralistische Erklärung reduzieren ließe.

Die Auseinandersetzungen in der Ersten Republik gingen um mehr als nur um ideologische Fragestellungen. Hier ging es darum, das „Gleichgewicht der Klassenkräfte" *(Otto Bauer)* der Gründungssituation der Republik in eine Situation der bürgerlichen Vorherrschaft zu verkehren. Dies spielte sich auf dem Hintergrund einer ökonomisch prekären Situation ab: Sanierung, Verfassungsreform und Sozialabbau sind die Schlagwörter.

Die Ereignisse um den Brand des Justizpalastes am 15. Juli 1927, der Putschversuch *Pfrimers* 1931, die Ausschaltung des Parlaments im März 1933 und der 12. Februar 1934 markieren die Stationen auf dem Weg in die bürgerliche Diktatur. Um die Februarereignisse in Oberösterreich des Jahres 1934 besser zu verstehen, die ihre Dynamik aus der Linzer Lokalpolitik bezogen, ist es erforderlich, etwas näher auf die politischen Strukturen der Politik in Oberösterreich einzugehen.

Oberösterreich stand in vielerlei Aspekten diametral zur „Großen Politik" in Wien. Der demokratische Gründungsgeist der Republik wurde hierzulande bis zuletzt von den Verantwortlichen respektiert. Auch hat die Landesverfassung, die die Parteien zur Koalition „gezwunden" hat, diesen Geist der Zusammenarbeit begünstigt. Es gab eine von Gesamtösterreich deutlich unterscheidbare politische Kultur. Eine Szene aus den Kampfhandlungen am 12. Februar 1934 verdeutlicht das: Als die Polizei das Hotel Schiff, die Zentrale des Schutzbundes, umzingelt hatte, und der Kampf unmittelbar bevorstand, läutete *Richard Bernaschek* den Landeshauptmann *Dr. Josef Schlegel* auf, um mit ihm zu verhandeln. Dieser versprach zurückzurufen und tat es auch. Am anderen Ende der Leitung hob aber die Polizei ab, da *Bernaschek* bereits verhaftet war. Diese Szene zeigt allerdings auch deutlich die Grenzen eigenständiger oberösterreichischer Politik. Die Polizisten, die die Verhaftung von *Bernaschek* vornahmen, unterstanden nicht (mehr) der Weisungsbefugnis der Landesregierung. Der Landeshauptmann war zu diesem Zeitpunkt in einer völlig isolierten Position.

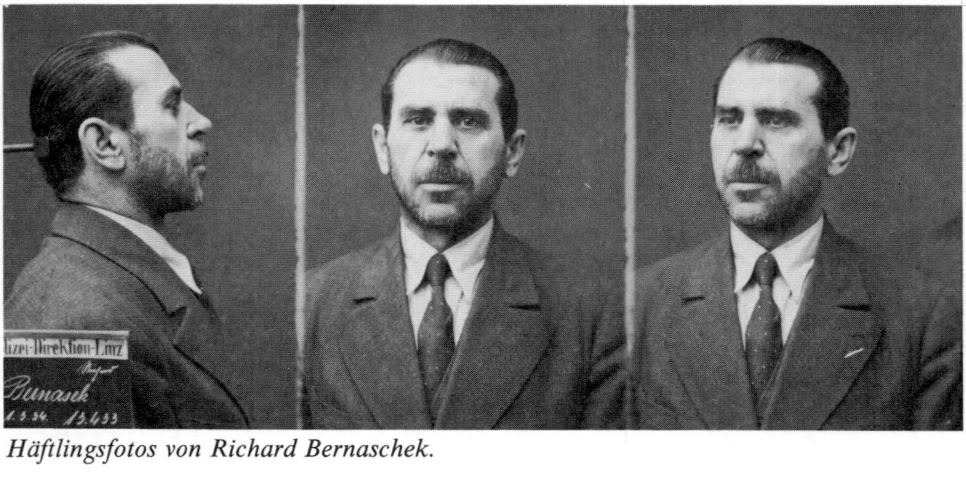

Häftlingsfotos von Richard Bernaschek.

Noch während der Juliereignisse 1927 sowie des *Pfrimer*-Putsches 1931 hatte derselbe Landeshauptmann die Kontrolle über die Ereignisse in seiner Hand. In beiden Fällen hatte er seine Befugnisse genutzt, um mit den anderen Parteien gemeinsam zu handeln. Diese Handlungsweise unterschied sich in beiden Fällen von der der Bundesregierung.

Deshalb gab es auch mit zunehmender Verschärfung des autoritären Kurses auf Bundesebene immer stärkere Kritik am politischen Kurs der Landesregierung. Durch Maßnahmen der Zentralstellen: Übernahme der Sicherheitsaufgaben in die Bundeskompetenz auf Betreiben des Sicherheitsministers *Fey* und durch gezielte Obstruktion auf Landesebene seitens einzelner oberösterreichischer Politiker, Heimwehrführer und nicht zuletzt des Bischofs *Gföllner,* konnte Oberösterreich „auf Linie" gebracht werden.

Die Christlichsoziale Partei stellte in Oberösterreich während der gesamten Ersten Republik die bestimmende Kraft in der Landesregierung dar. Ihre Politik wurde maßgeblich von den leitenden Landeshauptleuten Prälat *Johann N. Hauser* (1908 bis 1927) und *Dr. Josef Schlegel* (1927 bis 1934) dominiert. Die Partei wies keine einheitliche und systematische Organisationsstruktur auf, war vielmehr durch eine Vielfalt von unterschiedlichsten Gruppen und Strömungen gekennzeichnet. Besonders in der Spätphase der Republik war dies von Nachteil, da antidemokratische Gruppierungen wie die Heimwehren *(Starhemberg)* Druck ausüben konnten.

Josef Schlegel

Ernst Rüdiger Starhemberg

Besonders der Bischof *Johannes Maria Gföllner* vertrat eine extrem konservative Linie. Der Bischof hatte sich mit der neuen republikanischen Staatsform nie abgefunden und blieb Anhänger der Monarchie und der alten Ordnung. Ab 1930 griff er immer häufiger in die Politik ein. Etwa als er 1932 verbot, kirchliche Einrichtungen für parteipolitische Zwecke zu verwenden, die Heimwehren aber nachträglich davon ausnahm: „Diese seien nicht als parteipolitische Einrichtungen zu betrachten, sondern eine vaterländische Bewegung und Hilfsorgane der staatlichen Verwaltung." Die reaktionären Kreise in der Kirche, geführt vom Bischof, konnten schließlich auch, sozusagen als Auftakt zum 12. Februar, den katholischen Volksverein ausschalten. Im

Bischof Gföllner

Jänner 1934 verlangte der Bischof den Rücktritt des Volksvereinspräsidenten *Aigner*. *Leopold Kunschak,* der demokratische Führer der christlichen Arbeiterbewegung, meinte, daß damit „der christlich-sozialen Bewegung in Oberösterreich das Rückgrat gebrochen" wurde.

Die Sozialdemokratische Partei unterschied sich in ihrem organisatorischen Aufbau deutlich von der Christlichsozialen Partei. Ihre Struktur war jener der heutigen SPÖ ähnlich. Obwohl die SDAP eine von unten nach oben aufbauende Gliederung kannte, war sie alles andere als ein monolithischer Block. Im wesentlichen finden sich drei Tendenzen:

Der Gewerkschaftsflügel war auf Grund der vorwiegend agrarischen Struktur des Bundeslandes, des Fehlens einer bedeutenden Industrie nicht sonderlich stark und nicht in der Lage, der Partei das notwendige Rückgrat zu geben.

Der politische Flügel war in der Landespolitik tonangebend. Allerdings finden sich im Gegensatz zur Bundespartei kaum marxistische Strömungen. Das Sozialismusverständnis war vorwiegend humanistisch und mehr an *Ferdinand Lassalle* als an *Karl Marx* orientiert. Zum Großteil entstammten die Vertreter dieser Tendenz intellektuellen Berufen; sie haben das Gesicht der Partei entscheidend geprägt. Hier wären zu nennen der spätere Bürgermeister von Linz *Ernst Koref* oder *Franz Jetzinger*. Letzterer war ursprünglich katholischer Priester und stand den Deutschnationalen nahe, bevor er nach einer längeren Periode als Redakteur des Tagblattes zum Landesrat avancierte.

Eine dritte Tendenz hatte sich im Republikanischen Schutzbund organisiert. Viele seiner Führer waren bereits aktiv im Arbeiterrat tätig gewesen. Sie stellten schon damals ein gewisses aktionistisches Gegengewicht zu den politischen Mandataren der Partei dar. Die bedeutendste Figur war sicherlich *Richard Bernaschek*.

Die für die Schutzbundführung kennzeichnende Radikalität entsprang allerdings weniger einer ideologischen Reflexion. *Karl R. Stadler* hat *Bernaschek* treffend einen „Rebellen" genannt. Solche Rebellen, man ist geneigt zu sagen, Gerechtigkeitsfanatiker, hat es in unserem Bundesland schon immer gegeben. Diese Linie zieht sich von *Stephan Fadinger* über *Konrad Deubler* zu *Richard Bernaschek* und seinen Getreuen.

Trotz unterschiedlicher politischer Tendenzen in den einzelnen Parteien war es der Landesregierung bis in die dreißiger Jahre möglich, dieses Spektrum im Gleichgewicht zu halten. Erst die Einflüsse extremer Machtgruppen, des Bischofs und der Heimwehren, sowie ständige Interventionen der Bundesregierung hatten das ausbalancierte Kräfteverhältnis zerstört.

Als *Dollfuß* im März 1938 die Demokratie ausschaltete und mittels des 1917 eingeführten kriegswirtschaftlichen Ermächtigungsgesetzes mit Verordnungen zu regieren begann, gab es immer noch Bereiche, in denen die Demokratie fortlebte. *Dollfuß'* legalistisch angelegte Strategie konnte, obwohl auf Bundesebene bereits als Regierungsform etabliert, nicht die demokratisch gewählten Landtage und Gemeinderäte auflösen. Oberösterreichs Christlichsoziale versuchten lange dem Dollfußkurs entgegenzusteuern und die Sozialdemokratie nicht auszugrenzen. Bis in die Jännerwochen des Jahres 1934 hinein funktionierte in Oberösterreich die Demokratie. Dies war den Verfassungsbrechern in der Bundesregierung unangenehm; sie wollten die Doppelherrschaft beenden und für klare Verhältnisse sorgen.

Um ihre Ziele durchzusetzen, scheuten die reaktionären Kräfte, die normalerweise bei jeder Gelegenheit das Subsidaritätsprinzip und den Föderalismusgedanken auf den Lippen führten, nicht vor zentralistischen Maßnahmen zurück. Mit den unterschiedlichsten Methoden wurde die Autonomie der Länder und Gemeinden beschränkt. Es war jedes Mittel recht. Einmal drehte man den Geldhahn zu, um vor allem das rote Wien auszuhungern, ein andermal entzog man Kompetenzen oder erteilte verfassungswidrige Weisungen.

Besondere „Verdienste" erwarb sich dabei der „Bundesminister für die öffentliche Sicherheit", *Emil Fey.* Im Juni 1933 hatte er bereits den Landesregierungen alle Sicherheitskompetenzen entzogen und eigene Sicherheitsdirektoren eingerichtet. Damit wurde ein Prozeß abgeschlossen, der bereits nach den Juliereignissen 1927 begonnen hatte. Somit hatte *Fey* den Sicherheitsapparat in seiner Hand. Er machte von seinem Weisungsrecht regelmäßig Gebrauch und zermürbte durch gezieltes und provozierendes Waffensuchen systematisch die Kampfbereitschaft der bereits illegalisierten Schutzbündler.

Zu Beginn des Jahres 1934 war die Strategie voll aufgegangen. Obwohl eigentlich Faschingszeit war, konnte keine „Narrenstimmung" aufkommen, überall herrschte knisternde Spannung.

Die Heimwehren hatten begonnen, die letzten Bastionen der Demokratie unter Druck zu setzen. Es erschienen Delegationen, die von demokratisch gewählten Landeshauptmännern forderten, auf die Heimwehrvorstellungen einzugehen. So erschien am 6. Feber 1934 die oberösterreichische Heimwehrführung und forderte von *Schlegel* den Hinauswurf der „roten Bonzen" aus dem Landhaus und den Gemeindestuben. Die Landesregierung sollte durch einen „parteiunabhängigen" Landesausschuß ersetzt werden, dem zwei Heimwehrler und drei Mitglieder der Vaterländischen Front angehören sollten. Für die autonomen Städte Linz und Steyr forderte man die Einsetzung eines Regierungskommissärs „einvernehmlich mit der Heimwehr". Ähnliches sollte auch anderen „politisch belasteten" Gemeinden widerfahren.

Der Landeshauptmann verwies darauf, daß er auf die Verfassung einen Eid geleistet habe und nicht daran denke, diesen zu brechen. Er empfing auch Delegationen der Deutschnationalen und der Sozialdemokraten, die ihn zur Verfassungstreue aufforderten. Die Sozialdemokraten betonten, daß ein Eingehen des Landeshauptmannes auf die Forderungen des Heimatschutzes für sie den Anlaß darstellen würde, bei dem „sie mit der entschiedensten Verteidigung der verfassungsmäßigen Einrichtungen im Lande einsetzen müßten". *Richard Bernaschek* machte den Ernst der Situation deutlich: „Ich bin entschlossen, alles zu wagen ... Bevor ich in Österreich in Schmach

Weltweite Bedeutung erlangte das Hotel Schiff als Ort des Beginns der Februarkämpfe.

und Schande lebe, werde ich die Freiheit mit dem Einsetzen meines Lebens verteidigen."

Am 12. Februar 1934 machte *Bernaschek* Ernst: er gab den Anstoß zum Aufstand der österreichischen Arbeiter.

Linz gab also der demokratischen Welt das Zeichen, daß Faschismus und Diktatur keineswegs das unvermeidliche Schicksal bedeuteten, um aus der gigantischen Weltwirtschaftskrise der zwanziger und dreißiger Jahre herauszukommen. Auch das Scheitern der Vorstellung der Februarkämpfer, notfalls mit den Mitteln der Gewalt Demokratie und Freiheit zu bewahren, schmälert nicht das historische Verdienst. Der 12. Februar 1934 bildet den Auftakt zu einer Serie von Freiheitskämpfen gegen Nazismus und Faschismus bis hin zu den nationalen Befreiungskämpfen der unmittelbaren Gegenwart.

VERFOLGUNG UND WIDERSTAND

Der Februaraufstand war gescheitert. Die Kämpfe in Linz hatten insgesamt 13 Todesopfer gefordert. Die Zahl der Verletzten läßt sich heute nicht mehr exakt feststellen. Hunderte Schutzbündler wurden inhaftiert, vielen gelang die Flucht in die benachbarte Tschechoslowakei. Die Oberösterreicher waren großteils im Lager Zbraslav interniert, von wo aus viele dann zu den internationalen Brigaden auf der Seite der spanischen Demokratie gegen *Franco* in den Kampf zogen.

Dieses Regime des österreichischen Ständestaates kannte bei der Verfolgung der sozialistischen Funktionäre keine Unterschiede. Nicht nur die aktiv an den Kampfhandlungen Beteiligten wurden in Haft gesetzt, sondern alle prominenteren Funktionäre von Partei, Gewerkschaft und Nebenorganisationen.

Ernst Koref etwa, der versucht, hatte, *Bernaschek* und seine Getreuen von Kampfhandlungen abzuhalten, wurde 150 Tage unschuldig festgehalten. Ein interessantes Detail am Rande: Sogar der christlich-soziale Landeshauptmann *Dr. Josef*

Schlegel wurde seines Amtes enthoben und durch den regimetreuen *Dr. Heinrich Gleißner* ersetzt.

Viele Gefangene beklagten sich über die brutale Behandlung durch die Polizei. So heißt es in einer Zuschrift an die illegale Arbeiterzeitung im Jahr 1935: „Bei der Linzer Polizei wurden die politischen Gefangenen bis in die jüngste Zeit hinein regelmäßig geprügelt ... In den Zellen herrscht fürchterliche Unreinlichkeit und Gestank, es wimmelt von Wanzen, Flöhen und Läusen. Will einer nicht gestehen, was man von ihm verlangt, so wird ihm einfach die Kost entzogen ...“

Die Bilanz der Austrofaschisten war deprimierend. Sie hatten Hunderten die bürgerliche Ehre geraubt, sie gedemütigt und über die Familien der Gefangenen Elend gebracht. Das austrofaschistische Regime brachte es zuwege, daß beinahe jeder Funktionär die Gefängniszelle von innen kennenlernte.

Dennoch gab es immer wieder Sozialdemokraten (meist die Älteren) und die jugendlichen Revolutionären Sozialisten (RS), die sich durch diese Unterdrückungsmaßnahmen nicht einschüchtern ließen. Der Widerstand war vielfältig und hielt die gesamte Zeit des Ständestaates an. Die bedeutsamste Tätigkeit lag sicherlich in der Verbreitung illegaler Schriften. So berichten die Gerichtsakten immer wieder von der Beschlagnahme der in Brünn hergestellten und über die Mühlviertler Grenze nach Linz geschmuggelten Arbeiterzeitung, von Büchern und Broschüren, wie *Otto Bauers* „Der Aufstand der österreichischen Arbeiter“, oder von Lichtbildern von Hingerichteten.

Es versteht sich, daß bei diesen Schmuggel- und Vertriebsaktionen die Eisenbahner eine hervorragende Rolle spielten. Diese verfügten nicht nur über ideale technische Möglichkeiten, Schriften illegalen Inhalts über das ganze Land zu verbreiten, sie waren wohl auch als eine politisch äußerst bewußte Berufsgruppe anzusehen, die sich dadurch schon in der Ersten Republik den Haß des bürgerlichen Lagers zugezogen hatten. Die Mehrheit der Eisenbahner stand auch in Zeiten der Verfolgung treu zu jener politischen Kraft, der sie ihren bescheidenen sozialen Standard verdankte.

Vor allem auch an der Unterstützung notleidender Familien von Inhaftierten waren die Eisenbahner beteiligt. Häufig mußten Geldbeträge aus dem Ausland, das mit den österreichischen Demokraten solidarisch war, übernommen und an die Adressaten im Inland weitergeleitet werden. Neben den englischen Quäkern, dem Internationalen Gewerkschaftsbund und der Sozialistischen Arbeiter-Internationale waren es vor allem die Schweizer Arbeiter, die sich um ihre österreichischen Genossen kümmerten. In Linz hielten diese Kontakte bis weit in die Zweite Republik hinein.

Neben diesen internationalen Hilfsaktionen, die teils legal, teils illegal operieren mußten, gab es die Rote Hilfe der Kommunisten, die sehr bedeutsam war und vielen helfen konnte.

Die Sozialistische Arbeiterhilfe entwickelte hingegen nicht nur eigene Aktivitäten, sondern kümmerte sich vor allem auch um die Lenkung jener Tätigkeiten, die aus Rücksichtnahme auf die Weltöffentlichkeit nicht verboten worden waren.

Wie kleinlich das Regime war, zeigt, daß sich nicht nur Hilfsleistungen am Rande der Illegalität bewegten, sondern daß sogar jegliche gesellige Zusammenkunft ehemaliger Sozialdemokraten, wo man sich gegenseitig Mut machen konnte, der geheimpolizeilichen Observierung unterlag. Sonntagsausflüge in den benachbarten Kürnberger Wald erregten ebenso die Aufmerksamkeit der polizeilichen Organe wie die Tatsache, wer mit wem wie oft über die Landstraße promenierte oder am Hauptplatz für einen Tratsch innehielt.

Trotzdem kam es auch immer wieder zu Streuzettelverteilungen oder zu anderen Aktivitäten, die darauf aufmerksam machen sollten, daß es die Sozialdemokratie noch gab. Besonderes Aufsehen erregte in den Wochen nach den Februartagen der Schlosser *Alois Essl* aus der Linzer Schiffswerft, als er eines Nachts auf dem Fabriksschlot der Schiffswerft die rote Fahne hißte. *Koref* meint: „Was diese mutige Tat damals seelisch für uns alle bedeutete, kann sich heute niemand mehr recht vorstellen. In Linz bildete dieses Ereignis das Gespräch des Tages."

Die Bedingungen waren schwierig und erfordertden viel Mut. In einigen Fällen kam es auch zu Verhaftungen. Der spätere Bürgermeister *Theodor Grill* wurde beim großen Wiener Sozialistenprozeß im März 1936, bei dem auch *Bruno Kreisky, Franz Jonas, Franz Rauscher, Otto Probst, Anton Proksch* u. v. a. angeklagt waren, zu zwölf Monaten schweren Kerkers verurteilt. *Grill* war lange Zeit sogar der Gefahr ausgesetzt, wie die anderen Hauptangeklagten zum Tode verurteilt zu werden. Eine eindrucksvolle internationale Protestaktion hatte aber das Regime nachsichtig gestimmt, da es sich zum Zeitpunkt des Prozesses auf Grund des Abrückens *Mussolinis* in einer international isolierten Position befand.

Auch in Linz war es in diesem Zusammenhang zu einem, allerdings nicht öffentlichen, Prozeß gekommen, bei dem *Ignaz Böhm,* der spätere Bezirkssekretär von Linz, *Fritz Dametz,* der Sohn des seinerzeitigen Bürgermeisters, und *Josef Schiefermayr,* ein ehemaliger Kinderfreundesekretär, wegen der Verbreitung illegaler Schriften angeklagt waren. Die Strafen fielen relativ milde aus und wurden dann vom Oberlandesgericht Wien auf fünf Monate für *Böhm* und je sechs Monate Kerker für die beiden anderen erhöht. Ein anderer Prozeß betraf den Welser *Karl Mischka,* der mit *Ferdinanda Flossmann,* der ehemaligen Linzer Abgeordneten, in enger Verbindung stand. Mit ihm waren auch andere RSler angeklagt. *Mischka* wurde am 11. Juli 1935 zu neun Monaten Kerker verurteilt, während seine Mitarbeiter mit Verwaltungsstrafen davonkamen.

Es ist schwer, anzugeben, wie viele Menschen im Widerstand aktiv waren, da darüber aus verständlichen Gründen keine Aufzeichnungen geführt wurden. Daß die Menschen sich den Sozialismus nicht austreiben ließen, zeigt ein Bericht aus der illegalen Arbeiterzeitung über die Trauerkundgebung für den früheren sozialdemokratischen Bürgermeister *Eduard Euller* am 15. November 1935. Mehr als 4000 Menschen hatten sich im Linzer Krematorium eingefunden. *Ernst Koref* hielt die Trauerrede, die vorher von der Polizei zensuriert worden war. Die Arbeiterzeitung: „Aber wenn man ihnen auch das Wort verwehrt – selbst aus der stummen Trauer der versammelten Arbeiter sprachen Treue und Trotz. Ihre Anwesenheit bewies es: auch Linz bleibt rot."

Die ständige Verfolgung und dauerhafte Mißachtung der Menschenwürde durch das ständestaatliche Regime, die systematische Ausgrenzungspolitik, die es betrieb, hatten vor allem den Effekt, daß die Arbeiter dem Regime mit einem unversöhnlichen Haß gegenüberstanden.

Es soll in diesem Zusammenhang auch auf einen tragischen Aspekt eingegangen werden, der sicherlich nicht zu den Ruhmesblättern der Geschichte der Sozialdemokratie gehört. Die geschilderte Behandlung der Arbeiterbewegung und die verfehlte Wirtschaftspolitik des Ständestaates („Alpendollar", Hartwährungspolitik etc.), die zu einer unüberwindbaren und gigantisch hohen Arbeitslosigkeit geführt hatten, machen es zwar nicht verständlich, aber nachvollziehbar, daß eine nicht unbeträchtliche Anzahl von Sozialdemokraten sich den ebenfalls gegen das Schuschnigg-Regime kämpfenden Nationalsozialisten anschloß.

Geradeheraus formuliert: Für manche, politisch wenig gefestigte ehemalige Sozialdemokraten hieß die Losung: Wenn schon eine Diktatur, dann eine solche, die die Menschen auch ernähren kann. Das Verbrechen bestand aber nicht darin, daß sich die Menschen hatten irreführen lassen, sondern daß man ihnen keine Möglichkeit offenließ und sie den Nazis in die Hände trieb. Sogar politisch so gefestigte Personen wie *Richard Bernaschek* der am 12. Februar 1934 der ganzen Welt unter Beweis stellte, daß man für die Demokratie auch kämpfen muß, gehörte zu jenen, die sich kurzfristig

Verhaftete Magistratsbedienstete im Alten Linzer Rathaus am 12. Februar 1934.

(zwei Monate) von der NS-Demagogie blenden ließen. Gemeinsam mit den Mitgliedern der ehemaligen Linzer Schutzbundleitung *Huschka* und *Schlagin* war *Bernaschek* am 5. April 1934 unter Assistenz der Nationalsozialisten in das Deutsche Reich geflüchtet. Die spektakuläre Flucht sorgte für heillose politische Verwirrung. *Bernaschek* selbst drückte sich bei verschiedenen Anlässen durchaus widersprüchlich darüber aus. Die Nationalsozialisten versuchten die Tatsache, daß sie die Helden des Februar bei sich aufgenommen hatten, propagandistisch auszuschlachten.

Es gelang ihnen zwar nicht, *Bernaschek* zu sich hinüberzuziehen, dennoch ließ sich dieser auf ein Zweckbündnis ein. Einerseits war er, wie er in einer Rechtfertigung seines Münchner Aufenthaltes schrieb, angetan von der Beseitigung der Arbeitslosigkeit, der Sozialpolitik und der Verbesserung der sozialen Lage der Bauern. Andererseits wollte er aber die Selbständigkeit der Sozialdemokratie erhalten. Da in Österreich aber nicht die Wahlmöglichkeit zwischen Sozialismus und Faschismus bestand, sondern nur zwischen Austrofaschismus und Nationalsozialismus (*Bernaschek* verglich dies mit einer Stichwahl in vergangenen Zeiten), verstieg er sich zur Behauptung: „Im ersten Wahlgang geschlagen, blieb nur die Wahl der Qual. Entweder auszuscheiden oder auf die nächste Wahl zu hoffen, oder jenem politischen Gegner die Stimmen zu geben, der unserem Programm am nächsten stand ... Das Programm der Nationalsozialisten steht uns näher.“

Bernaschek erkannte bald, spätestens nach der Säuberung der SA durch die Liquidierung *Röhms* und seiner Gefolgschaft, daß er sich geirrt hatte, und er kehrte Deuschland und damit auch der Idee von einem Zweckbündnis mit den Nazis den Rücken. In einem Flugblatt, das die Revolutionären Sozialisten im Sommer 1935 zur Verteilung brachten, heißt es: „Als ich mich bei der Landesleitung Österreich der NSDAP verabschiedete, erklärten wir einander in aller Offenheit, daß wir als scharfe politische Gegner scheiden. Ich habe Deutschland als Marxist betreten und als Marxist verlassen und bin überzeugt, daß die österreichische Arbeiterklasse die *Dollfuß*-Diktatur nur aus eigener Kraft stürzen kann."

Für die Entwicklung in Oberösterreich ist der Fall *Bernaschek* von grundsätzlicher Bedeutung, zeigt er doch, wie schwer es selbst für politisch Geschulte und Eingeweihte gewesen ist, das Wesen des Nationalsozialismus zu durchschauen. Der Jubel, der im März 1938 *Adolf Hitler* umbrandete, ist somit vielleicht leichter erklärbar. Der überwiegende Teil der Bevölkerung, die Angst vor der Arbeitslosigkeit im Nacken und Jahre der Entbehrung hinter sich, ließ sich blenden. Nur die, die die Zusammenhänge wußten, blieben standhaft. Der Nationalsozialismus war ebenso eine Diktatur wie der Ständestaat. Allerdings war er „effizienter" und rigoroser.

Die Nazis waren auf die Machtergreifung bestens vorbereitet. Einmal waren die Polizeidienststellen schon während des Ständestaates von Parteigängern durchsetzt worden, so daß man nach der Okkupation gleich weiterarbeiten konnte. Außerdem hatten die illegalen Nazis mit illegalen Sozialisten und Kommunisten in den Gefängnissen des Ständestaates eingesessen und damit auch die persönlichen Ambitionen und Schwächen ihrer späteren Gegner kennengelernt. Es war ein Leichtes, diese Informationen zusammenzufassen und potentiellen Widerstand im Keime zu ersticken.

Die Personen, die auf Listen vermerkt waren, wurden rund um die Uhr observiert und im Falle politischer Aktivität bzw. zu bestimmten für das Regime wichtigen Zeitpunkten präventiv festgenommen. Es ist heute sehr schwer, den Widerstand, der sich nach anfänglichem Schock auch in der „Heimatstadt" des Führers wiederum zu entfalten begann, eindeutig politischen Gruppierungen zuzuteilen. In einer Zeit, wo es um das nackte Überleben ging und jede Aktion gegen das Regime lebensgefährlich war, hatte man Wichtigeres zu tun, als parteipolitische Etikettierungen zu überlegen.

Dennoch fällt auf, daß der kommunistische Widerstand quantitativ wesentlich größer war als der sozialdemokratische. Dies hat mehrere Ursachen. Einmal waren nach der Niederlage des Februar 1934 viele Schutzbündler und Sozialisten aus Enttäuschung über ihre eigene Partei zu den Kommunisten abgewandert. Die Partei selbst war bereits seit 1933 illegal und hatte schon den neuen Bedingungen entsprechende Strukturen aufgebaut. Zum anderen hatte die RS-Zeitung nach dem Einmarsch die Order gegeben, sich für die nächsten Monate jeglicher Widerstandstätigkeit zu enthalten, um ihre Kader nicht unnötig zu gefährden. Zudem dürfte die Gestapo in jenen Fällen, wo eine Zuordnung zu einer politischen Richtung nicht so leicht möglich war, immer die Etikettierung kommunistisch vorgezogen haben. Diese bot den Verfolgern den Vorteil, so *Helmut Konrad*, den Vorwurf des Hochverrates zu erheben, „da die KPÖ anstrebte, mit Gewalt ein zum Reiche gehöriges Gebiet vom Reich loszureißen". Ganz im Gegensatz zur Sozialdemokratie, deren Anhänger nach wie vor von der Notwendigkeit einer gesamtdeutschen Revolution ausgingen, vertraten die Kommunisten die Forderung nach einer österreichischen Eigenstaatlichkeit.

Die erst während des Dritten Reiches etablierte Großindustrie hatte auch einen soziologischen Effekt. Viele Arbeiter und Angestellte waren erstmals in der Industrie tätig. Ein beträchtlicher Teil war aus der ländlichen Umgebung der Stadt, vor allem aus dem Mühlviertel, nach Linz übersiedelt und pendelte täglich in die Industriebetriebe. Die Arbeiterschaft der vierziger und frühen fünfziger Jahre blieb noch lange politisch und kulturell in ihrer frühen Umgebung verwurzelt und entwickelte noch kein der Großindustrie entsprechendes politisches Bewußtsein.

Erst nach der Moskauer Deklaration 1943 schwor sich auch die Sozialdemokratie einheitlich auf die Eigenstaatlichkeit Österreichs ein. Der Widerstand, der bis zum Wendepunkt des Krieges eher auf das Zusammenhalten der Kader und gelegentliche Schwerpunktaktionen beschränkt blieb, begann nun um sich zu greifen. Die Alliierten

Brutal nehmen die NS-Machthaber von der Arbeiterkammer Besitz.

hatten in diesem Dokument den Österreichern wissen lassen, daß die Behandlung eines wieder herzustellenden Österreich auch davon abhängig sei, inwieweit sie sich am Widerstand gegen das Hitlerregime beteiligten. Widerstand war somit Pflichterfüllung im Sinne Österreichs.

Gerade in den Rüstungsbetrieben und in den Verkehrsbetrieben kam es immer wieder zu Widerstandsaktivitäten. Die Gestapo ging mit aller Härte vor. So wurden in den Hermann-Göring-Werken monatlich Arbeiterinnen und Arbeiter, mit deren Leistung man unzufrieden war, wegen „Vertragsbruches" verurteilt. Wegen unerlaubten Fernbleibens von der Arbeit konnte man ohne weiteres gleich einige Monate Gefängnis ausfassen.

Immer wieder zeigte sich, daß jene, die die Unzufriedenheit mit derartigen Maßnahmen schürten und auf die Aussichtslosigkeit und Sinnlosigkeit des Krieges hinwiesen, zumeist schon in der Zeit vor 1934 Sozialdemokraten waren. So wurde etwa der Hilfsarbeiter *Stefan Raubausch,* der ein Mitglied der seinerzeitigen Freien Gewerkschaften gewesen war, vom Volksgerichtshof (dem auch der SS-Oberbürgermeister *Langoth* angehörte) am 26. November 1943 wegen „systematisch defätistischer" Reden zum Tode verurteilt. Im Zuge der 1985 erfolgten Umbenennung der Langothstraße tauchten eine ganze Reihe derartiger tragischer Fälle auf.

Noch ist die Widerstandsforschung noch nicht so weit fortgeschritten, daß ein exakter und abschließender Überblick über die Vorfälle und Ereignisse dieser Jahre gegeben werden kann. Die Zahl der Opfer war hoch, und ihre Verbrechen bestanden darin, sich für ein freies und vor allem demokratisches Österreich eingesetzt zu haben. Die Eisenbahnergewerkschaft beklagte allein im Direktionsbezirk Linz 17 Kollegen, die aus politischen Gründen während der Naziherrschaft zu Tode kamen.

Mit besonderer Brutalität und Grausamkeit gingen die Nazis aber in den letzten Monaten ihrer Herrschaft gegen die Kader der illegal wirkenden Freiheitsbewegung vor. Der Gauleiter von „Oberdonau“, *August Eigruber,* verfügte persönlich, alle unwilligen Kräfte, soweit man ihrer habhaft werden konnte, zu liquidieren. Im September 1944 wurden etwa 150 Demokraten festgenommen und entgegen sonstiger Gewohnheiten direkt ins Konzentrationslager Mauthausen eingewiesen, wo sie entsetzlich behandelt wurden. Nur wenige überlebten die unsäglichen Qualen. Buchstäblich in den letzten Tagen des Dritten Reiches, zu einem Zeitpunkt, als in Wien bereits *Karl Renner* provisorisch die Staatsgeschäfte übernommen hatte, wurden die letzten Mitglieder ermordet.

Richard Bernaschek, der Rebell, der Sozialdemokrat, der sein Leben lang mit dem Einsatz seiner ganzen Existenz für die Entrechteten und Unterdrückten gekämpft hatte, wurde am 19. April 1945, nachdem man ihn psychisch und physisch kaputtgemacht hatte, mit einem Genickschuß meuchlings getötet.

AM ANFANG WAR DAS ENDE

Die österreichische Bevölkerung war in diesem Jahrhundert zweimal mit den Auswirkungen eines Weltkrieges konfrontiert worden. In beiden Fällen waren die Bedingungen grundverschieden. Hatten die arbeitenden Menschen maßgeblichen Anteil daran, daß der Erste Weltkrieg beendet wurde, so war die Beendigung des Zweiten Weltkrieges nicht von der Entwicklung in der Heimat abhängig, vielmehr Ausdruck der militärischen Kräfteverhältnisse. Waren am Ende des Ersten Weltkrieges die arbeitenden Menschen voll von freudiger Hoffnung auf eine unmittelbar anbrechende neue Zeit, so herrschte 1945 eine tiefgehende apathische Grundstimmung. „Niemals mehr Politik“ und „Ohne mich“ hießen die Losungen der Nachkriegszeit. Zu grundverschieden waren die Voraussetzungen, als daß sich Gemeinsamkeiten hätten zeigen können.

Auch wurde der Zweite Weltkrieg nicht an fernen Fronten beendet, sondern mitten in der Heimat. Die Städte waren zu Schlachtfeldern geworden. Besonders Linz mit seiner in der NS-Zeit errichteten Eisen- und Stahlindustrie wurde zum „target“ der amerikanischen Langstreckenbomber, die im Winter 1944/45 insgesamt 22mal von Foggia mit ihrer tödlichen Last aufbrachen. Infolge der ungenauen Treffsicherheit der aus großer Höhe durchgeführten Bombardementes kam dabei häufig die Zivilbevölkerung zu Schaden. Mehr als 1700 Linzerinnen und Linzer fanden dabei den Tod. 20.000 Menschen wurden obdachlos. Die Angst und der Wunsch, sich aus allem herauszuhalten, beherrschte daher die Stimmung der Menschen. Die Machthaber hatten, als die Front immer näher an die Stadt heranzurücken begann, sich in Panikreaktionen geflüchtet und versucht, alles nur erdenklich Mögliche zu unternehmen, um das Blatt des Kriegsverlaufs nochmals zu wenden. Greise und Kinder wurden in Uniformen gesteckt und auf den Hügeln und in Linz in Stellung gebracht. Die Alliierten richteten sich auf eine schwierige Herausforderung ein und ordneten den Einsatz von 500 Bombern an, die bereits startbereit in Bayreuth auf ihren Einsatz warteten.

Hatten die NS-Machthaber noch ohne Bedenken die Stadt unter dem Einsatz von Kindern und Greisen im Häuserkampf zu verteidigen erwogen, so bestand nunmehr dadurch die schreckliche Aussicht, der Stadt durch eine starre Haltung ein ähnliches Schicksal wie Dresden zu bescheren.

Doch Oberbürgermeister *Franz Langoth* machte sich schließlich auf den Weg und bot den Amerikanern die kampflose Übergabe der Stadt an. Dadurch hatte *Langoth,* der als Mitglied des Volksgerichtshofes an der Verhängung der Todesstrafe gegen Widerstandskämpfer mitgewirkt hatte, immerhin Vernunft und Courage bewiesen und der Stadt ein fürchterliches Schicksal erspart.

Der Übergang auf die demokratische Verwaltung ging nunmehr ohne Schwierigkeiten vor sich. Langoth selbst, obwohl er von den Amerikanern zunächst im Amt belassen worden war, ordnete an, daß sich am 8. Mai 1945 morgens, also an jenem Tag, an dem Deutschland kapitulierte, alle Magistratsbeamten im Rathausfestsaal zu versammeln hatten. Dort übergab er die Amtsgeschäfte an *Ernst Koref.*

Unter diesen etwas verwirrenden Umständen hielt die Demokratie Einzug. Es waren immerhin mehr als elf Jahre gewesen, in denen die Sozialdemokratie verboten war, ihre Funktionäre verfolgt, einige sogar zu Märtyrern für die sozialistische Idee geworden waren. Schon zu Zeiten, als sich abzeichnete, daß das Dritte Reich zu Ende ging und die Machthaber entschlossen waren, mit ihrem Sturz die gesamte Stadt in den Abgrund zu reißen, hatten sich die Übriggebliebenen zusammengefunden, um gemeinsam mit den ehemaligen Christlichsozialen, die sie während des Ständestaates verfolgt hatten, das Ärgste zu verhindern.

So konnten dank dem Einsatz mutiger Männer die bereits angeordneten Sprengungen der Nibelungenbrücke, des Senders am Freinberg und vor allem der Eisenwerke verhindert werden. Die sich heimlich in den verschiedenen Wohnungen treffenden Mitglieder der illegalen Freiheitsbewegung hatten sich auch bereits Gedanken über den Wiederaufbau der demokratischen Institutionen gemacht. Die Sozialdemokraten pflegten sich im hinteren Teil der Greißlerei ihres Parteigängers *Dr. Alois Oberhumer* in der Scharitzerstraße 16 zu treffen. Hier wurde die Sozialistische Partei wiederbegründet. So wie schon einmal in ihrer Geschichte war die Partei ihren Weg aus den Hinterzimmern in das Rathaus angetreten.

Noch nie war die Sozialdemokratie vor so unüberwindbar scheinenden Schwierigkeiten gestanden wie 1945. Um die Politik der Nachkriegsjahre richtig beurteilen zu können und um die Leistungen dieser Jahre entsprechend würdigen zu können, bedarf es einer kurzen Darstellung der Situation, die die Sozialisten unter Führung von *Ernst Koref* vorfanden.

✽ Man stand buchstäblich vor den Trümmern des Dritten Reiches. Ein beträchtlicher Teil der Wohnungen war zerstört, die Produktionsanlagen lahmgelegt, die Verkehrswege abgeschnitten und damit die Nahrungsmittelversorgung gefährdet. Das Problem war, wo man zuerst anfangen sollte.

✽ Die Stadt wurde zwar von amerikanischen Truppen befreit, die Befreier wurden aber zu Besetzern und engten die Handlungsspielräume der Politiker, gerade in der ersten Nachkriegszeit, ganz entscheidend ein. So mußten etwa über Nacht Hunderte Wohnungen am Bindermichl für die amerikanischen Besatzungstruppen geräumt werden. Die Stadtverwaltung war diesen Anordnungen gegenüber völlig machtlos.

✽ Eine zusätzliche Erschwernis bildete ab August 1945 die Besetzung Urfahrs durch die sowjetische Besatzungsmacht. Nunmehr war die Stadt zweigeteilt, mitten durch Linz lief die Trennlinie zwischen Ost und West.

✽ Ein schwerwiegendes Problem stellte auch die politische Apathie eines beträchtlichen Teils der Bevölkerung dar, der sich zunächst abwartend verhielt. Zwar stand man der Sozialdemokratie mit großer Sympathie gegenüber – dies zeigt etwa die massenhafte Beteiligung der Linzer am Begräbnis des früheren Bürgermeisters *Josef Gruber* im September 1945 – andererseits bestand nach 1945 die Neigung, die Politik den Politikern zu überlassen.

Von besonderer Bedeutung ist auch, daß in den ersten Nachkriegsjahren Linz über keine fixe Population verfügte. Tausende Flüchtlinge zogen durch die Stadt. Manche verweilten Tage, manche Wochen und viele blieben. Viele Männer, die man dringend zum Wiederaufbau benötigt hätte, befanden sich noch in Kriegsgefangenschaft. Unter solchen Umständen war politisches Agieren naturgemäß schwierig.

✽ Nicht zuletzt bildeten auch die ehemaligen Nationalsozialisten ein schier unüberwindliches Problem. Der Aufbau demokratischer Institutionen erforderte natürlich

7 May 1945

FRANZ LANGOTH is hereby removed as Burgermeister of Linz, and DR ERNST KOREF is hereby appointed temporary Burgermeister

By order of Military Government

N. P. GATLING J.R. MAJ.-INF.

Military Government Officer - 65th Infantry Division

---

7. Mai 1945

FRANZ LANGOTH ist als Oberbürgermeister von Linz abgesetzt und Dr. ERNST KOREF wird als vorläufiger Bürgermeister bestellt.

Über Weisung des Military Government

N. P. GATLING J.R. MAJ.-INF.

Military Government Officer - 65th Infantry Division

Funktionäre und Politiker, die sich nicht mit der Schreckensherrschaft eingelassen hatten.

Wenn man bedenkt, daß etwa ein Zehntel der Bevölkerung Mitglied der NSDAP gewesen ist und der Anteil an der staatstragenden Schicht noch höher war, dann läßt sich auch die Schwierigkeit ersehen, mit der die Parteiführung konfrontiert war. Diese Voraussetzungen beeinflußten die Politiklinien der Nachkriegszeit, welche gleichsam immer noch das Fundament unserer gegenwärtigen politischen Strukturen bilden. Die Hauptlinie jener Jahre war das Bemühen des Wiederaufbaues. Es ging nicht darum, neue Projekte zu installieren oder neue Linien zu legen. Vielmehr setzte man alles daran, die demokratischen Zustände vor 1934 wiederherzustellen und die Produktion, nachdem sie durch die Kriegsereignisse zerstört worden war, wieder aufzubauen. Es ging nicht darum, wie die errichteten Wohnungen aussahen, sondern, daß sie gebaut wurden. Die Losung des Wiederaufbaus war sicher keine revolutionäre Perspektive wie nach 1918. Genau betrachtet, bedeutete sie eigentlich eine konservative Grundhaltung. Allerdings würde man fehlgehen, diesen Geist des Wiederaufbaues als ein Zurückweichen zu interpretieren. Angesichts des gigantischen Ausmaßes der Zerstörung bedurfte es eines großen Mutes, eines geradezu utopischen Vermögens, die Forderung nach einem Wiederaufbau der Produktion und der Wiederherstellung der Demokratie zu stellen.

Diese Ausgangslage erklärt auch den pragmatischen Geist, der nunmehr die politischen Parteien beeinflußte. Nicht mehr die ideologische Ausrichtung, also die Lösung der Probleme auf der politischen Basis von Wertmaßstäben war gefragt, sondern deren Gegenteil, der Pragmatismus. Die Maßstäbe der Problemlösung sollten sich einzig und allein aus sachlichen Kriterien ergeben. *Ernst Koref* war geradezu die Verkörperung dieser Erfordernisse. Unter seiner Führung entwickelte sich die SPÖ zu einer politischen Kraft, die sich von der ideologischen Ausrichtung der Ersten Republik absetzte und in die politische Mitte rückte. Die Entideologisierung und Versachlichung der politischen Auseinandersetzungen führte auch zu einer Veränderung des Verhältnisses der Parteien zueinander. Waren in der Ersten Republik Konfrontationen zwischen „Rot“ und „Schwarz“ der Normalfall, auch im nicht verbalen Schlagabtausch, so wurde nun die „Zusammenarbeit“ zur allein seligmachenden Methode des Umganges mit politisch Andersdenkenden hochstilisiert. Die Unterschiede wurden zugunsten der Gemeinsamkeiten in den Hintergrund gedrängt.

Doch nicht nur diese geschilderten Voraussetzungen waren es, die den Wiederaufbau in so kurzer Zeit und in so beeindruckender Weise ermöglichten. Die arbeitenden Menschen in den Betrieben waren beseelt vom Wunsch, möglichst bald wiederum normale Verhältnisse vorzufinden, die ihnen ein Leben in Frieden und bescheidenem Wohlstand ermöglichen sollten. Sie schufen mit ihrer eigenen Hände Arbeit, mit viel Schweiß und vor allem mit Phantasie die Voraussetzungen für eine funktionierende Wirtschaft. Wir verfügen über viele Augenzeugenberichte, die alle darin übereinstimmen, daß die Produktion in den ersten Monaten häufig von den Arbeitern und Angestellten in Gang gesetzt wurde, ohne daß sie ein Eigentümervertreter dazu aufgefordert hätte. Die Belegschaften sozialisierten gleichsam die Betriebe. Es war nur natürlich, daß dieser Zustand durch die beiden Verstaatlichungsgesetze 1946 und 1947 legalisiert wurde. Linz wurde zu jener Stadt Österreichs, wo die verstaatlichte Industrie zur größten Bedeutung gelangte. Die verstaatlichten Linzer Betriebe wurden zum Symbol der Leistungsfähigkeit der österreichischen Wirtschaft. Lange Zeit wurden Verstaatlichung und Leistungsfähigkeit nicht zuletzt wegen der gelungenen Industriepolitik in Linz gleichgesetzt. Die Stadt erlangte gerade wegen des hier zur Reife gebrachten LD-Verfahrens weltweite Bekanntheit.

Für den Erfolg der Linzer Betriebe war nicht nur die Weitsicht jener Betriebsräte und Vertrauensleute, die am 20. Juli 1945 die Verstaatlichung der

„herrschenden“ Betriebe, die seinerzeit in deutschem Eigentum waren, gefordert hatten, entscheidend, der Erfolg des Wiederaufbaues beruht auch ganz maßgeblich auf einem Verzicht der Belegschaften auf zu hohe Lohnerhöhungen. Die Arbeiter und Angestellten haben nicht nur mit ihrer Arbeit den Wiederaufbau vollzogen, sie haben ihn durch Lohnverzicht auch selbst finanziert. Eine Studie der Linzer Arbeiterkammer aus dem Jahr 1952 zeigte dieses Verhalten sehr drastisch. So wurde bereits Ende 1950 die Pro-Kopf-Produktion der Vorkriegszeit erreicht, während die Löhne im Jahresdurchschnitt 1951 noch um ca. 18 Prozent unter den Werten des Jahres 1937 lagen.

Die Politik des Gewerkschaftsbundes bestand darin, zunächst mit allen Mitteln den Wiederaufbau abzuschließen, bevor man sich an die Regelung der Verteilungsproblematik heranmachen wollte. Im sogenannten Lohn-Preis-Abkommen, dem Vorläufer der heutigen Sozialpartnerschaft, versuchte man diese Politik mit den Unternehmern zu akkordieren. Während das erste Lohn-Preis-Abkommen einen Lohn-Preis-Stopp vorgesehen hatte, der von den Unternehmern aber nicht eingehalten wurde, sahen das zweite und dritte Abkommen befristete Lohnstopps vor. Da die Preise ständig stiegen, gab es bereits gegen das dritte Lohn-Preis-Abkommen von der KPÖ dominierte Massenkundgebungen. Diese Aktionen konnten den Abschluß des Abkommens nicht verhindern, ermunterten aber die Vöest-Arbeiter Ende 1949, die Differenz von Lohn- und Preisentwicklung durch die Forderung nach einer einmaligen Überbrückungshilfe von 600 Schilling auszugleichen. Diese Forderung war von Erfolg gekrönt. Die Unzufriedenheit der Arbeiter und Angestellten war dadurch aber nicht mehr zu befriedigen. Zu lange schon hatten sie Konsumverzicht geleistet. In den erregten Diskussionen über die zu fordernden Lohnerhöhungen traten erstmals offene Gegensätze innerhalb der Sozialisten zutage. Während die Wiener Spitzen von Gewerkschaft und Partei aus volkswirtschaftlichen Gründen niedrige Lohnerhöhungen befürworteten, fühlten sich die Betriebsräte der großen Linzer Unternehmungen an die Wünsche ihrer Basis gebunden und vertraten die Forderung nach möglichst hohen Lohnzuwächsen.

An dieser Stelle ist zu bemerken, daß die Stimmung in den Betrieben parteipolitisch angefacht wurde. Die Kommunisten versuchten die berechtigte Unzufriedenheit der Arbeiter und Angestellten auszunutzen und erhofften sich eine Stärkung ihrer Position, da sie ja bei den Wahlen weit hinter den Erwartungen

Oktoberstreik 1950 – Die größte Streikbewegung der 2. Republik

zurückgeblieben waren. Prekär wurde die Situation auch, weil ja bekanntlich quer durch unser Land und unsere Stadt der Eiserne Vorhang lief, und der Kalte Krieg zwischen Ost und West einen ersten Höhepunkt erreicht hatte. In den Führungskreisen der SPÖ bestand nun die Befürchtung, daß die von der KPÖ mitgetragene Volksbewegung gegen die Lohn-Preis-Abkommen zu einer Installierung eines KP-freundlichen Regimes unter Mitwirkung der sowjetischen Besatzungsmacht führen könnte. Die Ausschaltung der Demokratie in der benachbarten Tschechoslowakei war ja 1948 unter ähnlichen Umständen vor sich gegangen. Ob diese Befürchtungen auch einen realen Hintergrund hatten, läßt sich nicht klären, solange die sowjetischen Quellen nicht zur Verfügung stehen. Auf der Basis des weiteren Verlaufs der sowjetischen Österreichpolitik scheint diese Befürchtung nicht berechtigt gewesen zu sein. Mit Sicherheit lag der Ursprung der Streikbewegungen im gewerkschaftlichen Bereich. Schon vor dem Abschluß des vierten Lohn-Preis-Abkommens hatten sich in den Betrieben Aktionseinheiten gebildet. Sozialisten waren ebenso dabei wie Kommunisten oder VdUler. Letztere hatten in Oberösterreich, gerade im gewerkschaftlichen Bereich, eine ganz große Bedeutung erlangt. So setzte sich der Arbeiterbetriebsrat in der Vöest nach den Wahlen vom 7. Dezember 1949 aus 14 VdU-, 12 SP- und 2 KP-Vertretern zusammen. Die VdU-Gewerkschafter, unter denen sich viele ehemalige Nazis befanden, begannen ebenfalls Druck zu entfalten. Sie nutzten die Stärke, um grundsätzlich gegen die Gewerkschaften loszugehen und die alten Ressentiments wieder aufleben zu lassen.

Als am 26. September 1950 in vielen Betrieben die Arbeit zum Erliegen kam, waren die Fronten keinesfalls klar. Zu unterschiedlich waren die dahinter liegenden Motive und Interessen. Klar schien nur zu sein, daß die Unzufriedenheit einen Siedepunkt erreicht hatte. Das Tagblatt hatte wenige Tage zuvor die Stimmung auf einen Nenner gebracht: „Wir haben es satt."

Mehr als 20.000 Menschen brachten diese Meinung zum Ausdruck. Aus allen Betrieben zogen die Arbeiter und Angestellten auf den Linzer Hauptplatz und machten ihrem Unmut freien Lauf. Obwohl die oberösterreichische Gewerkschaftsführung versuchte, die Forderungen der Demonstranten der Gewerkschaftszentrale gegenüber zu vertreten und eine integrative Linie anzusteuern, gelang es den VdU-Vertretern, die nicht nur im Arbeiterbetriebsrat der Vöest, sondern auch in der EBG und den Stickstoffwerken in der Mehrheit waren, den Unmut der Arbeiter auf die oberösterreichische Gewerkschaftsleitung zu lenken. Am Morgen des nächsten Tages sprengten sie eine Sitzung der ÖGB-Landesexekutive, erklärten deren Vorsitzenden *Heinrich Kandl,* welcher gleichzeitig auch Präsident der oberösterreichischen Arbeiterkammer war, für abgesetzt und gründeten eine provisorische Landesexekutive. Die Kommunisten, die in ganz Österreich die Ziele der Streikbewegung bestimmten, versuchten zwar, die Bewegung umzulenken, sie erwiesen sich aber als machtlos. Ihr zuständiger Gewerkschaftsreferent, der auf die Masse einredete, benahm sich ausgesprochen ungeschickt und war nicht in der Lage, die notwendigen politischen Informationen zu geben.

Im Verlauf dieser Auseinandersetzungen kam es dann zu einer entscheidenden Situation, als die Menge daranging, den Kammerpräsidenten, einen tief in der Arbeiterbewegung verwurzelten Menschen, der seit Jahrzehnten ihr Mitglied war, körperlich zu bedrohen. Beinahe wäre es zu einem Fenstersturz gekommen. Diese rabiate und durch nichts zu rechtfertigende Aktion stellte einen Wendepunkt in den Ereignissen dar. Die Sozialisten betrachteten die Ereignisse als einen gemeinen Anschlag auf die Gewerkschaftsbewegung, sie begannen sich aus der Streikfront zurückzuziehen und schwenkten auf die Positionen der Gewerkschaftszentrale ein.

Die Situation wurde immer verworrener, da nunmehr auch der VdU, der zuerst den Konflikt geschürt hatte, von der weiteren Beteiligung am Streik abließ.

Heinrich Kandl

Eine für 30. September 1950 nach Wien-Floridsdorf einberufene gesamtösterreichische Betriebsrätekonferenz zeigte bereits deutlich, daß im wesentlichen die Kommunisten als Spitze der Streikbewegung übriggeblieben waren. Der Regierung wurde bei Stimmenthaltung der Sozialisten ein Ultimatum gestellt, das mit 3. Oktober 1950 befristet war. Während dieser Frist klärten sich die Fronten. Die Sozialisten begannen nun davor zu warnen, sich am Streik zu beteiligen. Unter Einbeziehung sämtlicher propagandistischer Mittel und der staatlichen Machtinstrumente wie Polizei und Gendarmerie, aber auch mit Unterstützung von der Bauarbeitergewerkschaft organisierter Arbeiter ging man nun rigoros gegen die von den Kommunisten gelenkte Streikfront vor. Die Auseinandersetzung hatte damit längst den ursprünglich lohnpolitischen Rahmen gesprengt. Der für den 4. Oktober 1950 angesetzte Streik fiel dann auch relativ rasch in sich zusammen.

Diese Ereignisse des September/Oktober 1950 stellen eine gewaltige Zäsur in der Zweiten Republik dar. Mit dem Zusammenbruch der Streikbewegung waren folgende Positionen geklärt:

Die Kommunisten waren weder auf parlamentarischem Weg (was sich schon bei den ersten Wahlen 1945 abgezeichnet hatte) noch als Triebfeder einer Massenbewegung in der Lage, den Ablauf der politischen Entwicklung grundsätzlich zu beeinflussen. Die Sozialdemokratie hatte sich, nach anfänglichem Zögern der Basis und ihrer Belegschaftsvertreter, endgültig auf den Kurs der sozialpartnerschaftlichen Regelung der Arbeitsbeziehungen begeben. Seit diesem Zeitpunkt sah die Stadt auch keine nennenswerten Arbeitsniederlegungen mehr. Als Folge der Ereignisse kam es in den Gewerkschaftsapparaten zu einer Zurückdrängung des Einflusses der Kommunisten. Damit verbunden war aber jetzt auch eine mehr als zwei Jahrzehnte fortdauernde Diskreditierung linkssozialistischer Positionen.

LINZ AUF DEM WEG ZUR MODERNEN INDUSTRIESTADT

Die Ereignisse des Jahres 1950 markieren gewissermaßen das Ende einer Ära der Geschichte der Linzer Sozialdemokratie, die unmittelbar nach dem Ersten Weltkrieg begonnen hatte. Die Ära der Arbeiterräte, die mit dem Eintritt *Richard*

Strassers und *Richard Bernascheks* in die Politik begann, und auch lange nachdem es keine Arbeiterräte mehr gab, im Schutzbund und in den Februarkämpfen weiterlebte und die Themen der Politik vorgab, war zu Ende gegangen. Die Zeit vor 1934 hatte nach dem Krieg quasi als Illusion bei den Anhängern der Partei und als Schimäre bei ihren Gegnern weitergelebt.

Die Auseinandersetzungen des Jahres 1950 zeigen deutlich, der Staat war nicht mehr der Gegner, der die Führer und Funktionäre der Partei verfolgte, vielmehr war er etwas, das man selbst schützen zu müssen glaubte. Kurzum, Staat und Gemeinde waren fest mit der Sozialdemokratie verwoben. Die einst vaterlandslosen Gesellen hatten nicht nur gelernt, den Staatsapparat handzuhaben, sie waren in ihn hineingewachsen.

Dies bedeutete, daß es auch nicht mehr als notwendig erachtet wurde, einen Staat im Staate zu bilden. Das Vorfeld der Partei in der Ersten Republik, das vor allem im kulturellen Sektor eine prinzipielle Bedeutung für die Arbeiterbewegung eingenommen hatte, verlor seine Position. Nicht mehr das ideologische Bekenntnis und die gemeinsame Verarbeitung proletarischer Lebenserfahrung wurden zum Motiv, der Partei beizutreten, sondern die Befriedigung durchaus legitimer materieller Interessen. Dies hatte zweifellos eine Entideologisierung der Politik, eine Versachlichung der Agitation und eine Anpassung der politischen Sprache an die Erfordernisse von Marketingkonzepten zur Folge. Obwohl die Partei äußerlich gleichgeblieben war, hatte sie sich in ihrer Substanz verändert. Dies geschah freilich nicht nur aus eigenem Antrieb – sicherlich hatte die prägende Figur des *Ernst Koref* der Partei ihren Stempel aufgedrückt –, sondern es war wohl auch eine Anpassung an die geänderten soziologischen und kulturellen Bedingungen im Nachkriegseuropa. So hatte in den fünfziger Jahren der bekannte Wiener Journalist *Karl Bednarik* in seinem aufsehenerregenden Buch „Der junge Arbeiter von heute – ein neuer Typ“ gemeint: „Es scheint fast unvorstellbar, daß junge Arbeiter noch aus echter Überzeugung die alten revolutionären Lieder sängen. Die Lebensstimmung der Internationale ist verbraucht.“

Oberösterreich kann ohne Übertreibung als jene österreichische Region bezeichnet werden, in der die wirtschaftliche Dynamik des Nachkriegsbooms voll durchschlug. Die „Presse“ hatte einmal zutreffend geschrieben, daß das Wirtschaftswachstum in Oberösterreich geradezu ein „amerikanisches Tempo“ aufgewiesen hätte. Dieses rasante wirtschaftliche Wachstum hatte sicherlich ein Klima begünstigt, das wenige ideologische Schwerpunktsetzungen enthielt. Der Exponent des bürgerlichen Lagers, Landeshauptmann *Heinrich Gleißner,* welcher immerhin 1934 den zweifelsfrei demokratischen Landeshauptmann *Josef Schlegel* unter nicht gerade demokratisch zu nennenden Umständen abgelöst hatte, bekannte sich nunmehr unzweifelhaft zu Demokratie und Pluralismus. Trotz dessen Vergangenheit als Exponent des austrofaschistischen Kurses in Oberösterreich hatten sich die Sozialdemokraten für ihn als Landeshauptmann ausgesprochen. *Koref* hatte in einer in sehr erregter Atmosphäre stattgefundenen Vertrauenspersonenversammlung der Partei im Jahre 1945 diese Position durchgedrückt.

Koref und *Gleißner* prägten die Jahre des Wiederaufbaus. Sie galten gleichsam als Verkörperung des im ganzen Land herrschenden oberösterreichischen Klimas, das das Einende über das Trennende stellte. Das schwarze Land und die rote Stadt versuchten im Interesse der Einheit des Landes (Oberösterreich war ja bekanntlich bis 1955 von Amerikanern und Sowjets besetzt) und der gedeihlichen Entwicklung der Wirtschaft in den zentralen Fragen, die die Region betrafen, einheitlich vorzugehen. Doch *Koref* war nicht nur als Bürgermeister der Landeshauptstadt auf der Landesebene präsent, er war auch von 1945 bis 1957 gleichzeitig Landesparteivorsitzender der SPÖ.

Die höchste Regierungsfunktion wiederum, die auf Landesebene den Sozialisten zustand, den Posten des Landeshauptmannstellvertreters, nahm der Bezirksobmann der Linzer Partei, *Ludwig Bernaschek,* ein. Die Entwicklung der Partei verlief, was die Mitgliederzahlen als auch die Wählerstimmen betrifft, stetig und aufsteigend. Je mehr die Industrialisierung voranschritt und die Menschen von der Landwirtschaft

Ludwig Bernaschek,
Landesparteiobmann
von 1967 – 1969

in die Industrie bzw. vom Land in die Stadt abwanderten, desto stärker wurde die Bedeutung der Sozialdemokratie. In diesen Jahren sprach man deswegen auch gerne vom Genossen „Trend", der es ermöglichen würde, daß die Partei eines Tages auch im Land und im Bund die Macht erreichen könnte.

Die Landtagswahlen vom 25. November 1945 hatten der ÖVP noch eine deutliche Mehrheit beschert. Ihr Anteil betrug 59,1 Prozent, während die SPÖ knapp unter 40 Prozent erreichen konnte.

Die Wahlen von 1949 stellten insofern eine Ausnahme dar, als der VdU (Verband der Unabhängigen) kandidierte und auch viele „Ehemalige" zum erstenmal wieder wählen durften. Die ÖVP ging auf 45 Prozent zurück, die SPÖ auf 30 Prozent und der VdU erreichte sensationelle 20 Prozent der Stimmen.

Die Wahlen 1955 zeigten bereits ein Ergebnis, das dem durchschnittlichen weiteren Österreichtrend entsprach: ÖVP 48 Prozent, SPÖ 39 Prozent und Freiheitliche Wählergemeinschaft ca. 10 Prozent. Die Landtagswahlen von 1961 brachten keine grundlegenden Veränderungen.

Die große Zäsur stellten allerdings die Wahlen des Jahres 1967 dar, wo die SPÖ erstmals in ihrer Geschichte zur stimmenstärksten Partei bei oberösterreichischen Landtagswahlen wurde. Die SPÖ vereinigte 46,0 Prozent der Wähler auf sich, während die ÖVP nur auf 45,2 Prozent kam. Die FPÖ erreichte zwar nur 7,5 Prozent, sicherte aber der Verliererpartei für einige Zugeständnisse den Landeshauptmann.

Die Verhältnisse auf Linzer Ebene waren wesentlich klarer. Hier gab es niemals Zweifel an der Tatsache, daß die SPÖ den Bürgermeister stellen sollte. Die Sozialisten konnten bei allen Wahlen die absolute Mehrheit der Stimmen und Mandate erreichen. Lediglich die Wahlen von 1949 stellten auch hier eine Ausnahme dar. Der SPÖ fielen nur 42,0 Prozent der Stimmen zu, die ÖVP konnte gar nur 24 Prozent der Stimmen erreichen und wurde sogar vom VdU (28 Prozent) überflügelt.

Während die Wählerbewegung von der großen Zäsur des Jahres 1949 gezeichnet ist, verläuft die Mitgliederbewegung kontinuierlich. Bereits 1946 fanden 6375 Männer und Frauen wiederum zu ihrer Partei. 1950 konnten bereits die Mitgliederziffern von 1932, dem letzten Jahr der Ersten Republik, in dem demokratische Zustände herrschten, übertroffen werden; zehn Jahre später konnten die Mitgliederzahlen sogar auf 22.000 verdoppelt werden. Es sollte dann wiederum fast ein Vierteljahrhundert dauern, bis das nächste Zehntausend an Mitgliedern erreicht werden konnte.

Die Sozialdemokratie konnte sich also nach dem Zweiten Weltkrieg eindeutig konsolidieren, ihre Mitgliederzahlen und ihre Struktur stetig verbessern. Sie wurde zu einem festen Bestandteil der politischen Landschaft des Bundeslandes. Vieles wurde maßgeblich von ihr geprägt und manches hätte ohne sie eine andere Entwicklung genommen. Die Bedeutung der Sozialdemokratie ging weit über den Bereich hinaus, den sie in der Ersten Republik wahrgenommen hatte. Nicht mehr nur die Absicherung der Menschen in sozialen Notlagen stand im Mittelpunkt der Bestrebungen, vielmehr zielte man darauf ab, der Stadt ein Gepräge zu geben, das die Zielsetzungen der Partei verwirklichen sollte. Diese gingen zunächst dahin, die Voraussetzungen für eine lebensfähige Wirtschaft zu schaffen.

Sozialdemokratie und sozioökonomischer Fortschritt wurden mit voller Berechtigung gleichgesetzt. Die Partei schien mit der „Neuen Zeit“, die, wie schon dargestellt, allerdings nicht mehr die der revolutionären Sozialisten war, untrennbar verbunden zu sein. Ein Gutteil der ehrgeizigen Ausbaupläne in den Betrieben der Großindustrie im oberösterreichischen Zentralraum ging auf die Initiative der Sozialisten zurück. Noch wenige Jahrzehnte vorher wäre es undenkbar gewesen, daß die Sozialdemokratie in den relevanten Betrieben, zu deren Erfolg nicht zuletzt deren Verstaatlichung beigetragen hatte, das Kommando führt.

Die Wirtschaftswunderjahre hatten erstmals auch einen neuen Typus des Funktionärs mit sich gebracht, den sozialistischen Wirtschaftsmanager. Der seinerzeitige Vöest-Generaldirektor *Walter Hietzinger* war gewissermaßen die Inkarnation dieses Typus. Viele Weichenstellungen in der Vöest gingen auf seine Initiative zurück, nicht zuletzt die weltweite Vermarktung des LD-Verfahrens (ein von österreichischen Ingenieuren entwickeltes Blasstahlverfahren, das den Namen der beiden Stahlstädte Linz/Donawitz [LD] bekam).

Linz wurde in den guten Jahren der Wirtschaftsentwicklung zum Inbegriff einer Industriestadt und zum nachahmenswerten Beispiel. Die Linzer waren stolz auf ihre Stadt und ihre Industrie. Sie waren stolz darauf, gleichsam als Zentrum der österreichischen Industrie zu gelten. „In Linz beginnt's“ sollten später einmal findige Werbefachleute – in Anlehnung an *Qualtinger* – texten. Sie gaben damit jener Stimmung Ausdruck, die die Jahre des ungebrochenen Fortschrittsoptimismus charakterisierten.

Die SPÖ war nicht nur ursächlich mit dieser Entwicklung verknüpft, sie wollte das gesamte Bundesland nach dem erfolgreichen Modell gestalten. Zu Beginn der siebziger Jahre legte die SPÖ ein vielbeachtetes Entwicklungsprogramm für Oberösterreich vor, das vom Vorsitzenden der Landesbildungsorganisation, *Max Lotteraner,* koordiniert worden war; ein Forderungsprogramm für einen Zeitraum von 10 bis 15 Jahren, das die Entwicklung des Landes zu einem Industrieland darstellen sollte. Zum erstenmal bediente sich dabei die Partei auch der Expertise der 1966 begründeten Hochschule für Sozial- und Wirtschaftswissenschaften (später Johannes Kepler Universität) Linz.

Als Ziele der Landespolitik wurden deklariert:

✽ Regionale Vollbeschäftigung wurde zum Ziel mit absoluter Priorität erklärt.

- Optimales Wachstum bedeutete, daß man sich nicht der Industrieansiedlung um jeden Preis verpflichtet fühlte, sondern nur solche Einrichtungen begünstigen wollte, die die „Wohlfahrt der Bevölkerung“ zu verbessern geeignet schienen.
- Regionale Chancengleichheit und Wohlstandsparität sollte die einseitige Bevorzugung des Zentralraumes verhindern, vielmehr sollten die günstigen Verhältnisse in Linz allen Bezirken des Landes Maßstab werden. Eine aktive Arbeitsmarktpolitik würde für die erforderliche Mobilität sorgen.
- Optimale räumliche Strukturen hieß die zentrale Lösung. Unter Bezugnahme auf das Beispiel der schwedischen Sozialdemokratie sollte eine „Milieupolitik“ betrieben werden, die jeder Region ihre spezifische Eigenart zur Geltung zu bringen ermöglichen sollte.
- Alle Forderungen konnten nach Meinung der Programmplaner aber nur dann erfüllt werden, wenn ein technisch und sozial befriedigender Einsatz öffentlicher Mittel zustande komme.

Die Politik, die die Linzer Sozialdemokratie in der Zeit nach 1945 durch mehr als ein Vierteljahrhundert verfolgt hatte, hatte unter Beweis gestellt, wie öffentlicher Mitteleinsatz kombiniert mit privater Wirtschaftskraft eine Stadt verändern und zum Vorbild für die Region sowie für andere Städte machen konnte. Linz war nicht nur zum Motor der wirtschaftlichen Entwicklung der Republik geworden, sondern auch zum Modell für eine gut verwaltete Stadt, die sich die soziale und kulturelle Besserstellung ihrer Bürger etwas wert sein ließ. War der Wirtschft eine geradezu „amerikanische Dynamik“ zu eigen, so konnte sich die Wohlfahrt der Bürger der Stadt mit den Zuständen im europäischen Musterland der Sozialdemokratie in Schweden durchaus messen.

Bedeutsam ist, daß das Gelungene die Menschen im gesamten Bundesland beflügelte, das Linzer Beispiel nachzuahmen.

Der reformerische Geist der siebziger Jahre war keineswegs lokalpolitisch borniert, sondern bereit, die Herausforderungen der weiten Welt aufzugreifen. Einer dieser jungen Intellektuellen, die damals der Sozialdemokratie zuströmten, *Ewald*

Die gestiegene Bedeutung Oberösterreichs nach 1945 zeigte sich besonders durch die Errichtung der Linzer Universität. Bundespräsident Dr. Adolf Schärf beim Spatenstich.

Nowotny, erinnerte sich jüngst an den „Zeitgeist jener (...) schönen und optimistischen Aufbruchsstimmung, die wahrscheinlich an wenigen Orten so ausgeprägt war wie damals in Linz mit seiner blühenden Wirtschaft und seiner jungen und sendungsbewußten Universität. *Bruno Kreisky* konnte aus diesem ‚Zeitgeist' für Österreich eine Stimmung der gesellschaftlichen Reform und der politischen Erneuerung ableiten".

Obwohl also zu Beginn der siebziger Jahre eine Aufbruchsstimmung herrschte und die Mehrheit im Lande zum Greifen nahe schien, brachten die Landtagswahlen des Jahres 1973 eine herbe Enttäuschung für die SPÖ. Statt des erhofften Stimmenzuwachses gab es erhebliche Einbußen. Die ÖVP konnte zwar keine absolute Mehrheit erreichen, es gelang ihr aber, einen bedeutsamen Abstand an Mandaten gegenüber der SPÖ zu erringen (28:24). Die FPÖ, welche 1967 *Dr. Gleißner* zum Landeshauptmann gemacht hatte, obwohl diese nur die zweitstärkste Partei repräsentierte, konnte ihren Mandatsstand verdoppeln und erreichte vier Mandate.

Das Nichtzustandekommen einer sozialistischen Mehrheit auf Landesebene, von der man gemeint hatte, daß man sie nur mehr abzuwarten brauchte, hatte verschiedene Ursachen. Einmal lag dies in personellen Faktoren begründet. Der Spitzenkandidat für die Landtagswahl, *Stefan Demuth,* welcher 1969 die Parteiführung

Stefan Demuth,
Landesparteiobmann
von 1969 – 1972

und die Position des Landeshauptmannstellvertreters von *Ludwig Bernaschek* übernommen hatte und unangefochten die Vorbereitung für den entscheidenden Wahlgang leitete, mußte im Herbst 1972, knapp ein Jahr vor den Wahlen, aus gesundheitlichen Gründen alle seine Funktionen niederlegen. Als Landesobmann der SPÖ folgte ihm der Linzer Bürgermeister *Franz Hillinger,* der damit einer alten Gepflogenheit folgte, während die Funktion des Landeshauptmannstellvertreters und damit auch die des Spitzenkandidaten für die Landtagswahlen an *Josef Fridl* ging, der seinen besonderen Rückhalt im Innviertel besaß. Die durch den überraschend notwendig gewordenen Rücktritt von *Demuth* ausgelöste Situation bedingte eine schwere Beeinträchtigung des Wahlkampfes. So mußten bereits gedruckte Plakate und Broschüren eingestampft und durch neue ersetzt werden. Vor allem die nur notdürftig ausbalancierte personelle Konstellation führte zu einer breiten Verunsicherung außerhalb und innerhalb der

Partei. Freilich würde es zu kurz greifen, die seinerzeit öffentlich heftig diskutierten personellen Turbulenzen allein für die Wahlniederlage verantwortlich zu machen.

Rückblickend stellt sich das Jahr 1973 als Jahr des Umbruchs dar, in dem erstmals europaweit die Industriegesellschaft in Diskussion geraten war. Ausgelöst durch den Ölschock, wurden zum ersten Mal die verschiedenen Unmutspotentiale, die den Prozeß der Industrialisierung, ohne sich Gehör verschaffen zu können, begleitet hatten, von der politischen Öffentlichkeit als ernstzunehmend anerkannt und gebündelt.

AUFBRUCH UND SKEPSIS

Diese Tendenzen, die seit Ende der sechziger Jahre immer deutlicher und häufiger im grell-bunten Kleid der Jugendbewegung ebenso wie im fundamentalen Protest lebensreformerischer Ansätze, aber auch im Wiederaufleben konservativ-reaktionärer Bestrebungen sich politisch Gehör zu schaffen versuchten, hatten, trotz ihrer Unterschiedlichkeit, gemeinsam, daß sie den sozialdemokratischen Fortschrittsbegriff in Frage stellten. Zunächst war es der SPÖ noch gelungen, Teile des Protestpotentials, wie etwa die rebellierenden Studenten, zu integrieren und damit auch den politischen Erfolg zu ernten. Mit Sicherheit ist der Wahlerfolg, den *Bruno Kreisky* bei den Nationalratswahlen 1970 und 1971 erreichen konnte, auf diese Fähigkeit zurückzuführen.

Was *Bruno Kreisky* kraft seiner Persönlichkeit gelang, das brachte eine nicht einig auftretende Landespartei nicht zuwege: die bereits deutlicher werdenden Klüfte zu überdecken. Die Probleme, mit denen die Sozialdemokratie fertig zu werden hatte, waren vielfältig. Ihnen gemeinsam war, daß sie mit einer zunehmenden Fortschrittsskepsis einhergingen. Galt bislang jeder Kilometer Stadtautobahn als großer Erfolg, so begannen sich jetzt Bürgerinitiativen dagegen zur Wehr zu setzen. Beispielhaft seien hier für Linz die Mitte der siebziger Jahre einsetzenden Auseinandersetzungen über die Linzer Westtangente genannt.

Schon 1969 war es erstmals zu einer Demonstration gegen die Erhöhung der Tarife der öffentlichen Verkehrsmittel der Stadt gekommen, bei der die Forderung nach Vorrang für den öffentlichen Verkehr vertreten wurde.

Galten jahrelang die aus Betonfertigteilen vorgefertigten Hochhäuser als Inbegriff des Fortschritts – es gab in diesen Jahren sogar eine Postkarte mit Linzer Hochhäusern –, so begannen die Architekten – wohl wegen des sich immer mehr bemerkbar machenden Unmuts – von dieser Form des sozialen Wohnbaus abzurükken.

Besonders entscheidend wirkte sich das geänderte politische Klima in der Einstellung der Linzer zu ihrer Großindustrie aus. Die gesamte Nachkriegszeit über waren die Linzerinnen und Linzer stolz darauf gewesen, aus einer Industriestadt zu stammen. Das übrige Österreich blickte mitunter neidvoll auf die Stadt, die für Fortschritt und Wohlstand stand.

Als im Jahr 1968 die europäischen Fernsehanstalten eine gemeinsame Sendung gestalteten, die quasi als Weltpremiere über einen erstmals installierten Fernsehsatelliten über den gesamten Erdball ausgestrahlt wurde, da ging als englischer Beitrag eine Beatles-Darbietung in den Äther, während Österreich stolz den Hochofen der Vöest, in dem das LD-Verfahren zur Anwendung kam, präsentierte.

Diese positive Identifikation der Stadt mit der Großindustrie begann mit dem erstarkenden Umweltbewußtsein, das seit Mitte der siebziger Jahre europaweit einsetzte, abzubröckeln. Ohne daß sich die Belastung der Luft durch Schadstoffe vergrößert hätte, begannen immer mehr Linzer ihren Unmut über die Auswirkungen der Großindustrie zu artikulieren.

Die Gemeinderats- und Landtagswahlen des Jahres 1979 standen bereits unter dem Eindruck einer (noch sehr diffusen) Stimmung des Unmuts, einer Unzufriedenheit mit dem „Fortschritt". Ist der Einfluß dieser Stimmung auf das Wahlergebnis der Linzer Gemeinderatswahlen (welche 1980 wegen formeller Fehler wiederholt werden mußten) zwar nicht direkt meßbar, so verlor die SPÖ in der Nachbargemeinde Steyregg, die von der Großindustrie unmittelbar betroffen ist, die Position des Bürgermeisters, die sie durch Jahrzehnte hindurch innegehabt hatte. Dieses Ereignis markiert einen Wendepunkt: Erstmals hatte sich die immer mehr um sich greifende Zivilisationskritik auch in Oberösterreich als politischer Faktor manifestiert.

Auf Bundesebene war es zwar der SPÖ bei den Nationalratswahlen nochmals gelungen, ihre Integrationskraft für alle kritischen Kräfte unter Beweis zu stellen. Mit *Bruno Kreisky* konnten die Sozialdemokraten das beste Ergebnis bei NR-Wahlen erzielen. Auch den Linzer Sozialisten gelang ein Traumergebnis. Im Wahlkreis Linz-Umgebung, der den Bezirk Linz-Land miteinschließt, konnten sie 62,2 Prozent der Stimmen erringen.

Diese hervorragenden Ergebnisse auf Bundesebene bei den ebenfalls im gleichen Jahr stattfindenden Landtags- und Gemeinderatswahlen zu wiederholen, mißlang jedoch.

Die SPÖ, welche mit *Rupert Hartl* einen Spitzenkandidaten präsentierte, der klar und deutlich den Führungsanspruch im Land erhob und überzeugt war, den Rückschlag von 1973 wettmachen zu können, erlitt eine schwere Niederlage. Statt der

Rupert Hartl, Landesparteivorsitzender von 1974 – 1982

erhofften Mehrheit erreichte die SPÖ lediglich 41,4 Prozent der Stimmen und wurde auf den zweiten Platz verwiesen. Auch in Linz büßte die SPÖ im Vergleich zum NR-Wahlergebnis beinahe 10 Prozent der Stimmen ein. Diese Niederlage traf die SPÖ schwer, war sie doch von niemandem – und schon gar nicht in dieser Höhe – erwartet worden.

Der Spitzenkandidat war aus dem Ennser Reformparteitag (1974) hervorgegangen und hatte anfänglich das uneingeschränkte Vertrauen der Gesamtpartei. Auch hatte sich diese in unzähligen Arbeitskreisen gewissenhaft auf den Wahlkampf vorbereitet und ein umfassendes Programm vorgelegt. Es würde auch zu vereinfachend sein, die Wahlgänge des Jahres 1979 lediglich von den Personen der Spitzenkandidaten ausgehend zu kommentieren. Vielmehr zeigte sich in diesem Jahr ein tiefgreifender Einbruch in das bisherige Wählerverhalten, der nicht nur für Linz und Oberösterreich charakteristisch war. Die Wähler begannen sich von Lagerloyalitäten zu lösen und ihr Verhalten nach ihren spezifischen Interessen auszurichten. Wer auf Bundesebene für die SPÖ war, mußte dies nicht zwangsläufig auf Landes- oder Gemeindeebene sein. Dieses Verhalten war bis in die siebziger Jahre für die politische Kultur Österreichs untypisch gewesen.

Wie die demoskopischen Analysen des Wahljahres 1979 zeigen, wurde diese Entwicklung, die sicherlich zur Modernisierung und Öffnung des verkrusteten politischen Systems in Österreich beitrug, der SPÖ zum Verhängnis. Die Landes-SPÖ hatte nichts unversucht gelassen, sich als die moderne und fortschrittlichere Alternative im Land zu präsentieren, die Oberösterreich grundsätzlich erneuern und dem Fortschritt endgültig zum Durchbruch verhelfen wollte. Was noch einige Jahre zuvor bei den Oberösterreichern auf uneingeschränkte Unterstützung gestoßen wäre, traf nun auf eine immer breiter werdende Stimmung der Verunsicherung und Fortschrittsskepsis. Es gab kaum eine Familie in der Republik, in der nicht heftig über die Berechtigung, das Kernkraftwerk in Zwentendorf in Betrieb zu nehmen, kontroversiell diskutiert worden war. Gerade in einer Industriestadt wie Linz, die ihren Glanz von den Hochöfen und Schloten ihrer Industrie abgeleitet hatte, mußte eine derartige Infragestellung der Industriegesellschaft, wie sie in der Zwentendorfdebatte aufkeimte, zu großer Verunsicherung führen.

Karl Grünner übernahm den Vorsitz der Landes-SPÖ 1982. Unter seiner Führung stabilisierte sich der Mandatsstand im Landtag.

NEUE SOZIALE BEWEGUNGEN

Verunsicherungszustände haben in der Politik einschneidende Konsequenzen. Sie führen zur Abkehr von gewohnten Denkmustern und Verhaltensweisen. Dies äußert sich nicht nur auf der Ebene der Tagespolitik. Vielmehr waren die kulturellen Lebensformen und -wünsche eines breiten, großteils jugendlichen Teils der Bevölkerung betroffen. Eine zwar diffuse, aber deswegen nicht wirkungslose Alternativbewegung bildete sich heraus, die die Jugendbewegung des Jahres 1968 quantitativ übertraf.

Vor allem sind hier die verschiedenen Ausformungen der Grün-Bewegungen zu nennen, die sich – wie z. B. die Grün-Alternativen – auch sehr engagiert mit Solidaritäts- und Sozialpolitik beschäftigen.

Besonders stark beteiligten sich junge Sozialisten an Bewegungen, die schon immer formulierte Ziele sozialdemokratischer Politik beinhalten: Bei den Friedens- und Solidaritätsbewegungen. Die Kundgebungen der sich um 1980 formierenden Friedensbewegung vereinigten Menschen unterschiedlicher Herkunft und schlossen Sozialisten und Gewerkschafter ebenso ein wie Kommunisten, Katholiken und Unabhängige. Linz wurde zu einer Hochburg der österreichischen Friedensbewegung. Bei großen nationalen Friedensmärschen der Jahre 1982 und 1983 bildeten die oberösterreichischen Teilnehmer die größten Blöcke.

Der nachhaltige Erfolg, den die Friedensbewegung in Oberösterreich erzielen konnte, ist zu einem beträchtlichen Teil auch dem Engagement sozialistischer Jugendfunktionäre zuzuschreiben. Auch das Engagement für die Unterstützung von Unabhängigkeitsbestrebungen in der Dritten Welt, im besonderen in Mittelamerika, erreichte eine große Breite. Diese Unterstützung ging über die rein propagandistische Ebene, wie sie in den siebziger Jahren gang und gäbe war, hinaus und reichte bis zu materieller Unterstützung. Ihren Höhepunkt fand die praktische Solidarität mit den Ländern der Dritten Welt in der Städtepartnerschaft von Linz mit dem nicaraguanischen San Carlos.

Nicht nur in der Friedensbewegung und in der Dritte-Welt-Arbeit konnten sich Vertreter der sozialistischen Jugendorganisationen Gehör verschaffen und Vertrauen erwerben, sondern auch in anderen Bereichen. Vor allem die Jugendkultur der Stadt wurde durch die Einrichtung des alternativen Kulturzentrums Posthof im Linzer Hafen maßgeblich mitbeeinflußt. Das Zugeständnis zur Errichtung dieses Zentrums wurde den Stadtvätern von Vertretern der Jungsozialisten förmlich abgerungen: Die Jungen hatten ursprünglich die Adaptierung des ehemaligen Gebäudes der Bundespolizeidirektion in der Mozartstraße für kulturelle Zwecke gefordert und konnten später als Ausgleich von den Stadträten das Zugeständnis erreichen, den Posthof mit neuem Leben zu erfüllen.

Auch in der Volkshochschule, die in Linz von Stadt und Arbeiterkammer gemeinsam betrieben wird, gab und gibt es fortschrittliche Experimente, die ein

Der Posthof – ein alternatives Kulturzentrum der Gegenwart.

zahlreiches Publikum ansprechen. So werden etwa – einmalig in Österreich – jährlich stattfindende Frauenwochen mit großem Erfolg organisiert.

Die Universität hatte sich einen fixen Platz im intellektuellen Leben der Stadt erobert und wurde gemeinsam mit der Hochschule für Gestaltung zu einem Motor jener Aufbruchsstimmung, wie sie sich als Antwort auf die großen Herausforderungen der achtziger Jahre entwickelt hatte. Die Fragen, die es zu beantworten galt, waren keineswegs auf Linz beschränkt, sie waren und sind wohl typisch für die Industriegesellschaft und das kapitalistische Wirtschaftssystem. Für Linz typisch ist ihre Konzentration und die Intensität, mit der die Menschen der Stadt interessiert, ja begierig waren und sind, die Fragen der Zeit zu beantworten.

Es waren oberösterreichische Arbeitnehmervertreter, die als erste die Forderung nach Einführung der 35-Stunden-Woche vertraten. Es waren Linzer Sozialistinnen, die nicht nur die klassischen Forderungen der Frauenbewegung der siebziger Jahre, wie ein Frauenhaus, aus eigener Kraft realisierten, sondern auch für eine ausgewogene Vertretung der Frauen auf der Linzer Nationalratsliste der SPÖ sorgen konnten. Trotz dieser österreichweit beachteten Ansätze fehle aber die umfassende Klammer. Der Fortschrittsenthusiasmus der sechziger und frühen siebziger Jahre war abhanden gekommen, und an seine Stelle war kein Ersatz getreten. Die unterschiedlichen Projekte, welche vom Aktivitätsdrang der fortschrittlichen Menschen in der Stadt zeugen, standen vereinzelt.

DAS LINZER PROGRAMM

Die große Leistung der Linzer Sozialisten bestand darin, diese Problematik erkannt zu haben. Obwohl die begriffliche Verwirrung noch groß war und Fortschrittspessimismus gerade modisch wurde, entschloß sich die Parteiführung im Jahr 1983, ein kommunalpolitisches Programm zu erstellen, das bei den Gemeinderatswahlen den Wählern als Orientierung dienen sollte. Obwohl die Perspektive bewußt auf die Gestaltungsmöglichkeiten in der Landeshauptstadt reduziert wurde, war sie dennoch äußerst ambitioniert. „Linz soll die sauberste Industriestadt Österreichs werden“, ist der Leitsatz des Linzer Programms. Der überall grassierenden Industrialismuskritik, die häufig in ein ökologisches Biedermeier mündete, wurde die pragmatische Perspektive der Bewältigung der ökologischen Probleme der Stadt unter gleichzeitiger Absicherung des bisherigen Wohlstandsniveaus entgegengesetzt.

Dieses „Linzer Programm“ wurde auf der Bezirkskonferenz am 20. April 1985 einstimmig beschlossen und ist ein einzigartiges Dokument ideologisch fundierter und programmatisch fixierter Kommunalpolitik. Bürgermeister *Hugo Schanovsky* sagte dazu in einer kurzen Überschau: „Die einzelnen Programmteile machen deutlich, daß die Lösung vieler Sachfragen nicht isoliert möglich ist, da vieles ineinander greift. Das „Linzer Programm“ versucht Antworten auf die Fragen der Zukunft von der Annahme aus zu geben, daß unsere Stadt als vielschichtiges Gemeinwesen nur ganzheitlich gesehen werden kann. Für uns Linzer Sozialisten bedeutet das vorliegende Programm Handlungsanleitung für die nächsten Jahre und ideologische Standortbestimmung zugleich.

Die Linzer Sozialisten haben mit ihrem Kommunalprogramm ein auf den sozialdemokratischen Grundwerten: Freiheit, Gleichheit, Solidarität aufbauendes Dokument vorgelegt, das schon in seinem Motto ein zweifaches Bekenntnis offenbart: „Linz muß die sauberste Industriestadt Österreichs werden“ beinhaltet sowohl ein Bekenntnis zur Wirtschaft sowie ein Bekenntnis zur Lebensqualität.

Diese beiden Grundanliegen sind praktisch die Klammer für die übrigen sich gegenseitig bedingenden Anliegen der Sozialisten: Die Linzer SPÖ bekennt sich grundsätzlich zu den im Parteiprogramm von 1978 dargestellten Grundwerten der

Sozialisten. Auf diesen aufbauend, treten sie für eine demokratische, offene und bevölkerungsnahe Stadtpolitik ein.

„Sozialistische Stadtpolitik heißt, gesellschaftliche Zielsetzungen mit den Menschen zu verwirklichen. Eine bevölkerungsnahe Kommunalpolitik muß auch über die Kompetenz- und Stadtgrenzen hinweg erfolgen. ... Die Kommunalpolitik muß ihren Beitrag leisten, um die Verwirklichung dieser (sozialistischen) Grundwerte und die klassenlose Gesellschaft, in der Herrschaftsverhältnisse und Privilegien überwunden sind, zu erreichen."

Dieses demokratische Prinzip wollen die Linzer Sozialisten in alle Bereiche der Stadtpolitik einbringen. Die Wirtschaft hat nicht Selbstzweck zu sein, sondern unter demokratischer Kontrolle sinnerfüllte Arbeit für alle in gleichem Maß nach Bedürfnissen und Fähigkeiten zur Verfügung zu stellen. Obwohl die Forderung „Arbeit für alle" im Vordergrund steht, legen sie ein klares Bekenntnis nicht allein zum quantitativen, sondern im besonderen zum qualitativen Wachstum ab: „Qualitativ ausgerichtet ist das Wachstum dann, wenn die Humanisierung der Arbeitsplätze, die verantwortungsvolle Nutzung der Produktionsfaktoren im Vordergrund stehen und es zu keiner Belastung der Umwelt kommt."

Unter diesen Voraussetzungen wird ein besonderes Augenmerk auf die Umweltpolitik gelegt. „Umweltpolitik darf nicht bloß als nachträgliche Bekämpfung bereits verursachter Umweltbelastung betrachtet werden. Sie muß als Einflußnahme auf die Art und Weise, wie produziert und konsumiert wird, verstanden werden. Umweltpolitik ist somit untrennbarer Bestandteil der Wirtschaftspolitik und Raumplanung."

Eng in Verbindung mit einer sinnvollen, vorbeugenden Umweltplanung steht die Verkehrspolitik. Dabei legen die Linzer Sozialisten ein eindeutiges Bekenntnis zu nationaler Zusammenarbeit ab und sprechen sich gegen reinen kommunalpolitischen Egoismus aus:

„Da die freie Marktwirtschaft eine ausgewogene Entwicklung der einzelnen Verkehrsträger nicht gewährleisten kann, ist nationale Verkehrsplanung erforderlich, die mit der Raumplanung, dem Umweltschutz und der Energiewirtschaft abzustimmen ist. Dem öffentlichen Verkehr ist gegenüber dem Individualverkehr der Vorrang einzuräumen."

Eine solche Umwelt- und Verkehrspolitik muß mit den Wohnverhältnissen der Bürger der Stadt abgestimmt werden. Mit Zustimmung der Bevölkerung soll eine Bodenbank errichtet werden, was sicherstellt, daß alle Menschen, unabhängig von ihrer finanziellen Leistungsfähigkeit, ihren Anspruch auf eine ihrem Bedarf und gesellschaftlichen Entwicklungsstand entsprechende Wohnung befriedigen können. Die Wohnviertel müssen den modernen Verhältnissen entsprechen und verkehrsmäßig – besonders vom öffentlichen Verkehr – aufgeschlossen sein.

Einen besonderen Stellenwert nimmt die Sozialpolitik ein. „Hervorgerufen durch die Ungerechtigkeiten des kapitalistischen Wirtschaftssystems, dessen Merkmale Ausbeutung und Konkurrenzdruck sind, hat sich auch bei uns eine ‚Neue Armut' entwickelt. Durch geringeres Familieneinkommen, Arbeitslosigkeit und Einsamkeit haben sich neue benachteiligte Randgruppen in unserer Gesellschaft entwickelt. Soziale Hilfe für diese Menschen kann nicht allein privaten Vereinigungen überlassen werden. Wir Sozialisten wollen neue, sinnvolle Wege zur Beseitigung dieser Benachteiligung gehen." Die Sozialisten wollen aber auch die in innermenschlichen Strukturen begründeten Abhängigkeitsverhältnisse und Ungerechtigkeiten beseitigen. Daher setzen sie sich besonders für die politische, wirtschaftliche und soziale Unabhängigkeit und somit Gleichberechtigung der Frauen ein und werden mit vermehrten Anstrengungen dazu beitragen, die Doppelbelastung der Frauen abzubauen, indem eine breite Palette von Kindergärten, Jugendheimen, Horten usw. angeboten wird. In Schwierigkeiten gekommenen Familien soll mit einer ausreichenden Beratung Hilfe gegeben werden.

Eine glückliche Familie kann aber nur gedeihen, wenn neben den wirtschaftlichen und sozialen Voraussetzungen auch der Freizeitbereich den Bedürfnissen gerecht abgedeckt wird. Deshalb streben die Sozialisten eine Aufhebung der Trennung der Lebensfunktionen des Menschen (Arbeit, Wohnen, Erholung, Freizeit, Sport, Konsum, Bildung, Kultur) an und wollen die kulturellen Möglichkeiten sowie die Möglichkeiten, Sport zu betreiben und die Freizeit sinnvoll gestalten zu können, allen Bürgern gleichmäßig zukommen lassen. Deswegen streben sie neben den zentralen kulturellen Ereignissen – wie Brucknerfest und Klangwolke – an, die Stadtteilkultur besonders zu fördern. Ebenfalls sollen in größeren Abständen Bezirkssportanlagen entstehen und die reiche Grünfläche der Stadt durch Anlegen von Wanderwegen und Radwegen für die Bevölkerung aufgeschlossen werden.

Ein besonderes Anliegen der Linzer Sozialisten ist forcierte Weiterentwicklung des Gesundheitswesens, sowohl was die Spitäler als auch die Heimkrankenvorsorge betrifft, im besonderen im Interesse der älteren Mitbürger. Diese Versorgung muß in Zukunft ausgebaut werden, um im besonderen Maß auch psychisch Behinderte und Zivilisationskranke sowie Körperbehinderte zu erreichen.

In enger Verbindung mit einem demokratischen Kulturbegriff, „der zur Einsicht in die gesellschaftlichen Zusammenhänge, zur Mitgestaltung der eigenen Lebensbedingungen, zur Verantwortung gegenüber der Gemeinschaft und zu höherwertigen Formen des Zusammenlebens führt“, steht die Pflege und der Ausbau unseres Bildungssystems. Hierbei ist nach der Befriedigung der Bedürfnisse im Pflichtschulsektor besonderes Augenmerk auf die Linzer Hochschulen sowie auf jene Institute, die sich der Berufsbildung widmen, zu legen. Eine solche umfassende Bildung führt zu einer politisch bewußten und selbstbewußten Stadtbevölkerung, die sich ihrer Verpflichtung über die Stadtgrenzen hinaus im klaren ist. Unter diesem Gesichtspunkt fordern die Linzer Sozialisten aktive Entwicklungspolitik auch durch die Stadt, aktive Friedenspolitik und Öffentlichkeitsarbeit für den Frieden sowie – auch unter dem Gesichtspunkt, daß die Stadt als ehemalige Patenstadt des Führers *Adolf Hitler* international einer gewissen Belastung ausgesetzt ist – vehementes Eintreten gegen Faschismus und Rassismus.

GEGENWART UND ZUKUNFT

Ist seit der Beschlußfassung des „Linzer Programms“ auch noch nicht viel Zeit vergangen, so sind doch bereits viele der Forderungen verwirklicht, oder es ist mit deren Verwirklichung in naher Zukunft zu rechnen; in allen Bereichen wurden aber Aktivitäten auf der Grundlage des „Linzer Programms 1985“ eingeleitet.

Besonders erfolgreich war die Stadt, wenn das auch nicht unbedingt mit dem subjektiven Empfinden vieler Bürger übereinstimmt, die auf diesem Sektor besonders kritisch geworden sind, im Umweltbereich: So konnte der Schadstoffausstoß in die Linzer Luft von 45.000 Tonnen im Jahr 1985 auf 24.000 Tonnen im Jahr 1988 gesenkt werden; die Prognose für 1990 liegt bei ungefähr 19.000 Tonnen.

Nachdem das erste Maßnahmenpaket zur Sanierung der verstaatlichten Industrie bis 1990 verwirklicht sein wird, wird noch vor Abschluß der Luftreinhaltemaßnahmen ein zweites Maßnahmenpaket, das alle bisherigen Umweltprojekte sinnvoll ergänzen soll, ausgehandelt. Zur Verminderung des Schadstoffausstoßes wird im Fernheizkraftwerk der ESG mit insgesamt 750 Millionen Schilling eine Rauchgasentschwefelungs- und Entstickungsanlage installiert. Die Umweltsanierung in Industrie und Gewerbe ist aber nur sinnvoll, wenn die Luftverschmutzung durch Hausbrand und Verkehr vermindert wird. Aus diesem Grund wurde ein Fernwärme-

Das Innere der neuen Salpetersäureanlage der Chemie Linz AG: rechts der Reaktor, dem eine Dampferzeugung angeschlossen ist.

projekt für das Franckviertel ausgearbeitet, das mit bisher einzigartigen Förderungen den Anschluß an das Fernheizsystem zu einem Quadratmeterpreis von sieben Schilling für Anschlußkosten und Heizkosten ermöglicht. Dieses Modell kann auch in anderen Stadtvierteln seine Anwendung unter Einsatz von umweltfreundlichen Energien, vorrangig der Abwärme, finden.

Doch nicht nur auf dem Sanierungsbereich ist die Linzer Umweltpolitik erfolgreich, sondern sie versucht auch besonders durch vorbeugende Maßnahmen noch bestehende Biotope und Tierarten im Raume von Linz zu schützen, genauso wie die reichlich vorhandenen Grünflächen.

Die erwähnten umweltpolitischen Maßnahmen wurden aber nicht in egoistischer Zentrierung auf einen Bereich angegangen, sondern in einer beispielgebenden Zusammenschau mit den wirtschaftspolitischen und sozialen Notwendigkeiten.

So wurde in Linz im Jahr 1987 zur Milderung der Kündigungswelle in den Großbetrieben und zur Umschulung der hochqualifizierten Arbeitskräfte die Voest-Alpine Stahlstiftung gegründet, die für die österreichische Bundesgesetzgebung (Arbeitsstiftung) ebenso beispielgebend ist wie die Initiative für ein einheitliches anlagenbezogenes Umweltschutzgesetz des Linzer Stadtrates *Ackerl* für die Bundesumweltgesetze.

Im Südosten von Linz, im Stadtteil Pichling, setzt die Stadt Linz ein anderes Beispiel für Wirtschaftsförderung: das Betriebsansiedlungszentrum. Mit diesem Zentrum will man einerseits die Abwanderung von Klein- und Mittelbetrieben verhindern, andererseits Neugründungen ermöglichen. Angesiedelt werden in Pichling nur umweltverträgliche Betriebe, es soll ein bunter, aber geordneter Branchenmix von Industrie über Gewerbe bis zu Dienstleistungsbetrieben entstehen.

Schwerpunkt der ökologisch motivierten Investitionen der VOEST-ALPINE GesmbH bis 1990 ist die Konzentration der Rohstahlproduktion des Werkes Linz im LD-Stahlwerk 3.

Neben all diesen industriepolitischen Maßnahmen brauchen Betriebe in der Stadt Linz geeignete Präsentationsmöglichkeiten. Zur Förderung der Wirtschaft plant die Stadt im Franckviertel ein mehrfunktionales Ausstellungs- und Kongreßzentrum auf den ehemaligen Nestlé-Gründen.

Um mit den Entwicklungen in modernster Technik international mithalten zu können, wird in den Gemäuern der Linzer Tuchfabrik Himmelreich & Zwicker (Rädlerfabrik) ein Hochtechnologiezentrum entstehen.

Die Form der Nutzung dieses historischen Industriearchitekturkomplexes ist für Österreich völlig neuartig und unkonventionell. Es ist geplant, Ausbildungs-, Forschungs- und Kultureinrichtungen im „walk in"-Charakter miteinander zu verbinden. Mit diesem Hochtechnologiezentrum wird die Stadt Linz, die Stadt der ars electronica und der Klangwolke, einen eigenen Gestaltungsbereich für Computerkunst haben.

Eine besondere Aufgabe der Sozialisten ist, die soziale Wohlfahrt den gegenwärtigen Bedürfnissen gerecht zu gestalten. Bürgermeister *Dobusch* sagte in seiner Antrittsrede dazu: „Die Arbeitslosigkeit ist höher als noch vor wenigen Jahren. Häufig fliehen Menschen, die sozial abgleiten, in die Anonymität der Großstadt, um dort Unterkunft und Minimalversorgung zu suchen." Die Stadt Linz hat sich in letzter Zeit

Die alte „Linzer Tuchfabrik“ spielt eine große Rolle für die wirtschaftlichen Zukunftspläne der Landeshauptstadt.

und wird sich weiterhin bemühen, mit Sozialvereinen wie der Volkshilfe das Problem der gesellschaftlichen Ausgrenzung zu lösen.

Mit dem zügigen Neubau der zweiten und dritten Bauetappe des Allgemeinen Krankenhauses verfügt unsere Stadt über ein modernes, funktionales Schwerpunktkrankenhaus. Nach der Fertigstellung der dritten Bauetappe wird das Krankenhaus über rund 1000 Betten in freundlichen und hellen Krankenzimmern verfügen, und die großen Säle werden endlich der Vergangenheit angehören.

Auf verkehrspolitischem Gebiet ist es durch die Einführung der verschiedenen ESG-Monats- und Wochenkarten sowie Streckenkarten, der verbilligten Seniorenkarten gelungen, einerseits den Massenverkehr zu fördern, andererseits denselben sozial zu gestalten.

Wie schon in der Vergangenheit wird auch in Zukunft kinderreichen Familien und Alleinerziehern entsprechende Unterstützung zuteil. Zudem genießt eine aktive Frauenpolitik höchste politische Priorität.

In den verschiedensten Stadtteilen sind neue Turnsäle, Hallen, Sporthäuser, Volkshäuser, zwei Bezirkssportanlagen sowie Radwanderwege entstanden. Als bedeutende Einrichtung wurden die Stadtteilgespräche eingeführt, bei denen die Bedürfnisse und Wünsche der Bevölkerung aufgenommen werden. Insbesondere in Fragen des Wohnbaus ist es dadurch möglich geworden, die Vorstellungen künftiger Mieter und Bewohner von der Planungsphase weg einfließen zu lassen.

Auf kulturellem Sektor ist es den Linzer Sozialisten gelungen, die Stadtteilkultur und die aktivierende Stadtteilarbeit auszubauen. In den letzten Jahren wurden 51 Kulturvereinigungen in Linz gegründet.

Die hohe Qualität des Internationalen Brucknerfestes, der ars electronica mit der Klangwolke sind über die Grenzen Österreichs hinaus bekannt.

Die Jugendkultur wird in Linz durch das Jugendkulturzentrum Posthof im besonderen Maße gefördert. Der Ausbau des Posthofs sowie eines Programmkinos sind zukünftige unbestrittene Notwendigkeiten.

Welche Bedeutung die Stadt Linz der kulturellen Betätigung seiner Bevölkerung beimißt, zeigt schon die Grundsatzerklärung des Bürgermeisters: „Im übrigen betrachte ich es als wesentliche kulturpolitische Aufgabe, alle kreativen und schöpferischen Menschen in unserer Stadt zu fördern. Deshalb werde ich mich besonders um die Stützung der Gegenwartskultur bemühen." Kulturelle Aufgeschlossenheit und nicht Provinzialismus ist auf kulturellem Bereich für die Zukunft angesagt.

In einem anderen Bereich hat die Stadt Linz bereits ihre Stadtgrenzen gesprengt. Linz, seit einigen Jahren Friedensstadt, kooperiert in engagiertester Weise mit Ländern der Dritten Welt. Ein sichtbares Zeichen dafür ist der erst jüngst abgeschlossene Partnerschaftsvertrag mit der nicaraguanischen Stadt San Carlos, wie ebensolche Verträge mit anderen Städten; daß dies auch wirtschaftspolitisch ein Vorteil ist, sei am Rande erwähnt.

Die internationalen Beziehungen von Linz sind von dem Geist getragen, wie Bürgermeister *Dobusch* sagt, in dem er Albert Einstein zitiert: ,,Nach Hiroshima sind wir alle Brüder. Wir sitzen im gleichen Boot, so unterschiedlich unsere Ideologien und Wirtschaftssysteme auch sein mögen.''

Daß Antifaschismus in Linz ernst genommen wird, zeigten die Veranstaltungen zum Gedenkjahr 1988, die Enthüllung des Denkmals am Bernaschekplatz und die vielen praktisch gelebten Beispiele wie die Förderung antifaschistischer Vereinigungen.

Für die Stadt ist gelebter Antifaschismus aktive Beschäftigungspolitik, aktive Wirtschaftspolitik, aktive Umweltpolitik, aktive Sozialpolitik und aktive Friedenspolitik. Deshalb wird die Stadt im Jahr 1990 die Erklärung der Menschenrechte der Vereinten Nationen auf Metalltafeln aufstellen.

Die im „Linzer Programm 1985" abgegebenen Erklärungen und Ziele sind für die Linzer Sozialisten also keine Leerformel, sondern Verpflichtung für Gegenwart und Zukunft im Geiste einer hundertjährigen sozialdemokratischen Tradition.

100 Jahre – 10 Bürgermeister Die Linzer vertrauen den Sozialisten

Johann Mayr

VORBEMERKUNG

Seit und solange ein Linzer Gemeinderat nach dem allgemeinen, gleichen, geheimen und direkten Wahlrecht gewählt wurde, bestellte dieser Mitglieder der Sozialdemokratischen, später Sozialistischen Partei Österreichs zu Bürgermeistern.

Bei allen diesen freien Wahlen von 1919 bis 1931 und 1945 bis 1985 erlangten die Sozialisten eine große Mehrheit; mit Ausnahme der Wahlen von 1923 und 1949 immer die absolute. Es kann daher ohne Übertreibung behauptet werden: **Die Linzer vertrauen den Sozialisten!**

In einer Zeitspanne von insgesamt 60 Jahren, in der demokratisch gewählte Bürgermeister Linz vorstanden, waren dies die zehn Sozialdemokraten: *Dametz, Mehr, Euller, Gruber, Koref, Aigner, Grill, Hillinger, Schanovsky und Dobusch.* Diese zehn Männer und die von ihnen geprägte Zeit sollen nachfolgend kurz dargestellt werden, dabei wollen wir in einem Anhang auch jener vier Männer gedenken, die als Sozialdemokraten später eingemeindeten Stadtrandgemeinden oder einem elf Jahre von Linz abgetrennten Stadtgebiet vorstanden: *Steiger, Keinrath, Hauder und Markl.*

Ein Verdienst der sozialistisch geführten Stadtverwaltung wird schon deutlich, bevor wir mit der eigentlichen Würdigung begonnen haben: Die Bildungs- und Kulturpolitik. Ohne geordnetes Archivmaterial, ohne hervorragende Bibliotheken, ohne ein bewußtes Pressewesen wäre es nicht möglich, diesen Beitrag zu gestalten.

Wo dennoch Lücken waren, versuchten wir diese durch Befragung von Zeitzeugen und anderen Auskunftspersonen zu schließen. Unser Dank dafür gilt: *Herma Aigner, Trude Grill, Anton Haase, Mag. Ilse Hauder, Max Heinisch,* Altbürgermeister Hofrat *Dr. Ernst Koref,* Direktor *Karl Mühlböck, Amalia Salzer* und *Prof. Otto Stöber.*

Besonders herzlich danken aber möchten wir dem Zeitzeugen und bedeutendsten autodidakten Historiker von Linz, *Prof. Peter Kammerstätter.*

EINLEITUNG

Linz, bereits von den Kelten und Römern bewohnt, erscheint erstmals 799 als karolingisch-königlicher Besitz beurkundet. Sein Aufstieg zur Stadt liegt in der Babenberger Zeit (976–1246), aus der wir auch erste Kenntnisse einer Stadtverwaltung haben: 1242 erfahren wir von einem Stadtrichter namens *Hermann* und der Existenz eines Stadtsiegels. Dieser Stadtrichter wurde lange Zeit vom Landesfürsten allein bestellt, erst der Habsburger Herzog *Albrecht V.* (als deutscher König *Albrecht II.*) räumte den Linzern ein Vorschlagsrecht ein.

Sein Nachfolger *Friedrich V.* (als deutscher Kaiser *Friedrich III.*) erweiterte die Rechte des Stadtrichters und setzte am **10. März 1490** die für Linz entscheidende Tat, in dem er es zur **Landeshauptstadt des Fürstentums ob der Enns** erhob und ihm das Recht der jährlichen freien Wahl des Stadtrichters, der Ratsherren und des ranghöchsten Amtsträgers der Stadt, des Bürgermeisters, verlieh, den er auch mit unabhängiger Machtfülle ausstattete.

Der Bürgermeister – der erste war *Georg Puechleutner* – hatte den Vorsitz in der Ratsversammlung, der obersten Geschäftsführung der Stadt, die von einem Stadtschreiber (Magistratsdirektor) und Gehilfen betreut wurde. Er vertrat die Stadt nach außen, in den Landtagen und bei Gesandtschaften. Um seine besondere Bedeutung zu unterstreichen, durfte er den Titel „Exzellenz" führen.

Die Machtfülle des Bürgermeisters schwankte mit den politischen Verhältnissen und wurde im Zuge der Religionskriege des 16. und 17. Jahrhunderts völlig aufgehoben, bis *Josef II.* 1784 die Stadtverwaltung neu regelte: Die Ämter des Stadtrichters und Stadtschreibers wurden aufgehoben, an die Spitze der Stadt ein geprüfter Amtsbürgermeister, der auch Vorsteher der Rechtssprechung war, gestellt. Ihm zur Seite gab das neue Edikt sechs geprüfte Magistratsräte.

Diese Art der Stadtverwaltung blieb bis zum Revolutionsjahr 1848 im wesentlichen bestehen, allein die Rechtssprechung trennte man 1821 wieder von der allgemeinen Verwaltung.

Kamen die Bürgermeister bis zur josephinischen Reform hauptsächlich aus dem in Linz dominierenden Stand der Kaufleute und Handelsherren, so traten dann bis zum Jahr 1848 die juristisch geprüften Beamten in den Vordergrund.

Die nachrevolutionären liberalen Bürgermeister kamen wiederum hauptsächlich aus dem Stand der Kaufleute; von den drei deutschnationalen Bürgermeistern von 1900–1919 waren zwei Freiberufler (Apotheker, Rechtsanwalt) und einer gehörte dem Kaufmannsstande an.

Nach der in der Revolutionszeit entstandenen und 1850 vom Kaiser sanktionierten Gemeindeordnung sowie dem Linzer Gemeindestatut von 1867 und den nachfolgenden Änderungen bis 1904 war für die Wahlberechtigung der Gemeindevertretung eine gewisse Steuerleistung ausschlaggebend, wodurch die Mehrzahl der Bürger – darunter alle Frauen – von der Mitentscheidung ausgeschlossen waren.

Erst nach 1904 wurde durch Einführung eines vierten Wahlkreises – man vollzog damit die österreichische Wahlrechtsordnung von 1896 nach – das Wahlrecht für die Männer allgemein, wenn auch noch nicht gleich, und schon zogen bei der nächsten Wahl 1905 zehn Sozialdemokraten in den Gemeinderat ein.

Mit dem Ende des Ersten Weltkrieges 1918 fiel der Steuerzensus ersatzlos, die Frauen erhielten das Wahlrecht, und das Wahlalter für das aktive Wahlrecht wurde auf 21 Jahre gesenkt. Die Stunde für die Sozialdemokraten, die am 22. November 1891 in Linz ihre erste oberösterreichische Landeskonferenz im Anschluß an den gesamtösterreichischen Einigungsparteitag von Hainfeld 1888/89 abgehalten hatten, war somit gekommen.

1919 BIS 1934. 15 JAHRE DEMOKRATIE – VIER SOZIALDEMOKRATISCHE BÜRGERMEISTER

Die ersten Wahlen nach dem allgemeinen, gleichen, geheimen und direkten Wahlrecht für Männer und Frauen fanden für den Linzer Gemeinderat am 18. Mai 1919 statt und brachten auf Anhieb die absolute Mehrheit für die Sozialdemokraten.

Gewählt wurde bereits nach den Bestimmungen des Gemeindestatuts 1920, das vom oberösterreichischen Landtag rückwirkend mit 1. Juni 1919, dem Tag der Eingemeindung von Urfahr und Pöstlingberg, in Kraft gesetzt wurde.

Dieses Statut änderte der oberösterreichische Landtag 1931, dem Jahr der letzten freien Gemeinderatswahlen in Linz. Bestimmt durch die Eingemeindung Kleinmünchens 1923, beschloß der Gesetzgeber, daß Linz (wie das in Wien und Graz schon üblich) in Bezirke eingeteilt werden könne, um die Verwaltungsarbeit zu erleichtern; Gebrauch davon wurde jedoch bis heute nicht gemacht.

Die Funktionsdauer des Gemeinderates verlängerte der Landtag auf sechs Jahre, und der Stadtrat sollte nunmehr aus zehn Personen – Bürgermeister, drei Vizebürgermeister, sechs Stadträte – bestehen, die bei der konstituierenden Sitzung des Gemeinderates zu wählen waren.

Erstmals wird in diesem Statut der Magistrat als Verwaltungsorgan neben Gemeinderat, Bürgermeister und Stadtrat genannt.

Die Stadt Linz hatte seit 1919 (Eingemeindung Urfahrs mit Pöstlingberg) 42,34 km^2 und etwa 100.000 Einwohner, 1923 stieg die Stadtfläche auf 55,16 km^2 (Eingemeindung Kleinmünchens) und die Einwohnerzahl auf 103.000. Bis 1934 erhöhten sich diese Zahlen auf 57,07 km^2 und 109.000 Einwohner.

Groß waren die Probleme nach dem Ersten Weltkrieg, die die Sozialdemokraten nun übernehmen und bewältigen sollten. So standen im Jahr 1919 diesen 100.000 Einwohnern 24.000 Wohnungen zur Verfügung, was bei einfachsten Ansprüchen einen Mangel von 5000 Wohnungen bedeutete.

Unter sozialdemokratischer Führung begann in den Industrie- und Außenbezirken eine rege Wohnbautätigkeit (Franckviertel, Linz-Neustadt, Auberg, Unionstraße, Landstraße/Bethlehemstraße, Scharlinz usw.), wodurch sich der Wohnungsbestand um 7762 Einheiten erhöhte. Kamen also 1919 auf eine Wohneinheit 4,17 Bewohner, so 1934 3,75 Bewohner.

Doch um nichts geringer war die Bautätigkeit auf dem Bildungs- und Freizeitsektor. Denken wir nur an die Khevenhüller- und Diesterwegschule, die Arbeiterkammer, den Neubau der Studienbibliothek, das Parkbad oder die vielen Parkanlagen.

Auch auf dem industriellen Sektor ging die Bautätigkeit voran. Als bedeutendster Industriebau ist die Tabakfabrik zu nennen, außerdem soll nicht unerwähnt bleiben, daß es bereits vor 1933 Pläne für ein Eisenhüttenwerk und einen Stadthafen gab, was aber an den Finanzierungsmöglichkeiten scheiterte.

Für die Industrie bot Linz als Bahnknotenpunkt einen guten Standort und beherbergte ungefähr 15 Prozent der oberösterreichischen Industriebetriebe, besonders der Bau-, der Eisenverarbeitungs- und Maschinenbau-, der Transportmittel-, der elektrotechnischen, der Holz- und Papier-, der Textil-, der Genußmittel-, aber auch bereits der chemischen Industrie sowie Druckereien und Verlage.

Dementsprechend zusammengesetzt war auch die Sozialstruktur der sozialdemokratischen Gemeinderäte. Wenn man deren erlernte Berufe betrachtet, kamen während der Ersten Republik rund zwei Drittel der sozialdemokratischen Gemeinderäte aus dem Arbeiter- oder Angestelltenstand.

Von den vier Bürgermeistern kamen zwei aus der Berufsgruppe der Drucker und Setzer, einer war Eisenbahner und einer Lehrer.

JOSEF DAMETZ
1868 – 1927
Bürgermeister 1919 – 1927

Josef Dametz wurde am 26. Mai 1868 in Linz, Kapuzinerstraße 8, als eines von vier Kindern einer Schusterfamilie geboren. Nach dem frühen Tod seines Vaters war die Familie ohne Ernährer, und Josef erlernte nach Volks- und Bürgerschule das Setzer- und Buchdruckergewerbe in der Linzer Pressvereinsdruckerei, worauf er sich ab 1890 auf Wanderschaft in Österreich und nach Süddeutschland begab, wo er in Kontakt mit der Arbeiterbewegung kam, der er sich anschloß.

Nach der Rückkehr nach Linz – *Dametz* arbeitete nun bei Wimmer und nach dem Militärdienst bei Kollndorfer – widmete *Dametz* sich der Mitarbeit beim Aufbau von Partei und Gewerkschaft. Er kandidierte bereits 1897 – leider vergeblich – für Landtag und Gemeinderat. 1905 aber sollte er als Sozialdemokrat der ersten Stunde neben neun anderen Genossen in den Linzer Gemeinderat einziehen und dort vorerst bis 1911 wirken.

1899 hatte *Dametz* die Hilfsarbeiterin *Katharina Blacher* geheiratet, der Ehe entsprossen vier Kinder.

1905 wurde *Dametz* Landessekretär der Druckergewerkschaft (bis 1911) und seit 1912 leitete er den Gutenberg-Verlag und war ab 1916 Herausgeber der sozialdemokratischen Zeitung „Tagblatt".

Seit 1914 war *Josef Dametz* Landesvorsitzender der Oberösterreichischen Sozialdemokratischen Partei und etwas später wurde er Bezirksvorsitzender von Linz; beide Funktionen behielt er bis zu seinem Tode wie auch die eines Gemeinderates und eines Landtagsabgeordneten, die er seit 1918 innehatte. Nach dem Ersten Weltkrieg war *Dametz* kurz Vizebürgermeister (1918 – 1919) von Linz. Er war auch Gründungsmitglied des Arbeiter-, Turn- und Sportvereins, erster Obmann des Vereins „Arbeiterheim" und Obmann der Spar- und Kreditkasse sowie Schöpfer des Städtischen Wirtschaftshofes und Verwalter des städtischen Vermögens. Außerdem hatte *Dametz* noch viele weitere Funktionen im Wirtschafts- und Aufsichtsbereich.

Als *Josef Dametz* am 11. Juni 1919 einstimmig zum Linzer Bürgermeister gewählt wurde – diese einstimmigen Wahlen wiederholten sich 1923 und 1927 –, stand er vor keiner beneidenswerten Situation, hatte er doch mit seinen Mitarbeitern die

Zerstörungen des Ersten Weltkriegs zu beseitigen und der Stadt ein neues Gepräge zu geben.

Dametz, der bereits seit 1918 Mitglied des Lebensmittelversorgungsausschusses und des Wohnungsfürsorgeausschusses war, skizzierte seine wichtigsten Anliegen in seiner Antrittsrede: Beseitigung der Arbeitslosigkeit, Wohnungsbau, Ausbau der sozialen Fürsorge, Reform des Steuerwesens, Kommunalisierung wichtiger Produktionszweige und eine gesteigerte Kulturpflege. Und diesen Vorhaben widmete er auch seine ganze Schaffenskraft. So setzte er ein kommunales Bauprogramm in Zusammenarbeit mit gemeinnützigen Wohnbaugenossenschaften durch. Die hervorragendsten Beispiele dafür sind die Bauten in der Wimhölzelstraße, der Weißenwolffstraße, in der Garnisonstraße und in Scharlinz.

Er initiierte Kindergärten, Mutterberatungsstellen, einen Jugenderziehungsrat, den Schulbau sowie die Einführung einer Berufsberatung und forcierte zur Arbeitsplatzbeschaffung die Betriebsansiedlung in Linz.

Im Sozialbereich kam es zum Bau der Volksküche und des Parkbades sowie zum Ausbau des Allgemeinen Krankenhauses.

Der kulturell interessierte Bürgermeister war Mitbegründer des Oberösterreichischen Brucknerbundes, ja er plante sogar schon den Bau eines Brucknerhauses. Stadtarchiv und Linzer Bibliotheken wurden neu organisiert und ein besonderes Anliegen war ihm der Ausbau der Studienbibliothek.

Um in den Nachkriegswirren halbwegs geordnete Verhältnisse in Linz zu garantieren, trieb *Dametz* die Kommunalisierung verschiedenster Versorgungsbetriebe voran. So wurden die Gaswerke erneuert und mit den Wasserwerken zu den technischen Werken von Linz zusammengefaßt. Ein bleibendes Denkmal setzte sich *Dametz* mit der Schaffung des „Städtischen Wirtschaftshofes". Dieser nach wirtschaftlichen Grundsätzen arbeitende Gemeindebetrieb hatte die Aufgabe, vielfältige notwendige Leistungen preisgünstig zu erfüllen. Das Arbeitsgebiet des Wirtschaftshofes reichte von Kehricht- und Fäkalienabfuhr über den Brennstoffhandel, Fuhrwerksdienst, Lagerhaus- und Speditionsbetrieb bis zur zentralen Beschaffung aller notwendigen Materialien und Gegenstände. Auch die Aufsicht über die von der Gemeinde errichteten Notwohnungen mit mehr als 1000 Parteien war ihm übertragen. *Dametz* sah das so: „Ist erst einmal unser Staatswesen von dem drückenden wirtschaftlichen Banne befreit, und sind wieder einmal alle Industriebetriebe auch in Linz vollbeschäftigt und tritt wieder einmal eine flotte Bautätigkeit ein, dann wird sich erst so recht die Bedeutung dieser Stadt zeigen. Ein reges, pulsierendes Leben in Handel und Industrie im ganzen weiten Stadtgebiet und auf den großen modernen Bahnanlagen, auf der Donau ein lebhafter Verkehrsstrom auf- und stromabwärts, dazu eine fleißige Bevölkerung, die bei allem Lebensernst und bei aller Arbeit auf saure Wochen auch ihre frohen Feste hat."

Politisch gehörte *Dametz,* abgesehen von einer hitzigen Oppositionszeit zwischen 1905 und 1911 im Linzer Gemeinderat, der gemäßigten sozialdemokratischen Richtung an. Er vertrat die Zusammenarbeit auch mit den Unternehmern, wenn diese zu günstigen Reformen für die Arbeiter führte.

Als *Josef Dametz* nach langer Krankheit am 21. September 1927 verstarb, würdigte sein langjähriger politischer Gegner, Landeshauptmann Dr. Schlegel, diese Haltung mit folgenden Worten: „Ich erinnere insbesondere, wie sehr beim Kollegen *Dametz* die Gabe, zu beruhigen und auszugleichen, vielfach mitgeholfen hat, die sachliche Arbeit des Landtages zu fördern und zu sichern."

Josef Dametz war ein reformfreudiger Sozialdemokrat der ersten Stunde, sein Bemühen um Sachkenntnis ließ ihn zu einem der größten bisherigen Kommunalpolitiker in Linz werden. Diese seine Bedeutung geht weit über enge Parteigrenzen hinaus.

ROBERT MEHR
1886 – 1935
Bürgermeister 1927 – 1929

Robert Mehr wurde am 1. April 1886 als Jüngster einer kinderreichen Eisenbahnerfamilie geboren und war bald Waise. In der Bundesbahnwerkstätte erlernte er das Schlosserhandwerk, wo man bald seine außergewöhnlichen Begabungen bemerkte und ihm das Studium an der Eisenbahnerakademie ermöglichte. Nach dem Abschluß machte er in den Stationen Obertraun, Grieskirchen, Neumarkt-Kallham und Ried im Innkreis Dienst, bevor er als Fahrdienstleiter nach Linz berufen wurde. Nach kurzer Militärdienstzeit kam *Mehr* 1916 zurück nach Linz, wo er später auch heiratete. Hier schloß er sich 1917, inspiriert durch seinen Lehrerfreund, dem Dichter *Alfred Grohmann,* der sozialdemokratischen Arbeiterbewegung an, in der er raschen Aufstieg machte.

So war er von 1918 – 1932 Landtagsabgeordneter, von 1919 – 1932 Gemeinderat, Stadtrat von 1923 – 1926 und 1930 – 1931, Vizebürgermeister von 1919 – 1923, 1926 – 1927 und wieder von 1931 – 1932. Bürgermeister der Stadt Linz war *Robert Mehr* vom 29. September 1927 bis 15. Oktober 1929.

Robert Mehr ist einer der umstrittensten Führer der Sozialdemokratie, was sich auch aus seinem Abgang aus der Politik ableiten läßt. So mußte er dem Bürgermeisteramt wegen eines von ihm verschuldeten Verkehrsunfalls mit tödlichem Ausgang entsagen, was er selbst offen darstellte: „Genossen, ich habe Auto fahren gelernt, und durch die Tücke der Maschine einen Unfall gehabt, dessentwegen ich mich vor dem ordentlichen Gericht zu verantworten habe. Und da wollte ich nicht, daß ich während der gerichtlichen Untersuchung die Geschäfte des Bürgermeisters führe. Das ist der Grund meiner Demission."

Doch einmal Opfer geworden, und waren es auch nur menschliche Schwächen, die dazu geführt hatten, mußte er es bleiben. Der politische Gegner beobachtete ihn genauer als jeden anderen und kleinste Unstimmigkeiten wurden skandalös aufgebauscht, so daß *Mehr* 1932 sowohl beruflich wie politisch zurücktrat. Er starb am Ostersonntag, dem 21. April 1935. „Die Tragik des unerbittlichen Schicksals hat es gefügt, daß *Robert Mehr* als Einsamer sterben mußte. Möge ihm der Tod jene Ruhe bringen, die er als Mensch nicht finden konnte", schrieb das „Tagblatt" in seinem Nachruf.

Doch wie *Mehr* auch in der Literatur und von Zeitzeugen als Mensch beurteilt werden mag, ein Faktum wurde von niemandem bestritten: bei *Robert Mehr* handelte es sich um den fähigsten Organisator und tüchtigsten Parteimanager seiner Zeit. Die meisten vorhin bei Bürgermeister *Dametz* gewürdigten Leistungen wären ohne den für Bauwesen und Finanzen zuständigen Stadtrat Mehr nicht möglich gewesen. Er sanierte die Linzer Stadtfinanzen, vereinheitlichte die verschiedenen Baugenossenschaften zu einer Wohnbauförderungsgenossenschaft, reformierte den Gemeindedienst. „Unvergänglich aber wird sein Wirken auf dem Gebiet der Sportbewegung sein. Selbst ein begeisterter Sportler, fand er immer wieder Wege, um der gesamten Sportbewegung unter die Arme zu greifen und sie auf eine Achtung gebietende Höhe zu bringen. Der Bau von Sport- und Turnplätzen, die weitgehendste Unterstützung der Sportvereine, die Schaffung des Stadtamtes für Leibesübungen und vieles andere noch waren Werke der schöpferischen Kraft *Robert Mehrs*." Daher wurde er auch zum Kreisobmann des VIII. Kreises des Arbeiterturnvereins im Jahre 1925 gewählt, was er bis zu dessen Auflösung 1932 blieb. (Der VIII. Kreis entsprach der Größe nach ungefähr dem heutigen Westösterreich.)

Der Bau eines Arbeiterstadions hinter den Spatenbrotwerken, die Schaffung eines Flughafens und der Bau der Fleischmarkthalle sind ebenfalls untrennbar mit dem Namen *Robert Mehr* verbunden. Auch vertrat er seine Partei im Stadtschulrat von Linz zwischen 1920 und 1931.

Die beste Würdigung seiner Person scheint mir mit einem Satz aus seinem bereits oben zitierten Nachruf gegeben: *„Robert Mehr* war lange Zeit eine der umstrittensten Persönlichkeiten des politischen Lebens – er war aber auch ebenso lange nicht nur der schöpferische Genius seiner Partei, sondern darüber hinaus der Linzer Stadtgemeinde."

EDUARD EULLER
1874 – 1935
Bürgermeister 1929 – 1930

Eduard Euller, am 20. April 1874 in Linz als Sohn eines Schustermeisters geboren, erlernte das Drucker- und Setzerhandwerk bei Tagwerkers Witwe in Linz und war in der Folgezeit in Salzburg und wieder in Linz bei Wimmer und Kollndorfer tätig, bis er bei Gutenberg landete, wo er auch als Korrektor und Lokalberichterstatter arbeitete. Ein bisher fast identischer Lebenslauf mit *Josef Dametz.*

Seiner 1906 geschlossenen Ehe entsprangen sechs Kinder.

1909 zog er in den Linzer Gemeinderat ein, wo er bis zur Ausschaltung der Demokratie im Februar 1934 – mit Unterbrechung durch den Ersten Weltkrieg – wirkte.

Nach dem Krieg war *Euller* erster Vorsitzender des Soldatenrates; diese Funktion trat er bald an *Franz Kellischek* ab. Ebenso soll *Euller* nach Zeitzeugenaussagen – ganz kurz vor *Richard Strasser* – Vorsitzender des Arbeiterrates gewesen sein. Später war *Euller* Bezirksparteivorsitzender von 1927 bis zum Revolutionsjahr 1934. Kurze Zeit fungierte er auch als Bezirksparteisekretär unter *Josef Dametz.*

Eduard Euller, der von allen befragten Personen als äußerst umgänglich und herzlich beschrieben wird, war kein spektakulärer Politiker, sondern ein solider Arbeiter der Partei, die ihn auch in eine Unzahl von Funktionen berief: Neben seiner Gemeinderatstätigkeit war er Landtagsabgeordneter von 1918–1934, Landesrat von 1919–1925 und 1931–1934, Bundesrat von 1925–1927, Stadtrat 1927, Vizebürgermeister 1927–1929 und Bürgermeister vom 15. Oktober 1929 bis 28. Mai 1930.

Diese Funktion übernahm er als solidarische Pflicht, als *Mehr* demissionierte, und behielt sie nur solange, bis die Partei einen geeigneten Kandidaten, *Josef Gruber,* für diese Funktion gefunden und freigemacht hatte.

In seiner kommunalen Tätigkeit wie auch in seiner landespolitischen entwickelte er seine größten Aktivitäten im Sozialbereich: *Euller* kümmerte sich vorbildlich um die Sozialfürsorge, um die Arbeitslosenversicherung und das Armenwesen. Mit vollem Recht wählte daher eine Linzer Journalistin, als sie einen Beitrag über *Eduard Euller* zu gestalten hatte, die Überschrift: A n w a l t d e r k l e i n e n L e u t e.

Den Niedergang der von ihm vertretenen politischen und menschlichen Ziele überlebte *Eduard Euller* nicht mehr lange. Er verstarb in seiner Heimatstadt am 15. November 1935 im 62. Lebensjahr.

JOSEF GRUBER
1867 – 1945
Bürgermeister 1930 – 1934

Josef Gruber, als Sohn eines Gastwirts und Kutschers am 12. März 1867 in Lambach geboren, wuchs in ärmlichen Verhältnissen auf, was sein späteres energisches Eintreten für die Armen und Entrechteten miterklärt.

Nach dem Besuch der Pflichtschule besuchte er die Lehrerbildungsanstalt in Linz und wurde Lehrer in St. Agatha bei Bad Goisern und Altmünster. Nach Ablegen der Lehramtsprüfung für Bürgerschulen (1891) unterrichtete *Gruber* in Linz, wo er zwischen 1927 und 1933 als Hauptschuldirektor wirkte. Auch die Partei machte sich seine pädagogische Ausbildung dienlich, indem sie ihn zwischen 1908 und 1926 in den Linzer Stadtschulrat und zwischen 1926 und 1934 in den Landesschulrat entsandte.

Gruber war auch der erste Turnlehrer des eben gegründeten Arbeiterturnvereines sowie Regisseur bei politischen Theateraufführungen.

In der Junglehrerbewegung erwarb sich *Gruber* erste Aufmerksamkeit als hervorragender Organisator und Redner, dabei war es damals keineswegs einfach und förderlich, sich als Öffentlich Bediensteter zur Sozialdemokratie zu bekennen.

Seine umfassende Kenntnis der sozialen Belange erweiterte sich noch durch die Heirat mit einer Landwirtstochter, durch die *Gruber* Einblick in die bäuerlichen Verhältnisse erwarb. Privat war *Gruber* nicht von großem Glück begünstigt: Seine Frau erblindete bald, er selbst hatte immer Probleme mit seiner Stimme und starb auch an Kehlkopfkrebs am 5. September 1945 in Linz.

Josef Grubers scharfer Verstand und seine glänzende Redegabe brachten ihm bald umfangreiche politische Tätigkeiten: Er war wie *Josef Dametz* Linzer Gemeinderat der ersten Stunde (1905) und verblieb dies bis 1934.

Josef Gruber war das theoretische Gleichgewicht zum Pragmatiker *Josef Dametz,* und so bildete sich eine fruchtbare Arbeitsteilung in der Fraktion heraus.

Nach dem Ableben von *Josef Dametz* wurde *Josef Gruber* Parteivorsitzender der oberösterreichischen Sozialdemokraten (1927–1934).

Daneben nützte die Partei seine vielfältigen Talente, indem sie ihn in den Reichsrat (1907–1911), dann in den Nationalrat (1918–1920), in den Bundesrat (1920–1925), in die Landesregierung als Landeshauptmann-Stellvertreter (1919–1930) und in den oberösterreichischen Landtag (1918–1934) entsandte. Dort waren seine Rededuelle, besonders die ideologischen Auseinandersetzungen mit dem christlich-sozialen Abgeordneten *Pfenneberger*, von einem Niveau, das im Landtag lange nicht mehr erreicht wurde. Auch scheute *Gruber* nicht zurück, im Sinne der Partei spektakuläre Handlungen zu setzen, wie die Kontroversen mit dem großdeutschen Abgeordneten *Langoth* (kursfristiger Rücktritt *Grubers*) oder mit den Bezirkshauptmännern zeigen.

Diese Entschiedenheit *Grubers,* für seine Interessen einzutreten, bestimmte auch die Oppositionsfraktionen, Vorbehalte bei seiner Wahl zum Linzer Bürgermeister am 28. Mai 1930 vorzubringen. Doch *Gruber* erfüllte bis zu seiner bürgerkriegsbedingten Absetzung am 12. Februar 1934 das Amt, ohne daß er opportunistische Schwenkungen vollzogen hätte, so souverän, daß er sich bald allgemeinster Zustimmung erfreuen konnte. Er kündigte diese Haltung in seiner Antrittsrede so an: „Wenn ich auch weiß, daß mir in all meinen künftigen Äußerungen und Handlungen durch die Art der Funktion, die ich nunmehr zu bekleiden habe, engere Grenzen gezogen sind, als es bisher der Fall war, so möchte ich bei dieser Gelegenheit dennoch keinen Zweifel bestehen lassen, daß ich auch in der neuen Funktion der treue Bekenner meiner Parteigrundsätze bleiben werde."

Besondere Bemerkung in dieser Rede verdient auch die Passage über seine sozialpolitischen Ziele: „Die Fürsorge für die Notleidenden unserer Stadt ist wohl eine der wichtigsten Aufgaben der Gemeinde, der jeder Bürgermeister sein ganzes Augenmerk zuwenden muß. Es muß den Stolz jedes Gemeinwesens bilden, jederzeit darauf hinweisen zu können, ihr Möglichstes für die Bekämpfung der sozialen Not und ihrer Folgen getan zu haben."

Gruber hat den Weg seiner Vorgänger konsequent fortgesetzt – aus Respekt vor diesen gab er seine Stimme bei seiner Bürgermeisterwahl *Robert Mehr* – und zukunftsweisende Projekte vorbereitet, die erst nach seiner Amtszeit realisiert werden konnten, wie den Umbau des Linzer Bahnhofs, den Bau des Hafens, den Bau einer neuen Donaubrücke, die Schaffung eines allgemeinen Bebauungsplanes für Linz, die Überlegungen bezüglich einer eisenverarbeitenden Großindustrie in Linz und schul- und bildungspolitische Initiativen.

Einige Projekte konnten aber noch unter *Gruber* realisiert werden, wie der Winkler-Bau an der Landstraße, der Handel-Mazzetti-Block, die Aufschließungsarbeiten für die Auberg-Bauten und der Bau der Linzer Tabakfabrik.

Josef Gruber konnte trotz der kriegerischen Begleitmusik – groteskerweise betont gerade er in seinen Reden immer wieder die Wichtigkeit der Sicherung des Friedens für das Wohl von Stadt, Land und Staat – so aus dem Amte scheiden, wie er es sich in seiner Antrittsrede gewünscht hatte: „Es wird mein ernstliches Bemühen sein, auch in diesem Saale, dem Bestreben meiner Vorgänger folgend, die Atmosphäre gegenseitigen Vertrauens noch mehr zu vertiefen, damit ich, wenn es notwendig wird, diesen Platz wieder zu verlassen, es mit demselben Stolzgefühl der inneren Befriedigung tun kann, wie ich heute aus der oberösterreichischen Landesregierung scheide."

Nach der Zerschlagung der Demokratie am 12. Februar 1934 wurde zuerst an die Stelle des Bürgermeisters ein Regierungskommissär gesetzt, und das neue Stadtrecht vom 3. Oktober 1935 unterstrich und bestätigte die autoritären Regelungen. Der Bürgermeister bekam quasi-diktatorische Gewalt, den Stadträten stand keine eigene Amtsführung zu, sie hatten nur beratende Stimme. Ähnlich aufgebaut war die deutsche Gemeindeordnung, die für Linz dann ab dem 12. März 1938 bis zum 10. Juli 1945 gültig war.

Diese Entwicklung, die unter dem ständestaatlichen Regime Linz in den Bankrott, während der nationalsozialistischen Diktatur zu einem kurzen Aufschwung sowohl im industriellen Bereich wie auf dem Wohnbausektor führte, mündete in den Zweiten Weltkrieg, der noch verheerendere Zerstörungen und noch größere Not für Linz brachte als der Erste Weltkrieg.

Die Behebung dieser Situation, der Wiederaufbau und die Entwicklung zur bedeutendsten Industriestadt Österreichs hatten wieder als Väter die Sozialisten. Sie stellen seither auch die Mehrzahl der Stadträte und immer den Bürgermeister.

1945 – 1989: 45 JAHRE ZWEITE REPUBLIK – SECHS SOZIALISTISCHE BÜRGERMEISTER

Im Zuge der Niederschlagung des Nationalsozialismus und der Wiedererrichtung der Demokratie bestellte die für diese Zwecke nach dem Ende des zweiten Weltkriegs installierte Militärregierung in Oberösterreich *Prof. Dr. Ernst Koref* am 7. Mai 1945 zum vorläufigen, jederzeit absetzbaren Bürgermeister von Linz. Kurz darauf trat ein provisorischer Stadtrat aus Sozialdemokraten, Christlich-Sozialen und Kommunisten zusammen, aber kein vorläufiger Gemeinderat. Nach Wiederzulassung der politischen Parteien wurden am 25. November 1945 – gleichzeitig mit den Landtags- und Nationalratswahlen – in Linz die ersten freien Gemeinderatswahlen seit 1931 abgehalten. Diese brachten den Sozialisten die absolute Mehrheit, die sich bei allen Wahlen bis heute mit einer einzigen Ausnahme (1949) wiederholte.

Da auf der Potsdamer Konferenz (Juli 1945) die Zuteilung des gesamten Mühlviertels zur sowjetischen Besatzungszone beschlossen wurde, mußte für Urfahr eine eigene Stadtverwaltung errichtet werden, die bis zum Staatsvertrag (1955) nicht gewählt, sondern von den Linzer Parteiorganisationen beschickt wurde; die bis zu diesem Zeitpunkt bei den Gemeinderatswahlen in Urfahr gewählten Frauen und

Männer waren hingegen Mitglieder der Linzer Stadtverwaltung; so kam es oft vor, daß ein Urfahraner zweifacher Gemeinde- oder Stadtrat war.

Der oberösterreichische Landtag beschloß am 7. Juli 1948 das Wiederinkrafttreten des Linzer Gemeindestatuts von 1931, und zwar rückwirkend mit 1. Jänner 1946. Dieses Statut blieb, zweimal novelliert, bis 1965 in Kraft.

Das neue Gemeindestatut von 1965 ist bis heute gültig; es wurden allerdings Konkretisierungen einiger Bestimmungen vorgenommen. Der Stadtrat heißt seit 1965 Stadtsenat. Die letzte Novelle aus dem Jahr 1980 soll den Bedürfnissen nach mehr Transparenz und direkter Demokratie Rechnung tragen.

Die oberösterreichische Landeshauptstadt hat seit 1939 eine Fläche von 96,09 Quadratkilometern und pendelt seit 1945 um die 200.000 Einwohner.

War das klassische Linz eine Kaufmannsstadt, so ist das Linz des 20. Jahrhunderts zu einer der bedeutendsten Industriestädte geworden. Von der Schwerindustrie, teilweise in der Ersten Republik, aber besonders von den Nationalsozialisten in der „Führerstadt" geplant, war zu Kriegsende nicht viel verwirklicht, und was gebaut wurde, ging großteils in den 22 Bombenangriffen zwischen 1944 und 1945, die 1122 Linzern das Leben kosteten, unter. Man kann sagen, die Linzer und mit ihnen die mehrheitlich sozialistische Stadtverwaltung standen 1945 vor dem Nichts.

Von den 43.926 Wohnungen waren 8204 zerstört oder so schwer beschädigt, daß sie unbewohnbar waren. 22.617 Wohnungen waren minderen Grades beschädigt, so daß dieser Zahl nur 13.105 unbeschädigte Wohnungen gegenüberstanden.

Die 194.186 Bewohner von Linz hatten damit nur 35.722 bewohnbare Wohneinheiten zur Verfügung; also eine Wohneinheit für 5,4 Bewohner, was eine wesentlich schlimmere Wohnsituation als 1919 bedeutete.

In Kenntnis dieser Tatsache ist die Leistung der sozialistisch geführten Stadtverwaltung gar nicht hoch genug einzuschätzen, wenn man bedenkt, daß heute in Linz 204.000 Menschen leben (Haupt- und Nebenwohnsitz) und es 88.835 Wohneinheiten gibt; also eine Wohneinheit auf 2,3 Einwohner kommt.

Gleichzeitig gingen die Linzer Industriearbeiter, unterstützt von ihren Stadtvätern, daran, die Schäden in ihren Werken zu beheben; im Jahr 1947 konnte die Produktion im wesentlichen wieder aufgenommen werden.

Ebenfalls gebaut wurden der geplante Stadthafen, eine neue Donaubrücke, der neue Hauptbahnhof, ein modernes Verkehrsnetz sowie Linz in den internationalen Luftverkehr einbezogen werden konnte.

Es sind viele neue Schulen entstanden, neben Kunst- und Volkshochschule ist die Universität gegründet worden, das Brucknerhaus gebaut sowie die Neue Galerie eröffnet worden. Die jüngste Leistung auf diesem Gebiet ist die Gründung des Zentrums für Jugendkultur „Posthof".

Alle diese Leistungen bedurften ungeheurer Hand-, Geistes-, Organisations- und Verwaltungsarbeit. Es ist das Verdienst der Sozialisten, Linz zu einer industriellen Wohlfahrtsstadt gemacht, dabei aber Bildung und Kultur nicht vernachlässigt zu haben.

Den seit längerem mit wechselhafter Heftigkeit durchschlagenden Krisen der industriellen Produktion vernünftig zu begegnen sowie den neuen Anforderungen besonders bezüglich der Lebensqualität der Stadt gerecht zu werden, ist ihre heutige Aufgabe. Sie stellen sich dieser mit Fleiß und gleicher Begeisterung und legten für deren Bewältigung schon ökonomisch sinnvolle und sozial gerechte Konzepte vor, sodaß ihnen **die Linzer auch in Zukunft vertrauen werden.**

Die Sozialstruktur der sozialistischen Vertreter im Linzer Gemeinderat ist ein Spiegelbild dieser schöpferischen Gruppen. Wie in der Ersten Republik sind mehr als zwei Drittel der Linzer Gemeinderäte ihrem erlernten Beruf nach Arbeiter oder Angestellte, doch wie damals während ihrer Tätigkeit in der Gemeindestube überwiegend in Verwaltungsberufe umgestiegen. Die sechs Bürgermeister waren bzw. sind hauptsächlich Verwaltungsbeamte; nur einer Angestellter einer Körperschaft öffentlichen Rechts. Einer ist Lehrer (er wirkte aber die meiste Zeit in der Landesschulverwaltung), einer Postbeamter, zwei sind Magistratsbedienstete, und der amtierende Bürgermeister ist als Beamter des Bundesministeriums für Wissenschaft und Forschung Rektoratsdirektor der Hochschule für künstlerische und industrielle Gestaltung in Linz.

DR. ERNST KOREF
1891 – 1988
Bürgermeister 1945 – 1962

Dr. Ernst Koref wurde am 11. März 1891 als fünftes von neun lebendgeborenen Kindern des Eisenbahnbeamten *Leopold Koref* in Linz geboren. Er besuchte die Volksschule in Ried und Linz, das Staatsgymnasium in Linz bis 1909, und anschließend studierte er an der Universität Wien Germanistik und Anglistik, wo er 1914 zum Dr. phil. promovierte. Die Lehramtsprüfung legte er kriegsbedingt erst 1919 ab.

Im Ersten Weltkrieg kam *Koref* 1916 in russische Gefangenschaft, konnte sich aber dieser durch eine abenteuerliche Flucht entziehen und verbrachte das letzte Kriegsjahr als Übersetzer für Italienisch, Englisch und Französisch an der italienischen Front.

Nach dem Krieg wirkte *Dr. Koref* als Gymnasialprofessor von 1919–1924 in Linz und wurde dann Konzeptsbeamter beim oberösterreichischen Landesschulrat, unterrichtete aber am Abend an der von ihm 1928 mitbegründeten Arbeitermittelschule in Linz.

1922 heiratete *Dr. Koref Elmira Geier,* dieser Ehe entsprang die Tochter *Beatrix,* verheiratete *Eypeltauer.*

Das Erleben des Krieges führte *Dr. Koref* zur neuentstandenen Kulturbewegung, zur sozialdemokratischen Partei, für die er viele Funktionen bekleidete. Er gehörte zum gemäßigten Flügel der Partei, was ihm 1934, als er für den erkrankten *Josef Gruber* die Geschäftsführung der Partei innehatte, so manche Unstimmigkeit bescherte.

Dr. Koref war in seinen politischen Funktionen zuerst kurz Sekretär des Arbeiterrates, dann Landesbildungsvorsitzender 1924–1934, Landesschulrat von 1933–1934, Stadtschulrat von 1930–1934 und 1945–1962, Nationalrat von 1930–1934 und 1945–1958, Bundesrat 1958–1965, Landesparteivorsitzender 1945–1958, Gemeinderat 1927–1934 und 1945–1962. Er war auch Mitglied vieler internationaler Organisationen.

Dr. Koref wurde am 7. Mai 1945 von der Militärverwaltung als Linzer Bürgermeister eingesetzt, durch die folgenden demokratischen Wahlen bestätigt, und er behielt dieses Amt bis zum 10. September 1962.

Dr. Koref, der sowohl von den Austrofaschisten wie auch von den Nationalsozialisten inhaftiert worden war, fand bei seinem Amtsantritt die Stadt Linz vor, „wie sie wirrer, armseliger, verzweifelter bestimmt kein einziger" seiner Vorgänger angetroffen hatte. Und in der Tat sind alle großen Leistungen auf wirtschaftlichem, kulturellem, gesundheitspolitischem, gesellschaftlichem und politischem Gebiet, deren wir uns heute erfreuen können, in irgendeiner Weise mit dem Namen *Dr. Ernst Koref* verbunden.

„Wohnungen oder Revolte", so forderte *Koref* in einer Parlamentsrede 1950 die Verlängerung des Wohnungsanforderungsgesetzes. Diese für *Dr. Koref* ungewohnte Härte resultierte aus der Linzer Situation, wo die ärgste Wohnungsnot aller österreichischen Städte herrschte. *Koref* beantwortete diese Situation mit noch nie dagewesener sozialer Wohnbautätigkeit in Zusammenarbeit mit gemeinnützigen Wohnungsgesellschaften. „Das neue soziale Klima trieb unablässig einen um den anderen modernen Linzer Stadtteil aus dem Boden", so wurden z. B. für Dornach/Auhof, Bindermichl-Oed, Neue Heimat die Ausbauinitiativen in seiner Ära gesetzt.

Frühzeitig erkannte *Koref* die Probleme des Umweltschutzes und ließ Parkanlagen – wie z. B. den Botanischen Garten – anlegen.

Kindergärten, Kinderkrippen, Horte und Tagesheimstätten entstanden, Altenheime wurden gebaut, das Allgemeine Krankenhaus modernisiert.

Ebenfalls in die Amtszeit von Dr. Koref fielen die für Linz so entscheidenden Beschlüsse für den Bau einer Hochschule – er wurde deren erster Ehrensenator – und die Grundsatzbeschlüsse für den Bau des Brucknerhauses und der Sporthalle.

Von 1945 – 1955 erhöhte sich die Anzahl der Pflichtschulen in Linz von 16 auf 69, höhere Schulen wurden gebaut. Die Neue Galerie, die Volkshochschule in Zusammenarbeit mit der Arbeiterkammer, die Kunstschule, heute Hochschule für künstlerische und industrielle Gestaltung, entstanden in seiner Zeit, wie auch der Wiederaufbau des Hauptbahnhofes, ein neues Verwaltungs- und Verkehrskonzept, die Errichtung des Linzer Stadions, die Fertigstellung des Hafens und die Förderung der Linzer Großindustrie in Angriff genommen wurden.

Dieses dargestellte Arbeitspensum ist so groß, daß es fast unglaublich erscheint, während einer 17jährigen Ära zustande gekommen zu sein. Dr. Ernst Koref verstarb im hohen Alter von mehr als 97 Jahren am 15. November 1988, er war bis zuletzt rüstig und geistig frisch.

EDMUND AIGNER
1900 – 1968
Bürgermeister 1962 – 1968

Edmund Aigner, am 29. März 1900 in Gaspoltshofen geboren, stammte aus einer Lehrerfamilie und gedachte, diese Familientradition fortzusetzen. Doch wurde er – *Aigner* hatte einen Bruder –, weil schon mit 14 Jahren Vollwaise, bald gezwungen, einen Brotberuf zu ergreifen, und so ging er zur Post, wo er es bald zum Oberinspektor brachte.

Nach dem Ende des ersten Weltkriegs schloß sich *Aigner* der sozialdemokratischen Bewegung an und widmete sich dem Aufbau der Postgewerkschaft, deren Landessekretär er von 1920–1934 war. Im Zuge dieser Tätigkeit übersiedelte *Aigner* nach Linz, wo er 1930 seine Frau *Herma* heiratete.

Edmund Aigners Talent und Engagement erweckten bald die Aufmerksamkeit seiner Genossen, und sie entsandten ihn von 1927 bis 1934 in den Gemeinderat und von 1932 bis 1934 in den Landtag.

Nach dem für alle Sozialisten so fürchterlichen 12. Februar 1934 begann für *Aigner* – der ein besonderer Vertrauensmann *Richard Bernascheks* war – ein zwölfjähriger Leidensweg: Als Vorsitzender der Revolutionären Sozialisten wurde *Aigner* immer wieder verhaftet – sowohl von den Austrofaschisten wie später von den Nationalsozialisten –, zwangspensioniert mit strafweise verkürzten Ruhegenußbezügen, 1941 zur Wehrmacht eingezogen, und schließlich kam er in russische Gefangenschaft, aus der er krankheitshalber frühzeitig – *Aigner* wog nur mehr 45 kg – entlassen wurde.

Nach Linz zurückgekehrt, wurde *Aigner* sofort in den Nationalrat entsandt, dem er bis 1962 angehörte. 1961 kam er wieder in den Linzer Gemeinderat, der ihn am 24. September 1962 zum Bürgermeister der Stadt Linz wählte. Damit war auch sein Amt im Stadtschulrat verbunden, das er gleichfalls bis zu seinem Tod ausübte.

Neben vielen anderen Funktionen war *Edmund Aigner* oberösterreichischer Landesparteivorsitzender von 1957 bis 1967. Als Bürgermeister setzte *Aigner* das große Aufbauwerk *Ernst Korefs* würdig fort. Besondere Anliegen waren auch ihm die Behebung der Wohnungsnot – 1964 sprach *Aigner* selbst in einem Interview von einem Fehlbestand von 16.000 Wohneinheiten –, die Schulbauten in den unter seiner

Bürgermeisterzeit gewachsenen Wohnsiedlungen wie Ebelsberg, Pichling und Neue Welt, eine zeitgemäße Gas- und Wasserversorgung, die Kanalisierung und ein Generalverkehrsplan.

Unter *Aigners* Amtsführung wurde Linz Hochschulstadt (Eröffnung am 8. Oktober 1966), und die Beschlüsse für die zeitliche Abfolge der kommunalen Kulturgroßbauten wurden gefaßt: erst Brucknerhaus, dann Sporthalle.

Als *Edmund Aigner* am 3. Mai 1968 mitten aus seinem Schaffen gerissen wurde, machte die Trauer vor den Stadtgrenzen von Linz nicht halt: 12.000 Menschen gaben dem überaus beliebten Bürgermeister das letzte Geleit; unter ihnen der erste Mann im Staate, Bundespräsident Franz Jonas.

Bei der Trauersitzung im Linzer Rathausfestsaal zitierte sein Nachfolger *Theodor Grill* nochmals *Edmund Aigners* Lebensmaxime, die er stets zu verwirklichen getrachtet hatte, und die daher als wesentlicher Grundstein seiner Beliebtheit angesehen werden kann: „Wir dürfen nie vergessen, daß hinter jedem Verwaltungsakt ein Mensch steht, mit seinen Sorgen, seinen Leiden und seinen Wünschen!"

THEODOR GRILL
1902 – 1986
Bürgermeister 1968 – 1969

Theodor Grill wurde am 15. Oktober 1902 in Bad Ischl als Sohn eines Postbeamten geboren. Nach der berufsbedingten Übersiedlung seiner Eltern kam er nach Linz, in die Stadt, deren erster Bürger er später werden sollte, und verbrachte da seine Jugend- und Schulzeit.

Bereits mit zwölf Jahren schloß sich *Grill* der sozialdemokratischen Bewegung an, für die er viele Funktionen bekleidete. 1923 trat er in den Magistratsdienst ein und engagierte sich als Personalvertreter. Er war außerdem Mitglied der Wehrturner und des Schutzbundes. Durch letztere Funktion wurde er persönlich und politisch bestimmt. So heiratete er 1929 die Schutzbundsekretärin *Gertrude,* die ihm durch 40 Jahre eine sowohl politisch als auch persönlich kongeniale Partnerin war.

Als Schutzbundmitglied und Magistratsbeamter war *Theodor Grill* direkte Drahtstelle *Richard Bernascheks* zum Magistrat und damit zu einer Telefonverbindung nach Wien. Durch diese Aktivitäten war *Grill,* genauso wie seine Frau *Trude,* nach der Niederlage der Arbeiterbewegung 1934 höchst gefährdet.

Theodor Grill – aus dem öffentlichen Dienst aus politischen Gründen mittlerweile entlassen – und *Trude Grill* flohen daher auf Anraten der Genossin *Maria Beutelmayr* nach Zürich, zum Sitz der II. Sozialistischen Internationale. Dort bereitete *Grill* gemeinsam mit *Friedrich Adler,* dem zweiten politischen Lehrmeister der *Grills* nach dem Buchdrucker *Nikolaus Seibert,* den Plan vor, *Richard Bernaschek* von den Nazis in München nach Zürich zu holen.

Ein Jahr später bat *Karl Sailer,* der Vorsitzende der illegalen Revolutionären Sozialisten in Österreich, *Theodor Grill* nach Wien, wo dieser verhaftet und eineinhalb Jahre eingekerkert wurde. Berühmte Mitangeklagte *Grills* waren der spätere Bundespräsident *Franz Jonas* und der spätere Bundeskanzler *Dr. Bruno Kreisky.*

Nach der Enthaftung folgte verstärkte Polizeiaufsicht, so daß sich *Grill* wieder zur Emigration entschloß. Über Brüssel, wo er seine Frau wiedertraf, Marseille, Barcelona und Lissabon kamen die *Grills* in die USA, wo sie bis 1947 blieben und sich mit Hilfsarbeiten durchschlugen.

Nach der Rückkehr nach Linz wurde *Theodor Grill* wieder in den Magistratsdienst aufgenommen und war bis 1955 Sekretär des Bürgermeisters *Dr. Ernst Koref.* In diesem Jahr berief *Koref Grill* mit den Worten: „Du bist ein kommunalpolitisches Naturtalent, Du mußt das machen!“ in den Gemeinderat und sofort zum Vizebürgermeister. Am 17. März 1968 wählte der Linzer Gemeinderat *Theodor Grill* dann einstimmig zum Bürgermeister. Er behielt dieses Amt aber nur kurz und trat am 8. November 1969 zurück, um nach dem Ableben von Vizebürgermeister *Stefan Fechter* eine Neuregelung der sozialistischen Stadtsenatsfraktion zu ermöglichen.

In die kurze Amtszeit von *Grill* fiel der Spatenstich für die technisch-naturwissenschaftliche Fakultät der Linzer Hochschule – *Grill* wurde Ehrensenator –, die Gründung der WIST (Wirtschaftshilfe für Studenten), die Beschlüsse über die Autobahnzufahrten und den Bau des Römerbergtunnels (Elmirastollen).

Seine großen kommunalpolitischen Leistungen sind aber erst dann richtig zu würdigen, wenn man weiß, daß *Theodor Grill* alle Maßnahmen seit 1947 entweder als Sekretär des Bürgermeisters mitvorbereitet oder als Finanzreferent und Vizebürgermeister der Stadt wesentlich mitgestaltet hat. Lassen wir das einem Berufenen, Altbürgermeister *Ernst Koref,* sagen: „Diese historische Reminiszenz bietet mir willkommenen Anlaß zu der höchst anerkennenswerten Feststellung, daß der Bürgermeister, schon als langjähriger Finanzreferent der Stadtgemeinde Linz, immer bereit gewesen ist, und wenn es auch noch so schwierig schien, gewissenhaft dafür vorsorgte, die finanziellen Verpflichtungen einzulösen, was für die lückenlose Abwicklung von ganz großer Bedeutung war.“

Gestatten Sie mir auch eine persönliche Anmerkung, die die Großartigkeit des Menschen *Theodor Grill* mit ganz einfachen Worten zeigen soll: Als ein Schüler von mir bei einem zeitgeschichtlichen Schulwettbewerb mitmachen wollte, empfahl ich ihm, sich an Altbürgermeister *Theodor Grill* um Auskünfte zu wenden. Nach einigen Tagen kam der Schüler zu mir zurück und sagte: „Herr Professor, wie ich dort aufgenommen wurde, wie ich ernstgenommen und mit Respekt behandelt wurde, wie geduldig auf alle meine Fragen geantwortet wurde, war einfach großartig. Dieser Mann muß als Bürgermeister wirklich ein Vorbild gewesen sein.“

Theodor Grill verstarb am 6. August 1986 hochgeachtet in seiner Stadt Linz.

FRANZ HILLINGER
geboren 1921
Bürgermeister 1969 – 1984

Franz Hillinger wurde am 24. Oktober 1921 in Linz geboren, besuchte hierorts auch Volks-, Haupt- und Berufsschule und legte 1938 die Handelsangestelltenprüfung ab. Im März 1939 trat er in den Dienst des Linzer Magistrates, in dem er – unterbrochen durch Kriegsdienst und anschließende Kriegsgefangenschaft von 1940–1947 – bis zu seiner politisch bedingten Freistellung blieb und zum Oberamtsrat befördert wurde. 1942 heiratete *Franz Hillinger* seine Frau *Emmi* und wurde Vater einer Tochter.

Zur sozialistischen Bewegung kam *Hillinger* schon sehr früh: Bereits vor 1934 zu den Kinderfreunden, Roten Falken und zum Arbeiter-Turn- und Sportverein Linz.

Sein Engagement für den demokratischen Sozialismus hat er sicher auch durch bittere Erfahrungen in seiner Kindheit gewonnen. So verstarb seine Mutter sehr bald, sein Vater wurde krankheitshalber arbeitslos und *Franz Hillinger* wuchs bei seiner Großmutter in materieller Armut auf.

Nach der Heimkehr aus der Kriegsgefangenschaft begann *Franz Hillinger* sofort in der SPÖ, Sektion Römerberg, mitzuarbeiten und wurde 1949 in den Bezirksparteivorstand gewählt.

Gemeinderat war *Franz Hillinger* von 1954–1984, Stadtrat von 1956–1965, Vizebürgermeister von 1965–1969 und Bürgermeister vom 17. November 1969 bis 26. Jänner 1984.

Von 1956–1984 war er Mitglied des Stadtschulrates und von 1963–1984 Mitglied des Landesschulrates.

Landesparteivorsitzender war *Franz Hillinger* von 1972–1974 und Bezirksparteivorsitzender von 1968–1984. Außerdem bekleidete er viele Funktionen in städtischen, überregionalen und auch internationalen Körperschaften.

Die Amtszeit von *Franz Hillinger* war überstrahlt von der Konjunktursonne, und der Bürgermeister war stets bemüht, die Gunst der Stunde auf alle Bereiche zu verteilen.

Als gestandener Sozialpolitiker legte er besonderen Wert auf die Errichtung von Beratungsstellen, Kinderspielplätzen, Untersuchungs- und Behandlungszentren, Seniorenklubs und Seniorenheimen. Er rief die Aktion „Essen auf Rädern" und die Haushaltshilfe ins Leben. Es wurden 20 Schulen und viele Turnsäle gebaut, vier Volkshäuser, das Linzer Jugendgästehaus, Volksbüchereien, sowie die Straßenbahnlinie nach Dornach-Auhof, der Neu- und Umbau des AKH begonnen sowie der Bau des Zentralen Verwaltungsgebäudes.

Das Wohnbauprogramm konnte während Hillingers Amtszeit mit der Planung und Errichtung der Großsiedlungen Oed, Auwiesen und Biesenfeld fast abgeschlossen werden.

Die Linzer Sporthalle, die Eishalle, die Bezirkssportanlage Lißfeld wurden gebaut und das Parkbad neu gestaltet.

Linz wurde unter *Franz Hillinger* Universitätsstadt – der Bürgermeister Ehrensenator –, das Brucknerhaus wurde eröffnet und die internationalen Brucknerfestspiele sowie die „ars electronica" gegründet und das Jugendzentrum Posthof initiiert. Das Stadtmuseum bekam durch das restaurierte Nordico ein neues Heim.

Vorausblickend wurde unter *Franz Hillinger* das Amt für Umweltschutz geschaffen, in der Absicht, der Linzer Bevölkerung Vollbeschäftigung in einer gesunden Umwelt zu sichern! Ebenso wurden neue Industrieansiedlungsgebiete aufgeschlossen und ein Fernheizkraftwerk gebaut. Zur Verwaltungsvereinfachung gründete *Hillinger* die Stadtbetriebe Linz und die Linzer Veranstaltungsgesellschaft.

Das sind nur einige besonders herausragende Leistungen während der 14jährigen Amtszeit von *Franz Hillinger,* die der Bundespräsident mit der Verleihung des Hofrattitels und der Landeshauptmann mit der Überreichung des Goldenen Ehrenzeichens des Landes Oberösterreich würdigten.

Franz Hillinger war seinem Wesen nach einerseits eine konsequente und starke Führungspersönlichkeit, sonst hätten diese Leistungen trotz günstigster Wirtschaftskonjunktur nicht geschehen können, andererseits der stets gut aufgelegte „Oberlinzer"; jeder Bürger kannte seinen „*Mascherl-Franz*". Ja, man kann mit Fug und Recht sagen, er war „der Linzer Volksbürgermeister". Seine Bekanntheit und Beliebtheit waren derart überwältigend und sein Führungsstil so erfolgreich, daß zu seinem 60. Geburtstag das Presseorgan des politischen Gegners, „Neues Volksblatt", das mit der Popularität des Bürgermeisters absolut keine Freude haben konnte, resigniert feststellte: „An seiner Popularität in Linz besteht kein Zweifel. Daran zu kratzen, gelingt weder politischen Gegnern noch ihm selber. Der Eindruck, den er mit seinem hemdsärmeligen Charme auf die Linzer macht, übersteht verblüffenderweise sogar seine eigenen politischen und privaten Eskapaden. Was macht also den *Mascherl-* oder *Propeller-Franz* so populär? Ich meine, weil er die Leute davon überzeugen kann, daß ihm seine Linzerstadt ehrlich am Herzen liegt."

Franz Hillinger war immer ein Mensch der Zusammenarbeit, auch über politische Grenzen hinweg, und wenn heute der Altbürgermeister und rüstige Pensionär durch Linz geht, winkt die Mehrzahl der Bevölkerung noch immer respektvoll ihrem freundlich lächelnden „*Mascherl-Franz*" zu.

HUGO SCHANOVSKY
geboren 1927
Bürgermeister 1984 – 1988

Hugo Schanovsky, am 29. November 1927 in Steyr geboren, verlor bereits in jungen Jahren seine Mutter, seinem Vater wurde während der Weltwirtschaftskrise seine Beschäftigung als Fabriksarbeiter gekündigt, und so lernte *Hugo* in früher Jugend Not und Elend kennen. Er lebte zeitweise bei einem Bauern und schlief im Roßstall.

Im Volksschulalter kam er nach Linz, wo er die Mittelschule besuchte und, nach Unterbrechung durch den Krieg und anschließende Gefangenschaft, 1946 maturierte. Er begann 1947 als Aushilfsangestellter bei der Pensionsversicherungsanstalt der Arbeiter und stieg bis zum leitenden Angestellten auf, bevor er für seine politische Tätigkeit freigestellt wurde. 1960 heiratete *Schanovsky* seine Frau *Dorothea,* die ihm zwei Kinder, *Petra* und *Hendrik,* gebar.

Mit 19 Jahren schloß sich *Hugo Schanovsky* der Sozialistischen Jugend und zwei Jahre später (1948) der SPÖ an. Dort wirkte der „Dichter" *Schanovsky* als Bildungsfunktionär und wurde bald Vorsitzender des Bezirksbildungsausschusses. Wie überhaupt *Schanovskys* schriftstellerische Tätigkeit – er hat bisher an die 20 Bücher veröffentlicht – nicht von seiner politischen zu trennen ist, weil „der Politiker *Schanovsky* jenes soziale Bewußtsein hat, das der Schriftsteller *Schanovsky* immer wieder fordert. Es sind die Einzelschicksale der kleinen Leute, die ihn immer wieder beschäftigen".

Deshalb ist es auch nicht verwunderlich, daß seine ersten Gemeinderatsaktivitäten – er war von 1967 bis 1984 Gemeinderat – der Sozial- und Kulturpolitik galten. Von 1969 bis 1979 übernahm der als Stadtrat zusätzlich das Wohlfahrtswesen und als Vizebürgermeister von 1979 bis 1984 die Ressorts Kultur, Gewerbe, Krankenhaus und Wirtschaftshof.

Während seiner Zeit als Bürgemeister (1984–1988) war *Hugo Schanovsky* auch Bezirksparteivorsitzender der SPÖ Linz-Stadt.

Den Kulturbereich behielt sich *Hugo Schanovsky* auch als Bürgermeister neben den Kompetenzen über Verfassungsdienst, Präsidial- und Organisationsangelegenheiten, Subventionen, Schul-, Erziehungs- und Volksbildungswesen. Er wurde Mitglied des Stadtschulrates, außerdem hatte *Schanovsky* viele Wirtschaftsfunktionen innerhalb der Stadt und überregionale Funktionen in den Gemeindeverbänden und Gemeindetagen inne.

Für sein literarisches Schaffen wurden *Hugo Schanovsky* viele Ehrungen zuteil, besonders herausragend sind die Verleihung des Berufstitels „Professor“ (1977) und später die Verleihung der Würde eines „Ehrensenators“ der Linzer Johannes Kepler Universität.

Bürgermeister *Schanovskys* letzte Amtsjahre wurden im besonderen Maß von der sich steigernden Krise der Schwerindustrie sowie durch das wachsende Qualitäts- und Problembewußtsein der Bevölkerung in Umweltfragen geprägt. Demgemäß zog Bürgermeister *Schanovsky* mit einem neuen Linzer SPÖ-Kommunalprogramm und dem Slogan: „Linz muß die sauberste Industriestadt Österreichs werden“ 1985 in den Wahlkampf.

Daß dies keine leeren Ankündigungen waren, zeigt sich daran, daß in seiner Amtszeit der Schadstoffausstoß in die Linzer Luft um mehr als 30 Prozent gesenkt werden konnte, wie auch die Umweltinvestitionen in die Chemie Linz AG und Voest und die Entschwefelung des Fernheizkraftwerkes in seiner Periode initiiert wurden, ebenso wie die Mülltrennung. Eine weitere Bauetappe des Allgemeinen Krankenhauses wurde eingeleitet, das Zentralverwaltungsgebäude, die Straßenbahnlinie Auwiesen konnten eröffnet werden, das Wohnbauprogramm wurde zügig fortgesetzt; der Ausbau des Fernwärmenetzes und der Schulneubau vorangetrieben; der Bau der Parkgarage am Hauptplatz begonnen sowie ein neuer Flächenwidmungsplan erstellt.

Als Dichter und sozial engagierter Politiker war und ist *Hugo Schanovsky* die Friedenssicherung und Entwicklungshilfe ein besonderes Anliegen: Neben vielen Aktivitäten auf diesem Gebiet ragen die Einleitung der Städtepartnerschaft mit San Carlos in Nicaragua und die Erhebung von Linz zur „Friedensstadt“ hervor. Wie schreibt doch *Schanovsky* selbst: „Morgen werden die Panzer zu Schrottpaketen zusammengepreßt und in Brückenträger umgeschmolzen.“ Wenn diese Zeilen auch sehr visionär wirken, so muß doch gesagt werden, daß nur der in der Lage ist, das Machbare durchzusetzen, der in der Lage ist, darüber hinaus zu denken.

Ein besonderer Erfolg ist Bürgermeister *Schanovsky* als Kulturreferent mit dem steilen Aufstieg des Veranstaltungszentrums „Posthof“ zu internationalem Niveau und damit verbunden zu ungeahnt hohen Besucherzahlen gelungen.

Schanovskys Kulturpolitik war im besonderen darauf gerichtet, Kulturaktivisten und nicht nur Kulturkonsumenten zu erziehen, was seinen besonderen Ausdruck in der von ihm geleiteten Stadtteilbelebungspolitik findet.

Wie *Koref* war auch *Schanovsky* der Überzeugung, daß trotz materieller und wirtschaftlicher Probleme Kultur und Geist nicht zu kurz kommen dürfen.

Am 21. Jänner 1988 übergab Bürgermeister *Hugo Schanovsky* die, trotz schwieriger wirtschaftlicher Situation, wohlgeordneten Amtsgeschäfte seinem Nachfolger.

Die Linzer hoffen, ihre zwei Altbürgermeister noch lange bei bester Gesundheit zu sehen.

DR. FRANZ DOBUSCH
geboren 1951
Bürgermeister seit 1988

Dr. Franz Dobusch wurde am 9. Mai 1951 in Raab/Innviertel als drittes von fünf Kindern des Arbeiters und Nebenerwerbslandwirts *Ignaz Dobusch* geboren.

Wirtschaftliche Umstände zwangen die Familie *Dobusch*, ihren Wohnort zu wechseln, bis sie sich in der Oststeiermark endgültig niederlassen konnte. Der Vater hatte Arbeit als Bauarbeiter gefunden und ein kleines Eigenheim errichten können.

Nach der Volksschule kam *Franz* in ein katholisches Internatsgymnasium nach Graz, brach diese Ausbildung mit 16 Jahren jedoch ab und kam mit 18 per Autostopp in jene Stadt, deren erster Bürger er 20 Jahre später sein sollte.

In Linz trat *Franz Dobusch* in die von seinem Vorgänger *Ernst Koref* mitbegründete Arbeitermittelschule ein und maturierte 1971.

An der AMS lernte er seine Frau *Monika* kennen, die er 1977, als beide ihre Universitätsstudien beendet hatten, heiratete. Dieser Ehe entsprossen zwei Kinder, *Leonhard* und *Laura*.

Franz Dobusch begann an der Universität Linz zuerst Mathematik und Physik zu studieren, wechselte dann zur Juristerei und promovierte 1977 zum Dr. jur.

Schon während seiner Studienzeit arbeitete *Dobusch* als Assistent am Institut für Österreichische und Deutsche Rechtsgeschichte und konnte als Vertreter des akademischen Mittelbaus erste politische Erfahrungen sammeln. 1978 wurde *Franz Dobusch* Universitätsdirektor-Stellvertreter der Johannes Kepler Universität, und seit 1981 ist er Rektoratsdirektor der Linzer Hochschule für künstlerische und industrielle Gestaltung. Von diesem Posten ist er seit seiner Bürgermeisterwahl ohne Bezüge karenziert.

1975 wurde *Franz Dobusch* in der Linzer Sektion Volksgarten Mitglied der SPÖ, wo man bald sein politisches Talent erkannte und ihn förderte; besondere Unterstützung erhielt er vom Sektionsvorsitzenden *Franz Haslinger*, vom SJ-Obmann *Josef Ackerl* und vom Bezirksparteisekretär *Adi Schauberger*.

Von 1978 bis 1982 war *Franz Dobusch* Landesvorsitzender der Jungen Generation der SPÖ Oberösterreichs und von 1979 bis 1985 Bezirksvorsitzender der Jungen Generation der SPÖ Linz-Stadt. In dieser Zeit trat er besonders für den Privilegienabbau bei politischen Funktionären ein; daß dies keine leeren Jugendworte waren, beweist *Franz Dobusch* dadurch, daß er als Bürgermeister nur jene Aufsichtsratsfunktionen angenommen hat, die unmittelbar mit seinem Amt als Eigentümervertreter in den städtischen Betrieben verbunden sind.

Weitere politische Arbeitsschwerpunkte von *Franz Dobusch* in dieser Zeit waren die Urheber- und Mitautorenschaft am „Linzer Programm. Kommunalprogramm der SPÖ Linz-Stadt 1985" und die Gründung der Stadtzeitung „Linzer".

Das „Linzer Programm" ist auch Richtlinie für seine Tätigkeit als Bürgermeister der Stadt Linz, in welche Funktion er am 21. Jänner 1988 in geheimer Wahl mit 50 der 57 abgegebenen Stimmen gewählt wurde. *Franz Dobusch* ist somit der jüngste demokratisch gewählte Bürgermeister der Stadt Linz.

Besondere Anliegen sind *Dr. Franz Dobusch* die Sicherung der Stadtfinanzen, um Mittel für die Wirtschafts- und Umweltpolitik freizubekommen, sowie für die soziale Absicherung aller Linzer, besonders für jene, die von der momentanen Wirtschaftsentwicklung besonders hart getroffen werden.

Aktive Wirtschaftspolitik soll die Stadt zur Arbeitsplatzsicherung betreiben: „So werden wir ein Betriebsbaugebiet in Pichling erschließen, wir werden das Designcenter, ein Ausstellungszentrum für die Linzer Wirtschaft, bauen. Ein solches Zentrum wird nicht zuletzt die Linzer Fremdenverkehrswirtschaft stärken. Wir haben bereits ein eigenes Amt für Betriebsansiedlung eingerichtet, das mithelfen soll, der Linzer Wirtschaft einen neuen Industrialisierungs- und Modernisierungsschub zu verschaffen", meinte *Dobusch* in seiner Antrittsrede als Bürgermeister.

Diese Wirtschaftspolitik soll aber in enger Verbindung mit aktiver Umweltpolitik stehen: „Die 1984 von Bürgermeister *Schanovsky* eingeleiteten Umweltmaßnahmen beginnen zu greifen. So konnte der Schadstoffausstoß in Linz von 44.000 Tonnen im Jahr 1985 auf 29.000 Tonnen ab dem Jahr 1987, also um mehr als 30 Prozent, verringert werden. Bis 1990 werden wir ihn auf 19.000 Tonnen reduziert haben." Jedoch „als offene, aber um so dringlichere Frage bleibt die Beseitigung des in Linz anfallenden Sonderabfalls ... In diesem Jahr (1988) sollen alle erforderlichen Vorbereitungen zur Entscheidungsfindung über das Ob, Wie und Wo von Sonderabfall-Verbrennungsanlagen und Sonderabfalldeponien getroffen werden. Über die Errichtung einer Verbrennungsanlage für den Raum Linz werden rechtzeitig Gespräche mit allen verantwortungsbewußten Kräften geführt werden ... An dieser Stelle darf ich mich als Vater von zwei kleinen Kindern dafür verbürgen, daß alle Gruppen, die einer Sondermüllverbrennung in Linz skeptisch gegenüberstehen, in den Entscheidungsprozeß miteingebunden werden", betonte *Franz Dobusch* in seiner Antrittsrede.

Im Zuge dieser Umweltpolitik soll es auch zu Aufträgen für die verstaatlichte Industrie neben anderen Förderungsmaßnahmen kommen, denn „eine wesentliche Voraussetzung, damit solche Zeiten, wie sie 1938 waren, nicht wiederkommen, ist, daß die wirtschaftliche Situation in unserem Land und im besonderen in unserer Stadt nicht schlechter wird. Wir müssen gemeinsam alles daransetzen, daß die verstaatlichte Industrie möglichst rasch aus ihrer Krise herausfindet". Eine weitere Bedingung, daß verzweifelte Menschen nicht so unheilvolle Auswege wie 1938 suchen müssen, ist eine aktive Sozialpolitik: „Die Arbeitslosigkeit ist höher als noch vor wenigen Jahren. Häufig fliehen Menschen, die sozial abgleiten, in die Anonymität der Großstadt, um dort Unterkunft und Minimalversorgung zu suchen. Deshalb hat die Frage sozialer Randgruppen gerade bei uns in den letzten Monaten und Jahren an Brisanz zugenommen. Wir dürfen uns der Lösung dieser Aufgabe nicht entziehen, brauchen dazu jedoch auch die Unterstützung von Bund, Land und der vielen karitativen Organisationen."

Genauso wichtig ist für den Linzer Bürgermeister die Fortsetzung der Wohnbaupolitik, der Ausbau des AKh, die Kunst- und Kulturförderung, eine verstärkte Imagewerbung für Linz und die Unterstützung aller Solidaritätsbestrebungen sowohl regional als auch überregional und international.

Weiters wünscht sich *Dr. Franz Dobusch,* der im März 1988 auch Bezirksparteivorsitzender der SPÖ Linz-Stadt geworden ist, ein glaubwürdiges und von Toleranz geprägtes Miteinander aller politischen Kräfte, eine rege Bürgerbeteiligung bei der Bewältigung künftiger Aufgaben und besonders inneren und äußeren Frieden.

Wer *Dr. Franz Dobusch* kennt, weiß, daß er alles daransetzen wird, diese Ziele zu erreichen. Die Kraft der Jugend und ein schlagkräftiges Gemeinderats- und Stadtsenatsteam werden ihn dabei unterstützen.

So möchte ich abschließend feststellen, daß die dargestellten und geplanten Leistungen niemals isolierte Taten einzelner Personen gewesen sind, sondern Leistungen, die mit dem Namen Linzer Bürgermeister untrennbar verbunden sind, die es immer verstanden haben und verstehen, ein großes leistungsfähiges Team zu motivieren und zu koordinieren.

Daher wird das Vertrauen der Linzer in die Sozialisten auch in Zukunft bestehen bleiben!

SOZIALISTEN ALS BÜRGERMEISTER IN HEUTE ZU LINZ GEHÖRENDEN STADTRANDGEMEINDEN

In den von uns betrachteten letzten hundert Jahren wurden zu Linz die Randgemeinden: St. Peter (1915), Urfahr und Pöstlingberg (1919), Kleinmünchen (1923), Ebelsberg und St. Magdalena (1938) eingemeindet sowie Gebietsteile von Steyregg (1934 und 1938) und ein Teil von Leonding (Keferfeld 1939).

Nach dem zweiten Weltkrieg wurde das Linzer Stadtgebiet nördlich der Donau bis 1955 quasi wieder selbständig, und für Urfahr mußte eine eigene Stadtverwaltung errichtet werden.

Diese eingemeindeten und zeitweise wieder abgetrennten Gebiete, die zusammen mit dem Stadtkern unser heutiges Linz bilden, hatten zur Zeit ihrer Selbständigkeit eigene Gemeindevertretungen und Bürgermeister.

Vier davon waren Sozialisten, die wir anschließend chronologisch nach ihrer Amtszeit kurz vorstellen werden; ohne sie würde eine Geschichte der sozialistischen Bürgermeister unvollständig sein.

KLEINMÜNCHEN

KARL STEIGER
1873 – 1937
Bürgermeister 1919 – 1923

Karl Steiger, am 4. Mai 1873 als Sohn einer Weberfamilie in Kleinmünchen geboren, erlernte den Beruf eines Gärtners. Nach seinen Wanderjahren, auf denen er viel Arbeiterelend kennenlernte, was ihn, unterstützt von seiner Mutter, Sozialdemokrat werden ließ, wurde *Steiger* in Kleinmünchen seßhaft und heiratete 1898. Seine Frau gebar ihm vier Kinder.

Steiger gründete und betrieb die Konsumgenossenschaft Kleinmünchen und die dortige freiwillige Krankenversicherung.

Steiger hatte auch als Gärtner großen beruflichen Erfolg, schrieb theoretische Abhandlungen über Gartenbau und Imkerei und ist Erfinder einer Honigschleudermaschine. Diese Talente machte sich die Stadt Linz nach der Eingemeindung Kleinmünchens zunutze, indem sie *Steiger* zum Stadtrat, und somit zum Referenten des Gartenamtes, bestellte.

Als die Sozialdemokraten 1918 in den Kleinmünchner Gemeinderat einzogen, aber besonders nach der Bürgermeisterwahl *Karl Steigers* am 4. Mai 1919, kam es sofort zu einer Reihe kommunalpolitischer Aktivitäten. So wurden 1920 in Kleinmünchen das erste kommunale Kino Österreichs eröffnet, der Arbeiterturnverein gegründet und Gemeindeunternehmen ins Leben gerufen.

Doch war die Eigenfinanzierungskraft Kleinmünchens so gering, daß um die Eingemeindung nach Linz ersucht werden mußte, welchem Ersuchen am 16. Juni 1923 rechtskräftig stattgegeben wurde.

Karl Steiger war nun bis 1934 in Linz Stadtrat und Gemeinderat und von 1925 bis 1926 Stadtschulrat. Viele der schönen Linzer Gartenanlagen sind einer Initiative von *Karl Steiger* zu verdanken.

Die Zerstörung der Demokratie überlebte *Karl Steiger* nicht mehr lange; er verstarb am 20. Juni 1937. „Es traf ihn sehr schwer, zu sehen, daß mit einem Schlag die Bemühungen eines Lebens der Mitarbeit an der Besserstellung der Arbeiterklasse zunichte wurden“, sagte sein Sohn *Karl* in einem Nachruf.

ST. MAGDALENA

ALOIS KEINRATH
1878 – 1951
Bürgermeister 1922 – 1923

Alois Keinrath wurde am 27. März 1878 in Linz geboren. Er dürfte aus einer wohlhabenderen Familie gekommen sein, da außer ihm noch zwei Brüder festgestellt werden konnten, die zumindest die Matura hatten.

Alois Keinrath trat 1901 in den Dienst beim Magistrat Linz ein, war bis 1911 dort beschäftigt und dann wieder von 1920 bis 1927. Er erreichte den Rang eines Rechnungsrats.

Über das Leben von *Alois Keinrath* gibt es keine wesentlichen literarischen Quellen. Zeitzeugen aller politischen Lager berichten, daß er ein äußerst angesehener und sozial engagierter Mann war. Seine Freunde bestätigen auch, daß er ein sehr hitziger Sozialdemokrat war, so soll er dabeigewesen sein, als die Kutsche des Grafen *Weissenwolff* vor einem Steyregger Gasthaus aus Protest angehalten wurde.

Andererseits hatte *Alois Keinrath* mit ständigen finanziellen Schwierigkeiten zu kämpfen, was auch berufliche Probleme mit sich brachte, jedoch, so betont eine ehemalige Mieterin des Hausherrn *Keinrath,* wälzte er diese Probleme nie auf seine Mieter ab, sondern er war immer ein äußerst sozialer Hauseigentümer.

Alois Keinrath war 1922 und wahrscheinlich 1923 Bürgermeister von St. Magdalena, zu einer Zeit, als sich im Ortsgebiet Unstimmigkeiten wegen der Eingemeindung St. Magdalenas nach Linz ergaben. So wollten die Konservativen die bäuerlichen Gebiete St. Magdalena und Dornach selbständig erhalten, das Arbeiterviertel Steg aber eingemeindet wissen. Wir kennen eine Gemeinderatsdebatte, wo *Keinrath* diesem Ansinnen heftigen Widerstand entgegensetzte.

Weiters wissen wir, daß nach 1924 *Alois Keinrath* noch eine Zeit Vizebürgermeister von St. Magdalena war. Nach 1934 enthielt sich *Alois Keinrath* aktiver politischer Betätigung und verstarb nach dem zweiten Weltkrieg am 13. April 1951 in seiner Gemeinde, die 1938 nach Linz eingemeindet und 1945 mit Urfahr bis 1955 wieder von Linz abgetrennt wurde.

EBELSBERG

JOHANN HAUDER
1893 – 1964
Bürgermeister 1929 – 1934

Johann Hauder wurde am 8. Februar 1893 in Neuhaus, Gemeinde Kirchberg ob der Donau, geboren. Sein Vater war dort Gastwirt, übersiedelte aber bald aus wirtschaftlichen Gründen nach Linz und arbeitete dort als Brauereikutscher.

Johann Hauder besuchte in Linz Volks- und Bürgerschule – sein Lehrer war der spätere Linzer Bürgermeister *Josef Gruber* –, lernte dann das Gießerhandwerk bei der Firma *Posselt,* ging anschließend auf die Walz nach Kapfenberg und Bruck a. d. Mur und trat 1913 seinen Militärdienst an, von dem er 1914 direkt in den ersten Weltkrieg einrückte.

Nach der Rückkehr aus dem Krieg begann *Hauder* bei der Firma *Steininger* in Ebelsberg zu arbeiten und blieb dieser Firma bis zu seiner Pensionierung 1956 treu. In dieser Firma war *Hauder* auch Betriebsratsobmann.

Johann Hauder hatte in den ersten Nachkriegsjahren keine eigene Wohnung und mußte das Dasein eines Schlafgehers fristen, konnte aber später eine Familie gründen; er heiratete 1920 seine Frau *Maria,* die ihm drei Kinder gebar.

Hauder wurde bald Ortsparteiobmann der Sozialdemokratischen Partei in Ebelsberg und 1924 Vizebürgermeister.

Am 29. April 1929 wählte ihn der Gemeinderat zum Bürgermeister, dieses Amt behielt er bis zum 12. Februar 1934. Im Anschluß an die Februarkämpfe wurde er verhaftet und im Schloß Ebelsberg eingesperrt.

Hauders Amtszeit fiel mit dem Höhepunkt der Weltwirtschaftskrise zusammen, trotzdem gelang es seiner starken Führungspersönlichkeit – er mußte sich auch gegen Zaghafte innerhalb seiner eigenen Partei des öfteren durchsetzen –, einige bedeutende Leistungen zu erbringen: Sein erstes Augenmerk galt der Sozialpolitik, und eine der ersten Handlungen nach seiner Wahl zum Bürgermeister war, ein Wohnungsprogramm ausarbeiten zu lassen. Er nahm Kredite auf und konnte auch Teile seines Programmes noch verwirklichen. *Hauder* erwarb sich auch große Verdienste um die Errichtung des Hochwasserschutzdammes an der Traun und scheute keine Mühen, diese Arbeiten, die des öfteren wegen Geldmangels eingestellt werden mußten, immer wieder voranzutreiben. Auch der Beginn des Ausbaus der Ortswasserleitung fiel in seine Amtszeit.

Nachdem *Hauder* aus der Haft entlassen war, enthielt er sich lange Zeit aktiver politischer Betätigung, bis er auf Drängen seiner Freunde 1958 noch einmal den Vorsitz der SPÖ-Sektion Ebelsberg übernahm, den er bis 1961 innehatte. Im Anschluß war *Johann Hauder* bis zu seinem Tode am 6. Oktober 1964 Obmann des Pensionistenverbandes Ebelsberg.

URFAHR

FERDINAND MARKL
1898 – 1960
Bürgermeister 1945 – 1955

Ferdinand Markl wurde am 5. Juli 1898 in Josefstadt/Böhmen geboren, kam bald nach Wien, wo er die Volks- und Bürgerschule absolvierte und das Friseurhandwerk erlernte. 1920 kam *Markl* nach Linz und wurde 1924 als Friseur selbständig.

Markl gehörte bereits zwischen 1924 und 1934 dem Innungsvorstand der Friseure an und war nach dem Zweiten Weltkrieg oberösterreichischer Landesinnungsmeister. Er kümmerte sich besonders um den Ausbau des gewerblichen Berufsschulwesens. In Würdigung seiner Verdienste wurde ihm der Titel „Kommerzialrat“ verliehen.

Ferdinand Markl trat 1918 der Sozialdemokratischen Partei bei und wurde zwei Jahre später Obmann des Gehilfenausschusses in Linz. Er war vor 1934 auch

Bildungsreferent und Kreisobmann des Vereins Kinderfreunde, aus welchem Grund er 1934 verhaftet wurde. 1943 wurde er zur Wehrmacht eingezogen, im Juni 1945 kehrte *Markl* aus der Kriegsgefangenschaft zurück, und Bürgermeister *Dr. Ernst Koref* ersuchte ihn, die Bürgermeisterstelle in dem von Linz abgetrennten, links der Donau liegenden Gebiet zu übernehmen.

Ferdinand Markl gab dem Ersuchen von *Dr. Koref* statt und war nun vom 1. August 1945 bis zum 23. Oktober 1955 Bürgermeister von Urfahr. Nebenbei war *Markl* Linzer Stadtrat und Linzer Gemeinderat von 1946 bis zu seinem Tod am 25. April 1960. Außerdem erfüllte *Markl* Funktionen im städtischen Wirtschaftsbereich und im Freien Wirtschaftsverband.

Die Situation im Nachkriegs-Urfahr war mindestens genauso schlimm, wenn nicht schlimmer als in Linz. Es ist das Verdienst von *Ferdinand Markl* und der von ihm geführten Stadtverwaltung, daß Urfahr nach dem Kriege auch einen bescheidenen Aufschwung nehmen konnte. Viel Diplomatie war notwendig, um mit diesen Schwierigkeiten fertig zu werden. Es fehlte an Nahrung, Heizung, Wohnraum und vielen Kleinigkeiten des täglichen Bedarfs. Der Einsatz und das Geschick *Markls* und seine Zusammenarbeit mit dem kommunistischen Polizeikommandanten *Grünberger* sind bei der älteren Bevölkerung heute noch ein beliebtes Gesprächsthema.

Auch durfte *Ferdinand Markl* die Verbindung zur Stadt Linz nicht abreißen lassen, in der er das Amt eines Stadtrats bekleidete.

Einige Tage bevor dem konzilianten und zusammenarbeitsbereiten Politiker für seine Leistungen der Ehrenring der Stadt Linz hätte verliehen werden sollen, verstarb *Ferdinand Markl* am 25. April 1960 im 62. Lebensjahr.

LINZ – FEBRUAR 1934*

Helmut Fiereder

VORBEMERKUNG

In den krisenhaften Jahren nach dem Ersten Weltkrieg polarisierten sich die innenpolitischen Verhältnisse zunehmend. Die Christlichsozialen und die mit ihnen verbündeten bürgerlichen und nationalen Parteien versuchten die Arbeiterbewegung in einem Zweifrontenkrieg auszuschalten: Einerseits bedienten sie sich des Staatsapparats wie Justiz, Verwaltung und der bewaffneten Staatsmacht (Polizei, Gendarmerie, Heer), andererseits stellten oder unterstützten sie bewaffnete Vereinigungen wie Heimatschutz und Frontkämpfer. Die Sozialdemokraten hatten als Gegengewicht den Republikanischen Schutzbund zur Verteidigung der Demokratie aufgestellt.

Kam es nun zu Auseinandersetzungen, sorgten im Anschluß Behörden und Gerichte für eine „rechts"konforme Beurteilung derselben (1927), sah man überhaupt keinen Ausweg, wurde das Parlament ausgeschaltet und auf Verordnungsweg regiert (1933); Österreich trieb einer „Rechts"diktatur zu.

RICHARD BERNASCHEK, DER OÖ. SCHUTZBUND UND DIE PARTEI

Der Widerstand des Republikanischen Schutzbundes gegen die fortschreitende Faschisierung hatte seine Ursache in der entschlossenen Haltung des oberösterreichischen Schutzbundkommandanten *Richard Bernaschek.*

Die Situation der österreichischen Sozialdemokratie hatte sich zu Beginn des Jahres 1934 bis zur Ausweglosigkeit verschlechtert. *Bernaschek* war der Meinung, daß ein widerstandsloses Untergehen der Partei nicht würdig sei; er beschloß daher, daß der oberösterreichische Schutzbund weiteren Provokationen der Heimwehr oder der Exekutive entschieden entgegentreten solle. Verhaftungen von Parteifunktionären und Waffensuchen in sozialdemokratischen Parteilokalen in Oberösterreich wollte *Bernaschek* in Zukunft mit Waffengewalt begegnen.

Der Kommandant des oberösterreichischen Schutzbundes wußte dabei um die Aussichtslosigkeit seines Vorhabens, denn der Zeitpunkt des Aufstandes gegen den Austrofaschismus war ungünstig; der späteste Moment, zu dem der bewaffnete Widerstand sinnvoll gewesen wäre, war der März 1933. Hätte sich die österreichische Sozialdemokratie Mitte März 1933 zum Widerstand gegen den Staatsstreich von oben entscheiden können, dann wären ihre Chancen weitaus besser gewesen. Im Februar

---

* Die folgende Darstellung ist dem Aufsatz *Fiereder, Helmut:* Der Republikanische Schutzbund in Linz und die Kampfhandlungen im Februar 1934. In: Historisches Jahrbuch der Stadt Linz, Linz, 1978, entnommen.
Dieser Aufsatz wurde gekürzt und für diesen Beitrag gestaltet von *Johann Mayr.*
Wir danken für die Zustimmung des Autors als auch des Leiters des Archivs der Stadt Linz, Senatsrat *Dr. Friedrich Mayrhofer.*

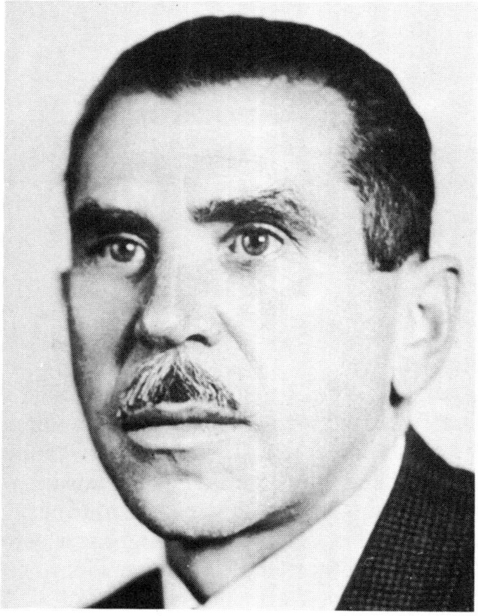

FÜR DIE REPUBLIK UND DIE RECHTE DER ARBEITER:

GEGEN DIE AUSTROFASCHISTEN GEKÄMPFT – VON DEN NAZIS ERMORDET!

Richard Bernaschek
1889 – 1945

1934 war es aber nicht mehr möglich, die demoralisierte österreichische Arbeiterschaft zu einem Generalstreik zu bewegen. Damit war auch der heldenhafte Kampf des Schutzbundes zum Scheitern verurteilt. Die Ursachen trafen für den gesamten österreichischen Schutzbund zu, für das Scheitern in Linz war aber auch entscheidend, daß *Bernaschek* schon in der Anfangsphase verhaftet wurde.

Am Vormittag des 11. Februar 1934 lud *Bernaschek* mehrere Genossen, die sein besonderes Vertrauen hatten, zu sich, um mit ihnen einen Brief zu diskutieren, den er an die Wiener Parteileitung schicken wollte. Der Text dieses Schreibens stand schon einige Tage vorher in großen Umrissen fest. *Bernaschek* besprach sich am Vormittag mit Linzer Genossen – bei dieser Unterredung waren anwesend: *Bernascheks* Bruder *Ludwig, Ferdinand Hüttner, Josef Glasner, Theo Huschka* und *Franz Schlagin* – und am Nachmittag mit Genossen aus den Bezirken Oberösterreichs. Vor allem letztere hatten starke Bedenken gegen das Vorgehen *Bernascheks,* sie drangen mit ihren Zweifeln beim Kommandanten aber nicht durch. Es war also die Entschlossenheit des oberösterreichischen Schutzbundkommandanten, die seine Genossen mitriß.

In dem Schreiben an den Vorstand der Partei erklärte *Bernaschek,* daß er zum Widerstand gegen weitere Provokationen fest entschlossen sei. Er bat, der Reichsparteivorstand möge im Falle einer Auseinandersetzung in Linz den Wiener und den gesamtösterreichischen Schutzbund zu den Waffen rufen. *Bernaschek* schloß mit dem Hinweis, daß *Dr. Ernst Koref* – der zu diesem Zeitpunkt nicht in Linz war – von diesem Schreiben keine Kenntnis hatte und daß er (*Bernaschek*) gemeinsam mit *Koref* bei der nächsten Gelegenheit – voraussichtlich am Morgen des Montags (12. Februar 1934) – nach Wien kommen werde.

Der Brief wurde in dreifacher Ausfertigung noch am selben Nachmittag durch einen Kurier nach Wien gebracht. Der Kurier, der pensionierte Eisenbahner *Anton Mayr,* wurde von dem Wiener Kinderfreunde-Funktionär *Alois Jalkotzy* begleitet. *Jalkotzy* war am 10. und 11. Februar dienstlich in Linz; er begleitete *Mayr,* weil dieser in Wien ortsunkundig war. Der Kurier fuhr mit dem Schnellzug um 17.30 Uhr von Linz ab und kam gegen 20 Uhr in Wien an. Erst nach längerem Suchen gelang es *Mayr* und *Jalkotzy, Schorsch* zu erreichen. *Johann Schorsch* war als Empfänger der ersten

Ausfertigung vorgesehen, die anderen sollten *Otto Bauer* und *Theodor Körner* erhalten. *Schorsch* nahm den für ihn bestimmten Brief ohne Kommentar entgegen. Gegen 23.30 Uhr konnten *Mayr* und *Jalkotzy Bauer* das Schreiben übergeben. *Bauer* übernahm nach dem Lesen des Briefs auch das für *Körner* bestimmte Schreiben. Er trug *Mayr* auf, auf schnellstem Weg nach Linz zu fahren und *Bernaschek* unverzüglich nach Wien zu schicken. Weiters beauftragte er *Jalkotzy,* in Linz anzurufen und so eine Aktion des Linzer Schutzbundes zu verhindern. *Mayr* fuhr mit dem nächsten Zug nach Linz zurück, *Jalkotzy* begab sich in seine Wohnung im Schloß Schönbrunn und versuchte, die Linzer Parteileitung zu erreichen.

Er rief mehrere führende Linzer Parteifunktionäre an, konnte aber keinen erreichen. Nach diesen vergeblichen Versuchen rief er das Sekretariat der Kinderfreunde im Hotel Schiff an. *Huschka,* der hier die Nacht verbrachte, nahm das Gespräch entgegen. Schon während seiner ersten und vergeblichen Versuche, die Linzer Genossen zu erreichen, hatte *Jalkotzy* den Eindruck, daß sein Anschluß abgehört werde; er versuchte aber trotzdem, mit *Bernaschek* oder anderen Genossen in Linz telefonischen Kontakt aufzunehmen, weil er *Bauers* Auftrag unbedingt ausführen wollte. Tatsächlich wurde sein Gespräch mit *Huschka* von einer vaterländischen Postbeamtin mitgehört. Die Frau verständigte unverzüglich den Sicherheitsdirektor für Oberösterreich von dem Gespräch. Nach der Kenntnisnahme des Telefonats entschloß sich Sicherheitsdirektor *Hans August Hammerstein-Equord,* die für den Morgen des 12. Februar im Linzer Parkbad vorgesehene Waffensuche nicht hier, sondern im Hotel Schiff vorzunehmen, in dem neben dem Schutzbund auch der sozialdemokratische Parteivorstand von Oberösterreich seinen Sitz hatte.

Die Sicherheitsorgane hatten für die Waffensuche im Hotel Schiff umfangreiche Vorkehrungen getroffen, da man um die Entschlossenheit der oberösterreichischen Schutzbundleitung wußte. Schon in der Nacht vom 11. auf den 12. Februar – zu einem Zeitpunkt also, zu dem die Waffensuche noch für das Parkbad geplant war – quartierte

Der Linzer Schutzbund hält eine Kundgebung ab.

man einen Kriminalbeamten im Hotel Schiff ein, der die Sicherheitsorgane über die Tätigkeit der Linzer Schutzbundleitung auf dem laufenden hielt. Sicherheitsdirektor *Hammerstein* wußte, daß die Besatzung des Hotels Schiff in den frühen Morgenstunden wechselte. Er beschloß daher, daß mit der Waffensuche in der sozialdemokratischen Parteileitung um sieben Uhr begonnen werden sollte. Kurz vor sieben Uhr verständigte die Exekutive das Kommando der vierten Brigade des Bundesheeres, das in Linz stationiert war, von der bevorstehenden Waffensuche. Zur selben Zeit benachrichtigte man auch das Landesgendarmeriekommando von der geplanten Aktion. Die eigenen Kräfte hatte die Polizei schon einige Tage vorher in Alarmbereitschaft versetzt. Außerdem hörte man seit geraumer Zeit die Telefonanschlüsse des Hotels ab. Zusätzlich wurde der gesamte Gebäudekomplex in der Nacht zum 12. Februar noch von Zivilstreifen überwacht.

Die Meldung von der gegen den Schutzbund bevorstehenden Aktion veranlaßte das Kommando der vierten Brigade, die von der Exekutive gewünschte Assistenzkompanie in Alarmbereitschaft zu versetzen. Darüber hinaus wurden die üblichen Bereitschaftsdienste in den Kasernen auf je eine Kompanie erhöht und sämtliche Offiziere in die Kasernen befohlen. Das Ausrücken der Truppe zu Übungen wurde untersagt.

Auch der Schutzbund hatte seit Wochen seine Vorbereitungen für den Ernstfall getroffen: spätestens seit Mitte Jänner 1934 ließ *Bernaschek* einen regelmäßigen Wachdienst im Hotel Schiff und in der Dorfhalle einrichten. Teile des Waffenarsenals wurden bereitgestellt, die Führer des Schutzbundes hielten ständig Kontakt miteinander. In der Nacht vor dem Ausbruch der Kämpfe führte *Bernaschek* noch ein kurzes Gespräch mit *Theodor Grill* im Café Ortner in der Herrenstraße. In dieser Unterredung erhielt *Grill* letzte Anweisungen von *Bernaschek* für den Ernstfall. Im Falle einer Waffensuche oder von Verhaftungen von Partei- und/oder Schutzbundfunktionären würde *Bernaschek Grill* in dessen Dienststelle im Magistrat der Stadt Linz telefonisch verständigen. *Grill* sollte dann von seiner Dienststelle aus Verbindung mit der Wiener Arbeiterzeitung aufnehmen und dort vom Ausbruch der Kämpfe in Linz Meldung erstatten. Noch am Morgen des 12. Februar, kurz vor sechs Uhr, fand im Hotel Schiff die letzte Besprechung von Schutzbundfunktionären statt, an der praktisch die ganze Linzer Schutzbundleitung teilnahm. Nach dieser Besprechung und nach den Kurzreferaten von *Huschka* und *Bernaschek* zur aktuellen Lage eilten die Männer zu ihren Alarmplätzen.

DER 12. FEBRUAR 1934 IN LINZ

Die Polizeibeamten begannen kurz vor sieben Uhr mit der Hausdurchsuchung im Hotel Schiff. Noch vor dem Eindringen der Beamten in das Gebäude erhielt *Bernaschek* die Meldung, daß die Exekutive komme.

Er befahl die anwesenden Schutzbundangehörigen an die Waffen, eilte in sein Arbeitszimmer und telefonierte von dort aus. Bevor er Landeshauptmann *Dr. Josef Schlegel* erreichen konnte, stand die Exekutive schon vor seiner Tür und versuchte, diese aufzubrechen, da *Bernaschek* sich weigerte, aufzuschließen. Der Schutzbundkommandant führte Gespräche mit dem Landeshauptmann, der Arbeiterkammer und mit *Grill.* Nach etwa zehn Minuten gelang es den Beamten, die Tür aufzubrechen und *Bernaschek* zu verhaften. Als *Schlegel* gegen 7.30 Uhr *Bernaschek* zurückrufen wollte, war dieser schon verhaftet. Einer der Beamten, die das Büro untersuchten, meldete sich unter *Bernascheks* Namen. *Schlegel,* der *Bernascheks* Stimme kannte, legte daraufhin wieder auf. Gemeinsam mit dem oberösterreichischen Schutzbundkommandanten wurde auch der frühere Standesführer des Linzer Schutzbundes, *Josef Kreindl,* der sich ebenfalls in *Bernascheks* Zimmer aufgehalten hatte, arretiert. Gleichzeitig fiel auch der

Das von Polizei- und Heimwehreinheiten umstellte Parteilokal der oö. Sozialdemokratie „Hotel Schiff". Auch heute noch Parteizentrale der oö. und Linzer SPÖ.

Nachrichtenchef des Linzer Schutzbundes, *Arthur Bonyhadi,* der Polizei im ersten Stock des Gebäudes in die Hände.

Zur selben Zeit gelang es einem Streifenbeamten der Exekutive, der sich gerade auf einem routinemäßigen Rundgang befand, den Bezirksleiter des Linzer Schutzbundes, *Otto Huschka,* in der Seilerstätte festzunehmen. *Huschka* hatte sich bis zum Ausbruch der Kampfhandlungen im Hotel Schiff aufgehalten. Nach dem Beginn des Kampfes verließ er, nach einer kurzen Aussprache mit den im Dametzsaal versammelten Männern, das Hotel durch den angrenzenden Garten des Café Zentral, um Hilfe herbeizuholen.

In den wenigen Minuten, die ihm bis zu seiner Verhaftung verblieben waren, alarmierte *Bernaschek* den Linzer Schutzbund. Nach dem telefonischen Alarm seiner Einheiten rief er *Grill* in dessen Dienststelle im Magistrat Linz an und gab ihm das verabredete Signal. *Grill* ließ sich sofort mit der Redaktion der Arbeiterzeitung in Wien verbinden; dem diensthabenden Redakteur des Parteiorganes meldete er den Ausbruch der Kämpfe in Linz. Die Redaktion der Arbeiterzeitung verständigte von sich aus wenige Minuten später den Wiener Parteivorstand von dem Ausbruch der Feindseligkeiten in Linz.

Durch die Verhaftungen von *Bernaschek, Bonyhadi, Kreindl* und *Huschka* hatte der Linzer Schutzbund schon um 7.30 Uhr praktisch seine ganze Führung verloren; die Linzer Abteilungen mußten also seit dem Beginn der Erhebung ohne ihre Führung zum Kampf gegen die gesamte, unter einem einheitlichen Kommando kämpfende Staatsmacht antreten. Durch die Verhaftung der Schutzbundleitung war der Exekutive ein Schlag gelungen, der für sich alleine wahrscheinlich schon ausgereicht hätte, um die weiteren militärischen Aktivitäten der Sozialdemokraten in Linz zum Scheitern zu verurteilen.

Parallel zu den Vorgängen in *Bernaschecks* Büro hatten die Auseinandersetzungen zwischen den im Dametzsaal versammelten Schutzbündlern und der Polizei begonnen. Durch das Feuer des Schutzbundes wurden die Beamten gezwungen, im Stiegenhaus Deckung zu suchen; aus dieser Lage wurden sie erst durch das Vordringen der Soldaten im Hause wieder befreit. Das Bundesheer, dem die Lage der Beamten im Hotel Schiff von der Sicherheitsdirektion telefonisch mitgeteilt worden war, entsandte zur Befreiung der eingeschlossenen Polizisten die 5. Kompanie des Alpenjägerregimentes Nr. 7, deren Standort die Fabrikskaserne war. Die Kompanie traf um 8.45 Uhr an der Kreuzung Harrachstraße/Landstraße ein. Der Kompaniekommandant, Major *Schusta,* teilte seine Einheit so ein, daß ein Zug vor der Bischofstraße über eine Gartenmauer gegen das Hotel Schiff vorgehen sollte; den zweiten Zug teilte er in zwei Halbzüge, von denen der erste eine Bereitschaftsstellung bezog, der zweite Halbzug hatte vom Dachboden des Café Zentral, das an das Hotel Schiff angrenzte, gegen die Verteidiger des Parteilokals vorzugehen; den letzten Zug teilte der Kompaniekommandant ebenfalls in Halbzüge, der erste hatte vom Dach des dem Hotel Schiff gegenüberliegenden Karmeliterklosters gegen den Schutzbund zu wirken, der zweite bezog eine Reservestellung.

Da er mit seiner Einheit auf Grund des Abwehrfeuers des Schutzbundes nicht in das Gebäude eindringen konnte, forderte Major *Schusta* um 9.45 Uhr beim Brigadekommando Verstärkung durch eine Maschinengewehrkompanie an. Diese Kompanie unter dem Kommando des Hauptmanns *Sonnleitner* traf nach einiger Zeit auf einem Lastkraftwagen an der Kreuzung Harrachstraße/Landstraße ein. Als Standorte wurden ihr unverzüglich die Dachböden des Karmeliterklosters und der Handelsakademie angewiesen. Unter dem Feuerschutz der schweren Maschinengewehre gelang es Major *Schusta,* mit zwei Zügen in das Hotel Schiff einzudringen, doch erst, als der kampftüchtige und tapfere MG-Schütze *Josef Kunz* gefallen war und keiner seiner Kameraden, durch das Sperrfeuer behindert, an die Waffe gelangen konnte.

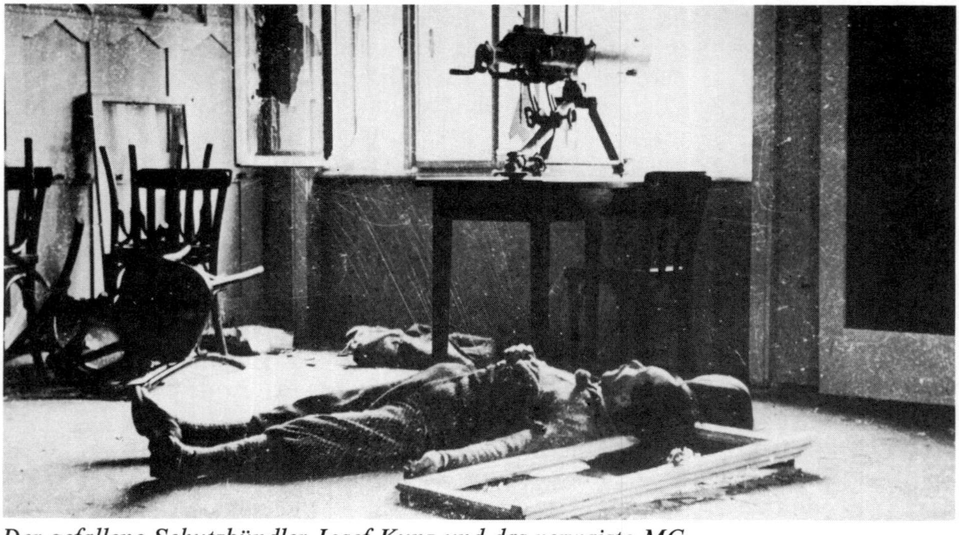

Der gefallene Schutzbündler Josef Kunz und das verwaiste MG.

Es war aber nicht nur der Druck der Alpenjäger, der die Verteidiger des Hotels Schiff zur Aufgabe zwang, sondern auch das Ausbleiben des Generalstreiks und des Entsatzes. Auch ging die Munition der Verteidiger schon zu Ende.

Nach ihrer Kapitulation wurden die Schutzbundangehörigen noch im Hof des Hotels Schiff durchsucht und dann in das Polizeigefängnis am Pfarrplatz abgeführt.

Eine weitere wichtige Stellung des Schutzbundes war das Linzer Parkbad. Das Bad war nicht nur ein zentrales Waffenlager, es hatte auch große strategische

Gefangene Schutzbündler werden abgeführt.

Der Hof des Linzer Rathauses wurde als Kerker für die Verteidiger der Demokratie mißbraucht.

Bedeutung, weil es direkt gegenüber der Fabrikskaserne lag; von hier aus konnte man alle Truppenbewegungen in der Kaserne beobachten und auch stören.

Gegen 9.30 Uhr erteilte das Kommando des II. Bataillons des Alpenjägerregiments Nr. 7 einem Zug den Befehl, gegen das Parkbad vorzugehen. Der Zug erhielt schon an der Kreuzung Ringstraße (heute Gruberstraße)/Untere Donaulände Feuer aus Maschinengewehren und Karabinern, das aus dem Parkbad kam. Er erreichte aber trotzdem den Park zwischen der Neuen Brücke (Eisenbahnbrücke) und dem Bad. Die Soldaten bezogen hier Stellung, sie wurden aber nach kurzer Zeit wieder in die Kaserne befohlen, weil eine Beschießung des Parkbades mit Minenwerfern geplant war. Vor der Eröffnung des Feuers sandte das Bataillonskommando einen Parlamentär. Der Unterhändler, Zugsführer *Pechböck,* bemerkte bei seinem Eindringen in das Bad, daß Männer das Gebäude verließen. Gemeinsam mit einem Polizeibeamten, der im angrenzenden Park Deckung genommen hatte, begann der Zugsführer mit der

Durchsuchung des weitläufigen Baus; einen anderen, zur Nachschau vom Bataillonskommando nachgeschickten Soldaten schickte er mit der Bitte um Verstärkung zurück. Während *Pechböck* und der Polizeibeamte auf das Eintreffen der Verstärkung warteten, entzog sich der größte Teil der im Parkbad versammelten Schutzbundangehörigen einer Festnahme durch die Flucht. Als Fluchtweg wählten diese Männer den Kanal, der vom Gelände des Parkbades zur Donau führt. Der kurze Zeit später eintreffende Infanteriezug konnte nur mehr einen kleinen Teil der Besatzung arretieren.

Um 10.15 Uhr erteilte das Kommando des 7. Alpenjägerregiments den Befehl, den Südbrückenkopf der Neuen Donaubrücke zu besetzen; eine Schützengruppe der 5. Kompanie kam diesem Befehl nach.

Heimwehr, Polizei und Bundesheer kontrollieren strengstens die Neue Donaubrücke (Eisenbahnbrücke).

Zu diesem Zeitpunkt hatte der Steger Schutzbund schon seine Stellung beim Nordbrückenkopf der Neuen Donaubrücke bezogen; die Aufgabe der 3. Kompanie/55. Abteilung unter dem Kommando des *Anton Hager,* die hier stand, war erstens, ein Vordringen der Sicherheitskräfte über die Donau zu verhindern und zweitens, im gegebenen Fall selbst nach Süden vorzugehen.

Der Steger Schutzbund hatte schon in der Nacht vom 11. auf den 12. Februar auf *Bernascheks* Weisung hin die Waffen gefaßt; nach der Waffenausgabe, die erst in den frühen Morgenstunden beendet war, kam es zu einer Auseinandersetzung mit Gendarmen des Postens Steg. Die Gendarmen zogen sich aber bald zurück, und die 3. Kompanie/55. Abteilung besetzte die für sie vorgesehenen Stellungen bei der

Brücke. Ihre Stellungen verstärkten die Schutzbündler mit leeren Benzinfässern, die sie aus einem nahen Lagerplatz besorgten; aus diesen Fässern errichteten sie eine Barrikade, mit der sie die Brücke sperrten.

Diese Tätigkeit des Schutzbundes nördlich der Donau beobachtete ein Polizeibeamter vom südlichen Brückenkopf aus; auf Grund seiner Beobachtungen riet er den anrückenden Soldaten, gegen Norden über die Brücke vorzudringen. Die Soldaten, die diesem Rat folgten, gerieten in ein heftiges Abwehrfeuer des Schutzbundes.

Gegen 13 Uhr verstärkte der Schutzbund seine Stellung beim Brückenkopf durch ein weiteres Maschinengewehr, das vom Petrinum abgezogen wurde und in dem Bahnwärterhaus beim Brückenkopf in Stellung ging.

Zur selben Zeit sandte das Kommando des 7. Alpenjägerregimentes einen Minenwerferzug zur Unterstützung der Gruppen zur Brücke. Der Zug unter dem Kommando des Hauptmannes *Schneider* ging in dem Gleisdreieck wenig stromabwärts auf dem Linzer Ufer in Stellung und nahm sofort die Stellung des Schutzbundes unter Feuer, die ihm genau gegenüber in einem Obstgarten lag. Nach kurzem Beschuß durch den Minenwerfer flaute das Feuer des Schutzbundes aus dieser Stellung ab und kam schließlich gänzlich zum Erliegen.

Der Minenwerferzug erhielt während des Beschusses des gegenüberliegenden Ufers Feuer aus der Richtung des Schlachthofes; Hauptmann *Schneider* befahl eine Maschinengewehrgruppe unter dem Kommando des Oberleutnant *Praxa* als Rückendeckung zur Hafenstraße.

Um etwa 14.30 Uhr wurde die Heereseinheit durch einen Zug mit zwei schweren Maschinengewehren verstärkt; diese bezogen in einem Haus etwas westlich (stromaufwärts) Stellung. Das auf dem Dachboden des Hauses liegende Maschinengewehr eröffnete auf die Barrikade des Schutzbundes das Feuer, so daß der Schutzbund auch hier das Feuer einstellte. Gegen das im Bahnwärterhaus stehende Maschinengewehr eröffnete der 2. Minenwerfer das Feuer und zwang den Schutzbund auch hier zur Feuereinstellung.

Gegen 16 Uhr begann eine Gebirgshaubitze mit dem Beschuß der Schutzbundstellungen am Nordufer. Etwas später ließ das Heer seine Toten und Verwundeten durch einen Rettungswagen bergen. Bei dieser Aktion wurde der Rettungswagen von Schutzbündlern beschossen.

Trotz des Einsatzes schwerer Waffen und der zahlenmäßigen Überlegenheit war es dem Bundesheer nicht gelungen, den Schutzbund hier aus seinen Stellungen zu vertreiben; während des Einsatzes des Geschützes und der Minenwerfer hatte der Schutzbund zwar das Feuer eingestellt, die Männer hatten aber ihre Stellungen nicht aufgegeben und hielten sie bis in die Morgenstunden des 13. Februar. Bevor sie sich zerstreuten, kam es zu einer heftigen Diskussion, da einige von ihnen an Verrat durch die Führer glaubten. Sie wollten zur Offensive übergehen, die Stellungen des Heeres auf dem südlichen Brückenkopf nehmen und in der Folge in die Stadt eindringen; an eine Kapitulation dachten sie nicht, weil sie noch über ausreichend Munition verfügten, und weil sie sich gegen Heer und Heimwehr in der Stadt gute Chancen ausrechneten. Als aber bekannt wurde, daß Teile der Mühlviertler Heimwehr schon beim Schloß Auhof waren, zerstreuten sich die Männer.

Eine ihrer stärksten Bastionen hatte die Linzer Sozialdemokratie in den städtischen Betrieben. Diese lagen am Ostrand der Stadt, das Zentrum bildete der städtische Wirtschaftshof, ringförmig umgeben von den Gaswerken der Stadt Linz, der Diesterwegschule, dem Allgemeinen Krankenhaus der Stadt Linz, den Spatenbrotwerken und von Gebäuden der städtischen Berufsfeuerwehr. Der Wirtschaftshof war der Sammelplatz der 2. Kompanie/51. Abteilung unter dem Kommando von *Anton Geiger*. Tatsächlich sammelten sich hier aber weitaus mehr Männer, als eine Kompanie stark ist.

Das Gelände des Wirtschaftshofes. Rechts im Hintergrund die Landwehrkaserne in der Derfflingerstraße. Ganz hinten die Spatenbrotwerke.

An hohen Linzer Schutzbundfunktionären waren beim Wirtschaftshof im Laufe des 12. Februar sicher anwesend *Hüttner, Kempinger, Augl* und *Kurt Peter,* der Vorgänger *Huschkas* als Linzer Schutzbund-Bezirksleiter.

Der als Kommandant genannte *Geiger* war mit seiner Einheit in der Diesterwegschule, die Waffen für seine Kompanie lagerten nicht im Wirtschaftshof, sondern in den Gebäuden des städtischen Schlachthofes. Am Morgen des 12. Februar, kurz nach Arbeitsbeginn, wurde *Ludwig Bernaschek* in seiner Dienststelle in den Gaswerken angerufen und von der Erhebung des Schutzbundes unterrichtet. Es ist nicht mehr festzustellen, von wem der Alarm ausgelöst wurde, wahrscheinlich war es *Richard Bernaschek* selbst. Um etwa 8.30 Uhr wurde die Sirene des Wirtschaftshofes gezogen und so das vereinbarte Zeichen für den Generalstreik gegeben; zu diesem Zeitpunkt waren hier schon 200 bis 300 Mann versammelt.

Zwischen 8.30 und 9 Uhr wurden die im Schlachthof lagernden Waffen zum Wirtschaftshof gefahren und hier an die Männer ausgegeben, die in die Stadtmitte zum Hotel Schiff vorstoßen sollten. Gegen neun Uhr fuhren drei mit Maschinengewehren ausgerüstete Lastkraftwagen vom Wirtschaftshof in Richtung Mozartkreuzung ab. Während die beiden ersten Wagen ohne Unterbrechung in Richtung Stadtmitte vordrangen, hielt der letzte Wagen bei der Polizeischule in der Derfflingerstraße kurz an. Es kam zu einem kurzen Feuergefecht mit den in der Polizeischule stationierten Polizeischülern; nach dem Schußwechsel fuhr auch dieser Wagen Richtung Stadtmitte weiter.

Augl, der Kommandant des ersten Wagens, bog nach der Kreuzung Mozartstraße/Fadingerstraße plötzlich von der Mozartstraße zum Kolosseumgebäude (heute steht an dieser Stelle das Handelskammergebäude, Hessenplatz) ab; er gab dem Kommandanten des zweiten Wagens, *Gröblinger,* ein Zeichen, ihm zu folgen. Obwohl *Gröblinger* sah, daß die Polizeibeamten, die die von der Exekutive aufgestellten

Maschinengewehre bedienen sollten, beim Anblick der Schutzbundlastwagen ihre Stellungen fluchtartig verließen, folgte er *Augls* Weisung. Beide Wagen fuhren in das Kolosseum ein, *Augl* ließ absitzen und befahl den Sturm auf das gegenüberliegende Heimwehrlokal „Schwarzer Anker" und die gleich danebenliegende Polizeiwachstube. Das Feuer des Schutzbundes zwang die Heimwehr und die Beamten in ihre Lokale zurück.

Gröblinger bemerkte, daß die Beamten, die wenige Minuten zuvor aus ihren Maschinengewehrstellungen geflohen waren, jetzt in ihre Stellungen zurückkehrten. Er befahl seiner Gruppe daher den Angriff in Richtung Johann-Konrad-Vogel-Straße. Dieser Angriff blieb aber im Feuer der Exekutive liegen, es gelang nicht, die Stellungen der Polizei zu nehmen. Damit war die Chance, das Hotel Schiff zu entsetzen, auf Grund der Fehlentscheidung der beiden Wagenkommandanten vertan. Die nun aus mehreren Richtungen zum Pestalozziplatz (heute Hessenplatz) vordringenden Beamten zwangen den Schutzbund zum Rückzug unter Aufgabe der Waffen. Dem Befehl der Kommandanten zum Rückzug in den Wirtschaftshof leistete allerdings nur mehr ein kleiner Teil der Männer Folge, der größere Teil fiel ab. Bei ihrem Rückzug zum Wirtschaftshof mußten die Schutzbundangehörigen die Straßenkreuzung Eiserne Hand passieren. Diese Kreuzung war aber gerade – es war gegen Mittag – heftig umkämpft. Das Gefecht zwang die Männer, in sicherer Deckung eine Feuerpause abzuwarten. Als eine Feuerpause eintrat, setzte die Gruppe ihren Rückzug zum Wirtschaftshof fort.

Als es die Kräfte des Bundesheeres ab Mittag des 12. Februar zuließen, ordnete der Kommandant der Brigadeartillerieabteilung, Oberstleutnant *Endert,* die Einnahme der Spatenbrotwerke und des Wirtschaftshofes an. Mit dem Kommando des Unternehmens betraute er den Kommandanten der aus Enns eingetroffenen Heeresakademiker, Major *Riva.* An Kräften wurden *Riva* die Heeresakademiker, eine halbe Kompanie des Pionierbataillons Nr. 4 und eine halbe Telegrafenkompanie unterstellt. Die Pioniereinheit war zusätzlich mit zwei schweren Maschinengewehren ausgerüstet worden. Zur artilleristischen Unterstützung der Einheit *Riva* wurde ein Zug Gebirgskanonen mit dem Standort Artilleriewerkstätte, eine Gebirgshaubitze mit Standort Pionierkaserne und zwei Gebirgskanonen und eine Gebirgshaubitze mit Standort Artilleriekaserne herangezogen. Die zwei schweren Maschinengewehre der Pionierkompanie wurden im 2. Stock der Pionierkaserne aufgestellt, um den Angriffsraum der Einheit *Riva* zu decken. Bis 15 Uhr erkundete *Riva* die Lage, um dann den Einsatzbefehl gegen das Spatenbrotwerk zu geben. Da der Schutzbund diese Anlagen schon geräumt hatte, wurden sie vom Heer kampflos besetzt. Die Aktion war um 16 Uhr beendet.

Die Vorbereitungen des Heeres im Raume der Pionierkaserne sowie die Aktionen gegen das Spatenbrotwerk wurden von Angehörigen des Schutzbundes beobachtet und der eigenen Führung gemeldet. Die Kommandanten des Schutzbundes in diesem Abschnitt trafen aber fast keine Vorbereitungen, um dem zu erwartenden Sturm des Heeres zu begegnen. Man ließ zwar gegen Norden eine Sicherungskette aus einigen Gruppen aufziehen und verstärkte die Stellung in der Feuerwehrschule; gegen Osten verstärkte man aber die eigenen Stellungen nicht. Im Bereich des Wirtschaftshofes waren gegen Osten mehrere Stellungen hintereinander aufgezogen, deren Kampfwert allerdings durch die beherrschende Stellung der Pionierkaserne stark beeinträchtigt war. Dazu kam noch, daß diese Stellungen keinen freien Ausschuß hatten, weil sie die eigenen Stellungen erfaßten. Warum man die eigenen Stellungen nicht nach Osten sicherte, kann nicht gesagt werden, es ist aber möglich, daß man mit einem Angriff des Heeres aus dieser Richtung nicht rechnete, weil hinter dem Wirtschaftshof ein relativ großes, keine Deckung bietendes Gelände war (der Flughafen). Wenig hinter dem freien Gelände begann zu dieser Zeit noch die Donauau, die fast undurchdringlich war.

Die eigentliche Einnahme des Wirtschaftshofes war eine Sache von wenigen Minuten. Die Heeresakademiker im Zentrum, die Telegrafenkompanie am rechten Flügel und die Pionierkompanie am linken Flügel, trat *Riva* um 15.45 Uhr zum Angriff an. Über ein Leuchtzeichen forderte er die Unterstützung der bereitgestellten Artillerie an. Das Eingreifen der Artillerie und der sehr wirksame Einsatz der beiden in der Pionierkaserne stehenden Maschinengewehre hielten die Maschinengewehre des Schutzbundes nieder. Schon um 16 Uhr gelang der Einheit *Riva* der Einbruch in den Ostteil des Wirtschaftshofes, welcher durch Barrikaden gesichert war. Wenige Minuten später waren die Stellungen des Schutzbundes von den Angreifern genommen. Nur die in der Feuerwehrschule stehenden Maschinengewehre des Schutzbundes konnten sich noch halten, sie wurden etwas später von einem Zug Infanterie niedergekämpft. Um 17 Uhr war das gesamte Gelände fest in der Hand des Militärs, der Schutzbund hatte eine seiner zentralen Stellungen fast kampflos verloren. Der Verlust des Wirtschaftshofes war für den Schutzbund eine doppelte Niederlage: erstens hatte er mehrere hundert Mann durch die Gefangennahme verloren und zweitens war durch den Fall des Wirtschaftshofes für das Heer der Weg in Richtung Diesterwegschule und auch von Osten her frei.

Mit der Diesterwegschule hatte der Schutzbund eine strategisch äußerst wertvolle Stellung, da man von hier die damals wichtigste Straßenkreuzung östlich der Landstraße, die Eiserne Hand, kontrollieren konnte. Der Wert der Stellung war allerdings durch die folgenden Orte, die in der Hand der Gegner waren, eingeschränkt: die alte Südbahnhofhalle, in der eine Abteilung des Schutzkorps lag, die Artilleriekaserne, die nur etwa 350 Meter in südlicher Richtung entfernt war; die Fabrikskaserne, die zwar in einer Entfernung von ca. einem Kilometer lag, in der aber ebenfalls Artillerie stationiert war. Von der Südbahnhofhalle und der Artilleriekaserne aus bestand direkte Einsicht in die Schule.

Der Südbahnhof war Sammelplatz für die 1. Kompanie/53. Abteilung, deren Kommandant *Anton Czerwenka* war. Die 2. Kompanie/51. Abteilung mit Kommandant *Anton Geiger* sollte sich in den Spatenbrotwerken sammeln, tatsächlich aber sammelte sich auch diese Einheit bei der Diesterwegschule. Die Männer der 2. Kompanie/51. Abteilung waren am Morgen des 12. Februar gegen 7.30 Uhr vollständig bei der Diesterwegschule versammelt; als bis 8 Uhr keine Waffen eingetroffen waren, schickte der Kommandant *Geiger* seinen Unterführer *Gröblinger* in den Wirtschaftshof, um nach dem Verbleib der Waffen zu fragen. *Gröblinger* eilte in den Wirtschaftshof, dort mußte er feststellen, daß die für seine Einheit vorgesehenen Waffen noch im Lager Schlachthof lagen. Von *Peter,* dem ehemaligen Schutzbund-Bezirkskommandanten von Linz, erhielt er auch sofort den Auftrag, die Waffen zu fassen. Als er mit den Waffen zum Wirtschaftshof zurückkam, wurden diese allerdings zur Bewaffnung der Entsatzeinheit, die zum Hotel Schiff vordringen sollte, ausgegeben. *Czerwenkas* Kompanie faßte ihre Waffen in Gärten des Franckviertels. Die Angehörigen dieser Einheit wurden in Objekten rund um die Diesterwegschule verteilt, um von hier aus die Schule zu decken.

Weitere Verstärkung erhielt die Besatzung der Diesterwegschule durch Gruppen, die gegen Mittag aus dem Wirtschaftshof abrückten und in der unmittelbaren Umgebung der Schule neue Stellungen bezogen. Mindestens eine dieser Gruppen führte auch ein Maschinengewehr mit.

Der heftige Widerstand des Schutzbundes im Hotel Schiff veranlaßte das Kommando der Brigade, eine Gebirgshaubitze unter dem Befehl des Hauptmanns *Fischer* in Richtung Landstraße ausrücken zu lassen; Hauptmann *Fischer* rückte um 10.30 Uhr mit seinem Geschütz und zwei Maschinengewehren von der Artilleriekaserne ab. Die Geschützbedeckung bestand aus einem Halbzug Pionieren, die auf Lastkraftwagen transportiert wurden. Die Gruppe wählte als Anmarschweg zur

Heiß umkämpft wurde die Diesterwegschule, ein Prunkstück der Linzer Sozialdemokraten. Damals die modernste Schule Europas.

Mozartkreuzung den Straßenzug Prinz-Eugen-Straße/Krankenhausstraße/Volksfeststraße; beim Passieren des Haupteinganges des Allgemeinen Krankenhauses erhielt sie Feuer aus dem Gelände der Diesterwegschule, dem Gelände des Allgemeinen Krankenhauses und von Schützen, die hinter Bäumen im Rücken der Heeresgruppe gedeckt standen. Das Feuer des Schutzbundes zwang die Artillerieeinheit in die Deckung, die die umliegenden Häuser boten. In den Kampf griff wenig später die

Gendarmerieabteilung des *Dr. Mayr* ein, die die Aufgabe hatte, der in der Südbahnhofhalle eingesperrten Heimwehrgruppe zu Hilfe zu kommen. In der Folge konnte sich die Artillerieeinheit aus dem Kampf lösen und ihren Marsch in Richtung Landstraße fortsetzen. Auf Grund der Verzögerung, die durch die Auseinandersetzung mit der Schutzbundeinheit der Diesterwegschule entstanden war, kam aber die Gebirgshaubitze bei ihrem Einsatzziel so spät an, daß sie hier nicht mehr zum Einsatz kam.

Im Gefecht zwischen der Artillerieeinheit des Hauptmannes *Fischer* und dem Schutzbund waren mehrere Pferde der Bespannung der Gebirgshaubitze verwundet worden; man erteilte einer Gruppe von sechs Soldaten den Befehl, die verwundeten Pferde, die Hauptmann *Fischer* in der Khevenhüllerstraße zurückgelassen hatte, zu bergen. Bei diesem Unternehmen geriet die Patrouille in eine Auseinandersetzung mit dem Schutzbund.

Gegen Mittag entschloß sich das Brigadekommando, die Kräfte in der Artilleriekaserne zu verstärken, um in der Folge den Osten der Stadt von den Schutzbundeinheiten zu säubern. Zur Verstärkung der dafür in Frage kommenden Einheiten wurde die halbe 1. Kompanie des Alpenjägerregimentes Nr. 7 von der Schloßkaserne zur Artilleriekaserne abkommandiert. Diese halbe Kompanie marschierte über die Herrenstraße/Stelzhamerstraße/Goethestraße in Richtung ihres Bestimmungsortes. Bei der Kreuzung Goethestraße/Khevenhüllerstraße erhielt sie Feuer aus der Diesterwegschule; mannweise sprangen die Soldaten durch den vom Schutzbund eingesehenen Bereich, ließen sich aber nicht von ihrem Auftrag abbringen. Gegen 15 Uhr rückte die halbe 1. Kompanie in die Artilleriekaserne ein und verblieb dort als Besatzung.

Zur selben Zeit waren im Norden der Diesterwegschule heftige Kämpfe zwischen den als Entsatz der Gendarmerieeinheit des *Dr. Mayr* vorgedrungenen Heeresteilen und der Schutzbundbesatzung der Schule im Gange. Kurz nach 13 Uhr hatte das Brigadekommando der Kampfgruppe des Hauptmanns *Sonnleitner,* die zur Zeit noch immer beim Hotel Schiff stand, den Befehl zum Entsatz der Gendarmeriegruppe erteilt. Als Unterstützung wurde die Gebirgshaubitze unter dem Kommando des Hauptmanns *Fischer* beigestellt. Die Geschützbedeckung übernahm eine Gruppe Pioniere, die auf einem Lastkraftwagen aufsaßen. Zur selben Aufgabe sollte noch eine Einheit der Heimwehr verwendet werden, die von Norden über die Huemerstraße gegen den Straßenknoten Eiserne Hand vorgehen sollte. Hauptmann *Sonnleitner* teilte seine Maschinengewehr-Kompanie so ein, daß sie die Stellungen des Schutzbundes im Norden umfaßte; so stellte er ein Maschinengewehr auf dem Dachboden des Hauses Mozartstraße/Eisenhandstraße und das zweite im Turm des Lyzeums auf. Das Geschütz bezog an der Ecke Körnerstraße Stellung. Das verbliebene schwere Maschinengewehr wurde in der Körnerstraße aufgestellt; es hatte neben der Deckung der Honauerstraße und Huemerstraße noch für den Kontakt zu der Heimwehreinheit zu sorgen, über deren Verbleib dem Hauptmann *Sonnleitner* nichts bekannt war. Die Schutzbundbesatzung der Diesterwegschule, des Dametzhofes und der Lobeggebäude störte diese Vorbereitungen des Heeres, soweit ihre relativ schwachen Kräfte dies zuließen; da die hier eingesetzten Schutzbündler aber nur über ein Maschinengewehr verfügten, konnten sie das Ausgreifen des Heeres nicht verhindern. *Sonnleitner* setzte gegen die aus den Fenstern der Lobeg-Häuser feuernden Schutzbundmänner das Geschütz ein, worauf diese das Feuer einstellen mußten. Trotz dieses Ausfalls gelang es dem Schutzbund, größere Erfolge der Kampfgruppe *Sonnleitner* zu verhindern.

Aus diesem Grunde setzte gegen 15 Uhr das Brigadekommando gegen die Diesterwegschule Artillerie ein; der Standort der Geschütze war die Artilleriekaserne, aus deren Innenhof man in indirektem Beschuß den Standort des Schutzbundmaschinengewehres, den Turm der Schule, unter Beschuß nahm. Trotz des Einsatzes der

Geschütze konnte aber die Kampfgruppe *Sonnleitner* nicht offensiv werden; daher entschloß sich das Brigadekommando, erst die Eroberung des Wirtschaftshofes durch den Major *Riva* abzuwarten und dann gegen die Schule von zwei Seiten vorzugehen.

Um etwa 19 Uhr war die Durchsuchung des Wirtschaftshofes durch die Einheiten des Major *Riva* beendet und man konnte mit einer konzentrierten Aktion gegen die Diesterwegschule beginnen. Da ein Teil der Major *Riva* zur Verfügung stehenden Einheiten zur Sicherung des Wirtschaftshofes und zum Abtransport der Gefangenen herangezogen werden mußte, füllte man die Einheit *Riva* durch zwei Gruppen Infanterie und eine Gebirgskanonenbatterie auf.

Um 19.45 Uhr trat die Einheit *Riva* den Marsch vom Wirtschaftshof in Richtung Westen über die Derfflingerstraße/Kaplanhofstraße an. Beim Gaswerk ließ *Riva* kurz halten, um mit der Leitung des Betriebes die nächsten Schritte in diesem Betrieb zu besprechen. Nach der kurzen Unterredung mit der Betriebsleitung setzte die Einheit ihren Marsch fort und erreichte die Straßenkreuzung Eiserne Hand bald darauf, ohne gestört zu werden. *Riva* ließ die Geschütze mit Schußrichtung Schule in Stellung gehen, befahl die Durchsuchung der Häuser, die der Schule benachbart waren, und als kein Widerstand festzustellen war, ließ er hier die schweren Maschinengewehre, die den Sturm auf die Schule decken sollten, in Stellung gehen.

Um etwa 21 Uhr begann *Riva* mit der Einnahme der Schule, ohne allerdings auf Widerstand zu stoßen, denn der Schutzbund hatte das Gebäude im Schutze der Dunkelheit schon geräumt. Nach einer genauen Durchsuchung des weitläufigen Gebäudekomplexes übergab *Riva* die Schule einer Einheit der Exekutive und rückte mit seinen Leuten in die Fabrikskaserne und Artilleriekaserne ein.

Die Schutzbündler, die hier gekämpft hatte, konnten die Diesterwegschule unbemerkt verlassen und sich durch das Franckviertel oder über den Bahndamm der Westbahn in die Dorfhalle absetzen. Hier waren zu dieser Zeit die Stellungen des Schutzbundes noch intakt.

Die Dorfhalle liegt fast am Südende der Franckstraße, ca. 100 Meter nördlich der Don-Bosco-Kirche. Da sie eines der wichtigsten Parteilokale in Linz war, ließ *Bernaschek* sie ebenfalls schon einige Zeit vor dem 12. Februar durch eine ständige Wachmannschaft sichern. Sie war Sammelpunkt einer Einheit des Schutzbundes, deren Stärke und Bezeichnung nicht festzustellen waren, Kommandant war *Kaltenböck*, ein Vertrauter *Bernascheks.*

Am Morgen des 12. Februar hoben Bewohner der Francksiedlung mit Unterstützung von Angehörigen der 1. Kompanie/53. Abteilung, die zu ihrem Sammelplatz unterwegs waren, den Polizeiposten Wimhölzelstraße aus; die Beamten wurden bei sehr guter Behandlung bis zum nächsten Morgen von den Schutzbündlern gefangengehalten und nach dem Scheitern der Erhebung wieder freigelassen.

Noch im Laufe des Vormittags des 12. Februar errichteten die Schutzbündler am südlichen Ende der Franckstraße eine Straßensperre. Gegen 12.30 Uhr erreichte die vom Brigadekommando aus Enns herbeigerufene Einheit der Heeresakademie unter dem Kommando des Major *Riva* das südliche Ende der Franckstraße. Angesichts der Übermacht räumten die Schutzbündler die Barrikade, die in der Folge von den Heeresakademikern abgetragen wurde. Nach der Räumung der Straße setzte die Einheit ihren Marsch in Richtung Artilleriekaserne fort. Bei ihrem Marsch durch das Franckviertel wurde sie beschossen. Trotz des Feuers sah *Riva* von einer Zernierung der Siedlungshäuser ab, da ihm befohlen worden war, auf schnellstem Wege in die Kaserne einzurücken. Nach dem Abzug der Heeresakademiker begannen die Angehörigen des Schutzbundes wieder mit dem Aufbau der Barrikade.

Im Schutze der Dunkelheit erreichten viele Schutzbündler aus dem Wirtschaftshof und der Diesterwegschule die Dorfhalle; durch diese Verstärkung wurde es möglich, eine Postenkette bis zur Steyregger Brücke aufzuziehen, die gegen einen überraschenden Vorstoß der Mühlviertler Heimwehr über die Donau nach Süden zu sichern hatte. Außerdem stellte man einen ständigen Kontakt mit den Eisenbahnern beim Heizhaus und der Besatzung der Poschacher Brauerei her. Als sich gegen Morgen des 13. Februar immer deutlicher zeigte, daß jeder weitere Widerstand gegen die Staatsmacht zwecklos war, begannen die Männer, ihre Stellungen zu verlassen. Noch in den frühen Morgenstunden löste sich damit die Stellung Dorfhalle des Schutzbundes von selbst auf, ohne daß Heer oder Exekutive hier eingegriffen hätten.

Die wohl stärkste Stellung des Schutzbundes im südlichen Teil von Linz war im Raum Poschacher Brauerei/Firma Wick (Oberfeldkreuzung)/Poligonplatz (Bulgariplatz) – Gasthaus Waldegg. Bei der Brauerei war der Alarmplatz der 4. Kompanie/53. Abteilung, für diese Kompanie lagerten hier auch die Waffen. Die 4. Kompanie bezog ihre Stellungen schon in der Nacht vom 11. auf den 12. Februar. Die Kommandanten, *Hartmann* und *Schneltzer,* ließen ihre Männer eine Kette von Stellungen vom Poligonplatz bis zur Firma Wick in drei hintereinander liegenden Linien aufziehen; diese Linien standen getarnt in Schrebergärten und waren durch Maschinengewehrnester verstärkt. Durch dieses Stellungsdreieck beherrschte der Schutzbund praktisch die südliche Einfahrt von Linz, ein Angriff wäre hier nur mit starker Artillerieunterstützung sinnvoll gewesen. Nachdem sie die Waffen aus ihrem Waffenlager, dem Sportplatz Waldegg, gefaßt hatten, kamen auch die Eisenbahner gegen Mittag des 12. Februar zur Brauerei und verstärkten die Besatzung.

Etwa zur selben Zeit begannen die Brauereiarbeiter mit der Errichtung einer Barrikade beim Wirtshaus Waldegg beim Poligonplatz. Zu dieser Arbeit hatte sie die Meldung veranlaßt, daß eine Heereseinheit aus Enns im Anmarsch sei; um die Stellung weiter zu verstärken, stellten sie in der Deckung der Barrikade ein weiteres schweres Maschinengewehr auf. Am frühen Nachmittag sandte das Kommando des 8. Alpenjägerregimentes in Wels den Oberleutnant *Heinrich Nader* mit dem Auftrag nach Linz, über den Verbleib des ersten halben Bataillons, das am späten Vormittag nach Linz abgegangen war, Erkundigungen einzuziehen. Diese Einheit traf kurz vor 16 Uhr in der Schloßkaserne in Linz ein. Sie hatte auf Grund des schlechten Zustandes der in Wels gemieteten Fahrzeuge bis Linz etwa fünf Stunden gebraucht. Der Oberleutnant hatte aber schon vor dem Eintreffen der Einheit in der Schloßkaserne erfahren, daß die Marschverzögerung nur auf Grund des schlechten Zustandes der Fahrzeuge eingetreten war. Obwohl sein Auftrag somit erfüllt gewesen wäre, fuhr *Nader* in Richtung Stadtmitte Linz weiter. Sein Ziel war der Poligonplatz, da er über das Befinden seiner Familie Auskünfte einholen wollte; er traf mit seinem Wagen (es war ein Taxi aus Wels) gegen 15.45 Uhr hier ein. *Naders* Begleitung bestand aus drei Alpenjägern aus Wels und dem Lenker des Taxis. Der Wagen des Offiziers fuhr, aus Richtung Süden kommend, zur Barrikade des Schutzbundes vor; dem Haltezeichen eines Schutzbündlers kam der Offizier nicht nach, sondern er zog seine Dienstpistole und eröffnete auf die Schutzbündler das Feuer. Die Begleiter *Naders* eröffneten aus ihren Waffen ebenfalls das Feuer, worauf das hinter der Barrikade getarnte Maschinengewehr des Schutzbundes das Feuer erwiderte. Die Salve des Maschinengewehrs traf den Wagen *Naders* voll; im Kugelhagel fand der Offizier den Tod. Ein Soldat, der aus dem Wagen sprang und hinter einem Lattenzaun in Feuerstellung gehen wollte, wurde vom Arbeitersamariter *Anton Bulgari* erschossen. Ein weiterer Insasse des Wagens wurde bei dem kurzen Schußwechsel erschossen, der Lenker des Wagens und der vierte Soldat wurden schwer verletzt. Die Schutzbündler, die den verletzten Insassen des Wagens Erste Hilfe leisten wollten, konnten die Tür des Personenkraftwagens nicht öffnen, da das Schloß klemmte; *Gschwandtner* brach die Tür mit einem Krampen auf. Man barg die Insassen, versorgte die Verwundeten und legte die Toten vorerst an den Straßenrand. Später wurden die Toten im Gasthaus Waldegg aufgebahrt. Hier wurden die Leichen auch von mehreren Zeugen gesehen. Keiner dieser Zeugen ließ auch nur den geringsten Zweifel daran, daß von Leichenfledderei keine Rede sein konnte.

Da dieser Schußwechsel ein Standgerichtsverfahren mit drei Todesurteilen und einer Hinrichtung nach sich zog, soll hier zusammenfassend festgestellt werden, daß es zu dem Vorfall nur auf Grund der Eröffnung des Feuers durch *Nader* und die ihn begleitenden Soldaten gekommen ist. Die Erwiderung des Feuers durch die Schutzbündler war daher ein reiner Akt der Notwehr. Zum Standgerichtsverfahren selbst ist anzumerken, daß es sich hier nicht um Rechtsprechung gehandelt hat, sondern um reine Rache- und Disziplinierungsjustiz. Der Prozeß gegen *Anton Bulgari* und Genossen reiht sich „würdig“ ein in die Prozesse gegen *Karl Münichreiter, Georg Weissel, Koloman Wallisch* und andere Sozialdemokraten und Schutzbündler.

Der Schutzbund hielt seine Stellungen zwischen Brauerei/Firma Wick/Gasthaus Waldegg bis zum Morgen des 13. Februar. Als die Abschnittskommandanten sahen, daß die Erhebung gescheitert war, befahlen sie die Waffenabgabe und die Auflösung der Einheit. Die Waffen wurden wieder in einem Schuppen in der Brauerei versteckt.

Bis zu ihrer Auflösung bestand zwischen den Schutzbundeinheiten bei der Dorfhalle und der Poschacher Brauerei eine direkte Verbindung: die Eisenbahner hatten gemeinsam mit einer Gruppe Jugendlicher (die etwa 40 Mann stark war) beim Heizhaus der Bahn eine Stellung bezogen; so konnten sie den gesamten Eisenbahnverkehr auf der Bahnlinie Linz – Prag kontrollieren. Zu einer Unterbrechung des Bahnverkehrs kam es trotzdem nicht, weil das fahrende Personal nicht zum Streik zu bewegen war. Auch unternahmen die Schutzbündler, entsprechend den Anweisungen ihrer Führer, keinerlei Versuche, den Bahnverkehr durch Sabotageakte zu unterbrechen. Die Kommandanten des Linzer Schutzbundes hatten solche Weisungen ausgegeben, um Sachbeschädigungen möglichst zu vermeiden. Offensichtlich nicht erkannt hatte man in der Linzer Schutzbundführung, daß man mit einer solchen Haltung – so verantwortungsbewußt sie auch immer gewesen sein mag – dem Gegner das Siegen noch leichter machte. Auch die Stellung beim Heizhaus löste sich in den Morgenstunden von selbst auf; als letzte zogen sich die Jugendlichen geschlossen zurück. Sie gingen gemeinsam bis zum Pulverturm in der Neuen Welt und zerstreuten sich dort.

Das westliche Gegenstück zum Wirtschaftshof im Osten und dem Poligonplatz im Süden waren die Stellungen des Schutzbundes auf dem Freinberg. Ursprünglich war vorgesehen, daß sich die 3. Kompanie/51. Abteilung und die 3. Kompanie/54. Abteilung beim Kindergarten in der Johannesgasse sammeln sollten. Erst am Vormittag des 12. Februar entschied man sich zu einer Verlegung des Alarmplatzes in die Vergeinerstraße auf dem Freinberg. Der Grund für diese Verlegung war, daß beide Kompanien einen Großteil ihrer Waffen im Hause Schlagins gelagert hatten. Die Waffen des Lagers wurden vollständig ausgegeben, sie reichten aber nicht für die Bewaffnung der versammelten Männer aus. Der Abteilungskommandant der 54. Abteilung, *Johann Holzinger,* und die beiden Kompaniekommandanten *Franz Schlagin* (3. Kompanie/51. Abteilung) und *Karl Latzelsberger* (3. Kompanie/54. Abteilung) erschienen nicht bei ihren Einheiten, daher übernahm *Rupert Raffetseder* das Kommando über beide Einheiten. Die Kommandanten hatten an der Führerbesprechung im Hotel Schiff teilgenommen; *Holzinger* konnte das Parteilokal noch kurz vor dem Eintreffen der Polizei verlassen, *Schlagin* und *Latzelsberger* kamen nicht mehr aus dem Hotel heraus. Aber auch *Holzinger* gelangte nicht zu seiner Einheit, weil die Exekutive bereits mit der Absperrung der Stadt begonnen hatte und niemanden passieren ließ.

Noch bevor die Schutzbündler auf dem Freinberg irgendwelche Aktionen setzen konnten, rückte ein Zug Infanterie von der Schloßkaserne in Richtung Leonding ab. Der Zug hatte den Befehl, die Besatzung des Pulverturms XIII, der dem

Heer als Munitionsdepot diente, zu verstärken. Der Zugskommandant Oberleutnant *Wiedel* führte seinen Zug mit 13 Mann über die Römerstraße in Richtung Freinberg. Knapp unterhalb der Gaststätte Jägermayer stieß er auf die Angehörigen des Schutzbundes. *Wiedel* sah, daß sein Zug den Kräften des Schutzbundes unterlegen war, daher sandte er dem Kommando seines Bataillons einen Bericht über seine Lage und beschränkte sich in der Folge darauf, von einer kleinen Höhe aus das Feuer des Schutzbundes zu erwidern. Wenig vor 11 Uhr sandte der Kommandant des I. Bataillons des 7. Alpenjägerregimentes, Oberstleutnant *Laurent,* einen Zug unter dem Kommando von Oberleutnant *Schott* als Entsatz für den Zug *Wiedel* von der Kaserne ab. Die Offiziere kamen überein, daß der Zug *Schott* den Freinberg im Süden umgehen und dem Schutzbund in den Rücken fallen sollte; dann hätte der Zug *Wiedel* seinen Marsch in Richtung Turm XIII fortsetzen sollen. Der Zug *Schott* erhielt aber schon bei der Straßenkreuzung Bancalariweg/Kürnbergerweg Feuer, so daß die Umfassung des Jägermayer nicht gelang. In der Folge gelang es der Infanterie, die Schutzbündler in den Jägermayrhof zurückzudrängen. Das starke Feuer der Besatzung des Gasthofs ließ ein weiteres Vorgehen der Züge *Wiedel* und *Schott* nicht zu; *Schott* ersuchte daher sein Bataillon um Verstärkung. Gegen 14 Uhr verließen ein weiterer Zug Infanterie und ein Minenwerferzug die Schloßkaserne, um die angeforderte Hilfe zu leisten. Beide Züge informierten sich über die Lage bei dem Zug *Wiedel,* der immer noch in derselben Stellung stand wie zum Zeitpunkt der ersten Gefechtsberührung mit dem Schutzbund. Sodann nahmen die beiden Züge denselben Weg, den schon der Zug *Schott* genommen hatte. Sie drangen bis zu *Schott* vor, ließen aber zur Unterstützung des Zuges *Wiedel* den Minenwerfer und einige Mann zurück. Da sie auf ihrem Weg keinen Gefechtskontakt zum Schutzbund hatten, meldeten sie dies *Wiedel,* der in der Folge auf diesem Wege seine Stellung verließ und zu seinem eigentlichen Ziele, dem Turm XIII, vorrückte.

Der in der Stellung verbliebene Minenwerfer eröffnete um 16.30 Uhr das Feuer auf den Gasthof Jägermayer. Nach einer Stunde Beschuß mußte die Feuereinstellung befohlen werden, weil die Gefahr bestand, daß die am weitesten vorgerückten Soldaten durch das eigene Feuer erfaßt würden. *Schott* wollte auf das Eintreffen der für 18 Uhr versprochenen Verstärkung warten und dann zum Sturm auf den Gasthof antreten. Dazu kam es aber nicht mehr, weil sich die Besatzung des Jägermayer ergab. Der Schutzbundkommandant am Freinberg hatte schon am frühen Nachmittag die allmähliche Lösung vom Gegner befohlen; die Schutzbündler sollten versuchen, auf Umwegen den Wirtschaftshof zu erreichen. Die meisten der insgesamt wahrscheinlich rund 100 Schutzbundmänner und Jugendlichen – die Jugendlichen gehörten zur Sozialistischen Jugend des Zaubertales –, die hier gemeinsam gekämpft hatten, hatten daher den Freinberg schon unter Umgehung der Stellungen der Soldaten verlassen; zum Zeitpunkt der Kapitulation des Schutzbundes beim Gasthof Jägermayer bestand die Besatzung nur noch aus 26 Mann. Gegen Abend des 12. Februar kamen Schutzbundeinheiten aus Traun und Nettingsdorf auf den Freinberg; da aber das Heer hier die Lage schon unter Kontrolle hatte, zogen sie wieder ab.

Der Ring von Schutzbundstellungen rund um Linz schloß sich in Urfahr. Die Urfahraner Schutzbundeinheiten hatten Linz gegen Norden zu decken und – gegebenenfalls – nach Süden über die Donau vorzudringen. Diesem strategischen Kozept entsprechend bezogen die in Urfahr eingesetzten Schutzbundeinheiten Stellungen, von denen aus sie die Zufahrtsstraßen zu den Donaubrücken beherrschen konnten. Diese Stellungen waren bei der Eisenbahnbrücke, beim Spatzenbauer und beim Petrinum. Über die Kämpfe bei der Eisenbahnbrücke wurde schon berichtet, es ist noch die Darstellung der zwei anderen Einsatzorte nachzutragen.

Die 1. Kompanie/55. Abteilung unter dem Kommando von *Franz Schönauer* hatte ihren Einsatzort beim Spatzenbauer. Die Angehörigen dieser Einheit sammelten

Der Jägermayer am Freinberg – heute ein Bildungsheim der Arbeiterkammer – nach den Kämpfen.

sich in ihrer Dienststelle, dem Bergbahnhof der ESG (die Kompanie war eine reine Straßenbahnereinheit), faßten ihre Waffen aus dem Lager in der Remise der ESG und marschierten zum Spatzenbauer. Der Hof ist ein Anwesen, das etwa 50 Meter über dem Niveau der Straße nach Ottensheim liegt; von diesem Punkt aus kann man mit wenigen Mann und entsprechender Bewaffnung leicht den Zugang nach Linz-Urfahr aus Ottensheim sperren. Vermindert wurde der strategische Wert dieser Stellung allerdings dadurch, daß die Schloßkaserne auf der Linzer Donauseite der Höhe fast gegenüberliegt.

Die Schutzbündler gingen mit ihrem Maschinengewehr etwas südlich des Hofes in einer Mulde in Stellung und warteten ab. Ab Nachmittag wurden sie von der Schloßkaserne mit Maschinengewehren beschossen, sie erwiderten das Feuer jedoch nicht. *Schönauer* und seine Männer gaben die Stellung gegen Abend des 12. Februar auf, die Waffen ließen sie zurück.

Die stärkste Stellung des Schutzbundes in Urfahr war beim Petrinum. Hier war die 4. Kompanie/51. Abteilung eingesetzt, die der 55. Abteilung als Unterstützung zugeteilt war. Der Kommandant *Franz Belik* verfügte über drei Maschinengewehre, von denen er allerdings gegen Mittag eines an *Hager* (Neue Brücke) abgeben mußte.

Da der Kommandant der 55. Abteilung, *Josef Kammerer,* sich während des 12. Februar ebenfalls meist in diesem Abschnitt aufhielt, sorgte er für einen regelmäßigen Nachrichtendienst zwischen den anderen Einsatzpunkten des Schutzbundes und dem Petrinum.

Nach der Gefangennahme des Mühlviertler Heimwehrchefs und Landesführerstellvertreters, des Grafen *Peter Friedrich Revertera-Salandra,* bedienten sich die zu diesem Dienst eingeteilten Männer des Wagens des Grafen. *Revertera,* der die Nacht vom 11. auf den 12. Februar in Linz verbracht hatte, wurde gegen 10 Uhr in der Freistädter Straße von Angehörigen des Schutzbundes erkannt und gefangengenommen; man brachte ihn in das Pumpwerk beim Urnenfriedhof und hielt ihn in der Folge dort bis gegen Mitternacht fest. Nach dem Scheitern der Erhebung ließ man ihn wieder bedingungslos frei. Hier im Pumpwerk des Urnenhains wurde auch der einzige nennenswerte Sabotageakt in ganz Linz gesetzt. Noch am Vormittag zerlegte der Pumpenwärter die Wasserpumpe, mit der große Teile der Stadt versorgt wurden; die Pumpe wurde aber noch am selben Tag wieder instand gesetzt; (wahrscheinlich hat die Anweisung zum Zerlegen und zum Zusammenbau *Ludwig Bernaschek* gegeben).

Abgesehen von einer Ausnahme verlief der 12. Februar auch beim Petrinum ruhig. Um etwa 13 Uhr rückte eine Schipatrouille der 4. Kompanie des Alpenjägerregimentes Nr. 7 von ihrer Übung in der Koglerau über den Pöstlingberg nach Urfahr ein. Von einem Polizeibeamten erfuhr der Kommandant der Gruppe noch auf dem Pöstlingberg, daß der Schutzbund beim Petrinum Stellung bezogen hatte. Trotzdem ließ er seine Gruppe zum Petrinum abfahren. Einer Gefangennahme konnten die Soldaten dadurch entgehen, daß sie sich ins Petrinum zurückzogen. Einige Schutzbündler, welche die Soldaten bis ins Gebäude verfolgten, wurden von diesen entwaffnet und als Geiseln festgehalten. Den in ihren Stellungen vor dem Petrinum verbliebenen Schutzbündlern wiederum gelang es, einen Lehrer des Petrinums und einen Priester zu fangen; nach einigen Verhandlungen tauschte man die Gefangenen aus, wobei die Soldaten allerdings die Waffen der Schutzbündler behielten, da sie selbst unbewaffnet waren. Die Gruppe konnte sich später im Schutze der Dunkelheit auf einigen Umwegen über die alte Donaubrücke in die Schloßkaserne durchschlagen.

Abgesehen von diesem Intermezzo blieb es aber auf diesem Schauplatz völlig ruhig. In den späten Abendstunden (um ca. 22.30 Uhr) versammelte der Kommandant *Kammerer* seine Männer bei der Villa Pollak, *Belik* hielt noch eine kurze Rede; danach zerstreuten sich die Männer. Einige nahmen ihre Waffen mit, die meisten aber warfen sie weg; *Kammerer* und *Belik* sammelten die Waffen wieder auf und versteckten sie im Gelände zwischen Dießenleitenweg und Knabenseminarstraße.

Einen unverständlichen Akt setzte das Bundesheer am Vormittag des 13. Februar: obwohl zu dieser Zeit in Urfahr keine Schutzbundtätigkeit mehr festzustellen war, entschloß man sich, *Dr. Pollaks* Haus mit Artillerie zu beschießen. Bei dem Bombardement wurde ein Kind schwer verletzt und das Haus erheblich beschädigt. Die Schüsse waren aus der Schloßkaserne mit einer Gebirgshaubitze abgefeuert worden. Für dieses Vorgehen des Heeres und der Staatsorgane gab es um so weniger Grund, als wenige Stunden später Urfahr fest in der Hand der Exekutive und der Heimwehr war, die zum Zeitpunkt des Beschusses schon im Schloß Auhof und auf dem Pöstlingberg gesammelt stand.

Die Schutzbundeinheiten der südlichen Vororte von Linz hatten im Ernstfall die Schutzbundstellungen beim Poligonplatz und auf dem Freinberg zu verstärken. In diesen Vororten gab es schon vor 1934 relativ viel Industrie, wie zum Beispiel die Kleinmünchner Spinnerei, die Eisengießerei *Steininger*, die Maschinenfabrik *Eisenbeiß* und andere Unternehmungen. *Steininger* und *Eisenbeiß* und deren Söhne waren auch die Kommandanten der örtlichen Heimwehren. Trotz der hier ansässigen Industriearbeiterschaft war aber der Schutzbund in diesen Vororten schwach, was sich unter anderem auch im Fehlen größerer Waffenbestände zeigte.

Die Angehörigen des Kleinmünchner Schutzbundes, die fast ausschließlich in der Spinnerei tätig waren, traten gegen Mittag des 12. Februar in den Streik, faßten ihre Waffen (diese lagerten in privaten Gärten, wahrscheinlich auch in dem des ehemaligen Kleinmünchner Bürgermeisters und Linzer Stadtrats Karl Steiger) und warteten bis gegen Abend in den Wohnungen zweier Funktionäre auf weitere Anweisungen. Am Abend wurden sie mit Lastwagen zur Brauerei gefahren, sie blieben dort bis zum Morgen des 13. Februar und gingen dann wieder heim.

In Ebelsberg kam es zu keiner Aktion des Schutzbundes, weil die Männer verhaftet worden waren, bevor sie ihre Waffen fassen konnten. Der größte Teil der verhafteten Schutzbündler wurde im Ebelsberger Schloß interniert.

Weitere Kämpfe fanden in Traun und Nettingsdorf statt, der Trauner Schutzbund griff auch kurzfristig in die Auseinandersetzungen in Linz-Freinberg ein. Bei den Kampfhandlungen in Nettingsdorf starben der Schutzbündler *Georg Buttinger* und der Heimwehrkommandant *Heinrich Pollhammer-Zeilinger*.

SCHLUSSBEMERKUNG

Der Kampf des Republikanischen Schutzbundes um Erhaltung der Demokratie, der am 12. Februar 1934 von Linz seinen Ausgang genommen und noch am selben Tag auf weitere Städte und Orte Oberösterreichs und Österreichs übergegriffen hatte, endete mit einer Niederlage; so auch in Linz. Insgesamt 14 Schutzbündler starben.

Abgesehen von den schwerwiegenden politischen Folgen, die die Gesamtpartei und demgemäß auch die Linzer Organisation trafen, wurde in Linz eine Standgerichtsverhandlung gegen fünf Schutzbündler und einen Arbeitersamariter abgeführt.

Unter dem Vorsitz von *Dr. Karl Mittermeyer* wurde gegen die Schutzbündler *Franz Gschwandtner, Ludwig Schwinghammer, Josef Ehn, Johann Mißbichler, Ernst Fröller* und den Arbeitersamariter *Anton Bulgari* am 21. und 22. Februar 1934 verhandelt. *Mißbichler, Ehn* und *Fröller* wurden vom Standgericht an das Schwurgericht überstellt; *Bulgari, Gschwandtner* und *Schwinghammer* wurden zum Tode verurteilt. Das Urteil an *Bulgari* wurde am 23. Februar 1934 um 17.30 Uhr vollstreckt. *Schwinghammer* und *Gschwandtner* wurden zu lebenslanger Haft begnadigt. Der Staatsanwaltschaft Linz wurden 943 Personen wegen Aufruhr angezeigt. Anklage erhob die Staatsanwaltschaft gegen 374 Personen, gegen die in insgesamt 90 Prozessen verhandelt wurde. Das Schwurgericht verurteilte 214 Personen zu Haftstrafen zwischen wenigen Wochen und vielen Jahren; 155 Personen wurden freigesprochen. Insgesamt wurden Haftstrafen in einem Gesamtausmaß von 177,25 Jahren verhängt. Eine große Anzahl von Sozialdemokraten traf die Rache durch Entlassung aus dem öffentlichen Dienst.

VERGEBEN, ABER NIE VERGESSEN!

Anton Bulgari
1877 – 1934

Dem Führer des Schutzbundes von Linz, *Richard Bernaschek*, gelang durch die Hilfe von nationalsozialistischen Gefängnisaufsehern die Flucht aus dem Linzer Gefangenenhaus; mit ihm konnten auch *Schlagin* und *Huschka* aus der Anstalt fliehen. Eine nicht festzustellende Zahl von Sozialdemokraten und Schutzbundangehörigen entzog sich dem Zugriff der Behörden durch die Flucht ins Ausland, vor allem in die Schweiz und die Tschechoslowakei. Von der Tschechoslowakei aus gingen viele Emigranten in die Sowjet-Union und von dort weiter nach Spanien.

Trotz dieser Niederlage, die die österreichische Arbeiterbewegung vorübergehend in ihrem Kampf zurückwarf, verschafften diese heldenhaften Kämpfe zur Abwehr des Faschismus den österreichischen und Linzer Genossen große Anerkennung in der internationalen sozialistischen Bewegung. Die Linzer Arbeiter waren die weltersten, die der faschistischen Gewalt Gewalt entgegensetzten! Aber diese Kämpfe sollen uns auch immer Mahnung sein für Gegenwart und Zukunft!

Skizzen zur Entwicklung der sozialistischen Gewerkschaftsbewegung in Linz

Max Lotteraner

100 Jahre Sozialdemokratie in Österreich und damit auch in Linz ist ohne der Tatsache einer engen Verflechtung der gewerkschaftlichen und der politischen Arbeiterbewegung nicht denkbar. Gerade die Frühgeschichte der Arbeiterbewegung beweist: gewerkschaftliche Arbeit kann sich nicht nur auf „ausschließlich" wirtschaftliche Kämpfe um Löhne, Arbeitszeit und menschlichere Arbeitsbedingungen beschränken. Sie darf die politische Arbeit zur Befreiung der Arbeiterklasse durch eine gesellschaftspolitische Überwindung dieses Systems nicht nur der Partei überlassen. Schon theoretisch vom Begriff her, vor allem aber in der praktischen Arbeit ergeben sich erhebliche Abgrenzungsschwierigkeiten.

Helmut Konrad hat in seinem vortrefflichen Buch „Die Entstehung der Arbeiterklasse in Oberösterreich" einleuchtend darauf hingewiesen. Er schrieb: „Der gemeinhin angenommene historische Ablauf, daß der Emanzipationskampf der Arbeiterklasse mit der gewerkschaftlichen Organisation zu beginnen hat (Engels: ‚Also mit Trade Unions usw. muß es anfangen, wenn es Massenbewegung sein soll'), aus der sich dann die politische Organisation herausentwickeln soll, ist für Oberösterreich sicherlich nicht zutreffend. Gerade in dieser frühen Entwicklungsphase der Arbeiterbewegung in unserem Bundesland läßt sich eine klare Trennung zwischen gewerkschaftlicher und Parteiarbeit nicht ableiten. Vor allem vor dem Vereinsgesetz 1867 ist eine klare Zuordnung der ersten Arbeiterorganisationen in den politischen, gewerkschaftlichen oder auch genossenschaftlichen oder kulturellen Bereich kaum möglich. Es wäre auch falsch, in dieser Zeit die Gewerkschaften als ‚Massenorganisation' zu sehen und die Partei als einen treibenden ‚Kader'."

Die enge Wechselbeziehung zwischen Partei und Gewerkschaften war unmittelbar. Die Arbeit verteilte sich meist auf die gleichen Personen.

DAS NEUE VEREINSGESETZ 1867 MACHTE DEN WEG FREI

Von maßgeblichem Einfluß für die Gründung der Vorläuferorganisationen für die Gewerkschaften, wie Selbsthilfeorganisationen, Bildungsorganisationen, Fachvereine usw. war das Durchdringen liberaler Gedanken im Gesetzbereich. Vorher konnten solidarische Zusammenschlüsse der Arbeitnehmer leicht verhindert werden. Ein Verein mußte gesetzlich erlaubt und von der Behörde genehmigt werden. Es gab polizeiliche Strafbestimmungen, ein Koalitionsverbot und viele willkürliche Eingriffsmöglichkeiten.

Für die Arbeiterbewegung in Oberösterreich brachten das kurz vor der Verfassungsneuregelung 1867 herausgebrachte liberale, auf Vereinsfreiheit beruhende

Vereinsgesetz und das auf Versammlungsfreiheit aufgebaute Versammlungsgesetz (beide vom 15. November 1867) die Chance zu einem wesentlichen Aufschwung. Die Arbeiterbewegung nützte diese Chance.

DIE GEWERKSCHAFTLICHEN GRÜNDUNGSZELLEN

Zu den gewerkschaftlichen Gründungszellen in Linz und in Oberösterreich entwickelten sich vor allem durch das neue Vereinsgesetz von 1867 die eigenständigen politischen Vereine der Arbeiterbewegung, wie Arbeiterbildungsvereine, Arbeitervereine sowie gewerkschaftliche Fachvereine. Die frühen Bildungsvereine hat Gerhart Baron in seinem Buch „Der Beginn. Die Anfänge der Arbeiterbildungsvereine in Oberösterreich" vortrefflich und ausführlich beschrieben; sie sind an anderer Stelle dieses Buches ebenfalls behandelt. Es soll daher im Rahmen dieses Beitrages weniger darauf eingegangen werden.

Auch in Linz wurden die Buchdrucker zur Vorhut der organisierten Arbeiterschaft. Einer der ersten Unterstützungsvereine in Österreich war die 1824 gegründete Kranken- und Sterbekassa der Buchdrucker in Linz. Sie bestand eigentlich seit 20. März 1803, wie Konrad erforschte, als eigenständiges Bemühen der Gehilfen, begann aber erst 1824 mit wirklichen Aktivitäten. Das am 23. Oktober 1824 gegründete Buchdruckergremium gewann aber immer mehr Einfluß und machte daraus eine Zwangskasse. So fand dieser erste Versuch der Arbeiterschaft in Österreich, gewerkschaftliche Ideen zu verwirklichen, sein frühes Ende.

Den ersten wirkungsvollen Schritt zur Bildung einer Gewerkschaft in Linz setzten dann die Buchdrucker. Sie gründeten im Dezember 1866 die Buchdruckergesellschaft Typografia, die sich ein Jahr später – am 22. Dezember 1867 – als Fortbildungsverein der Buchdrucker und Schriftgießer umgründete.

Die Tradition der Unterstützungsvereine setzte sich fort. In den Jahren 1868 bis 1971 entstand in Linz auch der Verein der Buchdrucker und Schriftgießer (mit Witwenunterstützungskasse) in Linz, der Lokomotivführer-Verein in Linz, der Linzer Dienstboten-Unterstützungsverein und der Kranken- und Unterstützungsverein der Kleidermacher-Gehilfen von Linz und Urfahr.

DIE GEWERKSCHAFTLICHEN FACHVEREINE

Die frühen siebziger Jahre des vorigen Jahrhunderts brachten aber auch die Gründung einer Reihe von gewerkschaftlichen Fachvereinen, die eigentlich die entscheidende Grundlage für die Gründung von Gewerkschaften in Linz darstellten. Gerhart Baron zählt sie in Übereinstimmung mit den Vereinsakten der Behörden wie folgt auf:

1. Fortbildungsverein der Buchdrucker und Schriftgießer, Linz; gegründet im Dezember 1867, umgewandelt im Jänner 1872 in den Verein der Buchdrucker und Schriftgießer Oberösterreichs
2. Fachverein der Schuhmachergehilfen Linz, August 1872
3. Fachverein der Holzarbeiter Linz, September 1872
4. Fachverein der Schuhmachergehilfen Wels, Februar 1873
5. Fachverein der Kleidermachergehilfen Linz, März 1873
6. Fachverein der Kleidermacher Steyr, Jänner 1875
7. Fachverein der Schuhmacher Steyr, Dezember 1876

Der Zweck dieser Fachvereine war die Förderung der geistigen und materiellen Interessen und Rechte seiner Mitglieder durch jedes gesetzliche Mittel, unter Ausschluß der Politik.

In diesen Keimzellen der Sozialdemokratie in Linz war eine Trennung von Partei und Gewerkschaft kaum wahrzunehmen. Konrad weist darauf hin, daß die Behörden in einem geheimen Komitee 1875/76 die Zentrale der Sozialdemokratie in Linz vermuteten. In diesem Komitee waren die beiden führenden Köpfe Josef Köstler, der Obmann des Schustergehilfenfachvereines, und Anton Weiguny, der Obmann des Fachvereines der Kleidermachergehilfen. Alle weiteren Mitglieder des Komitees waren gleichzeitig Funktionäre der jeweiligen Fachvereine.

Man kann annehmen, daß zwar die Funktionäre der Fachvereine auch in politischen Organisationen wirkten, daß aber die Fachvereine darüber hinaus einen breiteren Kreis der Arbeiter ansprechen konnten.

In Linz war die Verbindung des Allgemeinen Arbeitervereines mit den Fachvereinen besonders eng. Es zeigte sich auch hier, wie in anderen Orten, daß der Allgemeine Arbeiterverein die Funktion einer zusammenfassenden Organisation innehatte.

In den achtziger Jahren des 19. Jahrhunderts geriet die gesamte Arbeiterbewegung in Schwierigkeiten. Diese machten auch vor der Gewerkschaftsbewegung nicht halt. Da die Fachvereine, wie die Arbeitervereine überhaupt, in ihren Statuten verankern mußten, daß politische Fragen ausgeklammert waren, konnten ihnen die Behörden nur zu leicht Schwierigkeiten machen. Es kam zu Vereinsauflösungen um die Mitte der achtziger Jahre. Diesen folgte jedoch am Ende des Jahrzehnts eine neuerliche Gründungswelle, die mit dem Aufstieg der gesamten Arbeiterbewegung zusammenfiel.

Fritz Klenner, der mit seinen Angaben für Oberösterreich stets unter den tatsächlichen Werten liegt, nennt für das Jahr 1889 bereits acht Gewerkschaften in Oberösterreich und Salzburg, um drei mehr als 1882.

DIE ARBEITER FORMIEREN SICH

Obwohl Oberösterreich in dieser Zeit kein Land mit einer spektakulären Streikbewegung war, zeigen die Streiks dennoch den politischen Aufschwung der Arbeiterbewegung. Anton Weiguny vermerkte für die Jahre 1870 bis 1873 in Linz Lohnbewegungen mit Streiks der Schneider, Schuhmacher, Tischler und Zimmerer. Der Schneiderstreik war der erste in der Streikwelle der frühen siebziger Jahre. Die Auseinandersetzungen zwischen den Arbeitern und den Unternehmern wurden mit einiger Schärfe auch in der liberalen Presse ausgetragen.

Im Jahr 1888 kann man wieder etwas über einen tatsächlich durchgeführten Streik der weiblichen Belegschaft der Tabakfabrik Linz lesen. Im Juni 1888 fand ein weiterer Streik statt: 120 Erdarbeiter verweigerten am Abend die Weiterarbeit an der Abtragung eines Hügels bei Niedernhart, der einem Ausbau der Bahnanlage weichen sollte. Den Arbeitern waren Lohnvorschüsse und eine geforderte Lohnerhöhung verweigert worden.

Als Julius Deutsch seine Geschichte der österreichischen Gewerkschaftsbewegung schrieb, konnte er über die Stärke und Wirksamkeit der gewerkschaftlichen Organisationen in der Zeit von 1870 bis 1873 nur die Zusammenstellung der damals erschienenen Arbeiterkalender anführen. Der Arbeiterkalender des Jahres 1872 berichtete, daß in Österreich insgesamt 75 Gewerkschaften und 69 Arbeiterbildungsvereine, zusammen also 134 Vereine, bestanden. In Oberösterreich waren es eine Gewerkschaft und sechs Arbeiterbildungsvereine, also zusammen sieben, alle hatten ihren Sitz in Linz.

Der Arbeiterkalender des Jahres 1873 weist für Österreich 237 Arbeitervereine mit 80.309 Mitgliedern auf. Für Oberösterreich sieben Arbeitervereine mit 922 Mitgliedern.

Der große Wiener Börsenkrach vom 10. Mai 1873 veränderte das wirtschaftliche und politische Leben Österreichs einschneidend. Die Krise kam für die meisten überraschend, die Panik war umso größer. Fabriken standen still, die Arbeitslosigkeit mit all ihrem Elend suchte die arbeitende Bevölkerung heim. Über die Arbeiterorganisationen brach eine schwere Zeit herein.

Am Ende des Jahres 1874 gab es keine geschlossene schlagfertige Arbeiterbewegung mehr. Auch die Gewerkschaften verloren an Zugkraft und an Mitgliedern.

Dazu kam ein Kleinkrieg mit den Behörden. Die oberösterreichische Statthalterei löste, wie der „Sozialist" in Nummer acht vom 23. November 1877 meldete, folgende Linzer Arbeitervereine auf: den Verein der Schuhmacher, der seit August 1872 bestand, den Fachverein der Holzarbeiter, der seit 19. September 1872 bestand und den Fachverein der Kleidermacher, der seit 5. März 1874 bestand, sowie den Arbeiter-Bildungs-Verein in Linz, den es seit dem 19. Juli 1868 gab.

Über die Art und den Umfang der Arbeiterbewegung am Ende der siebziger Jahre sagt der Arbeiterkalender von 1879 für Oberösterreich aus: fünf Allgemeine Krankenunterstützungsvereine, zwei Branchenunterstützungs- und Fortbildungsvereine, vier Allgemeine Arbeiter- und Arbeiterbildungsvereine, fünf Fachvereine und Gewerkschaften, also insgesamt 16.

Es zeigte sich, daß dort, wo die Arbeiterbewegung bereits längere Zeit Fuß gefaßt hatte, wo sie älter war, die Fachvereine und Gewerkschaften die Allgemeinen Arbeiter- und Arbeiterbildungsvereine sowie die Branchenunterstützungsvereine die Allgemeinen Unterstützungsvereine überwogen.

Man sieht hier, auf welche Weise sich die Arbeiterbewegung entwickelte. Zuerst entstanden die allgemeinen Vereine, die für jeden Arbeiter zugängig waren, mit dem Erstarken der Bewegung lösten sich einzelne Branchen ab, es entstanden die Fachvereine und Gewerkschaften. In besonders günstig entwickelten Gewerben sind daneben gleich anfangs Fachvereine gegründet worden. Die Branchenunterstützungs- und Fortbildungsvereine waren in ihrer Wirksamkeit ebenfalls Gewerkschaften, die außerdem noch das Unterstützungswesen pflegten. Zählt man beide Gruppen zusammen, so bildeten sie damals schon das stärkste Kontingent unter den Arbeitervereinen.

Im Jahre 1881 gab es in Linz folgende Branchenunterstützungs- und Fachvereine: Verein der Schuhmacher in Linz mit 38 Mitgliedern; Krankenunterstützungsverein für Kleidermacher mit 69 Mitgliedern.

DER EINIGUNGSPARTEITAG UND DER ERSTE 1. MAI

Der Einigungsparteitag 1889 der Sozialdemokraten von Hainfeld sowie der erste 1. Mai 1890 gaben das Signal für einen neuen Aufschwung der sozialistischen Gewerkschafter. Anfang der neunziger Jahre wuchsen die Gewerkschaften wie Pilze aus dem Boden. In dieser Periode der neu erwachenden Kraft und des Selbstgefühls der Arbeiterschaft kam es wieder zu lebhaften wirtschaftlichen Kämpfen. Es zeigte sich wieder, daß gut geführte Streikbewegungen zum Wachsen und zur Festigung des gewerkschaftlichen Denkens entscheidend beitragen.

Bezeichnende Beispiele in Linz lieferten dazu, wenn auch der Entwicklung in der Provinz entsprechend später:

1. Die in der Geschichte der oberösterreichischen Arbeiterorganisationen einzigartige Streikbewegung der Linzer Schiffbauarbeiter im Frühjahr 1911, die in einem wacker geführten fünfzehnwöchigen Kampf ihre Forderungen nach Lohnerhöhung und Verkürzung der Arbeitszeit gegen eine alle streikbrechende Mittel einsetzende Unternehmerwillkür durchsetzen konnten; sowie

2. der Lohnkampf der Buchdruckergehilfen in Linz im Dezember 1913, bei dem die „Prinzipale“ genannten Unternehmer der Linzer Druckereien mit Aussperrungen vorgingen.

Auch die erstmalige 1.-Mai-Feier in Linz 1890 beflügelte das Solidaritätsgefühl und Selbstbewußtsein der Arbeiterklasse. Auch hier fiel der Gedanke der Mai-Feier als allgemeine Demonstration für eine Verkürzung der Arbeitszeit und als ein internationales solidarisches Zeichen der Zusammengehörigkeit wie der Funke in ein Pulverfaß. Mit Begeisterung wurde der zündende Mai-Gedanke aufgenommen, der gerade in der damaligen Situation kräftig zum Mai-Erwachen und Lebendigwerden der schlummernden Kräfte der Arbeiterbewegung beitrug.

DIE INDUSTRIALISIERUNGSANFÄNGE IN LINZ

1890, unmittelbar nach der Einigung der österreichischen Sozialdemokratie, gab es in Oberösterreich 107.308 Berufstätige (Arbeiter und Selbständige) in Industrie und Gewerbe. 9536 davon lebten in Linz, nur um 624 mehr als in Steyr. Im Handel allerdings lag Linz eindeutig vorne: 5345 gegenüber nur 1283 in Steyr. Nach der Schaffung der Gewerbeordnung gab es 236 Fabriken mit knapp 27.000 Arbeitern. Sie arbeiteten vor allem in der Maschinenindustrie, gefolgt von der Textilindustrie.

Aus dieser Zeit sind folgende Betriebe zu nennen:

Im Metallbereich die Lokomotivfabrik Krauß & Co mit etwa 200 Beschäftigten und die Maschinenfabrik Anton Lange. Im Textilbereich die Textildruckerei und mechanische Weberei Enderlin in Traun mit ebenfalls 200 Arbeitnehmern, die Baumwollspinnerei Kubo in St. Martin und die Spinnerei und Weberei Josef Lang, alle im Bereich von Traun. Und vor allem, als eine der größten Fabriken, die Kleinmünchner Baumwollspinnerei.

In der Linzer Altstadt gab es nicht weniger als 225 Unternehmer im Textilgewerbe. Der größte Betrieb dabei war die Schafwollwarenfabrik Honauer.

Im Lebens- und Genußmittelbereich gab es die Kaffeesurrogat-Fabrik Franck und Söhne, die Feigenkaffee-Fabrik Titze und im Gebäude der ehemaligen Wollzeilfabrik die Tabakfabrik mit 800 bis 900 Beschäftigten.

Ein wichtiger Betrieb war auch die Linzer Schiffswerft, die älteste und bis heute größte Schiffswerft in Österreich mit im Jahre 1896 bereits wieder 650 Arbeitern.

Weitere namhafte Betriebe waren: das Feuerwehrausrüstungsgeschäft Rosenbauer, die Linzer Speditionsfirma Faßzieher Companie, die Seifen- und Kerzenfabrik Estermann, die Brauerei Poschacher und die Schirmfabrik Funke & Loos.

GEWERKSCHAFTLICHE VORREITER IN LINZ

In der gewerkschaftlichen Aufbauarbeit waren die Buchdrucker, die Tischler und die Textilarbeiter in Linz tonangebend. Bei den Metallarbeitern waren die Schlosser und die Spenglergehilfen Vorreiter. Es war überhaupt interessant, daß es damals leichter war, die Arbeit im Gewerbe gewerkschaftlich zu organisieren, als jene in den Fabriken. Dort hatten sie nämlich Dauerarbeitsplätze und waren voll Angst, diese zu verlieren. Auch fürchteten die Fabriksinhaber den Achtstundentag.

Erst später gelang der Durchbruch, sodaß die gewerkschaftliche Organisierung rasch vor sich gehen konnte. Im Gewerbe dagegen war die Fluktuation schon immer größer. Hans Ottenbacher schrieb in diesem Zusammenhang, daß die Schlosser damals neidisch auf die Tischler blickten, weil diese mehr Lohn und bessere Arbeitsbedingungen erkämpft hatten. Auf die Frage der Schlosser, was müssen wir tun, damit auch wir einen besseren Lohn bekommen, antworteten die Tischler: Werkstättenversammlungen abhalten. Schon damals zeigte sich also der Wert der Betriebsversammlungen.

Für die gewerkschaftliche Arbeit in Linz von Anbeginn bedeutend waren auch die Eisenbahner. Am 2. April 1892 wurde die Eisenbahnergewerkschaft gegründet. Nach wechselhaften Anfängen und großen Schwierigkeiten durch eine Fülle von Vereinsgründungen für einzelne Eisenbahnergruppen setzten sich die Freien Gewerkschafter schließlich entscheidend durch. Sie bildeten dann auch in der Ersten Republik den Stammkader für die politischen Auseinandersetzungen.

Später, nach 1934, waren nicht wenige aktiv im Untergrund und in der Widerstandsbewegung tätig. Mit Hilfe der ausländischen Eisenbahnergewerkschaften leisteten gerade die Eisenbahner hohe Solidarität. Sie organisierten eine Solidaritätsaktion für Gemaßregelte und Verhaftete, und so mancher „Ausgesteuerte" (vom Arbeitslosenbezug Ausgeschlossene) verdankte dieser Aktion sein Überleben. Auch im Schutzbund waren viele Eisenbahner meist als „Wehrturner" integriert.

EINFLUSS DER WANDERBEWEGUNG

Für die gewerkschaftliche und politische Aufklärungsarbeit der Freien Gewerkschaften war in der Gründungsphase die Wanderbewegung der Arbeiter entscheidend.

Die Industrialisierung, vor allem der Ausbau der Eisenbahn, brachte viele Arbeitnehmer aus den Ländern der Monarchie, aber auch aus dem Ausland, nach Oberösterreich. Der Großteil der Arbeiter in Linz kam aus Böhmen, aber auch aus Niederösterreich und Salzburg.

Die Tschechen waren meist qualifizierte Arbeiter mit wesentlich höherem Sozialprestige. Sie zogen zur Werndl'schen Waffenfabrik nach Steyr, vor allem aber in die Textilindustrie nach Linz und Traun. Sie hatten bereits Fabrikserfahrung und waren für die Gewerkschaftsarbeit aufgeschlossener als andere Gruppen. In der Frühphase zählten sie zu den politisch Aktivsten und Bewußtesten der Arbeiterbewegung.

LANGSAME POLITISIERUNG

Das große soziale Problem des 19. Jahrhunderts waren in Oberösterreich weniger die Industriearbeiter, sondern jene Leute, die bei der gesellschaftlichen Umstrukturierung nach der Revolution 1848 ihre Existenz verloren hatten. Die Industrie wuchs zu langsam und nahm die Arbeiter nicht auf. Die freien Gewerkschaften konnten daher schwer Fuß fassen.

Die politische Bewegung war vor allem in den achtziger Jahren des vorigen Jahrhunderts zum großen Teil importiert. Es ist auch bezeichnend, daß die Ideen der politischen Arbeiterbewegung vor allem von außen hereingetragen wurden. Dies ist wohl darauf zurückzuführen, daß das Land eher rückständig war und stark bäuerlich.

NEUE GEWERKSCHAFTLICHE AUFGABEN

Die Zunahme der Gewerkschaftsmitglieder und die Verbreitung des gewerkschaftlichen Denkens verlangten den systematischen Aufbau eines Organisationsapparates und eines gutgeschulten Kaders von Funktionären. In der Frühzeit der Arbeiterbewegung konnten Gewerkschaften und Arbeiterbildungsvereine noch im Gleichklang operieren und sich aneinander anhängen. Doch bald konnten die Arbeiterbildungsvereine den speziellen gewerkschaftlichen Bildungserfordernissen nicht mehr gerecht werden. Es galt, die Bildungsarbeit auf eine neue, die organisatorischen Notwendigkeiten von Partei und Gewerkschaften berücksichtigende Grundlage zu stellen.

Die zunehmende Industrialisierung und die Veränderung der dort entstehenden neuen Arbeitsformen und Arbeitstechniken zwangen die Gewerkschaften, sich verstärkt auf sozialpolitische Reformmaßnahmen, auf den Kampf gegen Hunger und Not und auf die praktische Betriebsarbeit zu konzentrieren. Diese neuen Aufgaben verdunkelten den Blick auf die politische Bildungsarbeit und die notwendige Bewußtseinsbildung zur Erkenntnis der Klassenlage. Das führte zu einer vorwiegend pragmatischen Politik.

NACH 1918: NEUE SOZIALGESETZE

Gegenüber der Vorkriegszeit entwickelte sich ein stark unterschiedliches Bildungsbedürfnis der Gewerkschaften. Die unter Ferdinand Hanusch in einem einsamen „Höhenflug der Sozialpolitik" unmittelbar nach dem Ersten Weltkrieg geschaffenen Sozialgesetze zwangen den Gewerkschaften neue Aufgaben auf. Es mußten das Betriebsrätegesetz, das AK-Gesetz, das Kollektivvertragsgesetz und viele andere mehr berücksichtigt werden. Dadurch verlagerte sich die gewerkschaftliche Bildungsarbeit von einer eher allgemeinen Ebene auf eine sehr spezielle. Und so geriet die ursprüngliche ideologische Aufgabe der gewerkschaftlichen Bildungsarbeit immer stärker in den Hintergrund, nämlich, jenen vom Kapitalismus beherrschten Apparat bis in die kleinsten Verbindungen zu erkennen und meistern zu lernen. Leider ging bei der Orientierung auf den Zweck und bei der technisch sachlichen Argumentation die Einsicht verloren, daß z. B. das neue Betriebsrätegesetz keinesfalls nur auf den betrieblichen oder tagespolitischen Bereich begrenzt zu bleiben braucht.

Dennoch aber ist es den Freien Gewerkschaftern und ihren engen Verbindungen zur Sozialdemokratischen Partei zu verdanken, daß die unter Hanusch erreichten Sozialgesetze im wesentlichen ungeschmälert erhalten werden konnten. Das schwindende Bewußtsein jedoch hat Otto Bauer so erklärt: „Zur Zeit der Inflation und der ständigen, wenn auch nur nominalen Lohnerhöhungen verstand die breite Masse der Arbeitnehmer die Notwendigkeit der Gewerkschaften. Als dann aber die Krise kam, die Zeit der Arbeitslosigkeit, als die Krise Lohnbewegungen oft für Jahre unmöglich machte, haben breite Massen der Arbeiterschaft nicht mehr verstanden, wozu Gewerkschaften da sind, weil ihnen die Vorkriegsschulung fehlte." Es ist auch charakteristisch, daß in Krisenzeiten die Gewerkschaften Hunderttausende Mitglieder verloren, während die Sozialdemokratische Partei einen beispiellosen Zuwachs an Mitgliedern erfuhr.

Wie unentbehrlich aber die Freien Gewerkschafter neben der Sozialdemokratischen Partei sind, bewies sich auch in der Illegalität. Otto Bauer begründete das so, daß die Partei einfach die Gewerkschafter nicht ersetzen kann. Und er sagte: „Dennoch aber verkörpern die freien Gewerkschafter in sich die alten gewerkschaftlichen Erfahrungen und das alte gewerkschaftliche Fachwissen. Sie kennen jeden Kollektivvertrag und jede Dienstordnung und können daher die Arbeiterschaft im Lohnkampf ungleich fachlicher beraten als es die Partei zu tun vermöchte."

DER AUFBAU DER ARBEITERKAMMER

Mit der Errichtung der Arbeiterkammern nach dem Ersten Weltkrieg ging ein langjähriger Wunsch der Arbeiterschaft in Erfüllung. Maßgeblicher Initiator war der erste Sozialminister Österreichs, Ferdinand Hanusch. Auf seine Initiative wurde noch vor Weihnachten 1919 von der Regierung die Arbeiterkammergesetzvorlage im Reichsrat eingebracht und schon am 26. Februar 1920 von der Nationalversammlung mit geringfügigen Änderungen beschlossen.

So sah die Arbeiterkammer 1930 aus. Ein imposanter, architektonisch prächtiger Bau. Über dem Haupteingang zwei eindrucksvolle Arbeiterfiguren in Bronze, die der Innsbrucker Bildhauer Santifaller geschaffen hatte.

Auch für die Linzer Arbeiterkammer war die erste Wahl am 19. und 20. März 1921 die Voraussetzung zur Gründung der Landeskammer. Von den für Oberösterreich festgelegten 57 Mandaten entfielen 32 auf die Sektion Arbeiter, je elf auf die Sektionen Angestellte und Verkehrsangestellte und drei auf die Sektion Verkehrsarbeiter. Bei den Arbeitern traten an: die Freien Gewerkschafter, die christlichen Arbeiter und die Kommunisten. Für die Angestelltensektion bewarben sich die als „Ständige Delegation" bezeichneten Freien Angestelltenorganisationen der Sozialdemokraten, die gemeinsam angetretenen Angestellten der deutsch-völkischen und der christlichen Gewerkschafter sowie die Kommunisten.

Die Wahl brachte einen eindeutigen Sieg der Sozialdemokraten: Von 32 Arbeitermandaten errangen sie 30 und überließen nur zwei den christlichen Arbeitern. Die Kommunisten fielen durch. Bei den Angestellten erreichten die Sozialdemokraten von elf Mandaten nur sechs, während fünf die gemeinsam auftretenden deutsch-völkischen und christlichen Angestellten bekamen. Bei den Verkehrsarbeitern erreichten die Sozialdemokraten alle drei Mandate, und bei den Verkehrsangestellten errangen sie von elf Mandaten neun. Nur zwei Mandate erhielten die gemeinsam auftretenden nationalen und christlichen Verkehrsangestellten.

Diese erste AK-Wahl in Oberösterreich zeigte, daß in weiten Kreisen der Arbeitnehmer noch nicht das richtige Bewußtsein zu dieser so wichtigen Interessenvertretung vorhanden war.

Am 14. Jänner 1928 traf die Vollversammlung der Arbeiterkammer in Linz eine für die gesamte Arbeitnehmerschaft des Bundeslandes wichtige Entscheidung. Sie beschloß den Bau eines Kammergebäudes in Angriff zu nehmen. Es spricht für den

Weitblick der damaligen Kammerfunktionäre, daß diese Entscheidung einhellig getroffen worden ist. Der Bau eines neuen Kammergebäudes war umso dringlicher, als sich schon in der ersten Funktionsperiode zeigte, daß die bisherige Unterbringung nicht ausreichte. Die Kammer hatte 1921 durch einen Zufall im dritten Stock eines Privathauses in der Coulinstraße in Linz eine provisorische Unterkunft gefunden.

Wieder waren es die sozialistischen Gewerkschafter, die auf Antrag von Präsident Pregant zur Selbsthilfe griffen und die Errichtung eines Neubaues vorantrieben. Als Grundstück wurde von der Stadtgemeinde durch Tausch mit der Bundesbahn ein günstiger und schöner Platz Ecke Christian-Coulin-Straße/Volksgartenstraße gefunden. Auf diesem Platz befindet sich heute noch die Arbeiterkammer.

Das Kammergebäude wurde im Mai 1930 fertiggestellt und am 28. Juni 1930 festlich eröffnet. Es wurde zum Symbol der Arbeiterschaft, zu ihrem Bollwerk und zum weithin sichtbaren Zeichen für politische Gleichberechtigung der Arbeiterklasse.

1945: DER ÜBERPARTEILICHE GEWERKSCHAFTSBUND ENTSTEHT

Zum Ende des Zweiten Weltkrieges traten die illegalen Gewerkschafter sofort auf den Plan. Ohne sie hätte sich die Entwicklung anders vollzogen. Wieder waren die sozialistischen Gewerkschafter federführend. Während in Wien noch die Kanonen donnerten, fanden sich die Freien Gewerkschafter zusammen, um an den Wiederaufbau der Gewerkschaften zu schreiten. Unter dem Vorsitz von Johann Böhm wurde einstimmig beschlossen, eine Gewerkschaftsorganisation zu schaffen, die die Gewerkschaften sozialistischer, kommunistischer und ehemals christlich-sozialer Parteirichtungen erfassen soll. Schon am 15. April 1945 fand im Wiener Direktionsgebäude der Westbahn eine Konferenz statt, in der offiziell die Gründung des Österreichischen Gewerkschaftsbundes beschlossen wurde. Man wählte eine Gliederung in Industriegruppen, Sektionen und Untersektionen.

Die in der Nazizeit zum Einschmelzen bestimmten Bronzefiguren am Lagerplatz der Metallwarenfabrik Anton Gugg. Symbolhaft ragen sie aufrecht aus dem Gerümpel, während neben ihren Füßen am Boden die gestürzte Dollfuß-Büste liegt. Dollfuß hatte ja im Ständestaat die demokratische Arbeiterkammer aufgelöst.

WIEDERAUFBAU DER GEWERKSCHAFTEN IN LINZ

Auch in Linz vollzog sich das österreichische Wunder der Zusammenarbeit, geboren aus dem starken Willen zu überleben. Allen voran begann die Arbeiterschaft sofort nach der Befreiung mit den Aufräumungsarbeiten und mit dem Wiederaufbau „ihrer" Betriebe.

Schon in den letzten Kriegstagen hatten sich auch in Linz, Steyr und Enns einige durch die Illegalität verbundene Vertrauensmänner der Freien Gewerkschaften getroffen und beraten, wie der Wiederaufbau der Gewerkschaftsbewegung in Oberösterreich betrieben werden könne, wenn der Krieg aus sei. Sie ließen sich vom Verbot jeglicher politischer und gewerkschaftlicher Tätigkeit nicht behindern. Einer dieser beherzten Männer war der unvergeßliche Altpräsident der Arbeiterkammer Heinrich Kandl, damals bereits siebzig Jahre alt. Er sammelte die wenigen demokratischen Gewerkschafter um sich und begann unverzüglich mit dem Aufbau der Gewerkschaftsorganisationen und den Vorbereitungen zur Wiedererrichtung der Arbeiterkammer in Oberösterreich. Nach einigen Vorbesprechungen im kleinen Kreis, noch im April, kamen Ende Mai 1945 in einem Gasthaus in der Pfarrgasse in Linz die ersten konkreten Gespräche der Gewerkschafter mit Heinrich Kandl zustande. Dabei beschloß man den Aufbau einer neuen gewerkschaftlichen Organisation. Das war der Beginn der gewerkschaftlichen Tätigkeit in Oberösterreich nach dem Zweiten Weltkrieg.

Heinrich Kandl wurde zur zentralen Figur des Aufbaues der Gewerkschaften und der Arbeiterkammer. Der Bauarbeiter Langer sen. wurde zum Aufbau der oberösterreichischen Gebietskrankenkasse eingeteilt. Von vereinzelten Gewerkschaften (Gemeindebedienstete, Eisenbahner, Chemiearbeiter, Lebensmittelarbeiter und Textilarbeiter) waren die früheren Sekretäre vorhanden. Für die übrigen mußten provisorische Leiter gesucht werden.

Zwei Pioniere des Wiederaufbaus: Heinrich Kandl (links), der führende sozialistische Gewerkschafter, im Gespräch mit Franz Razinger, dem Obmann der Fraktion sozialistischer Gewerkschafter in Oberösterreich in der Ersten Republik.

Die Gewerkschafter trafen sich über den Sommer wöchentlich zu ihren illegalen Besprechungen. Ihr Hauptaugenmerk galt vorerst der Suche und Sammlung demokratisch gesinnter Funktionäre. Sie stellten Überlegungen an, wie sie sofort nach der Zulassung durch die Alliierten mit dem Aufbau der Gewerkschaften beginnen könnten. Am 4. Juli 1945 wurde das erste Kontrollabkommen unterzeichnet, das Österreich unter eine alliierte Militärverwaltung stellte. Die amerikanischen Besatzungsbehörden aber haben vor allem in Oberösterreich lange gezögert, ehe sie eine einheimische Landesverwaltung zuließen. Auch den Gewerkschaften ging es nicht anders. Trotz ständigen Drängens ließen die Amerikaner erst am 4. August 1945 die Gewerkschaften in Oberösterreich zu.

Nun konnte die Gewerkschaftsarbeit in Oberösterreich offiziell aufgenommen werden. Es wurde ein Neunerausschuß gebildet, der die provisorische Landesleitung der Gewerkschaften in Oberösterreich darstellte und die Gründungsarbeiten einleitete. Der provisorischen Landesleitung gehörten sechs Mitglieder der früheren Freien Gewerkschaften und drei Mitglieder der ehemaligen christlichen Gewerkschafter an. Von den sechs freien Gewerkschaften gehörten drei der Sozialistischen Partei an (Kandl, Harringer, Zuschrott) und drei der Kommunistischen Partei (Kammerstätter, Blumenstein, Koppensteiner). Für die christlichen Gewerkschafter wurden Salzer, Kriz und Langthaler nominiert. Als provisorischer Vorsitzender der Landesleitung wurde Heinrich Kandl, zu seinen Stellvertretern Kriz und Kammerstätter bestellt. Unparteiischer Vertreter des Landesarbeitsamtes war Dr. Maleta.

Franz Harringer, der erste Obmann der sozialistischen Gewerkschafter in Oberösterreich in der Zweiten Republik. Er war auch AK-Vizepräsident und Sprecher der Gewerkschafter im Landtag.

Die Schwierigkeiten der damaligen ersten Arbeit umriß Heinrich Kandl in folgenden Schwerpunkten:

1. Erstellung einer aus verläßlichen Demokraten bestehenden engeren Arbeitsgruppe, die ein erstes Gerippe für die gewerkschaftliche Organisation festlegen und den Aufbau des ÖGB in Oberösterreich einleiten mußte.
2. Schaffung der ersten provisorischen Unterkünfte mit dem langfristigen Ziel, so rasch wie möglich wieder in den Besitz des zerstörten AK-Gebäudes zu kommen und den Aufbau der alten Arbeiterkammer an der Volksgartenstraße 40 einzuleiten.

3. Erfassung der gewerkschaftlichen Mitglieder in den Betrieben mit dem Ziel, die Wahl der Betriebsräte vorzubereiten.
4. Erste Hilfsmaßnahmen zur Bekämpfung der Mangelerscheinungen.

Der engere Kreis der Gewerkschafter trieb die Aufbauarbeit der Gewerkschaften in Oberösterreich rasch voran. Ende 1945 konnte man bereits mehr als 70.000 Gewerkschaftsmitglieder in Oberösterreich zählen.

Bei den ersten Betriebsratswahlen im befreiten Oberösterreich wurden 1946 in 1127 Betrieben 3896 Betriebsräte gewählt. Das Ergebnis nach Partei- oder Listenzugehörigkeit lautete: 70 Prozent SPÖ, 18 Prozent Parteilose, 8 Prozent ÖVP, 4 Prozent KPÖ. Dies wurde am 12. Mai 1946 bei der ersten Landeskonferenz der ÖGB-Landesexekutive Oberösterreich festgestellt.

Im Mai 1949 gehörten dem ÖGB in Oberösterreich bereits 180.000 Arbeitnehmer, darunter 36.000 Frauen und 9000 Jugendliche, als Mitglieder an. 1960 waren es schon 214.741, 1970: 235.995, 1980: 281.014, 1984: 287.527. Dieser gewaltige Anstieg ist ein Erfolg des überparteilichen Gewerkschaftsbundes.

WIEDERERRICHTUNG DER AK

Eine der ersten Maßnahmen der sozialistischen Gewerkschafter nach dem Zweiten Weltkrieg war die Wiedererrichtung der Arbeiterkammern. Es hat seine geschichtliche Bedeutung, daß das erste maßgebliche Gesetz für die Arbeitnehmer beim Wiederaufbau der österreichischen Sozialrechtsordnung das am 20. Juli 1945 beschlossene Arbeiterkammergesetz war. Daher war auch verständlich, daß sich die sozialistischen Gewerkschafter vor allem schon sehr früh um den Wiederaufbau des zerstörten Kammergebäudes in Linz bemühten.

Das AK-Gebäude war gegen Ende des Krieges durch schwere Bombentreffer am 31. März und 25. April 1945 arg zerstört worden. Die massive Eisen-Beton-Konstruktion war bis ins Erdgeschoß durchgeschlagen. Die weitaus schwerere Zerstörung aber erlitt das AK-Gebäude erst nach dem Einmarsch der amerikanischen Truppen am 10. Mai 1945 durch einen wahrscheinlich vorsätzlich gelegten Brand. Durch ihn

Das 1945 in den letzten Kriegstagen durch schwere Bombentreffer zerstörte AK-Gebäude.

Weitaus schlimmer wirkte sich der erst nach dem Einmarsch der Amerikaner am 10. Mai 1945 wahrscheinlich vorsätzlich gelegte Brand aus. Er zerstörte fast alle Räume.

wurden alle Räume bis auf das Tiefparterre zerstört. Es wurde nie geklärt, wer den Brand verursacht hatte, weshalb den Vermutungen darüber ein weiter Spielraum gegeben war.

Die Kammertätigkeit wurde am 1. Dezember 1945 wieder begonnen. Das große Problem bei dieser ersten Aufbauarbeit war die Schaffung der notwendigen Unterkünfte für die Organisationen der Arbeiterschaft. Nach der ersten provisorischen Unterkunft in einem Raum der verlassenen NS-Gau-Filmstelle im Hause Linz, Spittelwiese Nummer 5, der von der Redaktion des „Tagblatt" benützt wurde, zogen die sozialistischen Gewerkschafter etwas später schon in die Nähe des zerstörten Kammergebäudes in eine Baracke in Linz, Weingartshofstraße 8.

Diese Baracke in Linz, Weingartshofstraße 8, war gleich nach dem Krieg die erste Unterkunft der oberösterreichischen Gewerkschafter. Heute steht dort die Nationalbank-Zweigstelle.

Da im alten Kammergebäude keine Räume benützbar waren, verlangte Heinrich Kandl für die Arbeiterkammer die Zuteilung von Räumen zum Start der ersten Vorbereitungsarbeiten für den Wiederaufbau des Kammergebäudes. Er erhielt drei Räume im zweiten Stock des Hauses Böhmerwaldstraße 1 – in dem heute die OKA untergebracht ist – zugewiesen.

Am 1. Dezember 1945 wurde das neue Büro gebildet. Unverdrossen arbeiteten die Gewerkschaftspioniere auch im Frühjahr 1946 weiter. Mit Dekret vom 17. April

Die vorübergehende Unterkunft der Arbeiterkammer im ehemaligen Jugendheim in Linz, Blumauerstraße 2 a.

Der bereits 1946 eingeleitete Wiederaufbau der Arbeiterkammer schritt trotz widriger Umstände und trotz großen Materialmangels zügig voran.

1946 bestellte der damalige Sozialminister Maisel Heinrich Kandl zum Präsidenten der oberösterreichischen Arbeiterkammer. Die Kammer fand dann bald im Jugendheim in der Blumauerstraße 2a eine vorübergehende Unterkunft. Nach einem Beschluß des Kammervorstandes vom 5. Juni 1946 konnte am 8. August 1946 endlich wieder mit dem schrittweisen Wiederaufbau begonnen werden. Dieser dauerte volle drei Jahre. Im Juni 1949 waren alle Außenarbeiten am Kammergebäude abgeschlossen. Am 25. November 1949 konnte die erstmals gewählte Kammervertretung wieder im neuen Gebäude tagen. Im Anschluß daran wurde in schlichter Form die Vollendung des Wiederaufbaues des neuen Kammergebäudes in Linz gefeiert.

WANDEL DER GEWERKSCHAFTLICHEN AUFGABEN

Zur Stärkung der Gewerkschaften war die Schaffung des überparteilichen Gewerkschaftsbundes in Österreich eine Königsidee. Der Wandel der gewerkschaftlichen Aufgaben, vor allem aber die so wichtigen gemeinsamen Anstrengungen zum Wiederaufbau des demokratischen Staates und noch mehr aber die Notwendigkeit, über den sozialen Schutz hinaus für die Arbeitnehmer zu wirken, bestimmten diesen Schritt. Vielleicht spielten auch Erfahrungen aus der Illegalität der Gewerkschaften eine Rolle. Sicher aber zeigten die Erfahrungen aus der Ersten Republik, daß beruflich oder politisch gespaltene Gewerkschaften überholt sind. Mit einheitlich geführten Organisationen sind die Aufgaben besser zu meistern.

Diese einheitliche Organisation war anfangs umstritten. Auch unter den Sozialisten gab es Stimmen, die wieder Richtungsgewerkschaften verlangten. Doch bekannte sich schon anfangs eine zunehmende Zahl von sozialistischen Gewerkschaftern dazu, wobei für sie überparteilich nicht unpolitisch hieß. Sie bewiesen sich auch als großzügige Demokraten, weil sie beim Aufbau dort und da den christlichen Gewerkschaftern das eine oder andere Mandat mehr überließen, als diesen auf Grund der damaligen Stimmen zukam.

BILDUNG DER FRAKTIONEN

Der Gedanke des überparteilichen Gewerkschaftsbundes setzte sich durch. Außer den sozialistischen Gewerkschaftern bekannten sich auch die kommunistischen und christlichen Gewerkschafter klar dazu.

Allerdings erfordert dies eine fraktionelle Gliederung. Die verschiedenen Meinungen im eigenen Lager müssen ja geklärt werden, bevor es zu gemeinsamen Aktionen kommen kann. Angesichts der gemeinsamen Aufbauarbeit nach außen ließ man sich vorher Zeit. Das Ergebnis der ersten demokratischen Arbeiterkammerwahl nach dem Zweiten Weltkrieg im Jahre 1949 und die erschütternden Vorkommnisse um das vierte Lohn- und Preisabkommen im September 1959 schockten offensichtlich die demokratischen Parteien. Bei diesen Wahlen errangen die Sozialisten nur 53,5 Prozent, die ÖVP 11,9 Prozent, die Wahlgemeinschaft der Unabhängigen (WDU) aber 28,9 Prozent und die Kommunistische Partei 5,8 Prozent der gültigen Stimmen.

Erst 1952 kam es zum Ausbau der „Fraktion sozialistischer Gewerkschafter im ÖGB“, wie sich die früheren Freien Gewerkschafter nunmehr nannten. Auch die Arbeitsgemeinschaft parteiloser Arbeitnehmer bildete noch im Herbst 1952 eine eigene Fraktion. Die christlichen Gewerkschafter folgten erst 1953. Dort gab es Auseinandersetzungen mit der politischen Organisation, dem Österreichischen Arbeiter- und Angestelltenbund, einem der drei Bünde der ÖVP. Im Laufe der Jahre aber setzte sich der ÖAAB immer mehr durch und dominierte schließlich nach dem Ableben des ÖGB-Vizepräsidenten Altenburger, der den christlichen Gewerkschaftern angehört hatte, eindeutig.

IM DIENSTE DER GEMEINSAMEN SACHE DEMOKRATIE

Die sozialistischen Gewerkschafter widmeten sich von Anfang an mit aller Kraft der gemeinsamen Sache: dem Aufbau eines demokratischen Gemeinwesens. Vorerst galt es, die Landeshauptstadt wiederaufzubauen, die Bombenschäden zu beseitigen, die Mangelerscheinungen der Nachkriegszeit zu überwinden. Die sozialistischen Gewerkschafter waren auch initiativ bei der Errichtung der Betriebe und traten vor allem ein, daß die Großbetriebe VOEST und Chemie in Linz für Österreich erhalten blieben.

Die Verstaatlichung der VOEST und der Stickstoffwerke können sich die sozialistischen Gewerkschafter auf ihre Fahnen schreiben, denn schließlich hatten sie maßgeblichen Anteil bei der Durchsetzung der beiden Verstaatlichungsgesetze. Es ist heute wenig populär, darauf hinzuweisen, aber damals war man schon daran, die Hochöfen ans Ausland zu verkaufen und die Stickstoffwerke überhaupt links liegen zu lassen, da die Landwirtschaft mit ihnen nichts anzufangen wußte.

Das Hauptaugenmerk legten die sozialistischen Gewerkschafter auf den Aufbau der demokratischen Organisationen der Arbeitnehmer. Sie hatten einen entscheidenden Anteil daran, daß neben dem Arbeiterkammergesetz und dem Kollektivvertragsgesetz schon am 28. März 1947 ein neues Betriebsrätegesetz verabschiedet wurde, das den ersten Schritt zur Schaffung einer betrieblichen Demokratie auf dem Boden des Mitverantwortungs- und Mitbestimmungsrechtes der Betriebsräte in wirtschaftlichen und personellen Fragen zuließ.

BETRIEBSRÄTESCHULUNG VORDRINGLICH

Die vordringlichste Aufgabe war daher die Schulung der Betriebsräte und Gewerkschaftsfunktionäre. Noch Ende 1946 begann man mit den Betriebsräteschulungen, zuerst in Bad Hall und auf der Rosenburg bei Linz, dann in Weinberg, Bad Ischl und später im Kriegsopferheim Attersee und im Erholungsheim der Privatangestellten in Windischgarsten.

Die steigenden Teilnehmerzahlen überforderten bald auch diese Heime, und daher kaufte die Arbeiterkammer die Liegenschaft des ehemaligen Jägermayrhofes auf dem Linzer Freinberg an, in dem das Höhenrestaurant Bauer untergebracht war. Die AK baute es um und schuf eine ideale Bildungsstätte in einer hervorragend ruhigen Lage. Sie wurde am 21. Jänner 1959 eröffnet.

Das zentrale Schulungsheim baute die AK dann in den Jahren 1972 bis 1974 zu einem modernen Bildungsheim aus, das den Bildungserfordernissen unserer Zeit noch heute entspricht. Es kommt nicht von ungefähr, daß das AK-Bildungsheim Jägermayrhof zu den am meisten frequentierten Bildungsstätten der AK und des ÖGB in Österreich zählt.

Es waren die sozialistischen Gewerkschafter, die die Hauptarbeit bei der Errichtung der Demokratie in den Betrieben leisteten. Die gewerkschaftlichen Sachfragen nahmen fast die ganze Arbeitszeit ein. Für die politische Aufklärung blieb da nicht viel übrig. Politische Bewußtseinsbildung wurde daher meist nur nebenbei betrieben – wenn überhaupt. Selbst als sich die Gewerkschaftsfunktionäre verstärkt um politische Mandate bemühten, gewann zwar die politische Arbeit mehr an Stellenwert, doch litt darunter die reine gewerkschaftliche Arbeit noch mehr.

Während die fraktionelle Arbeit bei den sozialistischen Gewerkschaftern infolge der vielen anderen Aufgaben praktisch mehr nebenher betrieben wurde, war die Fraktionsarbeit des ÖAAB von vornherein parteipolitisch ausgerichtet. Dies zeigte sich schon allein in der Tatsache, daß im oberösterreichischen Sekretariat des ÖAAB zwölf

Mit der Ausbildung der Betriebsräte und Vertrauenspersonen wurde sofort begonnen. Der unvergessene Arbeiterbildner Josef Luitpold Stern (zweite Reihe, weißer Mantel) inmitten seiner „Schüler" eines Kurses der Bauarbeitergewerkschaft im Schloß Weinberg im Mühlviertel.

Angestellte, davon sechs Sekretäre, tätig sind, während die Fraktionsarbeit der sozialistischen Gewerkschafter praktisch nur von einem Sekretär geleistet wird.

Die Ergebnisse der AK-Wahlen zeigen auch bereits die Früchte dieser Arbeit. Der ÖAAB konnte bei den AK-Wahlen seinen Stimmenanteil seit 1949 ständig erhöhen. Er betrug 1949 11,9 Prozent, 1964 22,8 Prozent, 1974 28,9 Prozent, 1984 35,5 Prozent.

Der Anteil der sozialistischen Gewerkschafter bei der AK-Wahl betrug zur selben Zeit: 1949 53,5 Prozent, 1964 63,7 Prozent, 1974 62,4 Prozent, 1984 58,8 Prozent. Eine verstärkte Fraktionsarbeit der sozialistischen Gewerkschafter bildete sich erst in den beiden letzten Jahrzehnten heraus. Sie konzentrierte sich vor allem auf die AK-Wahlen und auf die Betriebsratswahlen. Bei Betriebsratswahlen zeigte sich die Stärke der sozialistischen Gewerkschafter. Selbst in der Zeit des größten Rückganges der sozialistischen Parteistimmen konnten sich in den Betrieben die sozialistischen Gewerkschafter behaupten und meist sogar noch Mandate dazugewinnen. Wie die nachstehende Tabelle zeigt, konnten die sozialistischen Gewerkschafter stets über 60 Prozent der Stimmen bei den Betriebsratswahlen gewinnen. Dabei erzielten sie in einzelnen Betrieben oft weitaus höhere Anteile. In der Regel gewinnen die Sozialisten mit zunehmender Betriebsgröße auch einen höheren Stimmenanteil.

Auf die Fraktionsarbeit der sozialistischen Gewerkschafter in Linz wirkte sich aus, daß ursprünglich kein eigenes Sekretariat für Linz bestand. Die politische Arbeit wurde daher erst wirksam, als die fraktionelle Bezirksgruppe Linz-Stadt eine Organisation aufbaute, die – vorerst auf vier Stadtteile beschränkt – ab Mitte der siebziger Jahre jedoch auf sieben Stadtteile erweitert wurde. Diese flächendeckende organisatorische Erfassung brachte die politische Aufklärungsarbeit näher an die Arbeitnehmer in den Betrieben heran und stimmte sie besser auf die Erfordernisse dort ab. Die Schlagkraft der sozialistischen Fraktion gewann dadurch erheblich, und das wirkte sich auch bereits in den Ergebnissen der AK-Wahl, noch mehr aber bei den politischen Wahlen aus.

Der dominierende Einfluß der sozialistischen Gewerkschafter im Bundesland ist aber auch darin zu sehen, daß alle Präsidenten der oberösterreichischen Arbeiterkammer und alle Vorsitzenden der oberösterreichischen Gewerkschafter aus den Reihen der sozialistischen Gewerkschafter kamen. Die bisherigen Präsidenten der Arbeiterkammer: Hans Pregant von 1921 bis 1933, Heinrich Kandl von 1946 bis 1959, Franz Thanhofer von 1959 bis 1968, Josef Schmidl von 1968 bis 1982, Fritz Freyschlag seit 1982.

Die Vorsitzenden der ÖGB-Landesexekutive Oberösterreich: Hans Pregant von 1921 bis 1933, Heinrich Kandl von 1946 bis 1956, Josef Kittl 1956, Gottfried Koller von Februar bis August 1957, Franz Thanhofer von 1957 bis 1968, Josef Schmidl von 1968 bis 1981, Franz Ruhaltinger seit 1981.

Die Stärke der sozialistischen Gewerkschafter vor dem Zweiten Weltkrieg und auch beim Übergang war die gewerkschaftliche Erfahrung und das entsprechende Fachwissen, die genaue Kenntnis der Kollektivverträge und der Rechtsmöglichkeiten der Arbeitnehmer. Damit konnten sie den Arbeitnehmern im Lohnkampf und bei den betrieblichen Auseinandersetzungen fachlich bestens zur Seite stehen. Durch eine gute Arbeit und ehrliches Auftreten konnten sie die Arbeitnehmer dann nicht nur fachlich, sondern auch menschlich und schließlich vielleicht auch politisch überzeugen.

Die Veränderung der Betriebsstrukturen durch neue Arbeitsweisen, neue Produktionsmittel, die wissenschaftliche Betriebsführung und die forcierte Mittelstandspolitik der Unternehmer erschweren aber diese Arbeit immer mehr. Die Vermischung von betrieblichen und außerbetrieblichen Aufgaben schränkt die Zeit einer intensiven persönlichen Betreuung der Arbeitnehmer ein. Dasselbe gilt für Sitzungen, Tagungen, Bildungsveranstaltungen und Weiterbildungsmöglichkeiten der Funktionäre. Für eine intensive politische Bildung bleibt da wenig Zeit. Dazu kommt, daß für die Arbeitnehmer selbst die Zusammenhänge immer weniger durchschaubar und in ihren sachlichen Gründen erkennbar werden.

Dies alles führt auch zu einer Auflösung der bisher festen Organisationsstrukturen der Gewerkschaften in den Betrieben sowie zu einer gefühlsmäßigen Entfremdung von dem für alle Arbeitnehmer so wichtigen solidarischen Denken.

Dazu kommen noch: Fehlentwicklungen in der hochgelobten Sozialpartnerschaft, die Verlagerung der Lohnkämpfe von den Werkbänken und Maschinen auf den Grünen Tisch, die mit der Verbesserung der Lebensbedingungen verbundene Ausrichtung auf ein, rein kapitalistischen Interessen unterworfenes, egoistisches Konsumdenken.

All dies ist geeignet, die frühere starke gefühlsmäßige Bindung an die solidarische Gemeinschaft der Gewerkschaften zu unterhöhlen. Dies vernebelt dem Arbeitnehmer das Erkennen seiner Klassenlage und führt zu einem schwindenden Klassenbewußtsein.

Entscheidend hat sich aber auch die Internationalisierung der großen Konzerne ausgewirkt. Die Unternehmen sind heute bereits weit über die Landesgrenzen hinaus international verflochten und exakt durchorganisiert. Die österreichischen Gewerkschaften hingegen sind noch immer auf jene Organisationsform von einst ausgerichtet, die auf dem zünftischen System der Unternehmen beruhte. Heute sind die Wirtschaftskräfte anders verlagert, es herrschen andere Strukturen vor, und die Gewerkschaften befinden sich derzeit auch in einem Prozeß der Anpassung ihrer Arbeitsweise an die veränderten Bedingungen in den Betrieben. Diese Situation erschwert allerdings ebenfalls die Arbeit der sozialistischen Gewerkschafter.

Für die sozialistischen Gewerkschafter ist es daher höchste Zeit, sich auf die veränderten Bedingungen rechtzeitig einzustellen. In der Zukunft wird es darauf ankommen, dieser Entwicklung durch ein Ganzheitsdenken und ein auf einer festen Gesinnung beruhendes solidarisches Zusammenstehen zu begegnen, wenn es auch künftig gute Leistungen der sozialistischen Gewerkschafter für die Arbeitnehmer und noch weitere 100 stolze Jahre für die Sozialdemokratie geben soll.

BETRIEBSRÄTE IN OBERÖSTERREICH
(nach Mandaten und Prozenten)

Stand	Insges.	FSG	FCG/ ÖAAB	KPÖ	FPÖ	Partei- freie	ALÖ	PL*
31. 12. 1984	9822	**6162**	2419	16	105	58	5	1057
		(62,7)	(24,6)	(0,2)	(1,1)	(0,6)	(0,05)	(10,8)
31. 12. 1980	10139	**6212**	2293	30	92	67	–	1445
		(61,3)	(22,6)	(0,3)	(0,9)	(0,7)		(14,3)
31. 12. 1976	8939	**5503**	1913	40	88	17	–	1378
		(61,6)	(21,4)	(0,4)	(1,0)	(0,2)		(15,4)
Periode 1969 – 1972	5766	**3494**	880	12	58	6	–	1316
(Wahl in 1428 Betr.)		**(60,6)**	(15,3)	(0,2)	(1,0)	(0,1)		(22,8)
Periode 1966 – 1968	5019	**3216**	553	24	25	6	–	1190
(Wahl in 1184 Betr.)		**(64,1)**	(11,0)	(0,5)	(0,5)	(0,2)		(23,7)

* ohne Parteiangabe

ERFOLGREICHE SOZIALISTISCHE GEWERKSCHAFTER IN LINZ

Hans Pregant, *Spengler von Beruf, war viele Jahre Sekretär der Freien Gewerkschafter und dann deren Obmann in Oberösterreich. Er war der erst Präsident der Arbeiterkammer Linz von 1921 bis 1933.*

Heinrich Kandl, *Fassadenmaurer, viele Jahre Bauarbeiterfunktionär, führte bereits ab 1920 die Bauarbeitergewerkschaft in Oberösterreich. Nach dem Zweiten Weltkrieg baute er sowohl die Gewerkschaftsbewegung als auch die Arbeiterkammer in Oberösterreich wieder auf. Er war der erste AK-Präsident nach dem Zweiten Weltkrieg und gleichzeitig Landesvorsitzender der oberösterreichischen Gewerkschafter.*

Franz Thanhofer, *Bautischler, später Angestellter im Baugewerbe, war langjähriger Sekretär der Bauarbeitergewerkschaft. Er war AK-Präsident von 1959 bis 1968 und ÖGB-Landesvorsitzender von 1957 bis 1968.*

Josef Schmidl, *Maschinenschlosser und langjähriger Zentralbetriebsratsobmann der Steyr-Werke, war AK-Präsident von 1968 bis 1982 und gleichzeitig auch ÖGB-Landesvorsitzender bis 1981 sowie Vorsitzender-Stellvertreter der Gewerkschaft Metall-Bergbau-Energie.*

Fritz Freyschlag, *Einzelhandelskaufmann und langjähriger Sekretär der Gewerkschaft der Privatangestellten, ist seit 1982 AK-Präsident. Er zählt zu den einflußreichsten Gewerkschaftern in Oberösterreich und über die Landesgrenzen hinaus.*

Franz Ruhaltinger, *Arbeiter und langjähriger Zentralbetriebsratsobmann der Voest, ist seit 1981 Vorsitzender der ÖGB-Landesexekutive in Oberösterreich und einer der populärsten Gewerkschafter des Bundeslandes.*

Die Sozialdemokratie ist eine Kulturbewegung

Christian Denkmaier/Siegbert Janko

EINLEITUNG

Die aufstrebende Arbeiterbewegung des 19. Jahrhunderts war in erster Linie darauf bedacht, die großteils katastrophale materielle Lage des Proletariats zu verbessern. Ein elementares politisches Ziel lag jedoch von Anfang an auch darin, eine kulturelle Identität, also eine Art Arbeiterkultur zu entwickeln. Phasenweise erlangte dieser Kulturkampf eine Dimension, die gewaltig war, ja bisweilen die ökonomischen Grundprobleme als zweitrangig erscheinen ließ.

Zwei Strömungen waren es und sind es zum Teil auch heute noch, die die Diskussionen um die Ziele einer gesellschaftsverändernden Arbeiterkultur beherrsch(t)en: Auf der einen Seite die Verfechter jenes Anspruches, die Arbeiterklasse müsse eine ihren Lebensbedingungen entsprechende eigenständige Kultur entwickeln, die sich fundamental von bürgerlichen Kulturwerten und Kulturnormen abhebt. Vertreter dieser Richtung sahen und sehen die kulturellen Errungenschaften des Bürgertums mit Skepsis, wenn nicht mit völliger Abneigung.

Auf der anderen Seite argumentier(t)en die Befürworter einer „sanften" kulturellen Veränderung dahingehend, man müsse die Arbeiterklasse zuerst an das Niveau der bürgerlichen Kultur „heranführen", um aus dieser Lage heraus die bürgerliche Kultur „überwinden" zu können. Es gab und gibt bei dieser Tendenz sogar Positionen in die Richtung, Kulturarbeit sei dazu da, ein „kulturell-geistiges Gegengewicht" zur Welt der Arbeit zu schaffen; Arbeiteralltag und Arbeiterkultur seien nicht zusammenführbar und deshalb bewußt voneinander abzukoppeln.

Diese grob skizzierten Auffassungsunterschiede sollen aber nicht verdecken, daß es eine Reihe von grundsätzlichen Gemeinsamkeiten gibt, die diese „Kulturströmungen" verbanden und verbinden; insbesondere die Erkenntnis, daß Bildung im weitesten Sinne die Grundvoraussetzung schlechthin für eine fruchtbare Arbeiterkulturbewegung und sogar für die Entwicklung der Arbeiterbewegung insgesamt ist.

DER BEGINN IN LINZ

Die Kulturpolitik und das kulturelle Selbstverständnis der Linzer Arbeiterschaft bzw. der Linzer Sozialdemokratie waren eigentlich in keiner Phase von allzu revolutionären Ansätzen und Ideen geprägt. Vielmehr war der Einfluß der Liberalen auf die Linzer Arbeiterbewegung ein bestimmender Faktor für die kulturellen Ausdrucksformen der Arbeiterinnen und Arbeiter in Linz.

Der 1. Linzer Arbeiterbildungsverein, der bezeichnenderweise unter federführender Mitwirkung eines exponierten Liberalen gegründet wurde, hatte die Zielsetzung, man möge den Arbeitern Kultur und Bildung „zukommen" lassen. Der eben erwähnte Liberale, der Lehrer und Chefredakteur der „Tagespost", *Dr. Josef Netwald*, faßte bei der Gründungsversammlung des 1. Arbeiterbildungsvereines am 5. Juli 1868 in der Poschacher Bierhalle in Urfahr (Rudolfstraße) seine Motive für sein Engagement folgendermaßen zusammen:

Dr. Josef Netwald war Chefredakteur der liberalen „Tagespost" und ein bedeutendes Gründungsmitglied des Linzer Arbeiterbildungsvereines.

„. . . Wenn die Arbeiter eine nachhaltige Verbesserung ihres Loses wünschen, so müssen sie mit Ernst und Ausdauer auf die Hebung der Bildung hinwirken. Es gibt nämlich keine ärgere Sklaverei als jene der Unwissenheit . . ."

Der 1. Linzer Arbeiterbildungsverein war nicht nur stark vom liberalen Gedankengut beeinflußt, er war auch Anlaufstelle für Bildungshungrige, die nicht den Kernschichten der Arbeiterschaft angehörten. Der § 4 der Vereinsstatuten legte explizit fest, daß „auch Gewerbetreibende, welche nicht mehr als zehn Gulden österr. Währung direkte Steuer zahlen, dem Verein als ordentliche Mitglieder" beitreten konnten.

Folglich war das Kultur- und Bildungsangebot des 1. Linzer Arbeiterbildungsvereins in der Anfangsphase im Sinne bester humanistisch liberaler Tradition. Als Vereinszweck wurde die „stete Wahrung und Förderung der geistigen und materiellen Interessen des Arbeiterstandes" angegeben. Diesen Zweck versuchte man laut Statuten „zu erreichen, durch volksthümliche wissenschaftliche Vorträge, Unterricht, Gründung einer Bibliothek, Drucklegung und Verkauf von Reden und Vorträgen, freie Besprechung; dann durch Pflege des Gesanges, geselliger Unterhaltung und Turnen; ferner Gründung einer Abtheilung für Arbeitszuweisung, einer allgemeinen Kranken- und Invaliden-Unterstützungskassa; endlich Unterstützung seiner Mitglieder in besonderen Fällen".

Im März 1869 wurde im Rahmen des Arbeiterbildungsvereines mit Gesangskursen begonnen, gesungen wurden vorwiegend „Volkslieder" nach bürgerlichem Muster. Das Bildungsangebot in dieser Zeit umfaßte unter anderem auch „die Deutsche Sprache". Die Linzer Arbeiterschaft setzte sich ja aus einem nicht unerheblichen Teil auch aus zugewanderten Tschechen zusammen.

Der 1. Linzer Arbeiterbildungsverein (ABV) beschränkte sich in seinem Wirken übrigens nicht nur auf das damalige Linz, beispielsweise wurden auch die Arbeiter in Kleinmünchen und Traun erfolgreich zur Organisation motiviert. Und daß die Tätigkeiten des Arbeiterbildungsvereines auf großen Widerhall stießen, läßt sich daran festmachen, daß am Ende des Gründungsjahres 1868 bereits 522 Mitglieder „eingeschrieben" waren.

Trotz augenscheinlicher Skepsis von seiten vieler Konservativer war der Arbeiterbildungsverein bald soweit etabliert, daß beim Gründungsfest am 27. Juni 1869 in der Volksfesthalle der Bürgermeister und zahlreiche Vertreter aller Stände anwesend waren. Es war unter großen Schwierigkeiten sogar möglich geworden, die bürgerliche „Liedertafel Frohsinn“ zu einem Auftritt zu bewegen; die bürgerlichen Gesangsvereine waren ursprünglich nicht gewillt gewesen, aufzutreten.

Die ehemalige „Volksfesthalle“ am Hessenplatz war nicht nur in den Gründungsjahren der Linzer Sozialdemokratie als Versammlungsort interessant: In der Ersten Republik war in dem Gebäude das „Kolosseum“ untergebracht, in dem regelmäßig Varietè- und Kleinkunstprogramme dargeboten wurden.

Zwei Tage nach dem Gründungsfest fand auf dem „Platz beim neuen Märzenkeller in Hagen“ (Urfahr) die erste Linzer Volksversammlung statt, der rund 4000 Menschen beiwohnten, darunter auch Bauern und Klerikale. Das war übrigens für das Linzer Volksblatt Anlaß zur Verärgerung, und das Sprachrohr der Konservativen sprach von lediglich 2000 Teilnehmern.

Dem 1. Linzer Arbeiterbildungsverein war es also äußerst rasch gelungen, einen gewissen Status auch im bürgerlichen Lager zu erringen. Die Arbeit des ABV war zuerst auf „humanistische“ Bildung der Arbeiterschaft ausgerichtet, erst in den siebziger Jahren des vergangenen Jahrhunderts kam es zu einer stärkeren Politisierung der Arbeit. Besonders erwähnenswert scheint die Bedeutung der Bibliothek für diese Zeit; 1870 gab die „Bibliothek-Sektion“ des ABV an, die Bibliothek zähle „gegenwärtig 378 diverse Werke in 557 Bänden ...“. Es handelte sich dabei keineswegs um revolutionär-sozialistische Schriften, stammte doch der Großteil der Bücher aus einer Schenkung von Dr. Netwald.

Die Orientierung des ABV hin zu sozialdemokratischem Gedankengut in den siebziger Jahren hatte zur Folge, daß es mit den konservativeren Liberalen und mit den Anhängern der „Selbsthilfe-Idee“ zu immer größeren Spannungen kam und diese schließlich isoliert wurden.

1877 wurde der 1. Linzer ABV behördlich wegen „sozialdemokratischer Tendenzen“ aufgelöst. Der Auflösung war übrigens eine spürbare Krise vorausgegangen, die ihre Ursachen in den miserablen Wirtschaftsverhältnissen und in den aufgezeigten politischen Spannungen hatte. Rund zwei Jahre später kam es zu einer Wiedergründung unter dem Namen „Linzer Arbeiterverein“.

Auch im und neben dem neugegründeten Arbeiterverein war Bildungs- und Kulturarbeit ein wesentlicher Teil der Gesamtaktivitäten der Arbeiterschaft. Etwa die Weiterentwicklung des Bibliothekenwesens oder das Hochhalten der Gesangstradition. Der Bibliothekbestand wurde kontinuierlich vergrößert, vor allem mit sozialistischer Literatur. 1880 wurde ein eigener Gesangsverein – der „Arbeitergesangsverein Linz" – gegründet, der zwar in erster Linie (romantische) Volkslieder aufführte, aber auch Arbeiterlieder in seinem Repertoire hatte. „Das Lied der Arbeit" oder „Der Staat ist in Gefahr" wurden, sofern nicht eine behördliche Untersagung vorlag, gerne am Schluß diverser proletarischer Feste gesungen.

Stimmt an das Lied der hohen Braut,
die schon dem Menschen angetraut,
eh' er selbst Mensch war noch.
Was sein ist auf dem Erdengrund,
entsprang aus diesem treuen Bund.
/ : Die Arbeit hoch! : /

Und wie einst Galilei rief,
als rings die Welt im Irrtum schlief:
„Und sie bewegt sich doch!"
so ruft: Die Arbeit, sie erhält,
die Arbeit, sie bewegt die Welt!
/ : Die Arbeit hoch! : /

Als er vertiert noch, scheu und wild
durch schreckenvolles Urgefild
und finstre Wälder kroch.
Wer gab dem Arm die erste Wehr?
Die Arbeit war's, noch roh wie er.
/ : Die Arbeit hoch! : /

Die Pyramide Cheops zeugt,
welch drückend Joch sie einst gebeugt,
die Arbeit brach es doch.
Drum hofft: des Kapitales Joch
die freie Arbeit bricht es noch.
/ : Die Arbeit hoch! : /

Zwei Lieder sind es, die im 19. Jahrhundert geschrieben wurden und bis zum heutigen Tage zum Standardrepertoire der Arbeiterbewegung zählen: Die „Internationale" und das „Lied der Arbeit", das in Linz besonders gerne gesungen wurde und wird.

Die Arbeitergesangsvereine waren ein sehr früher Ausdruck dafür, daß die Arbeiterklasse eine eigenständige kulturelle Identität zu finden trachtete.

1884 kam es zu einem „ideologischen Bruch" im Arbeitergesangsverein: Ein Teil des Chores, dem die politische Ausrichtung zu einseitig war, spaltete sich ab und gründete den Verein „Harmonie". Der Rest des Arbeitergesangsvereines konnte nun im „Arbeitersängerbund" kompromißlose politische (Kultur)Arbeit und Gesangsarbeit verrichten. Dies geschah beispielsweise durch ein „Unterstützungskränzchen" für einen inhaftierten Anarchisten im „Elephanten", im Mai 1885.

Weitere Anlässe für das Auftreten des Arbeitersängerbundes, der phasenweise durchaus als politische Tarnorganisation angesehen werden kann, waren „Fahnenweihen" und diverse andere Arbeiterfeste, wie z. B. eine *Lasalle*-Feier 1885. Was „Fahnenweihfeste" anlangt, muß angeführt werden, daß sie für die Linzer Arbeiterbewegung ab Beginn der siebziger Jahre des 19. Jahrhunderts von Bedeutung waren. Die Linzer Sozialdemokraten nahmen diese Fahnenweihen so ernst, daß sie dagegen auftraten, derartige Feste für politische „Geheimdiplomatie" zu „mißbrauchen".

Die Kulturarbeit der Linzer Sozialisten hatte in den achtziger Jahren des vergangenen Jahrhunderts also ihr „spezifisches Gesicht" erlangt, und sie blieb bis zum Ersten Weltkrieg im großen und ganzen in dieser Weise bestehen, trotz der

Unterdrückungs- und Zensurversuche durch die Behörden und trotz der zeitweiligen Auseinandersetzungen innerhalb der Sozialdemokratischen Partei. Die sozialistische Kultur war bis zum Ersten Weltkrieg geprägt durch „Fahnenweihen", „Wanderungen", „Radausflüge", „Gesangstätigkeit" und andere gesellige wie auch politische Veranstaltungen. So gesehen stand die Arbeiterkultur in dieser Zeit den kleinbürgerlichen Kulturgepflogenheiten näher, als man heutzutage annehmen würde.

KULTUR- UND BILDUNGSPOLITIK IN DER ERSTEN REPUBLIK

Zwei Faktoren waren es, die maßgeblichen Einfluß auf die Kulturpolitik der Sozialdemokratie ab 1918 hatten: Zum einen machte der Erste Weltkrieg mit seinen furchtbaren wirtschaftlichen und sozialen Folgen einen problemlosen Wiedereinstieg in eine aktive Kulturpolitik völlig unmöglich; galt es doch die existierende Not und die breite Verelendung zu bekämpfen.

Zum anderen hatte die russische Revolution von 1917 und die revolutionäre Stimmung der Arbeiterklasse in breiten Teilen Europas nachhaltigen Einfluß auf Inhalt, Form und Art kultureller Betätigung der Sozialdemokratie. Auch in Linz war – vor allem in den zwanziger Jahren dieses Jahrhunderts – das Kultur- und Veranstaltungsangebot charakterisiert durch den Anspruch, den „Neuen Menschen" heranzubilden und durch den Versuch, den Revolutionsgedanken in einer Art Massenkultur festzumachen.

Die Kulturpolitik der Linzer Sozialisten in der Ersten Republik knüpfte aber insofern nahtlos an die Zeit vor 1914 an, als auch zwischen 1918 und 1934 der Einfluß liberaler Denktradition gewichtig war und bestimmte kulturpolitische Zielsetzungen, wie etwa „den Arbeitern Kultur beizubringen", fortgesetzte Aktualität hatten.

Koordinationsstelle der Bildungs- und Kulturarbeit der SDAP (Sozialdemokratische Arbeiterpartei) war der Bildungsausschuß, der vor allem in Linz, aber auch im restlichen Oberösterreich rege Tätigkeit entfaltete. Dazu gehörten die Installierung von

Die „Arbeiter-Hochschule" war eine politische Kaderschmiede der Sozialdemokratie in der Ersten Republik. Beim 1. Jahrgang 1926 wirkten als Lehrer unter anderem mit: Adolf Schärf (vorne, 3. v. l.), Max Adler (vorne, 4. v. l.), Otto Bauer (vorne, 7. v. l.). Ebenso der Bürgermeister von Wien Karl Seitz und der Arbeiterdichter Luitpold Stern (2. Reihe, 1. v. l.). Berühmte Schüler des 1. Jahrganges der „Arbeiter-Hochschule": Rosa Jochmann (2. Reihe, 5. v. l.) und Richard Bernaschek (rechts hinter Rosa Jochmann) sowie viele andere.

„Sozialistischer Arbeiter sein" hieß in der Ersten Republik in möglichst vielen Bereichen diese Gesinnung zu dokumentieren. Leopold Siess in Urfahr war in diesem Selbstverständnis ein typischer Proletarier.

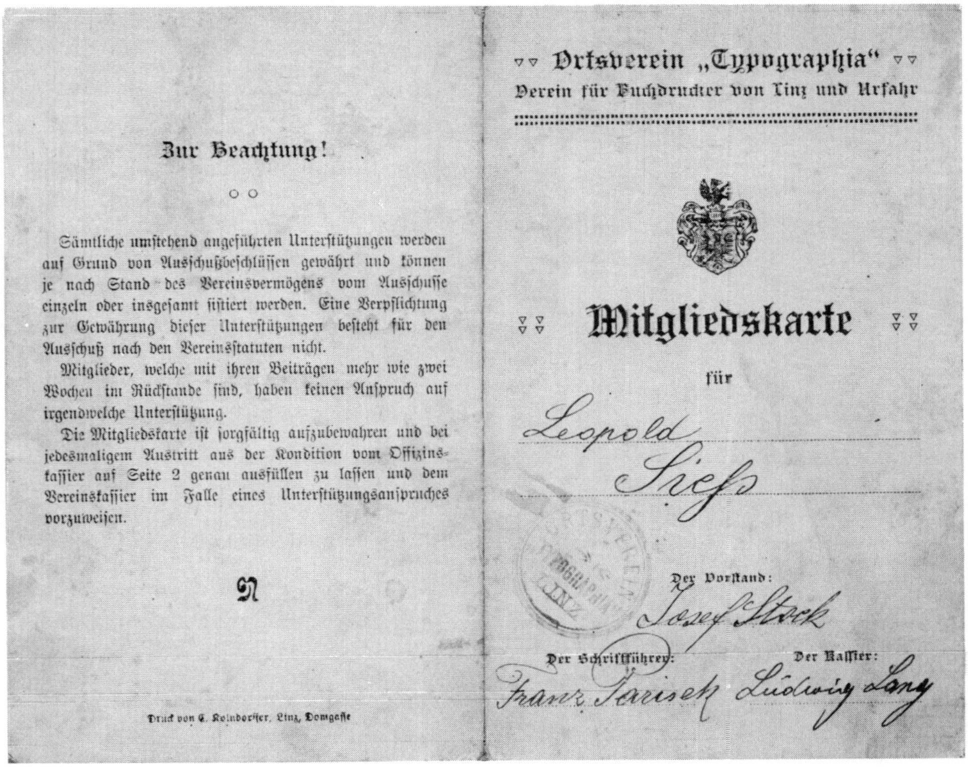

Zur Beachtung!

Sämtliche umstehend angeführten Unterstützungen werden auf Grund von Ausschußbeschlüssen gewährt und können je nach Stand des Vereinsvermögens vom Ausschusse einzeln oder insgesamt sistiert werden. Eine Verpflichtung zur Gewährung dieser Unterstützungen besteht für den Ausschuß nach den Vereinsstatuten nicht.

Mitglieder, welche mit ihren Beiträgen mehr wie zwei Wochen im Rückstande sind, haben keinen Anspruch auf irgendwelche Unterstützung.

Die Mitgliedskarte ist sorgfältig aufzubewahren und bei jedesmaligem Austritt aus der Kondition vom Offizinskassier auf Seite 2 genau ausfüllen zu lassen und dem Vereinskassier im Falle eines Unterstützungsanspruches vorzuweisen.

N

Druck von C. Kolndorffer, Linz, Domgasse

Ortsverein „Typographia"

Verein für Buchdrucker von Linz und Urfahr

Mitgliedskarte

für

Leopold Siess

Der Vorstand: Josef Stock

Der Schriftführer:

Der Kassier: Ludwig Lang

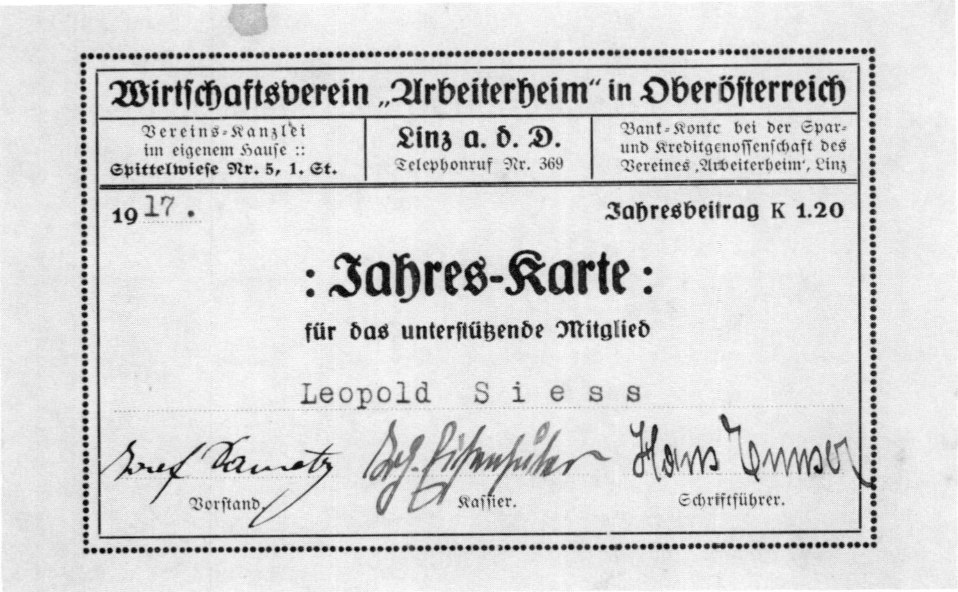

Wirtschaftsverein „Arbeiterheim" in Oberösterreich

Vereins-Kanzlei im eigenem Hause :: Spittelwiese Nr. 5, 1. St.	Linz a. d. D. Telephonruf Nr. 369	Bank-Konto bei der Spar- und Kreditgenossenschaft des Vereines ‚Arbeiterheim', Linz

1917. Jahresbeitrag K 1.20

: Jahres-Karte :

für das unterstützende Mitglied

Leopold Siess

Vorstand. Kassier. Schriftführer.

Linzer Buchdrucker-Sängerbund »Gutenberg«

Mitglieds-Karte

für das

unterstützende Mitglied Leopold Siess

Der Vorstand: Der Schriftführer:

K. Molnar

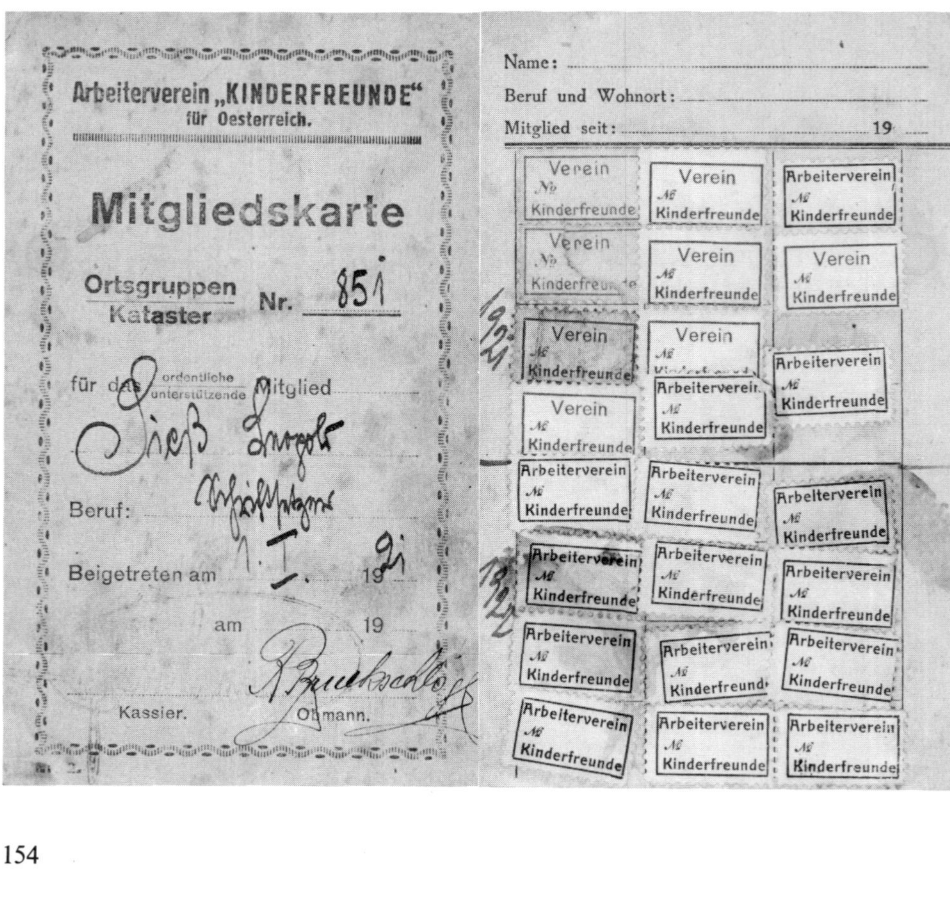
Arbeiterverein „KINDERFREUNDE“
für Oesterreich.

Mitgliedskarte

Ortsgruppen Kataster Nr. 851

für das ordentliche / unterstützende Mitglied

Sieß Leopold

Beruf:

Beigetreten am 1. I. 1921

am 19

Kassier. Obmann.

Name:

Beruf und Wohnort:

Mitglied seit: 19

Verein № Kinderfreunde

Arbeiterverein № Kinderfreunde

AUSWEISKARTE DER KUNSTSTELLE

Nr. 2931

für Siegfried Sieß,

Beruf: Schriftsetzer,

wohnhaft: Ambergstraße 72.

(Stempel)

Landesbildungsausschuß Linz Kunststelle

Diese Ausweiskarte berechtigt zur Teilnahme an allen von der Kunststelle erwirkten Begünstigungen (Morgenfeiern, Abendvorstellungen der Kunststelle, Ermäßigungen bei Konzerten, Vorträgen udgl.), die ausdrücklich als solche bezeichnet sind, und gilt nur für die Person, auf deren Namen sie ausgestellt ist.

Parteischulen und Volksbildungstätigkeit (Volkshochschulen); zudem das Anbieten von Hauptschulkursen oder Filmvorführungen. Weiters galt als elementarer Teil der sozialdemokratischen Bildungsarbeit die Weiterentwicklung des Bibliothekenwesens und selbstverständlich das Anknüpfen an die in Linz bereits verankerte Gesangstradition. Dazu kamen noch diverse „Kultursparten", die in Linz ebenso wie in anderen Teilen Österreichs Bedeutung erlangten, der Arbeiterbestattungsverein „Die Flamme", der „Freidenkerbund", der „Abstinentenbund" oder der ARBÖ, um nur einige herauszugreifen. Auch die „geistigen Arbeiter" innerhalb der SDAP organisierten sich, und zwar in der „Sozialistischen Vereinigung geistiger Arbeiter-Sovega". Die „Sovega", eine Vorläuferin des BSA, war eine Art „Diskutierklub", an dem eine recht starke Beteiligung von Frauen vorhanden war.

Kultur- und Bildungspolitik in der Ersten Republik basierte in Linz weniger auf theoretischen Konzeptionen und Programmen als auf Engagement und Kreativität von Einzelpersonen. Es gäbe hier eine Reihe von Namen anzuführen, die mit dieser Kulturarbeit untrennbar verbunden sind. Angefangen von den Organisatoren der Bibliotheken im Hotel Schiff, in den Sektionen oder im Parteilokal „Zum Goldenen Hirschen", bis hin zu den Lehrern in den Parteischulen. Drei Personen sollen aber trotzdem besonders hervorgehoben werden, weil sie es waren, die dem sozialistischen Kulturbild in Linz über Jahre hinweg ihren spezifischen Stempel aufdrückten: *Ernst Koref,* der Langzeitvorsitzender des Bildungsausschusses war und in dieser Funktion auf das Linzer Kultur- und Bildungswesen großen Einfluß ausübte. *Otto Stöber,* der mit *Koref* jahrelang als Landesbildungssekretär kooperierte, wiewohl *Stöber* keineswegs der „Wunschkandidat" von *Koref* gewesen war. Und schließlich *Eduard Macku,* der lange Zeit als stellvertretender Landesbildungsobmann gewirkt hatte und darüber hinaus als „Manager" von kulturellen Großveranstaltungen in Linz imponierende Erfolge erzielt hatte.

Ernst Koref, Otto Stöber und Eduard Macku waren die Veteranen sozialistischer Kulturpolitik in der Ersten Republik. Professor Eduard Macku (Bild) ist bis zum heutigen Tag ein kulturell engagierter Mensch geblieben. Sein Lieblingsgebiet ist die Operette geworden, er ist Direktor der Operettenfestwochen in Bad Ischl.

Der Arbeiterdichter Luitpold Stern hatte bis zum 34er Jahr und nach 1945 enge Bindungen zur oberösterreichischen und zur Linzer Arbeiterbewegung. Der ÖGB errichtete zu seinen Ehren auf Schloß Weinberg in Kefermarkt, wo Luitpold Stern als Direktor unterrichtete, ein Denkmal.

Obwohl alle drei dieser Bildungsfunktionäre von unterschiedlicher Herkunft waren und somit verschiedene Zugänge zur sozialistischen Idee hatten, waren sie doch in einem Punkt sehr ähnlich, wie auch ihre spätere Entwicklung untermauerte: *Koref, Stöber* und *Macku* waren keine Verfechter einer proletarischen Kultur im ureigenen marxistischen Sinne, sondern Vertreter einer Kultur- und Bildungsarbeit, die sich aus einer humanistisch-liberalen Weltanschauung herleitete, der sie die „Einbindung der Arbeiterklasse“ hinzufügten und bisweilen voranstellten. Verschiedene Inhalte und Ausdrucksformen der bürgerlichen Kultur wurden als auch für die Arbeiterbewegung anstrebenswert vermittelt, was zu manch heftigen ideologischen Streitigkeiten führte. So mußte etwa *Eduard Macku* bei einem Referat in Wien über die „Kultur- und Bildungsarbeit in Linz“ ein heftiges Pfeifkonzert der anwesenden Wiener Genoss(inn)en vernehmen, als er ausführte, es sei ein Ziel, den Arbeitern Goethe, Schiller, Beethoven usw. nahezubringen. Erst eine „Brandrede“ des anerkannten Arbeiterdichters *Luitpold Stern* für die Linzer Bildungsarbeit ermöglichte *Macku* die Weiterführung seines Referates. *Luitpold Stern* kannte die Arbeit der Linzer Bildungsfunktionäre übrigens tatsächlich bis ins Detail, er unterstützte die Bibliotheksorganisation und stand mit einer Reihe von Linzer Genoss(inn)en in engem Kontakt.

Die „Verteidigung“ der Linzer sozialistischen Kulturpolitik durch *Luitpold Stern* ist sehr verständlich, da die Auseinandersetzung mit bürgerlicher Kultur nur ein Aspekt – und sicher nicht der wichtigste – des Kunst- und Kulturschaffens der Linzer Bildungsverantwortlichen war. Es gelang nämlich *Koref, Macku, Stöber* und den vielen anderen durchaus, eigenständige und zum Teil aufsehenerregende Veranstaltungen und Initiativen zu organisieren bzw. zu setzen. Und das mit nur marginaler öffentlicher Unterstützung, denn die Kulturarbeit der Stadt Linz hatte trotz sozialdemokratischer Mehrheit im Linzer Rathaus andere Schwerpunktsetzungen, nämlich eine möglichst „unpolitische" städtische Kulturarbeit zu forcieren.

GROSSVERANSTALTUNGEN

Besonders hervorzustreichen ist das erfolgreiche Bemühen, sozialistische Feste in Linz zu gestalten, die sowohl für Tausende von Veranstaltungsbesuchern, als auch für die zahlreichen Akteure von unvergeßlichem Eindruck waren. Insbesondere drei große Werke, die von *Eduard Macku* inszeniert wurden, gelten als kulturelle Meilensteine der Ersten Republik.

Im Rahmen eines großen Turnfestes des Linzer Arbeiterturnvereines 1928 wurde das von *Otto Stöber* geschriebene Stück „Flammen der Nacht" aufgeführt. Darin wurde die Geschichte des Sozialismus von über 1000 Mitwirkenden am Sportplatz (Arbeiterstadion) bei den ehemaligen Spatenbrotwerken nachgezeichnet. Dies geschah in Form von Sprechchören, Arbeitergesängen usw.

Dieses Stück kann sogar als ein Vorläufer der heutigen „Klangwolke" bezeichnet werden, wurde doch mit Fabriksirenen weithin hörbar die „Internationale" intoniert.

Den „Flammen der Nacht" war die Aufführung eines „Requiems" für die Gefallenen der Revolution von 1848 vorausgegangen, ein Stück, an dem rund 800 Akteure mitwirkten.

Das dritte große Werk, das *Eduard Macku* inszenierte, war „Die Straße"; eine politische Revue mit rund 200 Mitwirkenden, die im damaligen „Kolosseum" am Hessenplatz mehrmals vor vollem Hause aufgeführt wurde. „Die Straße" versuchte die Entwicklungen nachzuzeichnen, die den Juli-Ereignissen 1927 („Justizpalastbrand") vorangegangen waren. Das Kolosseum war ein Großvarieté, im selben Haus befand sich ein Nachtlokal und ein Kinosaal, das Gebäude wurde im Zweiten Weltkrieg zerstört.

Neben diesen drei kulturellen „Monumentalereignissen" fanden noch etliche Kulturveranstaltungen ähnlichen Charakters statt, beispielsweise die Aufführung der „Roten Litanei" im Volksgartensaal. Dieses Werk stammte von *Victor Korda* und war ein „weltliches Oratorium", dessen Darbietung gemeinsam von praktisch allen Linzer Arbeitergesangsvereinen gegeben wurde.

Typisch für diese Kunstform war das Zusammenwirken verschiedener Vereine und Bereiche (Kinderfreunde, ASKÖ, Sänger), der massive Einsatz von Sprechgesang, Liedern, Tanz und dergleichen, ein großes Maß an Kreativität und nicht zuletzt eine eindeutige kompromißlose inhaltliche Ausrichtung. Nichts und niemand wurde verschont und schon gar nicht der bürgerliche Klassenfeind. Beliebtes Angriffsziel war auch damals schon die bürgerliche Presse, ihr widmete man beispielsweise ein Gedicht mit dem Titel „Die Hure Presse".

Doch nicht nur Großveranstaltungen drückten die Kulturvielfalt und den Ideenreichtum der Linzer Sozialisten aus.

Die Kabarettgruppe „Die Roten Spatzen" hatte in ganz Österreich einen hervorragenden Ruf, und die „Politischen Matinees" im Hotel Schiff und zum Teil im Landestheater gehörten für Sozialist(inn)en in Linz zeitweise schon genauso zum Sonntagvormittag, wie der Gottesdienst für die Katholiken. Auf dem Programm der Matinees standen Dichterlesungen, Chorkonzerte u. v. m. Gerade der Musiksektor war für die SDAP bzw. den Bildungsausschuß besonders bedeutsam. Nicht zufällig wurde vom Landesbildungsausschuß eine Arbeitermusikschule gegründet, die in der Spittelwiese untergebracht war, und die von *Dir. Robert Semmler* geleitet wurde. Dazu kommt die bereits kurz erwähnte Vielzahl an Arbeiterchören und die intensive Gesangstätigkeit bei den Kinderfreunden und in anderen Bereichen.

Ein markantes „kulturpolitisches Ereignis“ war die Gründung der sozialdemokratischen „Kunststelle“, die an die Bildungsorganisation angeschlossen war. Tausende Linzer ließen sich bei der „Kunststelle“ für einen geringen Mitgliedsbeitrag einschreiben und konnten dadurch eine Reihe von Begünstigungen in Anspruch nehmen. So gab es etwa Ermäßigungen für Eintrittskarten des Landestheaters, was diesem einen Besucherzustrom brachte und aus einer finanziell schwierigen Lage rettete. Dutzende Veranstaltungen wurden von der „Kunststelle“ selbst im Landestheater organisiert.

Sozialistische Kulturpolitik in der Ersten Republik bezog sich in Linz auch auf Bereiche, die neu waren und mit denen die Arbeiterbewegung häufig wenig anzufangen vermochte. Herausgegriffen sei diesbezüglich der „Arbeiter-Radio-Bund“ („Arbe“): Ursprünglich durch Bastlerfreuden motiviert, setzten sich Linzer Sozialisten mehr und mehr mit den technischen und inhaltlichen Problemstellungen des Radiowesens auseinander. Und schließlich gipfelte diese Auseinandersetzung unter der

Die Gründung der Kunststelle des Landesbildungsausschusses war eine besonders fruchtbringende kulturpolitische Aktivität.

skeptischen Beobachtung der Parteispitze im Streben nach einem eigenen „Arbeiter-Sender“; ein Wunschtraum, dem die Parteiführung wenig abgewinnen konnte. Der bereits mehrmals erwähnte *Otto Stöber,* der maßgeblicher Initiator der Radio-Bewegung war, kritisiert in seinen Erinnerungen auch das Verhalten der Parteiführung in dieser Frage sehr heftig.

Die Errichtung der austrofaschistischen Diktatur im Jahre 1934 stellte einen Schlußstrich für die sozialdemokratische Kulturbewegung der Ersten Republik dar.

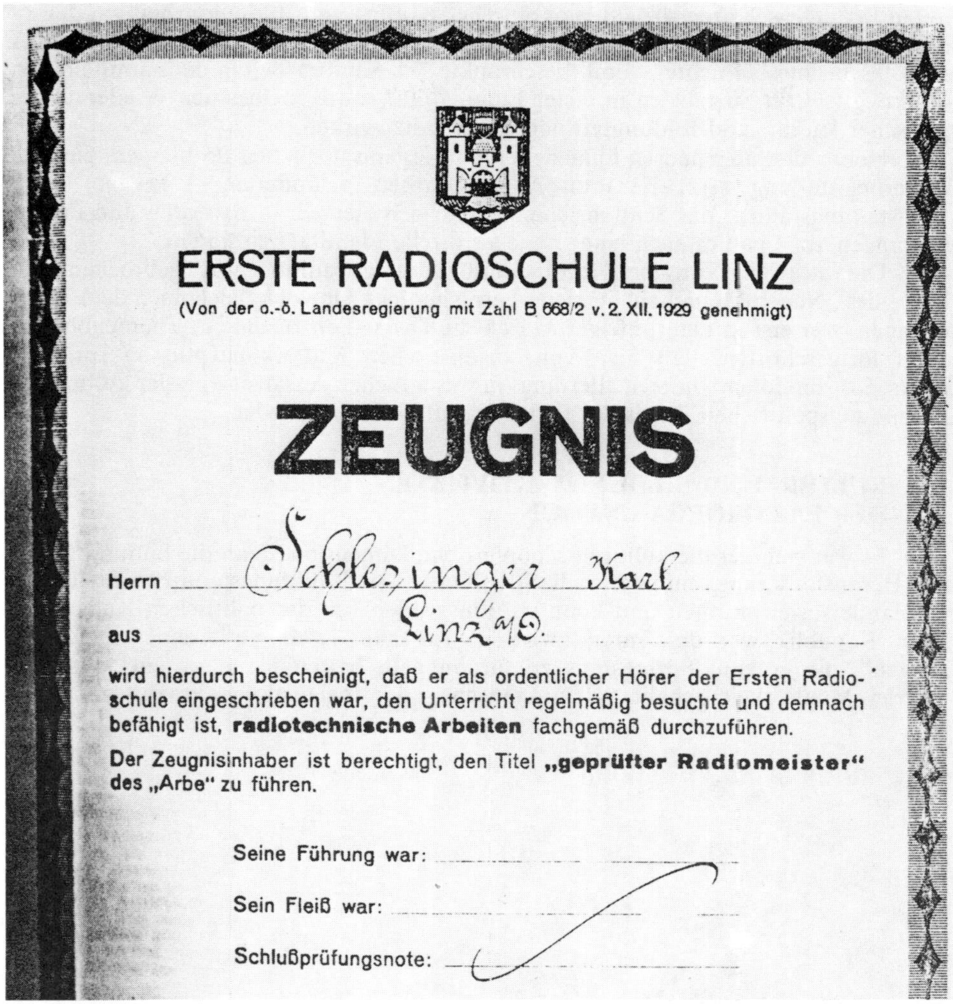

ERSTE RADIOSCHULE LINZ

(Von der o.-ö. Landesregierung mit Zahl B 668/2 v. 2. XII. 1929 genehmigt)

ZEUGNIS

Herrn Schlesinger Karl

aus Linz a/D.

wird hierdurch bescheinigt, daß er als ordentlicher Hörer der Ersten Radioschule eingeschrieben war, den Unterricht regelmäßig besuchte und demnach befähigt ist, **radiotechnische Arbeiten** fachgemäß durchzuführen.

Der Zeugnisinhaber ist berechtigt, den Titel **„geprüfter Radiomeister"** des „Arbe" zu führen.

Seine Führung war:

Sein Fleiß war:

Schlußprüfungsnote:

Besondere Weitsicht bewiesen die Mitarbeiter des „Arbeiter-Radiobundes". Erkannten sie doch schon in den zwanziger Jahren die enormen Konsequenzen des Rundfunks auf die Gesellschaft.

Die kulturellen Aktivitäten wurden von einigen Gruppen in den GÖC-Clubs (Konsumgenossenschaften), die ja nicht aufgelöst waren, noch fortgesetzt. Allerdings unter inhaltlicher Kontrolle der Ständestaatsregierung und mit entsprechend geringem Spielraum. Die Besetzung Österreichs durch die Nazis beendete schließlich die letzten Überreste einer kulturpolitischen Ära, die in vielen Belangen Orientierungshilfen für heute tätige sozialistische Kulturschaffende geben kann.

KULTUR- UND BILDUNGSPOLITIK IN LINZ NACH 1945

Die NS-Herrschaft und der Zweite Weltkrieg hatten in Linz nicht nur die für alle seh- und erlebbare Zerstörung von Wohnungen, Betrieben und infrastrukturellen Einrichtungen hinterlassen, sondern auch ein geistig-kulturelles Trümmerfeld. All die großen Errungenschaften sozialdemokratischer Kultur- und Bildungsarbeit wurden in der Ära des Nationalsozialismus und zu einem großen Teil auch schon in der Zeit des Austrofaschismus vernichtet. Somit beschränkte sich Kulturarbeit in der unmittelbaren Nachkriegszeit für Sozialisten in erster Linie darauf, am gemeinsamen Wiederaufbau städtischer Kultur- und Bildungseinrichtungen mitzuwirken.

Neben den ungeheuren finanziellen und organisatorischen Problemen, die eine Wiederbegründung sozialistischer Kulturarbeit behinderten – es gab kaum Veranstaltungsräume, das Sektionsleben spielte sich vielfach in Baracken und Privatwohnungen ab –, galt es auch eine „neue kulturelle Identität" zu finden.

Die austromarxistische Kultur- und Bildungstradition war gebrochen, die Utopie des „Neuen Menschen" in weite Ferne gerückt. Obwohl gleich nach dem Krieg begonnen, war erst in den fünfziger Jahren die Diskussion zu diesem Themenbereich soweit fortgeschritten, daß man von sozialistischen Kulturkonzeptionen sprechen konnte. Konzeptionen, die sich allerdings in wesentlichen Ansätzen von der kulturellen und bildungspolitischen Praxis der Ersten Republik unterschieden.

KULTUR- UND BILDUNGSAKTIVITÄTEN DER PARTEIORGANISATION

Es war weniger die kulturell-schöpferische Dimension, denn die bildungspolitische Herausforderung, mit der sich SPÖ-Kultur- und Bildungspolitiker zuallererst auseinandersetzen mußten und konnten. Ein großer Teil des politischen Kaders der Ersten Republik war der Partei zwischen 1934 und 1945 verlorengegangen, die „Jungen", die es zum Sozialismus zu führen galt, hatten mehr als ein Jahrzehnt keinerlei Möglichkeit gehabt, „demokratische oder sozialistische Praxis" zu üben.

Lassalle-Denkmal vor dem Winansky-Hof in Wien-Brigittenau, von Mario Petrucci. Das Denkmal ist dem Ungeist des faschistischen Ständestaates zum Opfer gefallen, wurde 1936 abgetragen und nicht wiedererrichtet.

Marx, Engels, Adler oder *Lassalle* waren in der grünen wie in der braunen Diktatur verpönt gewesen.

Konkret gestaltete sich nun diese „Grundschulungsarbeit" folgendermaßen:

1946 wurde in Linz und Oberösterreich mit intensiver und gezielter sozialistischer Bildungs- und Schulungsarbeit begonnen. Der Funktionärekader mußte nicht nur erweitert, sondern auch den ganz neuen wirtschafts- und gesellschaftspolitischen Verhältnissen entsprechend geschult und gebildet werden. Am Beginn war die Arbeit besonders schwierig, da viel zuwenig Bildungsfunktionäre und andere brauchbare Parteilehrer zur Verfügung standen. Trotzdem wurde in den ersten Jahren nach dem Krieg eine Reihe von einwöchigen Internatskursen durchgeführt. Die ersten Kurse fanden in Wohnbaracken in Steyr und später in Weißenbach am Attersee statt. An einem dieser ersten Internatskurse nahmen 51 weibliche und 48 männliche Funktionäre aus Linz und Oberösterreich teil, und es wurden folgende Themen behandelt:

Materie, Mechanik und Dialektik des Lebens – Die Vergesellschaftung in der Natur – Die menschheitlichen Kulturstufen – Die Frühzeit des Kapitalismus – Der moderne Kapitalismus und seine Dialektik – Der wissenschaftliche Sozialismus – *Karl Marx* und *Friedrich Engels* – Die österreichische Volkswirtschaft und der *Marschall*-Plan – Das Aktionsprogramm der Partei – Die wichtigsten Organisationsfragen – Sozialistische Gemeindepolitik – Der Sozialismus als Kulturproblem – Die Frau und der Sozialismus.

Ab 1946 fanden auch regelmäßig in vielen Sektionen und Lokalorganisationen Pflichtschulungskurse, Wochenendschulungen, Bildungsvorträge verschiedener Art und Rednerkurse statt. Darüber hinaus wurden eine Reihe von Genossinnen und Genossen auf Kurse in das Zentralschulungsheim nach Wien geschickt. Es kam auch zur Neugründung der „Kunststelle", die den Besuch von Theaterabenden und Konzerten organisierte, Dichterlesungen und Exkursionen durchführte und Filmvorführungen und Lichtbildervorträge veranstaltete. Aus der „Kunststelle" der sozialistischen Bildungszentrale entwickelte sich später der „Linzer Volksbildungsverein", der ab 1957 Informationsveranstaltungen zu Staatsbürgerfragen und kommunalen Problemen durchführte und in vielen Vorträgen und Diskussionsabenden Begegnungen mit bedeutenden Persönlichkeiten aus Politik, Wissenschaft und Kunst ermöglichte.

Im Jahre 1956 kam es zur Gründung der großen Parteischule des Bildungsausschusses des Bezirkes Linz-Stadt, die später zu einer mehrwöchigen Parteischule auf Landesebene entwickelt wurde. 1948 wurde das erste Heft des „Bildungskuriers" veröffentlicht und seither erscheinen regelmäßig jedes Jahr vier Nummern des Bildungskuriers.

Ein wichtiger Punkt der Bildungsarbeit der Sozialistischen Partei Linz lag auch in der Zusammenarbeit zwischen der sozialistischen Bildungszentrale und der Linzer Volkshochschule. In verschiedenen Vortragsreihen, wie beispielsweise „Zeitprobleme in sozialistischer Schau", wurden dem Vertrauenspersonenkader der Linzer Sektionen Möglichkeiten der Weiterbildung geboten. Die Bildungsarbeit in Linz hat sich seither kontinuierlich weiterentwickelt, und einer der Schwerpunkte ist nach wie vor die große Linzer Bezirksparteischule.

1987 wurde erstmals in Linz eine Sommerakademie durchgeführt, eine Bildungswoche für die Hauptfunktionäre der Bezirksorganisation Linz-Stadt.

AUF DER SUCHE NACH EINEM NEUEN KULTURVERSTÄNDNIS

Auch wenn die Kräfte der österreichischen Sozialdemokratie auf den Aufbau der sozialen und wirtschaftlichen Lebensgrundlagen konzentriert waren, begannen schon Ende der vierziger Jahre Diskussionen über die Bedeutung einer sozialistischen Bildungs- und Kulturarbeit. In diesen Diskussionen wurde immer wieder darauf

SBZ.-Kurier

Mitteilungsblatt
der Sozialistischen Bildungszentrale von Oberösterreich

Linz, Landstraße 36/II, Telephon 2 66 71 / Kl. 42 · Redaktion: Alois Wimberger

Heft 1 **Oktober 1948** **1. Jahrgang**

INHALT:

Der Bildungsvortrag — Zur Bildungsarbeit auf dem Lande — Vorschläge für ein Weihnachtsprogramm — Unsere Vortragsreihe — Linzer Volkshochschule. Unsere Internatsschulen im Herbst 1948 — Die Bücherwarte

Deckblatt des ersten Heftes des „Bildungskuriers" 1948.

Der „Bildungskurier" wird seit 40 Jahren von den sozialistischen Bildungsorganisationen Oberösterreich herausgegeben. Er ist seither ein wertvolles Diskussions- und Grundsatzorgan für die sozialistischen Bildungsfunktionäre.

Die Volkshochschule Linz wurde bereits 1947 gemeinsam von der Stadt Linz und der Arbeiterkammer errichtet und befindet sich seit 1973 im ehemaligen „Parkhotel" an der Coulinstraße. Für viele sozialistische Funktionäre war und ist die VHS eine Stätte der Weiterbildung in der Tradition der Arbeiterbildungsvereine.

hingewiesen, daß es im Kampf der Arbeiterschaft um politische und soziale Gleichberechtigung und Demokratie notwendig sei, die Bildungsprivilegien und die kulturelle Hegemonie des Bürgertums zu durchbrechen. So hat sich die Arbeiterklasse, die zu Beginn des vorigen Jahrhunderts vom „Kulturleben" völlig ausgeschlossen war, im Verlauf ihres „Aufstieges" zahlreiche Bildungs- und Kultureinrichtungen geschaffen: Arbeiterbildungsvereine, Arbeiterbibliotheken, Volkshochschulen, die Bildungseinrichtungen der Gewerkschaften und Arbeiterkammern, Arbeiterhochschulen und Sozialakademien.

Durch die zum Großteil sehr berechtigte und verständliche Konzentration der Arbeiterschaft auf die Sicherung der materiellen Lebensgrundlagen kam es nach 1945 zu einer Vernachlässigung dieser sozialistischen Erziehungs- und Kulturarbeit. Dadurch, so beklagten viele grundsatztreue Sozialisten, käme es auf dem Sektor von Erziehung und Kultur zu einer gefährlichen Offensive der reaktionären Kräfte. Die Parteiführung, die Nebenorganisationen, Genossenschaften und die sozialistische Fraktion des Gewerkschaftsbundes wurden von diesen Kritikern aufgefordert, der sozialistischen Erziehungs-, Bildungs- und Kulturarbeit in Zukunft volle Aufmerksamkeit zuzuwenden. Die Forderung Anfang der fünfziger Jahre lautete: „Wir brauchen ein sozialistisches Kulturprogramm, damit die Arbeiterschaft nicht um die Früchte ihres jahrzehntelangen heroischen Kampfes betrogen wird." Die Gefahr einer geistigen Verflachung innerhalb der Partei wurde aufgezeigt und auf die verheerenden Folgen für die Sozialdemokratie selbst und für das ganze Volk hingewiesen.

Mit Forderungen wie: „Im Mittelpunkt aller sozialistischen Bildungs- und Kulturarbeit steht der Mensch, und wir Sozialisten haben es als unsere vornehmste Pflicht anzusehen, ein kulturpolitisches Bewußtsein nicht nur der österreichischen Arbeiterschaft, sondern des ganzen österreichischen Volkes anzustreben. Unserer Kulturarbeit muß der Stempel des Sozialismus aufgeprägt sein. Es ist unsere große politische und kulturelle Aufgabe im Dienste der werdenden sozialistischen Gemeinschaft", wurde Anfang der fünfziger Jahre im Rahmen einer großen österreichischen Kulturenquete über ein sozialistisches Kulturprogramm diskutiert, das schließlich als erstes sozialistisches Kulturprogramm nach 1950 beschlossen wurde.

Genossinnen und Genossen aus Linz und Oberösterreich waren an der Diskussion und Formulierung dieses Programms wesentlich beteiligt. Innerhalb der Sozialistischen Partei Linz wurden damals auf dem Sektor der Bildungs- und Kulturarbeit große Anstrengungen unternommen. Gleichzeitig wurde aber auch in Linz beklagt, daß von manchen Hauptfunktionären das gefährliche Vordringen der konservativen Kräfte auf dem Sektor von Erziehung und Kultur entweder übersehen oder bagatellisiert werde und daß andererseits die Koordinierung von Bildungs- und Kulturarbeit zwischen den Bildungsinstitutionen der Partei, dem Bildungsreferat des ÖGB und der Bildungsabteilung der Arbeiterkammer, den Volkshochschulen, dem BSA, den Lehrervereinen usw. nicht befriedigend verlaufe, und daß ein bedrückender Mangel an geschulten Parteilehrern im Sinne des wissenschaftlichen Sozialismus zu beklagen sei.

Die Linzer Aktivitäten reichten von der Gründung eines Kulturringes junger Sozialisten, über Initiativen zur Gründung von Arbeiterchören bis zur Gründung des Linzer Volksbildungsvereines im Jahre 1957.

ANKNÜPFEN AN ALTE FORMEN UND TRADITIONEN

Wie viele andere Bereiche litten auch die Arbeitergesangsvereine an Überalterung und Mangel an Nachwuchs und auch daran, daß die führenden Parteigenoss(inn)en den Gesangsvereinen nicht die nötige Bedeutung beimaßen und genügend moralische Unterstützung zuwendeten.

Die Bedeutung der Arbeiterchöre und die Pflege des Liedgutes der Arbeiterbewegung wurde besonders bei Gestaltung von Festen und Veranstaltungen sichtbar. 1948 wurde in einer großen Veranstaltung das Jubiläum „80 Jahre Lied der Arbeit" gefeiert, das 1868 von der Gesangssektion des Arbeiterbildungsvereines Wien-Gumpendorf als Hymnus der Sozialistischen Partei aus der Taufe gehoben wurde. Die

Bedeutung der Fest- und Veranstaltungskultur wurde durchaus erkannt, und es gab eine Reihe von Anregungen und Anleitungen zur Gestaltung von Feiern. Im Sozialistischen Bildungskurier von 1957 heißt es: „Für die Arbeiterschaft kann das Beste nicht gut genug sein. Leider müssen wir feststellen, daß unsere Feiern nicht immer diesem Grundsatz entsprechen. Wenn wir wissen, daß die Daseinswelt des Arbeiters nicht besonders reich an Freuden und schönen Erlebnissen ist, so ist es unsere Aufgabe, ihm durch wirkliche Feiern, Feste und Veranstaltungen sein Gefühlsleben bereichern und seine Gefühlswelt romantischer gestalten zu helfen. Denn schließlich lebt der Mensch nicht nur allein vom Brot.

Die Feiern, die von der Arbeiterschaft veranstaltet werden, ob am 1. Mai oder sonst zu einer Begebenheit, müssen wirkliche Feste sein, müssen von sozialistischer Kultur durchdrungen sein. Die Arbeiterschaft hat nichts nötiger als eine Welt neuen Lebens. Eine Bewegung kann der Symbole nicht entbehren. Und solange es eben Menschen gibt, die Gefühle haben, solange werden die Menschen nach Symbolen verlangen. Die Zugkraft einer Bewegung ist um so größer, um so mehr sie es versteht, das Gefühl ihrer Anhänger zur Auswirkung kommen zu lassen, ihre Gefühlswelt zu beleben.

Auch wir müssen den arbeitenden Menschen zu fesseln verstehen. Die kapitalistische Welt sucht den arbeitenden Menschen durch seichte Vergnügungen zu zerstreuen und ihm seine Lage nicht bewußt werden zu lassen. Wir aber müssen den arbeitenden Menschen durch unsere Feiern zur Sammlung bringen, ihn aus dem öden Alltag herausführen, ihn sozialistisch beeinflussen, in ihm den Willen zum Kampf gegen die Welt, die ihn in die Fron der Ausbeutung, Unterdrückung und Verbildung schlägt, wachrufen. Aber aller Kampf bedarf des Elans. Und Elan kann nur erzeugt werden durch bewußte, auf das Gefühl eingestellte Handlungen. So sind die Feiern die großen Reservoire des Elans. Und Elan kann eine Feier nur dann in den Herzen der arbeitenden Menschen erzeugen, wenn die Feier von einem wuchtigen Gefühlserlebnis getragen, Gefühlsbereicherung war. Darauf haben all unsere Feiern abgestimmt zu sein."

Vorschläge zur Gestaltung von Feiern und Veranstaltungen gab es für Weihnachts- und Muttertagsfeiern, für die Durchführung von Wahlveranstaltungen und für die Gestaltung von Vorfeiern und 1.-Mai-Feiern.

Einer dieser Versuche war die Neugestaltung des 1. Mai 1960 im Linzer Stadion. An dieser Veranstaltung nahmen über 12.000 Linzerinnen und Linzer teil und feierten den Tag der Arbeit mit 18 Musikkapellen, einem historischen Fahnenspiel und einem Sportmosaik. In dieser Form wurde in der Folge der 1. Mai mehrmals im Linzer Stadion gefeiert.

In den sechziger Jahren wurden erstmals Vorfeiern zum 1. Mai durchgeführt, beispielsweise 1967 vom Verband sozialistischer Mittelschüler unter dem Titel „Freiheit, die wir meinen" mit Freiheitslyrik von Schiller bis Brecht, bis zum Fackelzug, der seit mehreren Jahren von der sozialistischen Jugend in der Neuen Heimat durchgeführt wird.

In den letzten Jahren werden in der SPÖ Linz wieder Bemühungen sichtbar, bei der Gestaltung von Veranstaltungen und Festen an der kulturellen Tradition der Arbeiterbewegung anzuknüpfen, die vielfältigen kulturellen Interessen und Bedürfnisse aller Bevölkerungsgruppen zu berücksichtigen und nach Veranstaltungsformen zu suchen, bei denen die Forderung einer „Kultur für alle und mit allen" erfüllt wird. Zu erwähnen sind dabei der jährliche Frauentag und die regelmäßigen Frauencafés der sozialistischen Frauenorganisation, der alternative 1. Mai, der von der Sozialistischen Jugend im Posthof veranstaltet wird, und die vielen Stadtteil- und Kinderfeste, die von den Sektionen, den Kinderfreunden, der ASKÖ und ähnlichen Organisationen durchgeführt werden.

Eine sehr wesentliche Entwicklung von basiskulturellen Aktivitäten hat sich im Bereich der Friedensbewegung, der 3.-Welt-Gruppen und ähnlichen Aktivgruppen vollzogen. Gerade in Linz haben sozialistische Organisationen, wie die Sozialistische Jugend, die Sozialistischen Frauen, die Sozialistische Friedensinitiative und die Sozialistische Bildungsorganisation wesentlichen Anteil an dieser Entwicklung und dem Aufbruch zu einer neuen Kultur.

BILDUNG DURCH DAS BUCH

In den ersten Jahren nach dem Zweiten Weltkrieg wurden in vielen Betrieben und Parteiorganisationen Buchausstellungen durchgeführt und Wanderbüchereien geschaffen und somit versucht, dem Lesen wieder jene Bedeutung zu geben, das es vor 1934 hatte. Die Sozialistische Bildungszentrale startete bereits 1949 mit „Die wandernde Bücherkiste" eine Lese- und Buchaktion in allen Linzer Betrieben und Parteiorganisationen. Neben den öffentlichen Bibliotheken und den zahlreichen Büchereien der Stadt Linz gab es in Linz auch eine Reihe von Büchereien der Betriebe und Gewerkschaften: Werksbücherei der Voest, Bücherei der Stickstoffwerke, Bücherei der ÖBB Linz, Betriebsbücherei der Schiffswerften AG, Bücherei der Gewerkschaft der Gemeindebediensteten – Bezirksgruppe Linz, Bücherei der Gewerkschaft der öffentlich Bediensteten, Bücherei der Gewerkschaft „Druck und Papier" u. a. m.

Gewerkschaftsbücherei der Buchdrucker beim „Hirschenwirt". Die Bedeutung von Lesen und Aneignung neuen Wissens waren immer zentrale Fragen in der Arbeiterbewegung. Leider sind in den letzten Jahrzehnten die meisten Arbeiterbüchereien geschlossen worden. Umso erfreulicher ist, daß die Bücherei des Betriebsrates der ehemaligen Chemie Linz AG noch immer besteht und regen Zuspruch bei der Belegschaft findet.

Eine hervorragende kulturpolitische Arbeit auf dem „Weg zum Buch" erfüllten in Linz die Büchergilde Gutenberg und die Linzer Volksbuchhandlung. Für alle Funktionäre der sozialistischen Bewegung und in den Gewerkschaften war es immer eine Hauptaufgabe, im Kampf um die Geist- und Meinungsbildung für das „gute Buch" einzutreten und die Menschen zum Lesen anzuregen. So gibt es in Linz vielfältige Möglichkeiten, an das Buch zu kommen, vor allem ein gut ausgebautes städtisches Büchereiwesen und die Bücherei der Arbeiterkammer, aber es muß doch schmerzlich festgestellt werden, daß sowohl die Büchergilde Gutenberg, die Linzer Volksbuchhandlung und eine ganze Reihe der vorhin aufgezählten Betriebsbüchereien in den letzten Jahren ihre Tätigkeit eingestellt haben. Dadurch wurde gerade der Zugang der arbeitenden Menschen zum „guten Buch“ erschwert, und es ist daher besonders die hervorragende Tätigkeit der Bücherei des Betriebsrates der Chemie Linz AG hervorzuheben.

STÄDTISCHE KULTURARBEIT SEIT 1945

Die Kulturarbeit und Kulturpolitik der Stadt Linz steht seit 1945 immer unter der Leitung eines sozialistischen Kulturreferenten. Es muß daher in einer Betrachtung der Kulturarbeit der Sozialdemokratie auf die kulturelle Entwicklung in der Arbeiter- und Industriestadt Linz eingegangen werden.

Trotz der großen wirtschaftlichen und finanziellen Belastungen, die durch die Stadt im Wiederaufbau zu tragen waren, setzten die politisch Verantwortlichen nach 1945 einen Schwerpunkt ihrer Arbeit auf die Kulturpolitik mit dem Ziel, zum Wachstum und zur Industrialisierung der werdenden Großstadt Linz ein kulturelles und geistiges Gegengewicht zu schaffen.

Die sozialistische Mehrheit im Linzer Rathaus hat die Entwicklung einer menschlichen Stadt immer als die Entwicklung zu einer sozialen und kulturellen Stadt gesehen, und in diesem Sinne wurde auch eine Kulturpolitik verfolgt, die alle Lebensbereiche des Menschen umfaßt und vom Alltagsverhalten bis zu den Spitzenleistungen in Kunst und Wissenschaft reicht.

Dementsprechend schuf die Stadt in einer beispiellosen Aufbauarbeit städtische Büchereien (1946); Volkshochschule der Stadt und der Arbeiterkammer (1947); Kunstschule (1947), später Kunsthochschule (ab 1970); Musikschule der Stadt Linz (1950); Mikrobiologische Station (1953), später Naturkundliche Station; Jugendreferat im Rahmen des Kulturamtes der Stadt Linz (1955); Neue Galerie als Leihmuseum (1947), später Museum der Neuen Galerie und Wolfgang Gurlitt Museum (1953); wesentliche Initiative der Stadt Linz zur Gründung der Johannes Kepler Universität Linz; Brucknerhaus (1974); Archiv der Stadt Linz u. v. a. m.

Mit der Schaffung des Linzer Posthofes (1984) wurde der Weg fortgesetzt, kulturelle Beteiligung für alle zu ermöglichen. Die Posthof-Kulturarbeit will jene Bereiche der Jugendkultur, der alternativen und experimentellen Kultur fördern, die bislang in Linz zu kurz kamen. Auch die Unterstützung der „Stadtwerkstatt“ durch Kulturförderungsmittel ist in diesem Zusammenhang von Bedeutung.

Mit dem Internationalen Brucknerfest wurde 1974 ein Festival begonnen, das seither zu einem festen Bestandteil des kulturellen Lebens in Linz und Österreich und zu einem Begriff in der Musikwelt geworden ist. Die „Linzer Klangwolke“ ist als musikalisches Open-air zu einem Konzerterlebnis nicht nur für die Linzerinnen und Linzer geworden. Die Ars Electronica wird seit 1979 als Avantgarde-Festival im Zeichen der zeitgenössichen Kunst veranstaltet.

Die städtische Kunstförderung soll einmal den Kunstschaffenden zugute kommen und zum anderen möglichst vielen Menschen in unserer Stadt den kulturellen Bereich aufschließen, künstlerisches Erleben und eine Begegnung mit Kunst und den Künstlern ermöglichen. Diesem Ziel dient nicht nur die Neue Galerie, sondern auch die Ausstellung „Forum Metall“, die im Donaupark zeitgenössische Plastik- und Objektkunst zeigt, und mit der Aktion „Kunst im Neuen Rathaus“ werden viele Werke heimischer Künstler präsentiert.

Mit dem 1974 eröffneten Brucknerhaus, gebaut nach Plänen des finnischen Architekten Heikki Siren, hat die Stadt Linz ein Kultur- und Kongreßzentrum ersten Ranges geschaffen.

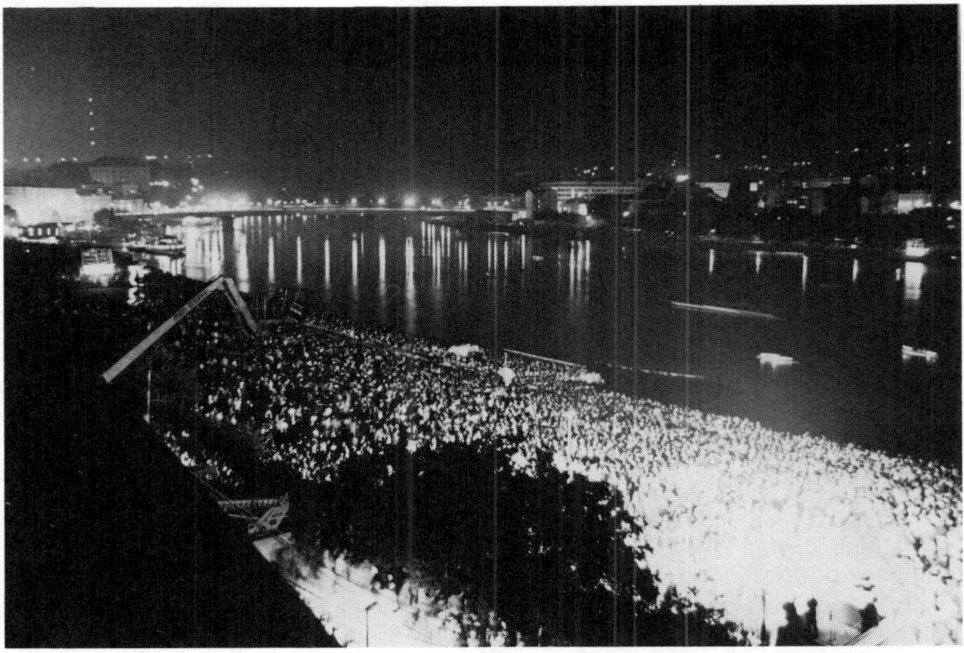

Die Linzer Klangwolke ist alljährlich für Zehntausende ein faszinierendes Kunstereignis. Menschen aller sozialen Klassen wird mit der Klangwolke der Zugang zu einem Kunsterlebnis höchster Qualität ermöglicht.

Das Donaufest wird alljährlich von den Linzer Kulturvereinen und dem Kulturamt gemeinsam veranstaltet. In einer breiten Programmpalette von Musik, Theater, Kabarett, Lesungen und bildender Kunst präsentieren sich die schöpferischen, kreativen Kräfte unserer Stadt.

Eine der wesentlichsten Aktionen der Stadt Linz im Sinne einer Entwicklung zur „Kultur für alle" ist die kulturelle Stadtteilbelebung. Mit dieser Aktion werden Kulturangebote und Informationen direkt in die Wohngebiete hinaus und damit näher an die Bevölkerung herangetragen und kulturelle Basisinitiativen unterstützt. Dadurch wurden seit 1980 mehr als 50 Kulturvereine und Initiativen ins Leben gerufen. Die Entwicklung von kulturellen Projekten im Rahmen der kommunalen Friedensarbeit, die internationalen Straßenkünstlertage und das Donaufest verfolgen konsequent das Ziel, eine Kultur zu entwickeln, an der alle Menschen nach ihren Neigungen und

Fähigkeiten teilnehmen können, und die ihnen die Möglichkeit zur Selbstverwirklichung gibt.

Im sozialistischen Verständnis einer umfassenden Kulturpolitik sind Leistungen der Stadt Linz zur Entwicklung der grünen Stadt durch den Grünflächenplan und den Ausbau von Radfahrwegen genauso hervorzuheben wie die Verwirklichung des Linzer Bäderkonzeptes sowie der Bau der Sporthalle, der Eishalle und vieler Sportanlagen, die auch für Nichtmitglieder von Vereinen zugänglich sind.

Wesentlich für das Linzer Kulturleben sind auch besonders die Aktivitäten der Gewerkschaften und der Arbeiterkammer. Schon in den fünfziger Jahren waren es die Arbeiterfestwochen des ÖGB und später die Aktionen „Konzert für alle“ oder „Kulturkontakte“, durch die immer wieder das Ziel verfolgt wurde, den arbeitenden Menschen die Teilnahme am kulturellen Leben der Stadt zu ermöglichen. Hervorzuheben sind dabei die Aktivitäten, die von ÖGB und AK im Bildungsheim Jägermayrhof gesetzt werden. Von der Reihe „Literatur am Donnerstag“ oder der Werkstatt „Literatur zur Arbeitswelt“ bis zu einem breiten Kabarettprogramm.

FÜR EINE DYNAMISCHE KULTURPOLITIK

Für die Zukunft hat sich die Sozialistische Partei Linz in ihrem „Linzer Programm“ von 1985 den Auftrag zu einer Weiterführung und Entwicklung sozialistischer Kulturpolitik gegeben: „Linz hat das Merkmal einer dynamischen Industriestadt. Die Ausweitung dieses Linz-Begriffes in die Richtung einer geistig offenen, kulturell ambitionierten Stadt ist fortzusetzen. Unbelastet von der Tradition anderer

Linzer Friedenstage – in einer Resolution des Linzer Gemeinderates wurde Linz zur Friedensstadt erklärt. Durch kulturelle und friedenspädagogische Arbeit und durch friedenspolitische Erklärungen leistet die Stadt Linz ihren Beitrag zur Erhaltung des Weltfriedens.

In den Stadtteilen von Linz wurden Volkshäuser errichtet. Sie dienen den Menschen als Kommunikations- und Begegnungsstätte, und im Sinne kultureller Stadtteilarbeiten werden kulturelle Angebote und Informationen direkt in die Wohngebiete hinaus und näher an die Bevölkerung herangetragen.

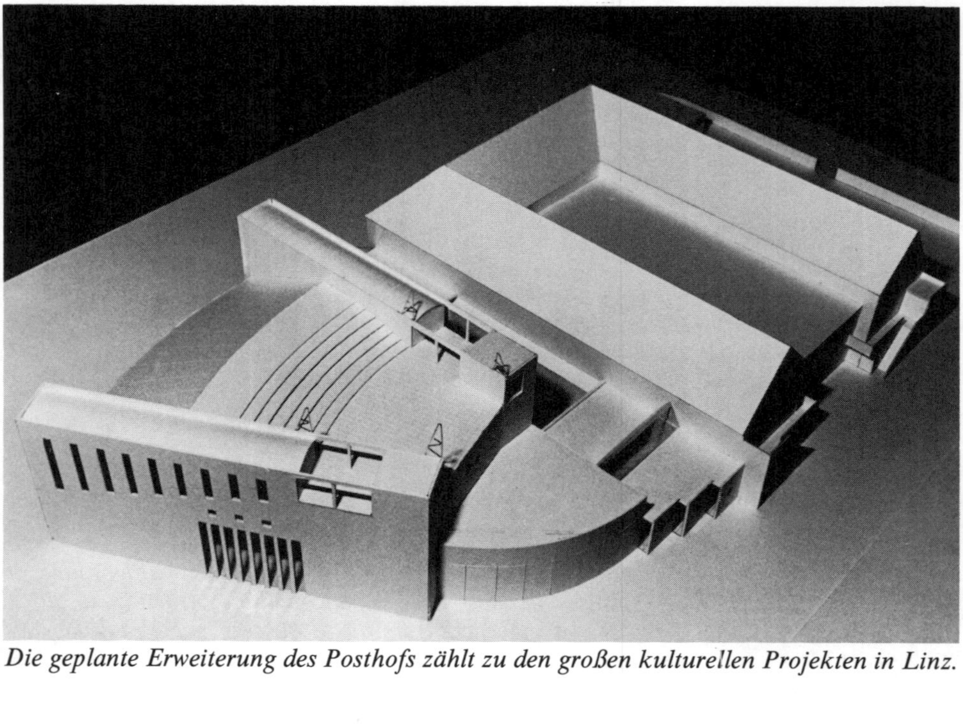

Die geplante Erweiterung des Posthofs zählt zu den großen kulturellen Projekten in Linz.

Städte hat Linz die Chance, einen eigenständigen kulturellen Weg zu gehen, der der besonderen Art der Stadt entspricht und mit kultureller Fortschrittlichkeit verbunden ist. Neben der Erhaltung des kulturellen Erbes muß Platz sein für die schöpferische Provokation, für die Kritik an bestehenden Verhältnissen und am Gewohnten, es muß Raum sein für das Experiment, das sich nicht an herkömmlichen Erfolgsmaßstäben, sondern an Begriffen wie Spontaneität, Freude, Phantasie und Solidarität orientiert. Kultur braucht Freiraum, Beschränkung führt zu Beschränktheit."

In diesem Sinne wird es zu einer Weiterentwicklung der Stadtteilkultur und zum Ausbau der Förderung kultureller Initiativen kommen; das setzt auch die Schaffung und den Ausbau kultureller Einrichtungen wie die „Linzer Kulturwerkstatt", das „Design-Center", die Aktivierung der Volkshäuser u. v. a. m. voraus. Daneben muß es ein Ziel sein, die bestehenden Einrichtungen, wie Brucknerhaus, Posthof, Brucknerfest, Ars Electronica immer mehr Menschen zugänglich zu machen.

ERZIEHUNGS- UND BILDUNGSARBEIT IN DER LINZER SOZIALDEMOKRATIE

Bernd Dobesberger

DIE ANFÄNGE

Von ihrem Beginn an nahm sich die Arbeiterbewegung der Kinder an; besonders natürlich der Kinder aus der Arbeiterklasse. Das Verbot der Kinderarbeit wurde gefordert und die wirkliche Einhaltung der Schulpflicht verlangt. Im „Ersten Jahres-Bericht des Arbeiter-Bildungs-Vereins für Linz und Umgebung“ aus dem Jahr 1870 heißt es daher auch: „Die Schule, die Bildungsstätte des Geistes, sie ist der Mehrzahl der Arbeiter verschlossen, muß das kaum dem zartesten Kindesalter entwachsene Arbeiterkind dafür sorgen, seinen Aeltern das zum Leben Nöthigste verdienen zu helfen; in einem Alter wo das Gemüth, das Herz so weich, so bildsam ist, daß jeder äußere Eindruck sich dauernd einprägt, wird es zur Maschine hingestellt, um selbst zur Maschine zu werden; das Gemüth, es wird unempfindlich, das Herz erstarrt.“

Die Verbesserung des Lebens der Arbeiterkinder wurde von der frühen Arbeiterbewegung immer wieder angesprochen und gefordert. Erst 1885 wurde das Mindestalter für arbeitende Kinder auf zwölf Jahre angehoben, mit einem sogenannten „Erlaubnisschein“ konnten Unternehmer diese Kinder bis zu acht Stunden täglich arbeiten lassen. Im Hainfelder Programm der österreichischen Sozialdemokratie wird daher auch die „Aufhebung der Kinderarbeit“ konkret angeführt. Dort wurde auch eine „Resolution über die Volksschule“ beschlossen. Konkret heißt es: „Die Arbeiterschaft macht die herrschenden Klassen für die Folgen der Fortsetzung ihrer bisherigen Lässigkeit verantwortlich, wenn die heutige Schule nicht zu einer wahren, mithin konfessionslosen Volksschule fortentwickelt wird und die Kleriker dadurch zu solcherlei Vergewaltigung der Freiheit auch für die Zukunft ermutigt werden.“ 1869 war das „Reichsvolksschulgesetz“ beschlossen worden, das bei den katholisch-konservativen Abgeordneten Widerstand hervorrief. Ihr Hauptredner *Geutner* aus Tirol rief den Liberalen in der Diskussion zu: „Ich schau bloß in dieses Gesetz, und da kommt der Staat und nimmt im Namen der Freiheit der Mutter das Kind aus dem Arme und verpflichtet es durch den obligatorischen Zwang, in seine Schule zu kommen. ... Wenn Sie also konsequent sein wollen, so müssen Sie die Freiheit des Unterrichts proklamieren, ...“. Durch den Widerstand der konservativen Abgeordneten kam es dazu, daß Fabriksschulen auch weiterhin geführt werden konnten. In solchen Einrichtungen wurden die Kinder nach zehn- bis zwölfstündiger Arbeit zusammengeholt und eine oder zwei Stunden unterrichtet. Durch eine Novelle des Reichsvolksschulgesetzes im Jahr 1883 wurde zum Beispiel die Realienkunde auf das „Faßlichste und Wissenswerteste“ begrenzt, die Schulpflicht der siebten und achten Schulstufe wurde eingeschränkt und die Religion, besser der Katholizismus, gewann an Bedeutung.

Liberale und freisinnige Bürger führten gemeinsam mit Sozialdemokraten den Kampf um die „freie Schule". In Linz kam es im November 1896 zu einer Protestversammlung in der Volksgartenhalle gegen „die clericalen Schul- und Lehrerfeinde". Es sprachen dort neben anderen der oberösterreichische Landeshauptmann-Stellvertreter *Ritter von Dierzer,* der Bürgermeister von Linz, *Poche,* und der Arbeiterführer *Anton Weiguny.* Dieser meinte unter anderem: „Wir wissen, ... ganz gut, daß man bei Machtfactoren, wie ein solcher die clericale Partei ist, nicht mit Phrasen, mit Petitionen und Resolutionen hinwegkommt, sondern daß zum Kampfe gerüstet werden muß, um die Herrschaft des Clericalismus zu brechen, der das Volk geistig verkümmern lassen will und die Jugendbildner hungern läßt." Zwar war diese Versammlung keine Arbeiterveranstaltung, sondern eine der „fortschrittlich und freiheitlich denkenden Bürgerschaft von Linz und Urfahr", wie es in der Einladung hieß, doch die Sozialdemokraten machten die überwiegende Mehrheit der Teilnehmer aus, wie *Weiguny* stolz in seinen „Erinnerungen eines Alten" berichtet.

Wurde die Arbeiterbewegung mehr und mehr zum treibenden Faktor in der Bewegung für die „freie Schule", so gründeten doch liberale bürgerliche Politiker und Intellektuelle gemeinsam mit Sozialdemokraten noch 1905 den Verein „Freie Schule". Auch in Linz entstand diese Vereinigung und setzte eine ganze Reihe von Aktivitäten.

DIE GRÜNDUNG DER KINDERFREUNDE

Waren die Kinder und ihre Lebensbedingungen für die Arbeiterbewegung immer wichtig gewesen, so war doch meist nur versucht worden, für die Arbeiterkinder Materielles zu erreichen. Im Jahr 1908 veränderte sich dieses Verhältnis zwischen Arbeiterkindern einerseits und der Sozialdemokratie andrerseits, die „Kinderfreunde" entstanden. Initiiert vom Zeitungsredakteur *Anton Afritsch* fanden sich in Graz Arbeitereltern zusammen, die durch Spielnachmittage, durch Lesestunden und durch Wanderungen ihre Kinder aus dem tristen Alltag herausführen wollten. Das oberste Streben der Kinderfreunde sollte nach *Afritsch* darauf abzielen, die „Kinder empfänglich zu machen für alles Schöne und Gute, veredelnd auf sie einzuwirken, sie zu großen Menschen zu machen, ihr jugendliches Gemüt durch Gewährung vieler Freuden empfänglich zu machen, ihre Bedürfnisse zu wecken für höhere Genüsse als den Trunk in rauchiger Wirtshausstube mit ihrer Leib und Seele vergiftenden Atmosphäre, ..."

Innerhalb weniger Monate fanden sich mehr als 500 Mitglieder im „Arbeiterverein Kinderfreunde" zusammen. Die Idee der Kinderfreunde breitete sich rasch aus, zwischen 1909 und 1912 entstanden drei Gruppen in Kärnten, 1911 gründete sich die erste Kinderfreundegemeinschaft in Wien, danach sofort der niederösterreichische Landesverband.

1914 war es auch in Linz soweit. Im Frühjahr nahm eine Kinderlesehalle im Parteihaus auf der Spittelwiese 5 ihren Betrieb auf. Dort konnten sich Arbeiterkinder Bücher entlehnen. Auch andere Aktivitäten deuten darauf hin, daß immer mehr Sozialdemokraten die Notwendigkeit von Organisationsarbeit für die Kinder erkannten. Die Naturfreunde zum Beispiel führten im Juli 1914 einen großen Kinderausflug nach Bründl in Fall durch. Getrennt gingen eine Mädchengruppe und zwei Bubengemeinschaften zum Ziel, wurden dort bekocht, und sie fuhren anschließend mit dem Schiff auf der Donau zurück.

Am 10. Juli 1914 berichtet die „Wahrheit" von einer Versammlung des Frauenkomitees der Bezirksorganisation Linz, einer der Referenten dabei war der Lehrer *Alfred Grohmann,* der zum Thema „Kinderschutz und Kinderfürsorge" sprach. Die „Wahrheit" zitiert das Ende seiner Rede so: „Mit einem warmen Appell an die Anwesenden, den zu gründenden Verein ‚Kinderfreunde' zu unterstützen, schloß Gen.

Mit den Arbeiterkindern aus der „dumpfen Stadt", wie es in einem alten Kinderfreundelied heißt, hinaus in die Natur zu wandern, eine der ersten und der wichtigsten Aktivitäten der Kinderfreunde.

Grohmann ..." Dies deutet auf eine unmittelbar bevorstehende Gründung der Linzer Kinderfreunde hin, der genaue Termin dieser Gründung ließ sich jedoch nicht ermitteln. Der beginnende erste Weltkrieg verhinderte und beschränkte aber ohne Zweifel die Entwicklung der Kinderfreunde in Linz. Dies wird auch dadurch unterstrichen, daß *Anton Grohmann* im Sommer 1916 an der italienischen Front fiel.

1917 vereinigten sich die verschiedenen Kinderfreundegruppen zum Reichsverein, *Max Winter* aus Wien und *Anton Afritsch* wurden zum ersten bzw. zweiten Obmann gewählt. *Franz Rothe,* Redakteur des „Tagblatts" in Linz, wurde stellvertretender Obmann des Überwachungsausschusses. Er war nach dem Tod von *Grohmann* zur treibenden Kraft der Linzer Kinderfreunde geworden. In der lokalen Parteiorganisation war er für Bildungsarbeit verantwortlich und versuchte dabei auch, Kinderfreundetätigkeit anzuregen. Bei der ersten Reichskonferenz führte *Max Winter,* bekannt als Sozialreporter der Arbeiterzeitung und als späterer Vizebürgermeister von Wien, folgende grundlegenden Gedanken aus: Das Ziel der Kinderfreunde sei es, rund um jede Großstadt einen Gürtel „Kinderschutzland" anzulegen, wo die Arbeiterkinder Gelegenheit haben sollten, sich zu erholen. *Winter* forderte auch, die Kinderfürsorge „aus dem Bannkreis der Wohltäterei herzuziehen" und schlußendlich meinte er, daß die Kinderfreunde „mit den Kindern nicht Politik treiben" wollten.

Am 9. Juni 1917 schlossen sich die Linzer Kinderfreunde bei einer Versammlung im Kaufmännischen Vereinshaus dem Reichsverein an. Auch hier war wieder *Max Winter* der Hauptreferent des Abends, und er sprach vor allem über die Ziele und Aufgaben der Kinderfreunde. „Was fehlt dem einzelnen Vater, der Mutter, daß sie sich der vollen Entwicklung ihres Kindes widmen können? Geld, Zeit und pädagogische Einsicht. Diese drei Dinge können wir aber zusammen schaffen. Dafür sollte die Kinderfreunde Turn- und Spielplätze einrichten, Rodelbahnen und Eisplätze anlegen, besonders aber Erholungsstätten und Kinderhorte errichten. Als konkrete Methoden schlug *Winter* Wanderungen, Bewegungsspiele und eine Berufsberatungsstelle für die Eltern vor. *Franz Rothe* wurde zum ersten Obmann der Linzer Kinderfreunde-Ortsgruppe gewählt.

Trotz der Schwierigkeiten, die der andauernde Krieg verursacht hatte, entfalteten die Kinderfreunde in Linz eine Vielzahl von Aktivitäten. Die Kinderlesehalle setzte ihre Arbeit fort. Der am Landestheater engagierte Schauspieler *Josef Hübner* rezitierte auf speziellen Kindervorstellungen. An einem Abend wurden da z. B. „Aladins Wunderlampe“ und die beiden *Schiller*-Balladen „Das Lied von der Glocke“ und „Der Kampf mit dem Drachen“ vorgetragen. Die dabei verwendeten „Lichtbilder sind schön farbig“, hieß es in der Tagblatt-Vorankündigung. *Josef Hübner* veranstaltete mit den Linzer Kinderfreunden auch eine Reihe von Märchenabenden. „Frau Holle“, der „Däumling“ oder „Das tapfere Schneiderlein“ wurden dabei vorgetragen. Gemeinsam mit den Naturfreunden von Ternberg wurde ein Märchenabend für Kinder und ein bunter Elternabend durchgeführt.

Bei der ersten ordentlichen Jahreshauptversammlung am 15. Mai 1918 wurde der Gewerkschaftssekretär *Rudolf Strunz* zum neuen Obmann gewählt. Wenige Monate später, in den Sommerferien 1918, beteiligten sich die Linzer Kinderfreunde an einer Aktion, die eigentlich nur vom Faschismus unterbrochen, bis heute weitergeführt wurde. Erstmals gab es von den Kinderfreunden in Linz einen mehrwöchigen Erholungsaufenthalt. Dieser war noch keine eigenständige Ferienaktion, sondern Teil der *„Kaiser-Karl*-Wohlfahrtsaktion“, Kinder aus allen Teilen der Doppelmonarchie sollten die Städte mit ihren schrecklichen Versorgungsengpässen verlassen können. 3000 Kinder konnten die Kinderfreunde nach Ungarn schicken, 130 davon kamen aus Linz. Die Kinder wurden in Landgemeinden untergebracht und von Kinderfreunde-Mitarbeitern betreut.

Selber kochen am Lagerfeuer. Auch das war und ist nicht nur Romantik. Die Kinder lernen dabei ihr Leben selbst in die Hand zu nehmen. Dazu gehört dann eben auch kochen.

Die Kinderfreunde versuchten die fürchterliche Situation für die Arbeiterkinder durch unterschiedlichste Einrichtungen zu bessern. *Ludwig Commenda,* Oberlehrer der Volksschule in Margarethen, berichtet am 9. Februar 1917 von neu eingerichteten Frühstücksstellen, dort bekamen Buben und Mädchen zumindest eine Mahlzeit am Tag. „Am grauen Morgen kommen sie angehuscht, die hungernden und frierenden Kinder und suchen und finden Zuflucht an der wohldurchwärmten Frühstücksstelle. Wahrlich, das Herz jedes Kinderfreundes schlägt rascher, und selbst ein kaltes Gemüt muß wärmer werden, wer nur einmal Zeuge gewesen ist."

Ein gutes Jahr später berichtet das Tagblatt von einer Initiative der niederösterreichischen Kinderfreunde, Arbeiter sollten von jedem Wochenlohn einen Heller an die Kinderfreunde abgeben, die damit Fürsorgemaßnahmen für die Kinder einrichten wollten.

Die Erste Republik

Nach dem Kriegsende und mit dem Beginn der Ersten Republik wuchs die Mitgliederzahl der Linzer Kinderfreunde rasch an, Ende 1922 betrug sie bereits 2238. In diesen Nachkriegsjahren wuchs nicht nur die Stärke der Kinderfreunde, es änderte sich auch die Art und Weise, an politische Erziehungsfragen heranzugehen. Das erste Kinderfreundestatut, geschrieben von *Anton Afritsch* 1908 in Graz, war noch so gehalten, daß jede politische Erziehungstätigkeit abgelehnt wurde. Das war nicht nur durch die Gefahr eines Vereinsverbots verursacht, sondern es war auch *Afritsch's* tiefste Überzeugung. Bei der Gründung des Reichsvereins 1917 setzte sich der niederösterreichische Landesverband durch, und es kam zu einem klaren Bekenntnis zur Sozialdemokratie.

Nach dem Ersten Weltkrieg kam es aber zur umfassenden Revision der Zielsetzung der Erziehungsarbeit. *Otto Felix Kanitz* war als pädagogischer Referent vom Reichsverein angestellt worden, und von ihm stammt auch jene Resolution, die auf der zweiten Reichskonferenz im Jahre 1920 beschlossen wurde und die Kinderfreundearbeit neu orientierte. Dort heißt es: „Die Reichskonferenz ist überzeugt, die ‚Kinderfreunde' können nur dann dem Proletariat neue Quellen der Kraft für seinen Kampf um die sozialistische Gesellschaft erschließen, wenn sie bewußt sozial empfindende, denkende und handelnde Menschen heranbildet, die für die neue kollektiv arbeitende Gemeinschaft erzogen sind."

Gegründet wurden also die Kinderfreunde als Wohltätigkeitsverein von Sozialdemokraten für Arbeiterkinder, danach wurden sie zum Kinderfürsorgeverband der Arbeiterbewegung und ab 1920 können sie als sozialistischer Erziehungsverband betrachtet werden.

Um den katholischen Einfluß auf die Schule zu bekämpfen, war, wie bereits erwähnt, der Verein „Freie Schule" von liberalen Bürgerlichen und Sozialdemokraten gegründet worden. Immer stärker wurde dort jedoch der Einfluß und die Bedeutung der Arbeiterbewegung. Bei einer Veranstaltung in Linz zum Beispiel, im März 1917, sprachen der spätere sozialdemokratische Staatssekretär für Schulfragen, *Otto Glöckel,* und der Sekretär der „Freien Schule", *Paul Speiser,* späterer Vizebürgermeister von Wien. Vom Liberalen Bürgertum war da nichts mehr zu bemerken.

Mit den Schulreformen von *Otto Glöckel* zwischen 1918 und 1920 ging auch das gemeinsame Anliegen zwischen den Liberalen und den Sozialdemokraten verloren. So wurde der Verein „Freie Schule" 1921 zum rein sozialdemokratischen Verband und im Dezember 1922 mit den Kinderfreunden vereinigt, die seitdem „Freie Schule – Kinderfreunde" heißen. Analysiert man aber die praktische Arbeit und auch die theoretische Diskussion innerhalb der Kinderfreunde, so ist schnell klar, daß Schulfragen stets nur nebenbei behandelt wurden. Auch heute noch.

In der Ersten Republik gab es aber auch keinen speziellen sozialdemokratischen Lehrerverband. Die „Freie Lehrergewerkschaft" diente auch als deren politischer Zusammenschluß. Daneben gab es noch die Zeitung „Freie Lehrerstimme", die 1894 vom späteren Bürgermeister von Wien und Parteivorsitzenden *Karl Seitz* gegründet worden war. Überhaupt blieben sozialdemokratische Lehrer und Lehrerinnen – mit Ausnahme von Wien – in der ganzen Ersten Republik eine verschwindende Minderheit. In Linz spielten sie aber trotzdem eine wichtige Rolle, da eine Reihe wichtiger Funktionäre, z. B. *Josef Gruber,* eigentliche Lehrer waren.

Die Gründung der Roten Falken

Die Kinderfreunde organisierten in ihren Gruppen Kinder vom Vorschulalter bis zum 15. Lebensjahr. Das wurde, auch in Linz, zum immer größeren Problem. Denn insbesondere die älteren Kinder waren es schnell leid, mit den „Kleinen" beisammen zu sein, und sie waren auch nicht daran interessiert, dauernd den Anordnungen der Kinderfreundemitarbeiter zu folgen. Der Lehrer *Anton Tesarek* aus Wien hatte 1925 die Idee einer Organisation für diese 12- bis 15jährigen. Als Vorbild dienten ihm dabei die Pfadfinder. In Linz war das Problem bereits früher, wahrscheinlich im Lauf des Jahres 1923, erkannt worden. Der spätere Linzer Bürgermeister *Theodor Grill* und seine Frau *Trude* berichten über diese Aktivitäten der Kinderfreundegruppe am Römerberg: „Wir haben in Linz eine der besten Kinderfreundegruppen gehabt. Zweimal in der Woche, und zwar am Mittwoch und am Samstag, haben wir uns getroffen. Jedesmal sind zwischen 80 und 120 Kinder gekommen ... Später sind wir draufgekommen, daß die Organisation unserer Heimstunden falsch war. Die 7- bis 9jährigen haben mit den 12- bis 15jährigen nicht zusammengepaßt. Da haben wir dann nachgedacht, was wir mit den älteren Kindern machen können. Da viele von uns aus dem ‚Wandervogel' kamen, dachten wir an so etwas Ähnliches."

Pfingstlager der Roten Falken im Aschachtal. Dieses Zeltlager im Jahr 1932 war eine der letzten großen Aktivitäten vor dem Verbot durch den österreichischen Faschismus 1934.

Gab es vorerst noch Auseinandersetzungen zwischen der Pfadfinder- und der Wandervogel-„Fraktion" bei den Roten Falken, so zeigte sich doch, daß diese Organisationsform – autonome Gruppen und Strukturen innerhalb der Kinderfreunde – richtig war. Bereits 1928 gab es in neun Kinderfreundegruppen im Kreis Linz (dazu gehörten zum Beispiel auch Leonding und Traun) bereits 32 Falkenhorden mit insgesamt 289 Buben und Mädchen. Als Horden wurden die kleinsten Gruppen bezeichnet, jede Ortsgruppe sollte mehrere dieser Horden aufbauen. Vorerst waren sie nach Buben- und Mädchenhorden getrennt.

Die Roten Falken machten sehr rasch eine tiefe Politisierung durch und sie wurden schnell zur „Avantgarde" der sozialdemokratischen Erziehungsbewegung. Das Wachstum der Falken dauerte bis zum Verbot im Februar 1934 an. Zu diesem Zeitpunkt gab es in Linz etwa 650 Falken.

Die Kinderfreundearbeit

Jahr für Jahr stieg nicht nur die Zahl der Kinderfreundemitglieder in Linz, sondern auch die der betreuten Kinder und die der Veranstaltungen. Einen Einbruch erlebten die Kinderfreunde im Jahr 1931, das durch die Wirtschaftskrise erstmals einen Rückgang der Mitgliederzahlen brachte, der sich dann auch noch in den folgenden Jahren fortsetzte.

Die Tätigkeit der Kinderfreunde wurde in zwei Schwerpunkten beschrieben, zum ersten die Betreuung der Kinder in den „festen Gemeinschaften" und dann die „offene Arbeit" bei Festen und Feiern.

Diese Veranstaltungen bildeten einen Rahmen für das ganze Jahr: „Märzfeier, Maifeier, Frühlingsfest, Jugendweihe, Republikfeier und Jahresabschlußfeier." Diese Veranstaltungen erinnerten einerseits an Feiertage der Arbeiterbewegung: die Märzfeier fand im Gedenken an die bürgerliche Revolution im März 1848 statt, die Republikfeier gedachte der Ausrufung der Ersten Republik am 18. November 1918; andrerseits bildeten diese Feste und Feiern einen eindeutigen Kontrast zu katholischen Feiertagen: das Frühlingsfest wurde zu Fronleichnam abgehalten, in Linz gab es dabei immer eine Großveranstaltung in Scharlinz, die Jugendweihe diente als Pendant zur Firmung. Es ist daher nicht verwunderlich, daß sich die Kinderfreunde immer wieder scharfen Attacken der Kirche ausgesetzt sahen, fühlte sich diese doch in ihrem Erziehungsmonopol gestört. Im Bericht an die Parteikonferenz der SDAP Linz heißt es über das Jahr 1929 auch: „Fast in allen Gruppen gab es einen gewaltigen Ansturm der klerikalen und nationalen Gegner. Da die bisherigen Flüche der bischöflichen Hirtenbriefe nichts nützten, wurden überall die mit reichlichen Geldmitteln ausgestatteten Kinderhorte errichtet, die nationale Turnbewegung ausgebaut und die Beschäftigungsweise nach unseren Methoden umgestaltet. Mit eifriger Propaganda suchten sie unsere Kinder in ihren Bannkreis zu ziehen. In den meisten Fällen wurde aber gerade das Gegenteil erreicht . . ."

Als Abschluß von Wochenendwanderungen zogen Rote Falken immer durch die innere Stadt, besonders durch die Herrenstraße und sangen Arbeiterlieder, besonders laut vor dem bischöflichen Palais.

Die Hortstunden waren „ausgefüllt mit Spiel-, Gesang-, Musikunterricht, Handfertigkeit, Basteln, Turnen, Bibliothek- und Lesestunden, Schulnachhilfe und Märchenvorträge." Daneben wurden noch Wanderungen, Ferienaufenthalte, Kasperlabende und Kinderkino durchgeführt.

Wie bereits erwähnt, bereitete die kapitalistische Krise den Kinderfreunden ab 1913 zunehmende Probleme, daß dies aber auch ein Ansporn für die Kinder- und Elternarbeit sein konnte, läßt sich aus folgendem Beispiel zeigen: „Für die seit Jahren arbeitslose Mitgliedschaft von Schneegattern wurde im Herbst (1931 – der Autor) von den Linzer Kinderfreunde- und Rotfalkengruppen eine Solidaritätsaktion eingeleitet. Dieselbe brachte einen unerwarteten Erfolg. Geldspenden im Betrage von S 382.– und 1237 Kleidungsstücke, Schuhe und Wäsche sind gesammelt worden."

DER FEBRUAR 1934 UND DER AUSTROFASCHISMUS

Hier soll am Beispiel einiger Personen aufgezeigt werden, daß die Kinderfreunde und ihre Funktionäre ein wichtiger Bestandteil der österreichischen Sozialdemokratie waren und das bis zum bitteren Ende des Verbots nach dem Bürgerkrieg im Februar 1934. *Theodor Grill,* der die Mitteilung vom Ausbruch der Kampfhandlungen in Linz am Morgen des 12. Februar 1934 an den Parteivorstand in Wien machte, und seine Frau *Trude* waren Kinderfreundemitarbeiter. Sie flüchteten danach in die Schweiz und wurden dort zu Mitarbeitern der Sozialistischen Arbeiterinternationale.

Der Linzer Falkenführer *Franz Mayr,* gerade 20 Jahre alt, fand im Kampf um den Jägermayrhof den Tod.

Auch in der Zeit des Austrofaschismus waren Kinderfreunde- und Falkenfunktionäre aktiv im Widerstand. War es den Kinderfreunden auch nicht mehr möglich, ihre Arbeit zu machen, denn Kindergruppentätigkeit im Untergrund ist nicht durchführbar, so blieben hervorragende Kinderfreunde der Idee des Sozialismus auch während des Faschismus treu. Der Sekretär der Linzer Kinderfreunde, *Josef Schiefermaier,* wurde im November 1934 verhaftet und wegen „Verbreitung illegaler Flugschriften" im April 1935 zu drei Monaten Haft verurteilt.

Besonders die Falken bzw. deren verantwortliche Funktionäre versuchten bis 1938 Kontakt untereinander zu halten. „Gemeinsame Wanderungen, ‚Treffs' in Gasthäusern, Kaffeehäusern und anderen öffentlichen Plätzen zählten zu den am häufigsten wahrgenommenen Möglichkeiten zur Aufrechterhaltung der Verbindung." So berichtete *Theodor Grill* von den Formen der Kooperation zwischen den illegalen Falken in Linz.

Erst der Einmarsch der Nazitruppen im März 1938 beendete diese illegale Form der Tätigkeit ehemaliger Kinderfreundemitarbeiter. Die meisten zogen sich zurück und warteten das Ende der *Hitler*-Herrschaft ab, andere gingen ins Ausland, nur ganz wenige versuchten auch weiterhin, in winzigen Gruppen zerstreut, Widerstand zu leisten.

NEUBEGINN NACH DER BEFREIUNG 1945

Unmittelbar mit der Befreiung setzte in der gesamten Arbeiterbewegung ein Neubeginn ein. Die alten Kinderfreunde- und Falkenfunktionäre hielten Umschau, wer noch oder wieder da war, beziehungsweise bereit war, wieder mitzuarbeiten.

Doch die politische Situation, die Besetzung Urfahrs durch die Rote Armee und die von Linz durch die amerikanischen Truppen, erschwerte diesen Wiederbeginn. Auch die elf Jahre Illegalität, Verfolgung und ideologischer Deformation erschwerte die sozialistische Erziehungs- und Bildungsarbeit 1945; aber natürlich auch die Zerstörung, die Versorgungsschwierigkeiten und der Mangel an pädagogischen Materialien.

Gegen Ende des Jahres 1945 und am Beginn von 1946 fanden sich die ersten Linzer Kinderfreundegruppen wieder zusammen. Das waren Froschberg, Franckviertel, Hartmayrgut, Keferfeld, Linz Ost. Auch kam es wieder zu größeren Veranstaltungen: zum Beispiel führte die Ortsgruppe Franckviertel der Kinderfreunde am 10. Juli 1946 einen Autobusausflug nach Windischgarsten durch. Oder: die Kinderfreunde vom Keferfeld veranstalteten einen „bunten Nachmittag" mit Liedern, Reigen und Spielen. Auch die erste gemeinsame Großveranstaltung der Kinderfreunde in Linz wurde im Juli 1946 abgehalten, im Festsaal der Realschule wurde vor Hunderten Kindern der Märchenfilm „Das tapfere Schneiderlein" gezeigt.

Bereits in diesem Jahr organisierten die Kinderfreunde wieder Ferienaufenthalte für Stadtkinder. Diese wurden besonders bei Bauernfamilien untergebracht. Im selben Jahr fuhren die Falken auf ein Zeltlager in die Schweiz, dorthin hatte sie der „LASKO", die schweizerische Kinderfreundeorganisation eingeladen. Wie schwach die Kinderfreundeorganisation in dieser Zeit aber noch war, zeigt sich dadurch, daß bei der ersten Landeskonferenz in der Kapuzinerstraße 36 (heute das Jugendzentrum „KAPU" der Sozialistischen Jugend) jede Ortsgruppe berichten konnte. Der Linzer Stadtrat *Kassin* wurde bei dieser Konferenz im März 1946 zum ersten Landesobmann der Kinderfreunde gewählt. Eine eigenständige Bezirksorganisation hat sich erst später gebildet.

Ihre Arbeit versuchten die Kinderfreunde an ihrer Tätigkeit von vor 1934 zu orientieren, dies brachte mit der Zeit einige Schwierigkeiten, da die Sozialdemokratie ihre marxistische Ausrichtung aufgab. So blieben zwar der Organisationsaufbau und die Aktivitäten ähnlich zur Zeit der Ersten Republik, die politischen Inhalte verschwanden aber mehr und mehr.

DER BUND SOZIALISTISCHER AKADEMIKER UND DER SOZIALISTISCHE LEHRERVEREIN

Der Organisationsaufbau der Sozialdemokratie wurde 1945/46 durchaus der Ära vor dem Faschismus nachempfunden, einige Änderungen gab es aber doch. So wurde der ÖGB als Einheitsgewerkschaft gegründet, aber auch bei den Erziehungs- und Bildungsorganisationen gab es Änderungen.

Im Juni 1946 kam es zur ersten Bundeshauptversammlung des Sozialistischen Lehrervereins, im Juli dieses Jahres wurde in Linz dann auch die Gründungsversammlung des SLÖ für Oberösterreich abgehalten. Eine führende Rolle spielte dabei *Dr. Ernst Koref,* der auch zum Mitglied des Präsidiums des Bundesverbandes des SLÖ gewählt wurde. *Koref* war auch einer der tragenden Funktionäre des neugegründeten Bundes Sozialistischer Akademiker, dessen Landesgruppe im September 1946 in Bad Ischl gegründet wurde. Erster Landesobmann wurde der Linzer Vizebürgermeister *Dr. Josef Scherlreiter.*

Die Vorläuferorganisation des BSA in der Ersten Republik war die Sozialistische Vereinigung Geistiger Arbeiter, deren Gründer ebenfalls *Dr. Koref* war. Am Ende des Jahres 1947, also nach mehr als einem Jahr Vereinstätigkeit, gehörten 382 Mitglieder dem BSA an, der bis heute die Zahl seiner Angehörigen auf mehr als 2000 steigern konnte.

WIEDERGEWONNENE STÄRKE UND STABILITÄT

Seit 1949 verlief die Arbeit der Sozialdemokratie und auch die der Kinderfreunde wieder in stabilen Bahnen. Die ärgsten Versorgungsschwierigkeiten waren gebannt, die politische Situation hatte sich weitgehend „normalisiert", auch die unmittelbare Abhängigkeit von den alliierten Besatzungsmächten war zurückgegangen.

Im September 1949 wurde in Urfahr am Damm der erste „Tag des Kindes" gefeiert, auf einer Bühne führten Kinderfreundegruppen aus Urfahr ein „buntes Programm" vor, es wurden Lieder gesungen, Reigen getanzt und Jodler aufgeführt, ein Kasperltheater erfreute die Kinder, es gab auch ein Ringelspiel, Pferde zum Reiten und vieles andere mehr.

Im gleichen Jahr begann auch der Bau des Sommerkinderdorfs der Linzer Kinderfreunde in Obertraun. Seit 1950 verbringen dort jedes Jahr Hunderte Kinder einen Teil ihrer Ferien.

1952 erreichten die Kinderfreunde von Linz wieder ungefähr den Mitgliederstand der Zeit vor dem Faschismus, 2487 Männer und Frauen waren in diesem Jahr bei den Kinderfreunden, organisiert waren sie in 15 Ortsgruppen.

1950 verbrachten erstmals Arbeiterkinder aus der Großstadt einen Teil ihrer Ferien im Kinderdorf Obertraun. Seit damals haben Tausende Kinder einen erholsamen Aufenthalt dort verbracht.

Im „Kleinen Kreis", so nannten die Kinderfreunde in den fünziger Jahren jene Kindergemeinschaften, die sich wöchentlich trafen, wurde wieder gespielt, gesungen und gebastelt. Viele Feste aus der Ersten Republik wurden jedoch nicht mehr gefeiert, so die März- und Republikveranstaltung, an ihre Stelle traten Aktivitäten wie Weihnachtsfeiern, Muttertage, das „Frohe Fest" im Fasching und eben der „Tag des Kindes".

Jene Veränderung der Inhalte und Ziele läßt sich auch an den Mottos verschiedener Veranstaltungen deutlich machen, besonders mit dem Beginn der sechziger Jahre wird diese Veränderung sichtbar. Standen bis dahin bei schlagzeilenartigen Forderungen stets die Arbeiterkinder im Mittelpunkt, so nehmen sich die Kinderfreunde, auch die in Linz, seit etwa 25 oder 30 Jahren einfach „der" Kinder an. Im Bericht der Kinderfreunde an die Parteikonferenz der SPÖ Linz-Stadt 1961 heißt es über das Ziel der Organisation: „Alle Kinder zu glücklichen Menschen zu erziehen."

Die Ferienaktion, immer als Erholungs- und Erziehungsaufenthalt der Arbeiterbewegung verstanden, wird nun als „Urlaub für dein Kind" bezeichnet.

In den sechziger Jahren kommt es zu neuen Akzentsetzungen in der Tätigkeit der Kinderfreunde. Das *Franz-Plasser*-Heim beim Bulgariplatz und das *Ludwig-Bernaschek*-Haus im Ortsgruppengebiet Muldenstraße werden errichtet, nach den Kinderfreundehäusern Hartmayrgut und Keferfeld Anfang der fünfziger Jahre ein zweiter Bauschub. Dazu kam dann noch ein Ferienheim in Ampflwang. In den sechziger und siebziger Jahren beginnen die Kinderfreunde mit der Führung von Kindergärten und Horten.

Die Idee vom „Welttag des Kindes“ stammt noch aus der Ersten Republik, aber erst nach dem Faschismus wurde er ganz wichtiger Bestandteil der Kinderfreunde-Aktivitäten. Hier ein Bild aus dem Jahr 1958.

In den sechziger Jahren gab es ein großes Linzer Kinderfreunde-Orchester. Bei großen Veranstaltungen wurde „aufgespielt“.

... immer wieder Zeltlager. In den fünfziger Jahren war das Zeltlager in Spital am Pyhrn Teil der Ferienaktion der Linzer Kinderfreunde.

Jedes Jahr in der Faschingszeit gehen die „Frohen Feste" über die Bühne. Derzeit werden damit etwa 6000 Kinder und Eltern in ganz Linz angesprochen.

Seit den sechziger Jahren führen die Linzer Kinderfreunde auch Kindergärten und Horte.

Heute haben sich die Linzer Kinderfreunde verstärkt eines Themas angenommen, das ihre Arbeit wieder verstärkt mit politischen Inhalten füllen soll. Ausgehend von den Roten Falken ist die Idee der „Kinderrechte“ zu einem Schwerpunkt der Arbeit der Gesamtorganisation geworden. 1987 wurde zum Beispiel eine Untersuchung aller Linzer Spielplätze durch Kinder und Funktionäre durchgeführt, dabei wurden alle Mängel und Schwächen der Spielplätze aufgelistet. Diese Ergebnisliste bildete die Grundlage von Verhandlungen mit den zuständigen Beamten und Politikern der Stadt. So sollen die Kinderspielplätze in Linz im Interesse der Kinder verbessert werden.

Der Kampf um die Kinderrechte steht derzeit im Mittelpunkt der Kinderfreunde- und Falkentätigkeit, so wie hier am 1. Mai. Auch das ist Teil der sozialistischen Erziehungsarbeit.

Vieles von den Aktivitäten der Kinderfreunde ist nach wie vor sehr traditionell, doch ist dabei oft der Inhalt verlorengegangen. Es gilt daher neue Formen zu entwickeln oder alte Veranstaltungsformen mit neuen Ideen zu füllen. Vieles wurde erreicht, vieles muß noch getan werden. So ist zum Beispiel die Gesamtschule immer noch unerreichtes Ziel. Mit den neuen Technologien werden neue Anforderungen an die Arbeiter und Angestellten erwachsen, aber auch an die Arbeiterbewegung, daher ist Erziehung und Bildung im Interesse der abhängig Arbeitenden genauso wichtig wie vor 100 Jahren.

VORWÄRTS, UND NICHT VERGESSEN

85 JAHRE SOZIALISTISCHE JUGEND LINZ

Helmut Ettl

Die wichtigste unmittelbare Ursache für die Entstehung der Arbeiterjugendbewegung war die triste soziale Lage dieser Gesellschaftsschicht, vor allem der Lehrlinge, wie sie sich als Folge der tiefgreifenden ökonomischen Umwälzungen während des 19. Jahrhunderts ergeben hatte. Die Untersuchung des Lebens der jungen Proletarier ergibt ein trauriges, trostloses Bild: kein Kinderparadies, kein Märchenland der Jugend. Die Jugendzeit eines Proletarierkindes bedeutete Entbehrungen, Einsamkeit, Prügel, Hunger und Arbeit. Wie es damals um das Lehrlingswesen bestellt war, bezeugt ein Regierungsbericht aus dem Jahre 1880, dem wohl kaum fehlende Objektivität vorgeworfen werden kann:

„... Andererseits wird mit Bedauern constatiert, daß die Lehrlinge oft nur zu häuslichen Arbeiten verwendet werden und manchmal sogar zu Zug- und Tragdiensten vom Gewerbeinhaber – ohne Rücksicht auf ihre Kräfte – verwendet werden; es wird geklagt, daß die Lehrzeit nicht mehr zur Unterweisung ins Gewerbe benützt wird und daß die Lehrlinge nur zu Teilarbeiten verwendet werden, ohne in das Ganze des Handwerks eingeweiht zu werden ...“

Der Bericht des Central-Gewerbeinspektors für 1900 wiederholt die Klagen über die argen Zustände und betont die Notwendigkeit gesetzlicher Bestimmungen gegen die Lehrlingszüchtigung. Bei der Prämierung von Meistern durch den Gewerbeförderungsbeirat wären manche Inspektoren außerstande gewesen, auch nur einen einzigen Lehrherrn namhaft zu machen, der sich um die Ausbildung und die Behandlung der Lehrlinge Verdienste erworben hätte.

Über solche Mißhandlungen der Lehrlinge ließen sich auf Grund der Fülle des Materials Bände schreiben. So stand den Lehrherrn das Recht der „väterlichen Züchtigung“ gesetzlich zu. „Der Lehrling war sozusagen Prügelknabe des ganzen Personals und Haushaltes. Der Herr Meister und die Frau Meisterin und leider nur zu oft auch die Gehilfen nützten ihre Überlegenheit rücksichtslos aus“, klagte 1903 der sozial-demokratische Jugendführer *Julius Deutsch,* der selbst die Leiden eines Lehrlings ertragen hatte müssen.

Wie schlecht es damals um das allgemeine Bildungsniveau der Arbeiterjugend bestellt war, zeigt auch der Umstand, daß die Arbeiterjugendbewegung mit dem Motto „Bildung macht frei“ ihre Tätigkeit begann und sich in ihrer ersten Phase fast ausschließlich auf erzieherische Tätigkeiten konzentrierte.

VON DER GRÜNDUNG BIS ZUM ERSTEN WELTKRIEG

Der erste Zusammenschluß junger Arbeiter mit dem Ziel, auf diese Mißstände zu reagieren, fand am 4. November 1894 in Wien statt. Der „Verein Jugendlicher Arbeiter“ wurde gegründet.

„Das erste Jahrzehnt, 1894 bis 1904, war die Gründungsepoche, in der die Pioniere der kleinen und schwachen, aber von Begeisterung erfüllten Vereine um das Recht auf Existenz der Jugendorganisation kämpften – in der Arbeiterbewegung selbst und gegenüber den Behörden."

Mit diesen zutreffenden Worten umriß der spätere Verbandsführer *Robert Danneberg* die Entwicklung der Organisation in den ersten Jahren. Der neue Verein stieß in der Tat auf den sofortigen und heftigen Widerstand der etablierten Mächte: Meister und Innungen, Schulleitungen und Behörden. Verschiedene Innungen legten Schwarze Listen an, mit denen mißliebige Arbeiter und Jugendliche in ihrer Existenz bedroht wurden. Im gleichen Sinne handelten die Gewerbeschulbehörden, die den Lehrlingen die Zugehörigkeit zu Vereinen und die Teilnahme an Veranstaltungen nicht gestatteten.

Doch alle Repressionen fruchteten nicht und der Verein wuchs und wuchs und ging in die Offensive. In einem Flugblatt hieß es: „Wir wollen der unmenschlichen Behandlung und Ausbeutung der Lehrlinge ein Ende setzen; wir wollen für uns selber tun, was die Tierschutzvereine für Hunde und Pferde tun." Aus dem kleinen „Verein Jugendlicher Arbeiter" ging 1904 der „Verband Jugendlicher Arbeiter" hervor, der schließlich die größte Jugendorganisation der Habsburgermonarchie wurde.

1904 wurde auch die erste Gruppe in Oberösterreich gegründet. Auf Initiative des Lehrers und späteren Tagblatt-Redakteurs *Alfred Grohmann* fand das erste Treffen im Gasthaus „Zum Goldenen Elefanten" in Linz statt. Schwerpunkte der wöchentlichen Sonntagstreffen waren die Beratung in Fragen der Lehrlingsausbildung sowie die gemeinsame Freizeitgestaltung, vor allem Wandern. Auch Rechnen, Schreiben und Lesen wurden unterrichtet. Die Gruppe bestand bis 1905. Aber schon 1908 wurde wieder eine Gruppe in Linz gegründet. 1909 gab es zwei Gruppen in Oberösterreich und 1913 bereits zehn Gruppen.

Der überwiegende Teil der Mitglieder waren Lehrlinge. Von den 225 Jugendlichen, die 1910 in Oberösterreich im Verband organisiert waren, waren 187 Lehrlinge, 33 Gehilfen und fünf Hilfsarbeiter. Dementsprechend nahm auch das Lehrlingsproblem eine zentrale Rolle im Verbandsleben ein. 1911 fand dazu die erste große öffentliche Jugendversammlung im Gasthaus „Zum Goldenen Elefanten" statt, die gut besucht war. Referent war *Anton Jenschink,* der Verbandsobmann aus Wien. Auch der 1. Mai dieses Jahres stand unter diesem Schwerpunktthema. An der Spitze des Maiaufmarsches der Linzer Partei marschierten in einem eigenen Jugendblock über 100 jugendliche Arbeiter, und die auf den mitgetragenen Transparenten aufgemalten Losungen spiegeln die Probleme dieser Zeit wider: „Nieder mit dem Sonntags- und Abendunterricht", heißt es da, „Heraus mit dem Tagesunterricht" oder „Nieder mit der Lehrlingsausbeuterei".

Heftige Diskussionen löst die Frage der Aufnahme weiblicher Mitglieder in den Verband aus. Auf dem Verbandstag 1909 wird ein von den deutsch-böhmischen Jugendgruppen gestellter Antrag für die Aufnahme von Mädchen in die Organisation unter starkem Druck konservativer und organisationsegoistischer Kreise in Partei und Gewerkschaft abgelehnt. Vor allem auch die Vertreterinnen der sozialdemokratischen Frauenorganisation polemisierten gegen die Koedukation und für die Erfassung der Mädchen in ihrer Organisation. Aber dieser Beschluß geht an der realen Entwicklung vorbei. So schreibt das Verbandsorgan „Der Jugendliche Arbeiter" 1911, daß bei einem Ausflug der Gruppe Linz zahlreiche Mädchen teilgenommen hatten und daß an die Gründung einer eigenen Mädchensektion gedacht wurde.

Politische Betätigung war dem „Verband Jugendlicher Arbeiter", der de facto eine sozialdemokratische Parteiorganisation war, nicht erlaubt. Dennoch nahm die sozialdemokratische Jugend an den großen politischen Auseinandersetzungen jener

Zeit in zunehmendem Maß teil, abgesehen davon, daß auch ihre sozialpolitische und pädagogische Aktivität einen eminent politischen Charakter hatte.

Die Zuspitzung der nationalen, imperialistischen Gegensätze in der Weltpolitik und die dadurch bedingten radikalen Kampfbeschlüsse der Internationalen Sozialistenkongresse sowie der Stuttgarter Gründungskonferenz der sozialistischen Jugendinternationale 1907, die völlig im Zeichen *Karl Liebknechts* stand, des entschiedensten Vorkämpfers der antimilitaristischen Taktik, machten den Antimilitarismus zu einem zentralen Thema auch des österreichischen Verbandes. Dabei kam die Organisation sofort mit der Staatsgewalt in Konflikt, Versammlungen zu diesem Thema wurden verboten und Zeitungen beschlagnahmt. Es darf aber auch der Umstand nicht vergessen werden, daß auch die Sozialdemokratische Arbeiterpartei (SDAP) die antimilitaristischen Bestrebungen der Jugendlichen nicht gerne sah. So mußte *Robert Danneberg,* einer der führenden Sprecher des Verbandes, der in der Broschüre „Alles in des Molochs Rachen. Für den Militarismus alles – für das Volk nichts" seine Ansichten deutlich bekundet hatte, auf dem Parteitag 1907 die Erklärung abgeben, daß die Jugendorganisation keine antimilitaristische Propaganda betrieben hätte und auch keine betreiben werde. Als er dann auf einer Konferenz des „Verbandes Jugendlicher Arbeiter" deswegen von Jugendlichen zur Rede gestellt wurde, rechtfertigte er sein Vorgehen damit, daß die Partei andernfalls die Subventionen eingestellt hätte.

DER ERSTE WELTKRIEG

Für die politische Entwicklung und die Tätigkeit der sozialdemokratischen Jugendbewegung während des Ersten Weltkriegs war die Stellung der Arbeiterbewegung zum Krieg von ausschlaggebender Bedeutung. Die sozialdemokratischen Parteien der kriegführenden Staaten, einschließlich der österreichischen, hatten sich mit wenigen Ausnahmen bei Kriegsausbruch auf die Seite ihrer nationalen Regierungen gestellt und mit den herrschenden Klassen eine Art „Burgfrieden" für die Dauer des Krieges geschlossen. Die Parteiführungen unterließen es, die Massen – den feierlichen Beschlüssen der Sozialistischen Internationale entsprechend – zum Kampf gegen ihre Regierungen und gegen den Krieg aufzurufen, weil sie einerseits selbst vom Nationalismus erfaßt wurden und andererseits nicht bereit waren, Isolierung, Verfolgung und Illegalität in Kauf zu nehmen. Die Haltung der sozialdemokratischen Jugendorganisation zum Krieg unterschied sich bei Kriegsausbruch kaum von jener der Partei.

Nachdem aber der erste Rausch der Kriegsbegeisterung verflogen war, und die Arbeiterjugend die Not und Leiden des Krieges am eigenen Leib zu spüren bekam, vollzog sich ein rascher Stimmungswandel. Im Laufe der Kriegsjahre wurde die Kriegsgegnerschaft zunehmend profilierter und radikaler. Dies geht unter anderem daraus hervor, daß von den Kriegsnummern der Verbandszeitschrift „Der Jugendliche Arbeiter" nicht eine einzige unkonfisziert blieb.

Die organisatorische Entwicklung der sozialdemokratischen Jugendbewegung wurde vom Krieg unmittelbar und schwer getroffen. Ein hoher Anteil der Mitglieder und fast alle älteren, erfahrenen Funktionäre mußten an die Front. Viele mußten dabei ihr Leben lassen. So auch der Gründer der Sozialdemokratischen Jugendbewegung in Linz, *Alfred Grohmann,* der 1916 in Italien fiel. *Viktor Lapanja,* der seit 1910 Vorsitzender der Linzer Organisation war, wurde eingezogen.

Sein Nachfolger als Linzer Jugendobmann wurde der damals 16jährige *Ludwig Bernaschek,* Lehrling in der Schiffswerft. Doch ein Jahr später mußte auch Bernaschek einrücken. Ebenso erging es dem Lehrer *Josef Scherbantin,* später Stadtrat in Linz, der seit 1913 oberösterreichischer Landesvorsitzender war. Auch mit einer drastisch rückläufigen Mitglieder- und Gruppenentwicklung war der Verband konfrontiert:

	Juni 1914	Dezember 1914	1915	1916
Mitglieder in Oberösterreich	472	405	302	248
Gruppen in Oberösterreich	8	8	6	4

Der 24. Oktober 1916 – der Tag, an dem Friedrich Adler den Ministerpräsidenten *Graf Stürgkh* erschoß, jenen Mann, der die Kriegspolitik der Monarchie symbolisierte – war ein Signal, rüttelte die Arbeiterbewegung, insbesondere die jungen Proletarier, auf. Wenige Monate später brach die Russische Revolution aus, im Frühjahr 1917 fanden Massenstreiks statt und in Cattaro meuterten im Frühjahr 1918 die Matrosen. Die durch diese Ereignisse entstandene Stimmung erfaßte auch die sozialdemokratische Jugendbewegung, die nun ihre vorher geübte Zurückhaltung aufgab und offen auf Konfrontationskurs gegen den Krieg und die Monarchie ging sowie ihren Standpunkt auch gegen die eigene Parteiführung durchfocht, wodurch die Beziehung zwischen Verband und Partei einige Zeit auf Eis gelegt wurde. Die Aufbruchsstimmung schlug sich auch in steigenden Mitgliederzahlen nieder. Zum ersten Mal stießen auch viele Schüler und Studenten dazu.

Treffen sozialistischer Jugendfunktionäre aus Linz mit Josef Dametz in Scharten 1918.

Am 31. Oktober 1918 zogen die Arbeiter der Linzer Schiffswerft mit roten Fahnen durch Linz und brachen in Hochrufe auf die Russische Revolution aus. Unter ihnen die Mitglieder der sozialistischen Jugendbewegung, die in der Schiffswerft einen ihrer stärksten Stützpunkte hatte. Einige Tage später wurden Arbeiter- und Soldatenräte gebildet. Am 12. November 1918 wurde die Republik ausgerufen.

DIE ERSTE REPUBLIK

Am Verbandstag des „Verbandes Jugendlicher Arbeiter" 1919 wurde der Verband umbenannt. Der neue Name ist „Verband Sozialistischer Arbeiterjugend Deutschösterreich" (SAJ). Damit sollte die radikale Einstellung der Jugend – zumindest verbal – zum Ausdruck gebracht werden. Aber sie war nicht nur radikal. Die SAJ wurde eine richtige Massenbewegung und erreichte 1923 mit 38.000 Mitgliedern ihren absoluten Mitgliederrekord. Sie war damit (bezogen auf die Einwohnerzahl) die größte sozialistische Jugendorganisation der Welt. Allein die Linzer SAJ hatte 1922 1148 und 1923 sogar 1238 Mitglieder. Doch dann kam der organisatorische Einbruch. Ein Mitgliederschwund setzte ein. Zusätzlich kam es zu Richtungskämpfen innerhalb der SAJ.

Der Kreis um *Manfred Ackermann* vertrat eine politisch-kämpferische Richtung, der Kreis um *Otto Felix Kanitz,* der auch die Unterstützung der Parteiführung besaß, eher eine jugendbewegt-pädagogische Richtung. Eine entscheidende Bedeutung für den Ausgang des Ringens um die Führung des Verbandes hatte neben dem Abflauen der revolutionären Stimmung die Übernahme der SAJ-Betriebsorganisationen durch die Gewerkschaftsjugend in den Jahren 1923 bis 1925, was mit Druck des Parteivorstandes und der Gewerkschaftskommission durchgesetzt wurde. Damit verlor der *„Ackermann*-Flügel" seine Basis und die Jahre 1925 bis 1930 wurden von der jugendbewegt-pädagogischen Richtung dominiert, was jedoch niemals zu jener Entpolitisierung führte, wie sie in der deutschen Jugendbewegung zu finden war. Anfang der dreißiger Jahre mußte die SAJ-Führung angesichts der Offensive reaktionärer und faschistischer Kräfte das Schwergewicht zunehmend auf die Abwehrkämpfe (Wehrsport, Propagandastaffeln ...) legen, während die jugendbewegten und kulturellen Elemente der Organisationsarbeit zurückgedrängt wurden. Die wachsende Gefahr einer Gegenrevolution gestattete kein unbegrenztes Aufgehen in Tanz und Spiel; besonders die älteren Jugendlichen verlangten eine aktive Rolle im Kampf gegen den Faschismus.

1930 wurde der Wehrsport gegründet, der in enger Zusammenarbeit mit dem Republikanischen Schutzbund die Aufgabe hatte, die Veranstaltungen der SAJ gegen Störungsversuche der politischen Gegner zu schützen, und deshalb auch militärisch ausgebildet wurde. Die Resultate dieser Aktivitäten zeigten sich im Februar 1934, als viele junge Schutzbündler den aussichtslos scheinenden Kampf gegen die Übermacht des Bundesheeres und der Faschisten aufnahmen. Nicht wenige Jugendliche ließen in diesem Einsatz ihr Leben.

Immer wieder kam es zu handgreiflichen Auseinandersetzungen mit Heimwehr und Nationalsozialisten. Beliebtes Ausflugsziel der Linzer SAJ-Gruppen an Sonntagen war der Pöstlingberg. Begegnete man dabei Heimwehr- oder Nazigruppen, so spitzte sich die Situation zu. Besonders die Nationalsozialisten waren wegen ihres provokativen Auftretens und ihres brutalen Vorgehens bekannt.

1929 umfaßte die Linzer SAJ zwölf Gruppen, davon neun Orts- und drei Betriebsgruppen mit insgesamt 626 Mitgliedern. Daneben gab es noch die Gruppe der Sozialistischen Mittelschüler mit 151 Mitgliedern.

Einen absoluten Höhepunkt dieses Jahres bildete das Jugendtreffen der Sozialistischen Jugendinternationale in Wien mit über 50.000 Teilnehmern aus aller Welt. Aus Linz nahmen an diesem Treffen 181 Jugendliche teil, die die holländische Delegation zu betreuen hatten.

Aber der Schwerpunkt der politischen Aktivitäten war, wie erwähnt, der Abwehrkampf gegen den Faschismus. Im Arbeiterheim Kleinmünchen und in Aigners Theresiensaal fanden Jugendversammlungen gegen „Heimwehrfaschismus und Bür-

1930 wird in Zusammenarbeit mit dem Schutzbund der Wehrsport gegründet. 1933 findet eine Wehrsportschule in Windhaag statt. In der Bildmitte Ernst Koref, rechts von ihm Richard Bernaschek (heller Anzug, dunkle Krawatte).

Wandern wird großgeschrieben. Die SAJ-Gruppe 8 A (Franckviertel) im Gebirge 1931.

Der oberösterreichische SAJ-Landesvorsitzende Josef Klug spricht auf einem Treffen der Bezirksorganisationen Linz und Mühlviertel zu den Jugendlichen.

Satire wird als Agitationsmittel gegen den Vormarsch der Reaktion eingesetzt: Die Theatergruppe der SAJ-Gruppe Waldegg 1931.

gerkrieg" statt. Ein eigenes Kabarett mit dem Namen „Das politische Bilderbuch" und ein Sprechchor unterstützten die Agitation.

Die Wirtschaftskrise ließ die Arbeitslosenrate nach oben schnellen. 1929 waren (nach Schätzungen) 50.000 Jugendliche unter zwanzig Jahren ohne Arbeit, 1930 waren es schon 65.000. Auch die SAJ mußte sich mit diesem Problem auseinandersetzen. Besonders finanziell wurde die Organisation davon betroffen, da die jugendlichen Arbeitslosen vom Mitgliedsbeitrag befreit waren. Jedoch anders als bei Partei und Gewerkschaft, die beide erhebliche Mitgliederverluste hinnehmen mußten, führte die Arbeitslosigkeit zu keiner organisatorischen Schwächung der SAJ. Die Mitgliederzahlen konnten gehalten bzw. sogar gesteigert werden. Die jugendlichen Arbeitslosen wurden in die Gemeinschaft integriert, die SAJ bot ihnen ein breites Betätigungsfeld.

Nur bei den jungen Mitgliedern wurde ein Rückgang festgestellt. Erhebungen ergaben, daß Eltern ihre Kinder aus Furcht vor Übergriffen faschistischer Schlägerbanden nicht mehr in den SAJ-Gruppenabend schicken wollten.

Anfang der dreißiger Jahre wurde einerseits der politische Abwehrkampf gegen den Faschismus immer härter, andererseits wurden in der SAJ immer mehr Stimmen gegen die zurückweichende Haltung der Parteiführung laut. Zahlreiche Jungsozialisten schlossen sich der innerparteilichen Opposition um *Ernst Fischer* und *Karl Mark* an, in Oberösterreich um *Richard Bernaschek.* Andere gingen zur KPÖ, so 1933 *Peter Kammerstätter,* Bezirkssportreferent der Linzer SAJ.

Mit welchem Einsatz der Kampf gegen den Faschismus von den Jugendlichen geführt wurde, zeigt folgendes Beispiel: Der siebzehnjährige *Rudolf Kührer* war 1933 Obmann der SAJ Wiener Reichsstraße und Wehrsportführer des Zuges Ebelsberg, Kleinmünchen, Äußere Reichsstraße. *Rudolf Kührer* erhielt von der Landesleitung der Sozialdemokratischen Partei mit seiner Jugendgruppe den Auftrag, am 12. November 1933 (Tag der Gründung der Republik) zu demonstrieren, da das Aufmarschieren nach der Ausschaltung des Parlaments durch die *Dollfuß*-Regierung am 15. März 1933 verboten war.

Er berichtet: „Wir haben auch die Unterlagen für Sprechchöre bekommen, die wir während unserer Demonstration rufen sollten. Die Parolen waren u. a. ‚Hoch die Republik, der *Dollfuß* gehört am Strick‘, ‚Rotes Linz, Rotes Wien, der *Dollfuß* gehört in die Wurstmaschin‘. Ich habe den Auftrag bekommen, habe meine Gruppe organisiert. Wir waren ca. 40 SAJler da. Wir haben uns beim Sitz des Konsum Wiener Reichsstraße/Bundesbahnwerkstätte gesammelt und sind hinein zum Volksgarten und dort haben wir uns aufgestellt. Ich bin an der Spitze mit zwei SAJlern, die rote Fahnen trugen, marschiert.“

Die Gruppe marschierte dann in Richtung Schillerpark und rief dabei die Parolen. Beim Kaufmännischen Vereinshaus wartete jedoch schon die Polizei, die die ganze Gruppe sofort verhaftete und in das Polizeigefängnis brachte. *Rudolf Kührer* erhielt als Verantwortlicher 14 Tage Haft, die beiden Fahnenträger jeweils acht Tage.

Je schärfer die Auseinandersetzung wurde, desto mehr rückte die SAJ auch in das Interesse der bürgerlichen Staatsgewalt. Die Sozialistische Jugend wurde für eine gefährliche Elitetruppe innerhalb der Partei gehalten und dementsprechend bespitzelt. So wurde in einem Bericht der Bundespolizeidirektion Linz am 31. Jänner 1934 festgestellt, daß 13 Gruppen der SAJ in Linz bestünden und sich diese bereits auf Illegalität einstellten. Weiters ist zu lesen: „Die Sozialistische Arbeiterjugend, welche vor Jahresfrist etwa 1200 Mitglieder hatte, hat in letzter Zeit keinen Aufschwung erfahren, vielmehr Mitglieder an die Vaterländische Front, Kommunisten und NSDAP im geringeren Ausmaß verloren.“

DER 12. FEBRUAR 1934

Am 12. Februar 1934 zeigte sich, daß die Polizei nicht unrecht damit hatte, ihr Auge auf die SAJ zu werfen. Die im Wehrsport ausgebildeten Jugendlichen erschienen an den Sammelplätzen und kämpften gemeinsam mit dem Schutzbund gegen die Übermacht.

Der damals 20jährige SAJler *Josef Hausleitner* war schon bei der Verteidigung des Hotel Schiff dabei, und auch der Polizeibericht spricht von der Anwesenheit von ca. sechs bis acht Mitgliedern der SAJ in der Parteizentrale am Morgen des 12. Februar.

Hans Pirklbauer erlebte als Obmann der Ebelsberger SAJ die ganze Enttäuschung über die Desorganisation des Aufstandes und die Demoralisierung der Kämpfer. Nach Bekanntwerden der Ereignisse im Hotel Schiff verständigte *Pirklbauer* die SAJ-Aktivisten. Vier davon kamen im Laufe des Morgens zum vereinbarten Sammelplatz am Schiltenberger Wald. Es trafen auch 20 Schutzbündler ein, aber es waren kaum Waffen vorhanden und es gab keine Instruktionen. Es stellte sich heraus, daß es für den Ernstfall keinerlei Weisungen gab und auch keine organisatorischen Verbindungen. Nach längerer Diskussion marschierte dann die Gruppe zur Poschacher Brauerei, wo auch die SAJ-Gruppe von *Rudolf Kührer* eingesetzt war. Nach einiger Zeit ratlosen Wartens löste sich dann die Gruppe auf und ging nach Hause.

In Urfahr kam es bei der Eisenbahnbrücke zu einem tragischen Vorfall. Der Bundesheersoldat *Franz Buchinger,* der sich mit seiner Einheit auf der Linzer Seite der Eisenbahnbrücke befand, wollte die Brücke überqueren. Er robbte hinüber, obwohl ihn ein Offizier daran zu hindern versuchte. *Buchinger* war Aktivist der SAJ und kurze Zeit vor dem 12. Februar zum Bundesheer eingezogen worden. Als seine Genossen einen Soldaten auf sich zukommen sahen, eröffneten sie das Feuer – tödlich getroffen blieb *Franz Buchinger* liegen.

ILLEGALITÄT

Am 12. Februar 1934 wurde die Sozialistische Arbeiterjugend, ebenso wie alle anderen Parteiorganisationen, verboten. Dieses Verbot bedeutete für viele Jugendliche nicht nur den Entzug ihrer politischen Plattform, für viele bedeutete dies den Verlust ihrer gesamten gewohnten Lebensgestaltung. Früher waren sie z. B. am Sonntag mit der SAJ Gruppe wandern gegangen. Nun war dies sofort verdächtig und zog die Aufmerksamkeit der Polizei auf sich. Viele Jugendliche waren auch von der Sozialdemokratie enttäuscht. Für sie stand fest, daß die zurückweichende Haltung der Parteiführung gegenüber der Reaktion die eigentliche Ursache für die Niederlage war. Und sie zogen ihre Schlüsse daraus. Viele gingen zur KPÖ, so auch der Landesvorsitzende der SAJ Oberösterreich *Josef Klug,* andere kämpften bei den Revolutionären Sozialisten weiter, einige gingen auch zu den Nazis.

Die sozialistischen Jugendlichen werden in die Illegalität gedrängt. Das Bild zeigt eine Gruppe junger revolutionärer Sozialisten und Kommunisten, die sich unter dem Tarnnamen GöC-Klub treffen (Frühjahr 1934). Einige von ihnen werden schon wenige Monate später verhaftet.

Die Polizeiberichte des Austrofaschismus waren voll von Namen ehemaliger Aktivisten der SAJ, die gegen das verhaßte Regime in der Illegalität kämpften. Vielen wurde dies 1938, nach dem Einmarsch *Hitler*-Deutschlands, zum Verhängnis. Die Gestapo übernahm die Listen und viele wanderten in die Konzentrationslager oder wurden umgebracht. In einem Bericht der Bundespolizeidirektion Linz aus dem Jahr 1935 heißt es: „Im hiesigen Amtsbereich wurden im April und Mai 1934 drei kommunistische Zellen ausgehoben, deren Mitglieder durchwegs aus ehemaligen Mitgliedern der SAJ bestanden. Die Zellen befanden sich in den Stadtvierteln Sintstraße, Römerberg und Kleinmünchen. Es wurden damals insgesamt 30 Personen ausgehoben und von der hiesigen Polizeidirektion bestraft. Sie waren unter dem Titel „Kommunistischer Jugendverband" organisiert ..."

Viele ehemalige SAJler kämpften auch in Spanien in den Internationalen Brigaden auf der Seite der Republik gegen Franco.

Mit dem Einmarsch *Hitlers* in Österreich wurde der illegale Kampf lebensgefährlich. Der Widerstand der Revolutionären Sozialisten wurde größtenteils eingestellt. Nur die Kommunisten versuchten mit ganzer Kraft weiterzukämpfen. Der nationalsozialistische Terror kostete unzähligen Kommunisten das Leben, darunter vielen ehemaligen SAJlern.

BEFREIUNG UND WIEDERAUFBAU

Am 6. Mai 1945 wurde Oberösterreich von der Naziherrschaft befreit. Am 7. Mai wurde *Ernst Koref* zum Linzer Bürgermeister bestellt, und ehemalige sozialdemokratische Funktionäre begannen mit dem Wiederaufbau der Partei. Schon in den Anfangstagen wurde der Lehrer *Stefan Demuth,* der vor 1934 bei den Sozialistischen Mittelschülern aktiv war, mit dem Aufbau der Sozialistischen Jugend (SJ) in Oberösterreich beauftragt. Die Schwierigkeiten, vor denen die Pioniere des Wiederaufbaus standen, waren enorm. Zu den materiellen Problemen (die Jugendheime der SAJ waren 1934 beschlagnahmt worden, Papier war rationiert ...) kam, daß der Faschismus in den Jugendlichen tiefe Spuren hinterlassen hatte. So erklärte der erste Verbandsobmann der SJ nach 1945, *Peter Strasser,* am ersten Parteitag der SPÖ im Dezember 1945: „Es gibt zwei Typen, die der Nationalsozialismus entwickelt hat, den Hitlerjungen und den Schlurf. Wenn der Hitlerjunge immerhin den kollektiven Charakter verkörpert, so verkörpert der Schlurf den Individualisten, der sich in Opposition zum Nationalsozialismus entwickelt hat. Dieser Hitlerjunge ist für uns noch viel eher annehmbar als der individualistische Schlurf, und es ist nun sehr schwer für uns, aus dieser Jugend eine wirklich sozialistische Jugend zu erziehen."

Die führenden Funktionäre der neugegründeten SJ waren überwiegend schon vor 1934 in der SAJ tätig gewesen und waren durchschnittlich 30 Jahre alt. Sie waren es auch, die die Aufbruchsstimmung der alten SAJ in den neugegründeten Verband einbrachten und sich gegen die rein jugendpflegerische Ausrichtung der SJ, wie sie von seiten einiger Parteikreise gewünscht wurde, wandten. So stand in der SJ-Rubrik „Stimme der Jugend" des OÖ. Tagblattes am 20. Februar 1948 zu lesen: „Über eines wollen wir niemanden im unklaren lassen, daß wir als sozialistische Jugendbewegung eine Kampforganisation sind, die den Kampf um die Rechte der werktätigen Jugend an ihre roten Fahnen geheftet hat – darüber hinaus steht aber an erster Stelle der Kampf um eine neue Gesellschaftsordnung – den Sozialismus."

Die organisatorische Entwicklung verlief anfangs recht gut. Im November 1946 betonte Landesobmann *Hubatka* auf der 1. Landeskonferenz der SJ Oberösterreich die erfolgreiche Aufbauarbeit. Zahlreiche Gruppen konnten bald den Mitgliederstand der dreißiger Jahre erreichen. Aber in den folgenden Jahren machten sich Krisenzeichen bemerkbar. Der kalte Krieg machte den Antikommunismus auch in der SPÖ zum obersten Credo. Den Linken in der Partei wurde die Rute des Kommunismusverdachtes ins Fenster gestellt und damit versucht, sie mundtot zu machen. Als am Bundesparteitag 1947 die sogenannte Resolution der 44, benannt nach den 44 Unterzeichnern (unter ihnen auch *Stephan Demuth),* die Kritik an der Parteiführung übte und im wesentlichen die stärkere Betonung sozialistischer Grundsätze forderte, eingebracht wurde, brach eine Progromstimmung gegen die Unterzeichner aus. Diese Auseinandersetzung führte in der Folge zum Parteiausschluß von Zentralsekretär *Erwin Scharf* und zum Selbstmord der gleichfalls profilierten Parteilinken *Hilde Krones.*

Die Sozialistische Jugend versuchte den Konflikten mit der Parteiführung immer wieder auszuweichen, und allmählich kam es zu einer immer stärkeren Entpolitisierung der Organisation. Immer mehr wurden reine Freizeitaktivitäten in den Vordergrund gestellt. Der politische Kampf rückte in den Hintergrund. Auch organisatorisch kam die SJ in Schwierigkeiten. In den Berichten der Linzer SJ an die Bezirksparteikonferenzen ist zwischen 1949 und 1960 ständig von Organisationsschwierigkeiten die Rede. 1949 hatte z. B. die SJ Linz 408 Mitglieder in 14 Gruppen organisiert. Der Kassierungsgrad betrug jedoch nur 59 Prozent. Ab 1951 wurde keine Mitgliederstatistik mehr veröffentlicht.

Ein Schwerpunkt der Aktivitäten der Linzer SJ Ende der vierziger Jahre lag im Kulturbereich. Dazu wurde der „Kulturring junger Sozialisten" gegründet, der ein vielfältiges kulturelles Programm gestaltete. 1949 hatte dieser Kulturring 120 Mitglieder. Dazu gab es noch eine Kabarettgruppe mit dem Namen „Die roten Spatzen".

Auf einer Jubiläumsveranstaltung der Sozialistischen Jugend Linz am 26. Oktober 1968 spricht Bruno Kreisky im Volkshaus Bindermichl.

NEUAUFBRUCH ANFANG DER SIEBZIGER JAHRE

Die Jugendbewegung im Gefolge der Aufbruchsstimmung des Jahres 1968 führte zu einer Linksorientierung der Jugend, besonders der Studenten, die vermehrt marxistische Literatur rezipierten. Anfang der siebziger Jahre arbeiteten zahlreiche, durch die 68er Bewegung politisierten Schüler und Studenten in der SJ Linz mit und organisierten Seminare und Schulungen, auf denen die Jugendlichen wieder mit den Ideen des Marxismus in Berührung kamen. 1973 übernimmt dieser Kreis die Führung der Bezirksorganisation. Es wurden vier Arbeitsschwerpunkte formuliert. Ausgehend von der organisatorischen Schwäche der SJ (1973 gab es nur mehr drei Gruppen, die SJ Neue Heimat, die SJ Vöest und die SJ Auhof), wurde der Schwerpunkt auf die

Gruppenarbeit und die damit einhergehende Schulungsarbeit gelegt. Daneben wurde der Anspruch formuliert, verstärkt die Vorstellungen der SJ in die Partei tragen zu wollen. Die Formulierung eigener Standpunkte in der Diskussion führte aber auch zu heftigsten Auseinandersetzungen mit der Parteiführung, die bis zum Parteiordnungsverfahren und Parteiausschluß gingen. Ein Höhepunkt dieser Auseinandersetzungen war die Frage der Nutzung der Atomenergie, wo die Standpunkte der SJ mit denen der Partei aufeinanderprallten.

Auch Konflikte mit der Mutterpartei werden nicht gescheut: Demonstration gegen eine befürchtete Fahrpreiserhöhung der ESG 1986.

Den vierten Schwerpunkt bildete die internationale Solidaritätsarbeit (z. B. Chile, Vietnam, Angola u. a.).

Die intensive Aufbau- und Schulungsarbeit brachte bald Erfolge. 1974 wurde *Josef Ackerl* oberösterreichischer Landesvorsitzender, 1976 sogar Verbandsvorsitzender. Auf dem Verbandstag 1976 wurde auch eine Resolution beschlossen, die bis heute die Grundlage der Politik der SJ darstellt. Nach einer Analyse der Entwicklung des Kapitalismus heißt es in dieser Resolution: „Die SJÖ hat als Jugendorganisation der SPÖ die Aufgabe, der Partei klassenbewußte Mitarbeiter heranzubilden, die am

Bruno Kreisky spricht auf einer Großveranstaltung der Sozialistischen Jugend Linz am 12. Februar 1988 im Neuen Rathaus zum Thema „12. Februar 1934 – 12. März 1938". Links Bezirksvorsitzender Martin Winkler.

Arbeitsplatz, in Betrieb und Schule, im öffentlichen Wirken und in allen Gliederungen der Partei diszipliniert arbeiten und sich als Sozialisten erweisen." Und am Ende heißt es: „Unser Ziel heißt Beseitigung des Kapitalismus, unser Ziel ist Sozialismus, ist ein neuer, freier Mensch!"

Mit traditionellem Kampfgeist und modernem Programm ins 85. Jahr ihres Bestehens. Die Sozialistische Jugend Linz am 1. Mai 1988.

„Den Frauen ihr Recht!"

EINE BETRACHTUNG DER ENTWICKLUNG DER SOZIALISTISCHEN FRAUENORGANISATION VON LINZ

Eveline Exner-Kögler

Die hundertjährige Geschichte der Linzer Sozialdemokratie ist auch untrennbar die Geschichte der lokalen sozialistischen Frauenbewegung. Einiges spräche dafür, die Geschichte der Frauen unserer Partei gemeinsam mit der der Männer abzuhandeln. Der lange, zähe Kampf der Arbeiterbewegung gegen Ausbeutung und Faschismus war immer auch ein Kampf, an dem die Frauen beteiligt waren. Auch das letzte Parteiprogramm von 1978 stellt das Gemeinsame in den Vordergrund:

„Weil die Sozialisten die Emanzipation von Mann und Frau verwirklichen wollen, machen sie den Kampf der Frau gegen Benachteiligungen auch zu ihrem Kampf."

Dennoch haben die Frauen nie den Anspruch auf eine eigene Frauenorganisation aufgegeben, weil sie gesellschaftliche Probleme, von denen Frauen stärker als Männer betroffen waren, erkannten und gemeinsam bekämpften – und dies auch heute noch tun müssen.

Dies zur Begründung einer eigenen Darstellung der sozialistischen Frauenbewegung der letzten hundert Jahre, die allerdings nicht den Anspruch auf historische Vollständigkeit erhebt, sondern die Entwicklungen und Schwerpunkte der politischen Frauenarbeit schildern soll.

DER ANFANG

In der zweiten Hälfte des neunzehnten Jahrhunderts herrschte in Linz größtes soziales Elend. Als Unterkünfte dienten den arbeitenden Menschen feuchte Räume und Kellerlöcher, in denen sie zusammengepfercht unter unbeschreiblichen Bedingungen „wohnen" mußten. Aufgrund der geringen Entlohnung in den Fabriken waren die Menschen unterernährt und geschwächt. Arbeit von Kindern unter vierzehn Jahren war vor allem in den Spinnereien üblich.

Auch die Arbeiterinnen hatten unter den schlechten Lebens- und Arbeitsbedingungen zu leiden und waren in sehr elendem körperlichen Zustand. In dieser Situation waren die Menschen apathisch und mutlos, sie fügten sich in ihr Schicksal.

Werner Thönnessen schreibt in seinem Buch „Frauenemanzipation": „Während der extensiven Ausbeutung war das Elend der Arbeiterinnen so groß, waren die Arbeitsbedingungen so schlecht und die häuslichen Verhältnisse zu niederdrückend, daß mit dem Erwachen politischen Interesses nicht zu rechnen war. Nur ganz wenige Frauen bürgerlicher Herkunft, noch weniger Arbeiterinnen fanden geistigen Zugang zum Sozialismus und Kontakte zur Sozialdemokratie."

Die politische Rolle der „proletarischen Frau" in den Anfängen beschränkte sich auf caritative Dienste für inhaftierte Arbeiterführer und ihre Familien. *Anton Weiguny* erwähnt sie in seinen „Erinnerungen eines Alten" wohlwollend:

„Aber nun zeigte sich, was proletarische Frauen leisten können. Sofort wurde durch unsere Frauen die Verköstigung *Fuchs'* organisiert. Da *Fuchs* ein politischer

Gefangener war, konnte er sich selbst verpflegen und diese Verpflegung führten unsere Frauen in klagloser Weise durch."

„Das vereinzelte couragierte Auftreten von Frauen bei politischen Versammlungen erzeugte hingegen Unmut und Aufruhr", schreibt *Hans Ottenbacher,* ein Sozialist und Gewerkschafter, in seinem Bericht aus dieser Zeit: „Unter freiem Himmel in *Eckers* Gasthaus fanden sich viele Rieder Arbeiter und ihre Frauen ein. Da geschah als Überraschung das ganz und gar Unerhörte, es sprach eine Frau aus Linz (Frau *Imstetter).*"

Erst um die Jahrhundertwende, in der Zeit steigender Erwerbstätigkeit und größerer Produktivität mit etwas verbesserter Arbeitssituation, begannen sich die Frauen zu politisieren.

Hans Ottenbacher berichtet ferner, daß mit den verschiedensten Methoden agitiert wurde, um auch die Frauen von den Zielen des Sozialismus zu überzeugen:

„Eine Tanzschule wurde gegründet. Dies hatte den Zweck, die Dienstmädchen über die Bestrebungen der Arbeiter aufzuklären."

Frauen traten in verstärktem Maße der Partei und den Gewerkschaften bei. Besonders spürbar wurde der Zusammenhang von steigender Frauenerwerbstätigkeit und vermehrter Mitgliedschaft in den Organisationen der Arbeiterbewegung kurz nach der Jahrhundertwende. 1910 waren in Oberösterreich 278 Frauen Mitglieder der Sozialdemokratischen Arbeiterpartei (SDAP) und 1911 waren es breits 2260.

Dieses extreme Ansteigen der Mitgliederzahlen war sicherlich auch ein Verdienst von *Marie Beutlmayr.* Sie wurde 1870 geboren und stammte aus ärmsten Verhältnissen. Zuerst war sie Dienstmädchen, dann Arbeiterin in der Franckfabrik und einer Dampfsäge. Schon früh wurde sie Mitglied im Arbeiter-Bildungsverein und 1893

Marie Beutlmayr, die herausragende Persönlichkeit in den Anfängen der sozialistischen Frauenbewegung.

war sie Mitbegründerin des Arbeiterinnen-Bildungsvereines. Als blendende Rednerin und überzeugende Agitatorin konnte sie viele Arbeiterinnen für die sozialdemokratischen Ideen gewinnen.

Eine ihrer ersten Aktionen an ihrem Arbeitsplatz schildert sie so: „Es war der Erste Mai 1984 ... Auch wir wollten diesen Tag mit einer besonderen Tat begehen. Unser Ansuchen um Freigabe des Tages wurde von der Direktion der Dampfsäge ganz ignoriert. Schnell wählten wir eine Deputation ... Ich war die Sprecherin; wir gingen zum Direktor und ersuchten um Lohnaufbesserung ... Es ergab sich beim Geltendmachen unserer Forderung folgende Situation: In dieser Dampfsäge wurden unter anderem auch die Kistchen für den Franck-Kaffee erzeugt. Die Holzteile wurden mit kleinen Drahtnägeln durch einen Schlag mit einem kleinen Hammer zusammengefügt. Durch diese Übung hatte jede Arbeiterin das Hammerl beständig in der Hand ... Als wir zum Herrn Direktor gingen, hatten wir auch nach gewohnter Weise unser Hammerl. Ein Zufall, der uns bei dieser Gelegenheit sehr zustatten kam ... Die Auseinandersetzungen dauerten eine längere Zeit, und wie beim Warten die Zeit nicht vergehen wollte, so waren die Arbeiterinnen schon ungeduldig. Und flugs, jede ihren Hammer in der Hand, postierten sie sich vor den Fenstern der Direktion. Da haben die Männer wohl Augen gemacht! ... Und aus allen Kehlen tönte es: ‚Bitte, den alten Lohn!' Dann gingen wir ruhig zu unserer Arbeit zurück."

Die Aktion war erfolgreich – der Lohn wurde wunschgemäß erhöht. *Marie Beutlmayr* war eine Frau, deren Wirken weit über Oberösterreich hinaus die Anfänge der sozialistischen Frauenbewegung geprägt hat. Sie war ab 1918 Gemeinderätin in Linz, ab 1919 Landtagsabgeordnete und hauptsächlich im Sozialbereich tätig. 1928 wählten die Frauen sie zu ihrer Landesvorsitzenden und von 1927 bis 1929 war sie im Bundesrat.

DER KAMPF UM DAS FRAUENWAHLRECHT

Die erfolgreiche politische Karriere von *Marie Beutlmayr* und die Anerkennung ihrer Prsönlichkeit durch die Genossen täuscht darüber hinweg, daß die Anfänge der sozialistischen Frauenorganisation sehr schwer waren. Die SDAP bekannte sich zwar zu der politischen Forderung nach der Gleichberechtigung der Frauen, doch in der Praxis mußten die Frauen meist zurückstehen.

Die Sozialistinnen haben lange Zeit ihre ganze Kraft in den gemeinsamen Kampf mit den Genossen gegen Armut und Unterdrückung der Arbeiterklasse investiert. Dies wird auch deutlich in den Auseinandersetzungen um das allgemeine Wahlrecht in Österreich, die die Frauen unter Verzicht auf ihre Forderung nach dem Frauenwahlrecht führten. Noch 1893 bei der ersten sozialdemokratischen Frauenwahlrechtsversammlung in Wien hieß es:

„‚In Erwägung, daß die Arbeiterinnen unter derselben ökonomischen Unterdrückung zu leiden haben wie die arbeitenden Männer', ... fordert die Versammlung als ‚vornehmstes Kampfmittel das aktive und passive, allgemeine, gleiche und direkte Wahlrecht für alle Vertretungskörper, für alle Staatsbürger ohne Unterschied des Geschlechts ... und erklärt mit aller Kraft, aller Entschiedenheit und allem Opfermut im begonnenen Kampf mitzustreiten und ihn bis zum endgültigen Siege durchzuführen.'"

Doch *August Bebel* behielt recht mit seiner Warnung in „Die Frau und der Sozialismus", als er meinte: „Die Frauen dürfen sowenig auf die Hilfe der Männer warten, wie die Arbeiter auf die Hilfe der Bourgeoisie." Der Parteivorsitzende *Victor Adler* setzte den Frauen gegenüber durch, daß „Vom Standpunkt der politischen Taktik" aus zuerst das Männerwahlrecht errungen werden sollte.

Das Zurückstecken der österreichischen Sozialistinnen stieß bei der ersten Internationalen Sozialistischen Frauenkonferenz in Stuttgart 1907 auf heftige Kritik der ausländischen Genossinnen. (Tatsächlich haben aber nur die skandinavischen Länder früher das Frauenwahlrecht erreicht als Österreich.)

Zum ersten Frauentag am 19. März 1911, der in Linz-Kleinmünchen vor Tausenden Frauen abgehalten wurde, schrieb *Victor Adler* folgenden Gruß und bedankte sich für das solidarische Verhalten der Frauen:

„Die Sozialdemokratie verdankt unseren Genossinnen reichliche und fruchtbringende Arbeit für die Auferweckung des weiblichen Proletariats, sie verdankt ihnen nicht minder opferwillige und verständnisvolle Mitarbeit in Rat und Tat an jeder Stelle unserer Organisation und Agitation, in Politik, Gewerkschaft und Genossenschaft. Unsere Genossinnen haben mit uns in Österreich den großen Kampf um das Wahlrecht mitgekämpft, rastlos, tapfer und mit Selbstverleugnung, obwohl sie wußten, daß der Preis des Sieges nicht das allgemeine Wahlrecht, sondern nur ein Männerwahlrecht sein könne. Sie haben ihre politische Einsicht bewahrt, indem sie die erste Hälfte des Weges mit uns gegangen sind, und an uns ist es nun, die gleiche Einheit zu bestätigen und mit ihnen die zweite Hälfte des Weges zu gehen, der erst zum wahren und wirklichen allgemeinen Wahlrecht führt, indem wir mit ihnen für die politische Gleichberechtigung der Frau auf allen Gebieten, vor allem auch für das politische Wahlrecht der Frau, eintreten."

Mit der Ausrufung der Republik 1918 gab es einen bedeutenden Aufschwung der Frauenbewegung: Das aktive und passive Wahlrecht auch für Frauen und den freien Zugang zu allen Fakultäten der Universität – alte Forderungen der sozialistischen und bürgerlich-liberalen Frauenbewegung wurden erreicht. Auch die obligatorische Ehelosigkeit von Beamtinnen, die vor allem Lehrerinnen betraf, gehörte der Vergangenheit an.

DIE PROLETARISCHE FRAU

Die Gleichstellung der Frauen galt aber nur im öffentlich-rechtlichen Bereich, im privaten und privatwirtschaftlichen waren die Frauen nach wie vor unterprivilegiert. Das Schwergewicht der politischen Frauenarbeit lag in zwei Bereichen: der Arbeitswelt und der sozialen Versorgung.

„Gleicher Lohn für gleiche Arbeit" war bezeichnend für das Bemühen um bessere Arbeitsbedingungen für Frauen. So hatten in den zwanziger Jahren von zehn männlichen Industrieangestellten 2,5 ein Gehalt unter dem Existenzminimum, aber acht von zehn weiblichen Industrieangestellten mußten unter der Armutsgrenze leben. Erschwerend für die Arbeiterinnen war auch die wirtschaftliche Krise, die die Verdrängung der Frauen aus den Fabriken und Büros zur Folge hatte.

„Selbst unter den Sozialisten, die sich zur Befreiung der Frau bekannten und denen die von der Partei propagierte Gleichberechtigung des weiblichen Geschlechts ein politisches Ziel war, hatte der Konkurrenzmechanismus, in dem, bei Bestehen einer industriellen Reservearmee, das Kapital Frauenarbeit gegen Männerarbeit ausspielt, bis ins Familienleben hinein seine Wirkung ..." (So sah *W. Thönnessen* die Situation.) Zwar wurde die Partnerschaft von Mann und Frau damals in der Partei propagiert, doch trugen die Frauen alle Lasten des Haushalts, der schwierigen Versorgung mit Lebensmitteln und Brennmaterial, der Kindererziehung und der schlechtbezahlten Fabriks- oder Heimarbeit.

Therese Schlesinger schrieb zur Frauenfrage im Linzer Programm:

„Die dreifache Bürde der Erwerbsarbeit, des Haushalts und der Mutterschaft muß der Proletarierin erleichtert werden, wenn sie fähig sein soll, mit dem Mann ihrer Klasse in Reih' und Glied zu marschieren. Gegenwärtig aber bewirkt der kulturelle Aufstieg der Arbeiterschaft, an welchem die Frauen teilnehmen, daß deren Lebenskonflikt noch sehr empfindlich verschärft wird. Je mehr Intelligenz und Feinfühligkeit die Arbeiterfrauen erwerben, umso schmerzlicher empfinden sie es, daß sie durch niedrige Löhne in erhöhtem Maße ausgebeutet und zugleich gedemütigt werden, daß sie durch die schwere Last eines unrationellen Hauswesens niedergedrückt sind und daß sie ihre Kinder nur ganz unzureichend pflegen und erziehen können. Durch diesen Konflikt werden oft die besten Frauen körperlich und seelisch aufgerieben."

Wie sehr sich die sozialistischen Frauen einerseits zuständig fühlten und andererseits für die soziale Versorgung und Fürsorge für zuständig erklärt wurden, zeigen die Jahresberichte zu den Konferenzen der damaligen Zeit.

1928 berichtete *Marie Beutlmayr* von zahlreichen Exkursionen, die unter anderem zum städtischen Versorgungshaus, zur Linzer Molkerei, zu den Spatenbrotwerken, zur Linzer Wurstfabrik und zu den Wasser- und Gaswerken führten. Neben vier Modevorführungen, Nähkursen und kunstgewerblichen Arbeiten gab es noch eine Sammlung zur „Kinderrettungswoche".

Neben all diesen Tätigkeiten existierte aber auch der Wunsch nach mehr politischen Frauenfragen bei Referatsthemen, „auch für die Genossen".

Die erste Frauenschule in Linz 1926. Sie wurde durch den „Schulungsgroschen" aus den Kolportageeinnahmen der Wochenzeitschrift „Die Unzufriedene" finanziert.

Die meisten Genossinnen waren bei den „Kinderfreunden", den zahlreichen Konsumgenossenschaften und beim „Allgemeinen Fürsorgeverein Verband Societas" als Fürsorgerinnen engagiert. Am 3. Juni 1929 hielten die Frauen eine große Protestkundgebung gegen die Fleischverteuerung ab. 2000 Frauen zogen zum Landhaus und übergaben eine Protestresolution.

Der ständige Kampf der Frauen um mehr Nahrung, bessere Kleidung und Heizmaterial für die Familie verbrauchte viel Energie und Initiative. Daher ist es aus heutiger Sicht umso bewundernswerter, daß die Genossinnen auch noch Kraft und Zeit für politische Tätigkeit fanden.

Bezeichnend ist, daß das sozialdemokratische Ideal der „proletarischen Weiblichkeit" widersprüchlich war: Einerseits waren die Frauen an der politischen und gewerkschaftlichen Arbeit beteiligt und die Presse propagierte die sporttreibende, gesundheitsbewußte Frau mit „Bubikopf" und bequemer, knietiefer Kleidung, andererseits hoben auch die Frauen selbst ihre traditionellen Aufgaben als Hausfrau und Mutter hervor. „Sauberkeit, Häuslichkeit und freundliches Benehmen der Frauen", meinte die Wochenzeitschrift „Die Unzufriedene", „würden den Mann vom Wirtshaus abhalten, mehr an die Familie binden und zum guten Kameraden der Frau machen."

Hauptsächlich in der sozialistischen Jugendbewegung wurde ein anderes Selbstverständnis gefordert und Kritik an der traditionellen Frauenrolle geübt. Die

Frau sollte unabhängig, selbstbewußt und gleichberechtigt leben, sowohl im Beruf als auch in ihren Beziehungen.

Die Realität des Frauenlebens mit harter, körperlicher Arbeit und zahlreichen Geburten unter schlechten hygienischen Bedingungen macht verständlich, warum die „Pionierinnen“ der Bewegung in erster Linie an Erleichterungen der Arbeitsbedingungen und Verbesserung von sozialen Einrichtungen, wie Krankenhäusern, Mutterberatungsstellen und Kinderkrippen interessiert waren und nicht so sehr die Gleichberechtigung mit dem Mann auf allen Ebenen anstrebten.

GEGEN DEN MUTTERSCHAFTSZWANG

Eine in diesem Zusammenhang wichtige politische Forderung, die auch bei allen Frauentagsveranstaltungen gestellt wurde, war die Frage nach der „Fristenlösung“. 1919 gründete der Schriftsteller *Johann Ferch* den „Bund gegen den Mutterschaftszwang“, der sich für die Streichung des § 144 einsetzte. *Otto Stöber* berichtet in seinem Buch „Die Moor-Stöber“, daß in den frühen zwanziger Jahren in der Linzer Neustadt Versammlungen dieses Bundes stattfanden und nach und nach eigene Beratungsstellen eingerichtet wurden.

Durch sexuelle Aufklärung und Beratung sollte die im Weltkrieg gestiegene Zahl von unehelichen Kindern reduziert werden und ein „vernünftiges Familien- und Eheleben“ gefördert werden. Später in den zwanziger Jahren wurde wegen des eskalierenden „Kulturkampfes“ mit der Kirche und den Konservativen die radikale Forderung nach der Fristenlösung eingeschränkt. Es gab auch keine großen Aufklärungskampagnen mehr. Bereits im Linzer Programm wurde nur mehr die medizinische und soziale Indikation verlangt. Diese Rückentwicklung verdeutlicht der Frauen-Bericht 1930, in dem vorsichtig formuliert wurde:

„Eine Beratungsstelle für Frauen in Angelegenheit für Krankheit und Vorbeugung wurde im Jänner 1930 eingeführt. Die Frauen besuchen diese Beratungsstelle gerne und sind voll des Lobes.“

STRUKTUR DER LINZER FRAUENORGANISATION

Unter dem Vorsitz von *Ferdinanda Flossmann,* einer Postbeamtin, in ihrer politischen Karriere Landtagsabgeordnete, Nationalrätin und Linzer Frauenvorsitzende, änderte sich das Bild, das die Linzer Sozialistinnen boten. Eine dezente Aufforderung der Frauen an die Genossen, die Frauen mehr zu beteiligen, steht im Jahresbericht 1931: „Die Zusammenarbeit in den Sektionen ist im allgemeinen eine recht gute. Es sei aber doch an dieser Stelle darauf aufmerksam gemacht, daß bei Vorträgen ab und zu den Frauen mehr Rechnung getragen werden soll.“

Trotz ungünstiger Mitgliederentwicklung aufgrund der hohen Arbeitslosigkeit und wegen der zahlreichen Betriebseinstellungen (von insgesamt 13.202 Mitgliedern in Linz waren 3913 weiblich, das waren nur 14 Genossinnen mehr als im Jahr vorher, während die Zuwächse bis dahin meist um die fünf Prozent betrugen) stellte die Frauenorganisation einen bedeutenden Faktor innerhalb der Partei dar. Ab 1929 gab es in allen Sektionen Frauenkomitees. Die Zeitschrift „Die Unzufriedene“ wurde durch Kolportage in einer Größenordnung von rund 3000 Stück verkauft. Die Frauentagsveranstaltungen waren Großveranstaltungen mit Tausenden Teilnehmerinnen.

Gertrude Grill, eine Genossin, die – nach langer Emigration mit ihrem Mann, dem späteren Linzer Bürgermeister *Theodor Grill* – in den Jahren nach dem zweiten Weltkrieg als Sekretärin die Frauenorganisation aufbaute, erinnert sich:

„Die Hauptaufgabe der Frauen waren die Frauentage, die ganz anders gefeiert wurden als jetzt. Da ist ein großer Demonstrationszug mit den Parteifahnen, nicht nur mit Frauen, sondern auch mit Männern und Jugendlichen, vom Taubenmarkt bis zum Südbahnhof gezogen. Dort gab es eine große Versammlungshalle, in der der Frauentag abgehalten wurde. Die Forderungen waren: ‚Gleicher Lohn für gleiche Arbeit', ‚Weg mit dem § 144', ‚Damit unsere Alten nicht mehr betteln gehen müssen' und vieles mehr."

Ein Blick auf die Statistik des Berichtes von 1931, betreffend die Berufsstruktur der Mitglieder, zeigt, daß vor allem die großen Fabriken, die Krankenkasse und auch das traditionell weibliche Handwerk sowie das Gesundheitswesen Zentralen der Frauenorganisation darstellten.

Tätigkeitsbereich	Weibliche Mitglieder	Männliche Mitglieder
Tabakfabrik	249	168
Spinnerei, Weberei	128	162
Schneiderei	125	113
Öffentliche Verwaltung	117	221
Gastgewerbe	89	76
Gesundheits- und Fürsorgedienst	110	10
In Haushalten Beschäftigte	140	20

Eine herausragende Rolle spielten die Arbeiterinnen der Tabakfabrik. *Dr. Gustav Slekov* schreibt in seinem Buch über die Arbeiterbewegung in Oberösterreich: „Die Linzer Tabakfabrik, in der die weibliche Arbeitskraft am stärksten vertreten ist, gibt einen Kern der politischen Frauenorganisation des Landes ab." Der bereits zitierte Gewerkschafter *Hans Ottenbacher* beschreibt die soziale Situation in der Linzer Tabakfabrik: „So bekannt die hohen Reingewinne der K. und K. Tabakregie waren, so wenig war über das armselige Leben der Tabakarbeiterschaft in der Öffentlichkeit bekannt. Reingewinne von zehn Millionen Kronen waren so die Ergebnisse pro Jahr. Die 1200 Arbeiterinnen hatten wohl keine Ahnung von den Werten, die sie mit ihren Händen erarbeiten mußten. Sie hatten kein Vertrauen zu ihrer eigenen Kraft, daher blieb es bei einem durchschnittlichen Jahresverdienst von 600 Kronen."

Mit zunehmender Rationalisierung begannen sich die Arbeiterinnen zu wehren: „... am Tage der Einstellung des ‚Eisernen Kollegen' wurde zum ersten Mal das gewerkschaftliche Wort förmlich zum Wort der Erleichterung und der Erkenntnis: ‚Eine Zigarettenmaschine wird eingestellt, das lassen wir uns nicht gefallen, das bedeutet Arbeitslosigkeit für uns. Jeden Tag gibt es neue Tumulte.' Die Unruhe steigerte sich von Tag zu Tag und der ‚Eiserne Kollege' lieferte seelenruhig die Menge an Zigaretten und machte tatsächlich viele Arbeiterinnen arbeitslos."

Trotz des zähen gewerkschaftlichen Kampfes mußten die Arbeiterinnen immer wieder Rückschläge einstecken. Auch insgesamt sah es in der sozialistischen Frauenorganisation in den dreißiger Jahren nicht rosig aus – wie auch in der Gesamtpartei nicht. 1931 gingen die Mitgliederzahlen zurück. Die Betriebsorganisationen mußten wegen des „Antiterrorgesetzes" aufgelöst werden. In der Zeit der schwersten Wirtschaftskrise und der vermehrten Tätigkeit der Nationalsozialisten fanden Großveranstaltungen der Frauenorganisation zur politischen Aufklärung statt: Im Juni 1932 „Der Nationalsozialismus und die Frauen" und im September des gleichen Jahres die Frauenversammlung „Gegen Faschismus und Krieg".

FRAUEN 1934

Gerade waren die ersten politischen Erfolge der Linzer Frauenorganisation erzielt, gab es durch den ständestaatlichen Austrofaschismus schwere Rückschläge, und der Kampf gegen Verfolgung und Verbot trat in den Vordergrund.

Gertrude Grill: „Den Kampf, den Frauen geführt haben, um Frauen in Machtpositionen zu bringen, wie zum Beispiel in den Vorstand der Gebietskrankenkasse, ist für Außenstehende kaum nachvollziehbar. Es ist uns auch gelungen, aber dann in der *Schuschnigg*-Zeit war alles wieder vorbei."

An den Februarkämpfen 1934 nahmen die Frauen in Linz zwar nicht mit der Waffe teil, doch sie spielten eine wesentliche Rolle bei der Beschaffung von Waffen und dem Schmuggel derselben durch die Sperren der Heimwehr zu den kämpfenden Genossen. Auch die Versorgung mit Nahrung und heißen Getränken wurde unter Lebensgefahr von den Frauen besorgt.

Gertrude Grill, die damals im Bezirkssekretariat unter *Nikolaus Seibert* gearbeitet hat: „Ich war dabei, wie *Seibert* verhaftet wurde. Am 12. Februar gingen wir in eine Sitzung zur Arbeiterkammer. Ein Heimwehrler hielt uns auf, wir mußten uns ausweisen. Er sagte: ‚Sie können heimgehen, den Herrn *Seibert* nehm' ich mit.' – So wurde er verhaftet."

Klara Dametz, die Tochter *Seiberts,* über die Situation der Familie während der Haft und Emigration des Vaters: „Meine Mutter kaufte sich einen Marktstand und mit meinem Gehalt als Kindergärtnerin brachten wir uns durch."

Gertrude Grill (links) und Klara Dametz im Linzer Frauencafé 1985.

Marie Beutlmayr, die inzwischen über 60 Jahre alt war, riet dem Ehepaar *Grill* zur Flucht in die Schweiz.

„Damit sich andere auf uns ausreden konnten", sagt *Grill.*

Die im Land verbliebenen Illegalen trafen sich heimlich, wie aus einem Polizeibericht von 1934 hervorgeht: „Bei dieser Versammlung im Kürnbergerwald sprach ... die ehemalige Nationalrätin *Ferdinanda Flossmann* über die Unterstützungsaktion hinsichtlich der Frauen, deren Männer wegen politischer Delikte in Haft sind."

Ein weiterer Polizeibericht bestätigt, daß Genossinnen für Kurierdienste herangezogen wurden: *„Leopoldine Reder,* die Braut des ehemaligen sozialdemokratischen Landtagsabgeordneten *Richard Strasser,* wurde ... über Veranlassung der Grenzkontrollstelle Freistadt-Summerau wegen Verdachtes der Betätigung für die sozialdemokratische Partei nach vorgängiger Festnahme anher überstellt."*Leopoldine Reder* hatte einen Brief eines Genossen an *Strasser* bei sich gehabt und wurde deswegen verhaftet.

Über diese Einzelaktivitäten hinaus gab es jedoch keine funktionierende Frauenorganisation mehr.

Ferdinanda Flossmann war ab 1934 mehrmals in Haft, einige Genossinnen waren in der Emigration, andere waren durch die Haft oder Flucht des Mannes allein für die Familie verantwortlich und vielen Repressalien ausgesetzt. Die sozialistische Frauenorganisation, die gerade erst begonnen hatte, stark zu werden, war ausgelöscht.

NACHKRIEGSKLIMA

Eine Pionierin der sozialistischen Bewegung, *Therese Friewald,* erinnert sich an die Kriegsjahre und die unmittelbare Zeit danach:

„Mein fürchterlichstes Erlebnis war, daß ich innerhalb eines Monats total ausgebombt worden bin und meinen Mann in Albanien verloren habe. Ich habe 1946 nichts mehr gehabt – nur mehr zwei Kinder. Es war ein furchtbarer Anfang. Ich war von Beruf Schneiderin, das kam mir zugute. Ich habe Militärsachen umgearbeitet – so haben wir uns durchgebracht. Mit alten Gartenmöbeln haben wir uns die Küche eingerichtet – Bett hatten wir keines ... Die Zeiten waren damals so furchtbar, daß einem das Überleben am wichtigsten war."

Dieser Kampf um das Überleben brachte für die Frauen wiederum unzählige Probleme: So wie im ersten Weltkrieg waren sie in Kriegszeiten brauchbare Arbeitskräfte einerseits und Produzentinnen von Soldaten andererseits. Nach dem Krieg mußten sie, die selbständig oft härteste Arbeiten verrichtet hatten, die Entscheidungen in den Familien ohne Männer getroffen und allein den Kampf gegen das Verhungern geführt hatten, wieder aus den Fabriken und Büros hinaus und zu Hause wieder die Autorität der zurückgekehrten Männer anerkennen.

Diese Verdrängung der Frauen spiegelte sich auch in der politischen Vertretung der Frauen wider. *Marianne Pollak* schrieb 1948 in der „Arbeiterzeitung":

„Unter nahezu 200 Delegierten – eine einzige Frau! . . . Dieser betrübliche Gegensatz erklärt sich aus der Not und dem Elend in Österreich. Jedes wirtschaftliche Problem muß in der kleinsten, gesellschaftlichen Zelle unseres Staates, in der Familie, von der Frau und nur von der Frau gelöst werden. Sie ist die Sklavin der Gaslieferzeiten. Wird ein Lebensmittelaufruf nicht erfüllt oder der Strom abgeschaltet, bleiben die Nährmittel oder die Waschmittel aus – die Frau, die Frau! Wie soll sie da als gewerkschaftliche Funktionärin tätig sein – so gerne sie möchte und so nötig es wäre?"

Marianne Lackinger.

Trotzdem ließen sich einige Frauen nicht abschrecken. *Marianne Lackinger,* die vor dem zweiten Weltkrieg ein Gemeinderatsmandat wegen ihrer familiären Pflichten ausgeschlagen hatte, baute 1949 gemeinsam mit *Therese Haas* und *Käthe Mayr* die Linzer Frauenorganisation neu auf.

Bildmitte: Marie Beutlmayr, dahinter Käthe Mayr. Links von Beutlmayr: Marianne Lackinger; ganz rechts: Marie Koller-Feuchtinger.

Gertrude Grill, die gleich nach ihrer Rückkehr aus dem Exil nach Österreich von *Marianne Lackinger* als Frauensekretärin eingestellt wurde, sieht die Anfänge der politischen Frauenarbeit so: „Es war natürlich leicht, denn wenn da nichts ist, kannst du eine Menge machen. Die Genossinnen waren sehr aufgeschlossen, überall wollten sie eine Bezirksgruppe errichten und Schulungen abhalten."

1946 fand bereits die erste Frauenlandeskonferenz seit 1933 in Linz statt. Bürgermeister *Dr. Ernst Koref* führt in seiner Begrüßungsansprache aus:

„Wenn die Geschichte der Menschheit geschrieben wird und wenn man ihre Gradmesser finden will, dann müßte die Geschichte der Frau geschrieben werden. Die Frau hatte im 19. Jahrhundert und im ersten Viertel des 20. Jahrhunderts ein doppelt schweres Los zu tragen, nicht bloß im Hinblick auf die Erfüllung der Mutterpflichten und des Haushaltes, sondern auch durch die schwere Last des Lohnerwerbes, die ihr im kapitalistischen Zeitalter aufgebürdet wurde. Ihre Arbeit aber fand keine Anerkennung, der Frau wurde das primitivste Recht, das Mitbestimmungsrecht, versagt. Erst nach dem ersten Weltkrieg war es dank der Arbeit der Sozialdemokratie möglich, das Wahlrecht und die politische Gleichberechtigung ... herzustellen. Mit der Wiederkehr der Demokratie ist die Frau endlich frei und unabhängig geworden."

Weniger optimistisch sah *Anny Thomas,* eine Pionierin, die trotz ihres hohen Alters noch regelmäßig das Linzer Frauencafé besucht, 1948 die Entwicklung der Frauenrechte: „Hat das Ende des ersten Weltkrieges und die Ausrufung der Ersten Republik den Frauen als Resultat ihrer Kämpfe das Frauenwahlrecht gebracht, so brachte ihnen das Ende des zweiten Weltkrieges nichts Gleichbedeutendes. Ja fast ist die Tendenz wahrzunehmen, welche die Frauen wieder zurückdrängen möchte."

Anny Thomas formulierte die ihr am dringlichsten erscheinenden Forderungen: Revidierung des § 144, Errichtung von Beratungsstellen für Empfängnisverhütung, Zulassung der Frauen zum Richterberuf, Gleichstellung der unehelichen Kinder, Revidierung des Familienrechts und die Verteilung der Mandate den Wählerstimmen entsprechend.

Solche Forderungen waren zwar nicht neu, sie sind schon von den Frauenrechtlerinnen der Jahrhundertwende gestellt worden, doch im Nachkriegsklima klangen sie mehr als revolutionär. Genossinnen, die so fortschrittliche Ziele hatten, wurden oft auch innerhalb der Frauenorganisation als „Frauenrechtlerinnen" bezeichnet, und das war, wie sowohl die ehemalige Landtagsabgeordnete *Anna Maria Praschl* als auch die ehemalige Frauenvorsitzende und Nationalrätin *Edith Dobesberger* sagen, ein „Schimpfwort".

Käthe Leichter, eine der fähigsten sozialistischen Politikerinnen, die im Konzentrationslager Ravensbrück ermordet wurde, hat schon 1934 in ihrer letzten Rede selbstkritisch gemeint:

„Wir sozialdemokratischen Frauen haben uns abgewöhnt, Frauenrechtlerinnen zu sein. Es war uns selbstverständlich, den gemeinsamen Kampf mit der Arbeiterklasse zu führen. Heute erkennen wir, daß wir vielleicht, wenn auch auf höherer Entwicklungsstufe, mit dem Werk wieder einsetzen müssen, das *August Bebel* vor mehr als fünfzig Jahren geleistet hat: zu zeigen, daß der Weg zum Sozialismus mit der Gleichberechtigung der Frauen, daß jede Reaktion mit der Unterdrückung der Frauen untrennbar verknüpft ist."

In der Phase des Wiederbeginns war kurzfristig wieder das alte Problem aufgetaucht: der klassenkämpferische Einsatz für mehr Gerechtigkeit und Freiheit – gegen den Kapitalismus – schließt nicht automatisch den Kampf für die Gleichheit der Geschlechter – den Abbau des Patriarchats – ein. Wiederum waren es nach 1945 die wirtschaftlichen Verhältnisse und schlechten sozialen Bedingungen, die die Frauen zum Zurücknehmen radikaler Forderungen brachten.

DER KAMPF UM EIN TRÖPFERL MILCH

Käthe Mayr, eine langjährige Linzer Gemeinderätin, war ab 1947 Bezirksfrauenvorsitzende von Urfahr, bis dieser Bezirk mit Linz-Stadt zusammengelegt wurde. Sie kümmerte sich besonders um die Versorgung der Bevölkerung, vor allem im russisch besetzten Teil von Linz.

Der Kampf um ein Tröpferl Milch

Laßt euch doch nicht so bitten!

An alle Vorsitzenden der Ortskontroll- und Ortsleistungsausschüsse des Mühlviertels!

Eine Frauendelegation aller drei Parteien sprach am 1. August 1947 beim Staatsbeauftragten für das Mühlviertel, Herrn Landesrat Blöchl, vor und überreichte eine Resolution, in der für Kinder von sechs bis zwölf Jahren täglich ein Viertelliter Vollmilch verlangt wurde, was aber in Anbetracht der mangelhaften Milchablieferung nicht gewährleistet werden kann.

Hier mußten wir unter anderem auch feststellen, daß die Kontrollausschüsse nicht funktionieren.

Die Frauen und besonders die Mütter von Urfahr und des Mühlviertels richten daher an die Funktionäre der Kontrollausschüsse aller drei politischen Parteien die herzliche Bitte, ihre Pflicht ernst zu nehmen, nicht als Parteifunktionäre, sondern als Oesterreicher, als Mensch für Menschen, die in Not sind.

Beginnen Sie Ihre Arbeit unverzüglich, damit doch wenigstens die ablieferungspflichtige Milch wirklich abgeliefert wird.

Fühlt doch mit uns Müttern, denkt an unsere Kinder!

Täglich mehren sich die Fälle der Kinderlähmung und Tuberkulose, die auf die schon bestehende Unterernährung zurückzuführen sind.

Laßt unsere verzweifelte Bitte nicht ungehört und tue jeder seine Pflicht!

Für die

Kommunistische Partei Oesterreichs	Sozialistische Partei Oesterreichs	Oesterreichische Volkspartei
Anna Haider e. h.	Käthe Mayr e. h.	Anna Mayer e. h.

Zeitungsausschnitt.

Das Engagement der Frauen der Nachkriegszeit im Sozialbereich ist auch aus der Tätigkeit der sozialistischen Gemeinderätinnen ersichtlich. 1958 waren vier Frauen der Sozialistischen Partei im Gemeinderat vertreten: *Marianne Lackinger, Käthe Mayr, Käthe Heitzinger* und *Anny Grestenberger,* die 1962 Stadträtin für den Gesundheitsbereich wurde und einen wesentlichen Anteil an der Modernisierung des Linzer Allgemeinen Krankenhauses hatte.

Käthe Mayr, deren Artikel und Aufzeichnungen eine der wenigen schriftlichen Quellen dieser Zeit darstellten, zählte die Errungenschaften der sozialistischen Sozialpolitik, die von den Frauen vorangetrieben wurde, auf:

„Über Anträge der sozialistischen Gemeindevertreterinnen wurde das Säuglings-Wäschepaket eingeführt. ... Zehn Mutterberatungsstellen, ... eine Schwangerenberatung im Jugendamt, ... Mütterkurse und Mütterrunden. ... Auch die Schulkinderbetreuung ist vorbildlich. Jeder Schüler wird mindestens einmal im Jahr ärztlich untersucht. ... Erziehungsberatung, Jugendgerichtshilfe ... Einmaliges leistet der Magistrat Linz beim Schulbau. Schöne, helle, luftige und zweckmäßige Räume ... Errichtung einer heilpädagogischen Ambulanz, ... Turnsäle, Bäder, Sportanlagen, ... ein viertes Altersheim mit modernst eingerichteter Küche und netten Zimmern."

Gemeinsam mit *Käthe Mayr* trat *Josefine Hutsteiner,* die Gemeinderätin und Vorsitzende des Oberösterreichischen Konsumentenverbandes war, für verbesserten

Wohnungsbau nach den Wünschen der Mieter ein. Ärzte und Architekten sollten gemeinsam mit den Mietern planen. Die Tatsache, daß mehr Frauen als vor dem Krieg im Gemeinderat vertreten waren, veranlaßte eine Tageszeitung zu folgendem Kommentar:

„Der einst fast unumstößliche Grundsatz der Männer, ‚das Weib habe in der Versammlung zu schweigen', ist längst einer moderneren Auffassung gewichen. ... Das Andersartige der Frau ist eine Bereicherung für jede Institution, die dem Gemeinwohl dienen soll." Diese wohlwollende Meinung wurde aber im nächsten Absatz gleich wieder revidiert: „... die jetzt erreichte Zahl ... steht zwar noch in keinem Verhältnis zu jener der männlichen und weiblichen Wähler, das aber kann und braucht sie auch nicht zu sein."

FRAUENRECHTE – FRAUENPFLICHTEN

Für einige Sozialistinnen war die Entwicklung vom „in der Versammlung" zum Schweigen verurteilten „Weib" zur „Bereicherung der Institutionen durch Andersartigkeit" nicht zufriedenstellend. *Käthe Heitzinger,* die auch eine engagierte Gewerkschafterin war, setzte sich für die Frauenrechte im Beruf, vor allem für die weibliche Beamtenschaft, ein. Sie schrieb 1961:

„Leider muß ich als Frau wieder einmal feststellen, daß die Pragmatisierung der Frauen auch im abgelaufenen Jahr keine Fortschritte gemacht hat. ... Ich werde aber nicht aufhören, hier und überall, wo sich die Gelegenheit bietet, darauf hinzuweisen, daß im Zeitalter der Gleichberechtigung die Arbeit der Frauen dieselbe Anerkennung finden muß wie die der Männer."

Wie schwer der Kampf um die Frauenrechte war, zeigt sich auch an der Frage des § 144, von dem nur „hinter vorgehaltener Hand" gesprochen wurde. Eine Begründung dafür ist, daß in dieser Zeit die politischen Werte Zusammenarbeit und gemeinsamer Aufbau hießen. So war es nicht opportun, den alten Gegensatz zur Kirche in der Frage der Abtreibung wieder aufleben zu lassen.

„Der Kulturkampf mit den Auseinandersetzungen um den § 144 und die Koedukation in der Ersten Republik ist den Frauen so in die Glieder gefahren, daß die Angst vor der Weiterführung des Kampfes sehr groß war", meint *Edith Dobesberger.*

Die Beobachtung der Strömungen in der sozialistischen Frauenbewegung läßt deutlich werden, daß ein enger Zusammenhang zwischen wirtschaftlich-sozialer Situation und den politischen Strömungen in der sozialistischen Frauenbewegung besteht. In Zeiten wirtschaftlichen Aufschwungs kann sich die Frauenbewegung mit der Forderung nach Gleichberechtigung mehr durchsetzen. In Krisenzeiten werden die Errungenschaften sofort wieder zunichte gemacht, und die Frauen konzentrieren sich auf rollenspezifische Aufgaben. Frauenpolitik wird dann zur Politik für Frauen, das heißt, die Energie und das Engagement der Frauen wird in die rollenkonformen Sparten kanalisiert: Fürsorge, Gesundheits- und Sozialwesen. Alles zu dem Zweck, den Frauen sämtliche ihnen zugewiesenen Pflichten zu erleichtern, aber nicht, um an der Berechtigung dieser Zuweisung zu zweifeln. In allen Phasen der Entwicklung hat sich in der sozialistischen Frauenbewegung diese Richtung gegenüber der emanzipatorischen durchgesetzt.

Das soll jedoch nicht den Vertreterinnen der Frauenorganisation angelastet werden. Für heutige Verhältnisse ist der gesellschaftliche Druck von damals kaum mehr vorstellbar, obwohl auch heute den Frauen „der Wind der Reaktion" wieder ins Gesicht bläst. Etwas sonderbar mutet uns heute ein Leserbrief von *Käthe Mayr* in der „Frau" vom Jahr 1953 an, in dem sie den Frauen die Verantwortung für den Alkoholismus der Männer zuwies:

„Nun möchte ich aber manchen Frauen, deren Männer gern trinken, sagen: ‚Seid ihr nicht ein klein wenig mitschuldig? Verleidet ihr nicht manchmal dem Mann das Zuhause?' ... Machen wir dem Mann und den Kindern ein gemütliches Zuhause, daß sie gerne daheim bleiben. Machen wir unsere Hausarbeit möglichst in Abwesenheit des Mannes, um dafür ein Viertelstündchen frei zu sein, um plaudern zu können." Es wäre ungerecht, darüber zu lächeln, geben doch diverse Frauenzeitschriften heute noch ähnliche Tips!

Insgesamt machte die Linzer Frauenorganisation seit 1945 einen Prozeß durch, der parallel zu dem der Gesamtpartei lief.

Edith Dobesberger: „In dieser Zeit wäre eine Öffnung der Partei notwendig gewesen, um die Jugend anzusprechen, aber die Partei war starr ... Unmittelbar nach dem Krieg waren die Frauen sehr selbstbewußt, ... wie es dann geheißen hat: die Frauen zurück ins Haus, das hat uns einiges zu beißen gegeben."

Nach *Marianne Lackinger* und *Ilona Stuj* wurde *Anny Grestenberger* Linzer Frauenvorsitzende. In dieser Zeit gab es vermehrte Schulungstätigkeit, vor allem wuren Abendschulungen eingeführt, die auch von berufstätigen Frauen besucht werden konnten.

Anfang der fünfziger Jahre gab es in Oberösterreich noch rund 70 Frauentagsveranstaltungen pro Jahr, die die Tradition der Ersten Republik fortsetzten. Dann wurde von *Marianne Pollak* die Aktion „Wir rufen die Mütter" bundesweit ins Leben gerufen. Diese Veranstaltungen sollten die Muttertagsfeiern, die es vorher in der sozialistischen Organisation nicht gegeben hatte, einführen und stellten eine starke Konkurrenz zu den Frauentagsveranstaltungen dar, die wesentlich politischere Inhalte hatten.

In Linz gab es lange große Frauentage im Landestheater mit Hunderten von Teilnehmerinnen. Sie wurden von *Rosl Neyder,* einer Schauspielerin, mit den Kinderfreunden und Roten Falken in der Traditon der sozialistischen Festkultur

Der Frauentag 1978 stand unter dem Motto „Nie wieder Faschismus".

inszeniert. Die Bedeutung des Frauentages schwand jedoch immer mehr, das Publikum wurde immer älter, denn jüngere Frauen fühlten sich nicht mehr angesprochen.

FEMINISMUS – EIN NEUER IMPULS

Gegen Ende der sechziger Jahr entstand im Sog der Studentenbewegung weltweit eine neue, autonome Frauenbewegung, die sich vor allem um die Freigabe des Schwangerschaftsabbruchs bemühte und Gewalt gegen Frauen zu einem Thema gesellschaftlicher Diskussion machte.

Die Theorie des modernen Feminismus, der nicht nur eine Gleichstellung der Frau mit dem Mann, sondern die Überwindung der Männerherrschaft und der traditionellen Rollenverteilung anstrebt, hat auch die Linzer Sozialistinnen zu neuen politischen Strategien und Forderungen gebracht.

Schon von *Anny Grestenberger,* die 19 Jahre lang SP-Frauenvorsitzende war, wurde die Notwendigkeit erkannt, junge Frauen zu aktivieren. Gemeinsam mit *Edith Dobesberger,* die nach *Grestenberger* Vorsitzende wurde, versuchte sie, über die befreundeten Jugendorganisationen Frauen zur Parteiarbeit zu gewinnen, die erstmals nicht über die Sektionen rekrutiert wurden. Diese Genossinnen waren vom Feminis-

Bei der Bezirksfrauenkonferenz 1988 diskutierten (v. l. n. r.) Gertrude Grill, Elsa Neyder, Anny Grestenberger, Anna Maria Praschl und Edith Dobesberger über die Entwicklung der Frauenbewegung.

mus geprägt und brachten den emanzipatorischen Anspruch wieder verstärkt in die Organisation ein. In den Schulungen wurden neue Themen behandelt: Frieden, Dritte Welt, Arbeitswelt, Medien, Rolle der Frau in der Gesellschaft, mehr Frauen in technische Berufe und vieles mehr.

Die Bemühungen um ein Frauenhaus, in dem mißhandelte Frauen und ihre Kinder Zuflucht und Hilfe finden können, hatten 1982 Erfolg: das Linzer Frauenhaus, das Platz für 30 Bewohnerinnen bot, wurde eröffnet. 1987 übersiedelte das Frauenhaus in ein größeres Objekt.

Durch die vermehrte Tätigkeit war immer mehr organisatorische Arbeit nötig, die von den Funktionärinnen alleine nicht mehr geleistet werden konnte. So entschlossen sich *Edith Dobesberger* und die Landtagsabgeordnete *Anna Maria Praschl* 1980, eine Halbtagskraft aus eigenen Mitteln zu finanzieren. Zwei Jahre später übernahm der Bezirk Linz *Waltraud Horvath-Schütz* als Angestellte, die im Rahmen des Bezirkssekretariats für die Frauenarbeit zuständig sein sollte. 1986 trat *Edith Dobesberger* als Vorsitzende zurück und *Mag. Waltraud Horvath* wurde ihre Nachfolgerin sowohl bei den Linzer Frauen als auch im Nationalrat, in dem die Frauen auch durch *Dkfm. Ilona Graenitz* vertreten sind.

Waltraud Horvath.

Ilona Graenitz.

Eine der wichtigsten Aktionen der Linzer Frauenorganisation war der Kampf um mehr Mandate im Gemeinderat und Landtag 1985.

„Mehr Frauen in den Gemeinderat!" Mit diesem Slogan demonstrierten die Linzer Frauen für mehr Mandate.

Wie aus der Aufstellung (im Anhang) ersichtlich, hat sich die Zahl der Frauen in den politischen Gremien in diesem Jahrhundert nicht wesentlich verbessert, in manchen Bereichen, wie dem Landtag, sogar verschlechtert.

Die Aktion „Mehr Frauen in den Gemeinderat“ zeigte die Frauen von der kämpferischen Seite, sie stellten auch innerparteilich die Frage nach den gleichen Rechten für Mann und Frau:

„Genosse, wie hältst Du 's mit der Gleichberechtigung?“ lautete der Text eines Flugblattes. Intensive Aufklärung und Information wurde mit Flugblättern, Leserbriefen, einer Postkartenaktion sowie einem Videofilm betrieben. Die Frauen konnten sich aber mit ihren Forderungen nicht gegen die Männer durchsetzen, sie gingen jedoch 1985 erstmals mit einem eigenen Frauenwahlprogramm in den Wahlkampf.

Kandidatinnen zur Gemeinderats- und Landtagswahl 1985: V. l. n. r. sitzend: Mag. Ilse Hauder, Elfriede Harrer, Edeltraud Hofer, Dkfm. Ilona Graenitz; stehend: Dr. Ingrid Holzhammer, Hedwig Weingartner, Erika Rockenschaub, Luise Teubenbacher, Mag. Barbara Prammer.

GEGEN DIE WENDE

„Es gibt Perioden, in denen der Zeitgeist mit uns ist, und es gibt Perioden, in denen er gegen uns ist“, meint *Edith Dobesberger.* Sie schätzt die momentane Situation der Frauenorganisation so ein, daß durch die weltweite Wirtschaftskrise und die konservativen Tendenzen in den Industriestaaten kaum Fortschritte erzielt werden können.

Aber die sozialistische Frauenorganisation hat eine Stärke: Sie ist fast ein Jahrhundert lang immer wieder – trotz aller Rückschläge – erstarkt und hat den Frauen ein Stück mehr an Gleichberechtigung erkämpft. Besserer Zugang zu Bildung, rechtliche Besserstellung und gesteigertes Selbstbewußtsein, alles Errungenschaften der sozialdemokratischen Frauenpolitik, werden es verhindern, daß Frauen durch die konservativen Kräfte wieder an den Rand der Gesellschaft gedrängt werden.

Die Sozialistinnen haben immer ihre Fraueninteressen zurückgenommen, wenn es darum ging, einen gemeinsamen Kampf gegen die Repression der Arbeiterklasse zu führen. Diese Solidarität mit den Genossen, die darüber hinwegsah, daß auch unter ihnen patriarchalische Verhaltensweisen üblich waren, wurde in der Geschichtsschreibung der Sozialdemokratie viel zuwenig gewürdigt.

Sozialistische Frauen wünschen sich ein ähnliches Maß an Solidarität der Genossen bei ihrem Kampf um Emanzipation, weil sie überzeugt sind, daß – wie *Rosa Mayreder* bereits 1905 erkannte – „Sozialismus ohne Feminismus wie Demokratie ohne Frauen ist.“

ANHANG

Linzer Mandatarinnen von 1919 – 1988

Gemeinderat

1919 – 1923:	Beutlmayr Marie Nowak Theresia Tomaschek Anna
1923 – 1927:	Beutlmayr Marie Brandl Therese Bruckschlögl Risa
1927 – 1931:	Beutlmayr Marie Bruckschlögl Risa Albrecht Josefine
1931 – 1934:	Beutlmayr Marie Bruckschlögl Risa Albrecht Josefine Fischer Käthe (Ersatz) Schmiedinger Ella (Ersatz)
1946 – 1949:	Lackinger Marianne Seibert Rosa
1949 – 1955:	Lackinger Marianne Mayr Käthe Stuj Ilona
1955 – 1961:	Grestenberger Anny Heitzinger Käthe Lackinger Marianne Mayr Käthe
1961 – 1967:	Grestenberger Anny Heitzinger Käthe Hutsteiner Josefine Mayr Käthe
1967 – 1973:	Link Paula Hofer Edeltraud (ab 1969) Hutsteiner Josefine (bis 1971) Heitzinger Käthe
1973 – 1979:	Link Paula Hofer Edeltraud Fostel Hermine Graenitz Ilona
1979 – 1985:	Fostel Hermine Graenitz Ilona Hauder Ilse
ab 1985:	Graenitz Ilona (bis 1986) Hauder Ilse Rockenschaub Erika Holzhammer Ingrid (ab 1987) Weingartner Hedwig (ab 1987)

Stadtrat

1967 – 1973:	Grestenberger Anny
ab 1979:	Hofer Edeltraud

Vizebürgermeister

ab 1985:	Hofer Edeltraud

Landtag

1919 – 1934:	Beutlmayr Marie
1955 – 1963:	Koller-Feuchtinger Marie
1963 – 1970:	Hager Hanna
1970 – 1985:	Praschl Anna Maria
1985 – 1986:	Harrer Elfriede

Bundesrat

1927 – 1929:	Beutlmayr Marie

Nationalrat

1930 – 1934:	Flossmann Ferdinanda
1970 – 1975:	Hager Hanna
1971 – 1986:	Dobesberger Edith
1975 – 1986:	Eypeltauer Beatrix
ab 1986:	Graenitz Ilona Horvath Waltraud

Staatssekretärin

1979 – 1986:	Eypeltauer Beatrix

Die sozialistischen Pensionisten
Die Altersversorgungs-problematik

Hugo Schanovsky

Alfons Petzold, der große österreichische Dichter, schrieb in seinem autobiographischen Roman „Das rauhe Leben" den bezeichnenden Satz: „Diesen Winter hungerten wir wie die Hunde in Konstantinopel." Und wenige Seiten später hieß es: „Viele Fabriken arbeiteten mit der Hälfte ihres sonstigen Personals ... In jedem Beruf gab es eine erschreckend große Anzahl von Arbeitslosen. Das Elend der Volksschichten stieg wie sonst nur in Kriegs- und Mißerntejahren. Die Tagesblätter waren voll von den Tragödien des Hungers und Frostes. Vor den Wärmehallen stauten sich breite Massen schutzsuchender Menschen, und vor den Asylen für Obdachlose gab es blutige Kämpfe."

Die „gute, alte Zeit", wie die Jahre der Regentschaft *Kaiser Franz Josefs* genannt wurden, hat es nicht gegeben. *Dr. Victor Adler* nannte die Dinge beim Namen. „Die Ziegelarbeiter", schrieb er, „sind die ärmsten Sklaven, welche die Sonne bescheint."

Das, was sich die Menschen am Ende des vorigen Jahrhunderts erträumten, faßten sie selber in wenigen Zeilen zusammen:

„Was wir begehren von der Zukunft Fernen?
Daß Brot und Arbeit uns gerüstet stehn.
Daß unsre Kinder in der Schule lernen
und unsre Greise nicht mehr betteln gehn."

Das Leben der alten Menschen in der „guten alten Zeit" war ein Leben voller Sorgen, Unsicherheit und Entbehrungen. Es gab keine staatliche Versorgung, keine Sozialversicherung, die Alten lebten ohne Einkommen in der Familie mit, mehr oder minder gelitten von den Kindern, denen es selbst oft schlecht ging. Einziger Halt war die Großfamilie, in der jung und alt zusammenlebten. Der Staat kümmerte sich herzlich wenig um seine alten und kranken Mitbürger.

In der Ersten Republik gab es unter dem tatkräftigen Sozialminister *Ferdinand Hanusch* einen von aller Welt anerkannten Aufschwung in der Sozialpolitik. Während aber die Arbeitnehmer viel erreicht hatten, waren die alten Menschen nach wie vor einem ungewissen Schicksal ausgesetzt. Auf Grund der Haltung der Konservativen blieb auch das Gesetz über die Einführung der Arbeiterrentenversicherung ab 1. April 1927 Papier, weil es an die Klausel gebunden war, es könne erst dann rechtswirksam werden, wenn die Zahl der Arbeitslosen unter 100.000 Personen sinke. Die später ins Leben gerufenen Altersfürsorgerenten trugen nur Fürsorgecharakter.

Mit der Annexion Österreichs durch Hitler-Deutschland wurden die deutschen Reichsgesetze auch in Österreich geltendes Recht. Durch die Reichsversicherungsordnung kam es zur Einführung von Invaliditäts-, Alters-, Witwen- und Waisenrenten. Die Angestellten hatten schon vorher in Österreich ihre Rentenversicherung.

Der „rentenlose“ Zustand war sicher auch die Ursache, daß es in der Ersten Republik keine geschlossene Organisation der Alten gegeben hatte. Erst nach dem Ende des furchtbaren Zweiten Weltkrieges begannen sich die wenigen Rentenempfänger in Wien und in den Bundesländern zu organisieren.

DIE ANFÄNGE EINER PENSIONISTENORGANISATION

1989 feiert die Bezirksorganisation Linz-Stadt des Pensionistenverbandes Österreichs mit diesem das 40jährige Bestandsjubiläum. Es muß hier gleich angemerkt werden, daß für die alten Männer und Frauen in diesen 40 Jahren alles erreicht wurde, was einmal auf ihrem Wunschzettel gestanden war. Der soziale Aufstieg in den letzten 40 Jahren wäre aber nicht möglich gewesen ohne den harten Kampf der Sozialdemokraten in den vorangegangenen 60 Jahren.

Die Anfänge einer wirkungsvollen Rentner- und Pensionistenorganisation in Oberösterreich und in Linz sind nicht ohne einen Blick auf die damaligen Wiener Verhältnisse erklärbar. Im Jahr 1946 gab es in Wien den Zentralverband der Rentner auf überparteilicher Grundlage, dem u. a. auch der oberösterreichische Funktionär *Josef Pieringer* angehörte. 1948 geriet der Zentralverband ins kommunistische Fahrwasser, was dazu führte, daß die Linzer *Kandlhofer* und *Lechner* einen eigenen, vom Wiener Zentralverband unabhängigen Landesverband für Oberösterreich gründeten. In dieser Phase kam es zu harten Auseinandersetzungen. In einer Versammlungswelle, die der kommunistische Zentralverband startete, versuchte man die Selbständigkeit der Oberösterreicher und Linzer zu untergraben; ein Versuch, der fehlschlug. Neben dem Landesverband Oberösterreich wurde mit großen Schwierigkeiten auch ein eigener überparteilicher Zentralverband ins Leben gerufen, dessen Werbetätigkeit sich neben Oberösterreich vor allem auf Salzburg und angrenzende niederösterreichische Gemeinden erstreckte.

Die Selbständigkeit tat der Rentnerorganisation in Oberösterreich gut. Landesverband und Hauptverband taten sich zusammen und führten in den kommenden Jahren gemeinsam Verbandstage durch. Zwischendurch selbständige Bezirke wie Wels und Steyr stießen in diesen Jahren zum großen Landes- und Hauptverband.

DIE LINZER RENTNER UND PENSIONISTEN SCHLIESSEN SICH ZUSAMMEN

60 Jahre nach dem Einigungsparteitag von Hainfeld fanden sich in Wien im Jahr 1949 mehrere Männer und Frauen der SPÖ zusammen, um den „Verband der Arbeiter-, Unfall-, Landarbeiterrentner und Gemeindebefürsorgten“ zu gründen.

Im gleichen Jahr legten auch in Linz einige Genossen den Grundstein für eine Rentnerorganisation. Zunächst ging man in Linz daran, ein kleines Büro einzurichten, das in einer Baracke auf dem heutigen Areal der Österr. Nationalbank untergebracht war. Mit einer Schreibkraft ging der Gründer der Linzer Organisation *Karl Lechner* daran, die Rentner zu erfassen und zu werben. Die ersten Ortsgruppen gab es in Linz dann auf der Unteren Donaulände, im Franckviertel, in der Neustadt und am Bindermichl. Die Namen der Obmänner waren *Kandlhofer, Iro, Kettenhuber* und *Gieretslehner.*

In Urfahr hatte sich auf Grund der politischen Verhältnisse – nördlich der Donau saß die russische Besatzungsmacht – eine eigene Bezirksorganisation entwikkelt, die zu Beginn aus drei Ortsgruppen bestand, aus Urfahr (Obmann *Karl Lechner*), St. Magdalena (*Gustav Schmidt*) und Gallneukirchen (*Leopold Soyka*).

Mittlerweile hatte die Arbeiterkammer Linz dem Verband im Erdgeschoß des Hauses Volksgartenstraße 40 einen Raum zur Verfügung gestellt, in dem sich das gesamte büromäßige und organisatorische Leben des Verbandes abwickelte. Seele und Motor der „Verbandskanzlei", wie sie genannt wurde, war *Maria Ganser,* die durch viele Jahre zuerst mit ehrenamtlich tätigen Funktionären, später mit fix angestellten Mitarbeiterinnen die täglich umfangreicher werdenden Arbeiten besorgte.

Eine wichtige Entscheidung fiel Anfang der fünfziger Jahre. Ende 1952 erschien die erste Nummer der „Rentner-Post". Mit einer Startauflage von 4000 Stück gewährleistete sie, den Mitgliedern die wichtigsten sozialpolitischen Neuerungen mitzuteilen. Sie bot aber auch die Möglichkeit, über das organisatorische Geschehen im Verband, im Bezirk und in den Ortsgruppen zu berichten. Für die Zeitung mußte kein separater Beitrag geleistet werden. Sie wurde den Mitgliedern kostenlos zugestellt.

Die größer werdende Mitgliederzahl veranlaßte die Verantwortlichen, erste Schulungsmaßnahmen für Funktionäre durchzuführen. In den Ortsgruppen wurden regelmäßige Monatsversammlungen durchgeführt. Bald war auch erkannt worden, daß der Verband nicht nur die Aufgabe hatte, den sozialpolitischen Kampf für eine wirtschaftliche Besserstellung der Rentner, der Witwen und Waisen zu führen, er fand auch zu der gesellschaftspolitisch so wichtigen Bekämpfung der Alteneinsamkeit.

Es waren am Beginn dieser immer mehr ins Gewicht fallenden Tätigkeit vor allem die Weihnachts- und Muttertagsfeiern, die, mit Zuschüssen der öffentlichen Hand und aus eigener Kraft durchgeführt, die Mitglieder gesellig-besinnlich zusammenführten. Aber auch die Einführung von „Bunten Nachmittagen" im Märzenkeller bewährte sich sehr.

Beim Aufbau des Verbandes in Linz gab es die wertvolle Unterstützung durch die örtlichen Funktionäre der SPÖ und der sozialistischen Fraktion der Kammer für Arbeiter und Angestellte und der sozialistischen Gewerkschafter. Aber auch das Wohlwollen der leitenden Angestellten der damaligen Landesversicherungsanstalt Linz, der nachmaligen Allgemeinen Invalidenversicherungsanstalt und heutigen Pensionsversicherungsanstalt der Arbeiter und der Oberösterreichischen Gebietskrankenkasse mit den Direktoren *Rudolf Pfohl* und *Rudolf Edlinger* half dem Verband, die unübersichtlich gewordenen Rechtsvorschriften für seine Mitglieder durchlässig zu machen.

Die Vorgangsweise, Fachleute aus der Sozialversicherung als Fachreferenten im Verband einzusetzen, bewährte sich. So erhielten die Mitglieder des Verbandes bei Informationen und Sprechtagen sozusagen aus erster Hand die für sie richtige Information. Im besonderen sei hier an das Wirken der Sozialversicherungsbediensteten *Alfred Gruber, Ferdinand Burgstaller* und *Bert Haider* erinnert; auch ich durfte zu diesen Erfolgen beitragen.

Als am 1. Juni 1953 die Linzer Bezirkskonferenz stattfand, konnte Obmann *Niederhuber* (Stellvertreter war *Kandlhofer,* Kassier Frau *Nohel*) bereits auf sieben Ortsgruppen verweisen. Es waren dies: Altstadt (Obmann *Josef Fischer*), Untere Donaulände (*Josef Iro*), Neustadt (*Karl Kandlhofer*), Graben (*Johanna Kohel*), Wiener Reichsstraße (*Anton Weidhofer*), Kleinmünchen-Ebelsberg (*Wenzel Porsch*) und Bindermichl (*Florian Gieretslehner*).

KRÖNUNG DURCH DAS ASVG

In den zehn Jahren nach 1945 bis zum Jahr des Staatsvertrages 1955 gab es einen kontinuierlichen Ausbau der sozialversicherungsrechtlichen Vorschriften. Es sollen hier nur erwähnt werden: Beihilfen zu den Arbeiterrenten, Herabsetzung der Altersgrenze für Frauen von 65 auf 60 Jahre, Einführung von Ernährungszulagen, unbedingte Witwenrente auch für Arbeiterfrauen, Rentenentnivellierung usw.

Die große Neufassung des österreichischen Sozialversicherungsgesetzes fand schließlich Ausdruck im hart erkämpften Allgemeinen Sozialversicherungsgesetz (ASVG), das die Kranken-, Unfall- und Pensionsversicherung für die Arbeiter und Angestellten in Industrie, Bergbau, Gewerbe, Handel, Verkehr und in der Land- und Forstwirtschaft regelte. An Stelle von fast 5000 unübersichtlich gewordener Paragraphen trat ein einheitliches Gesetz mit 500 Paragraphen. Das ASVG selbst brachte für die Pensionisten viele Verbesserungen, von der Pensionsbemessung über die Ausgleichszulagen bis zum Hilflosenzuschuß. Der schon vorher gewährten 13. Monatsrente folgte dann 1961 die 14. Monatsrente für alle.

Nach dem ASVG kam es zur Schaffung der Gewerblichen Selbständigenpension und nach den Landwirtschaftlichen Zuschußrenten zur Bauernpension. Krönung der Verbesserung der Situation der österr. Pensionisten war dann später die Pensionsdynamik, die laufende Anpassung der Pensionen und Renten an die sich ändernden wirtschaftlichen Verhältnisse.

Sie haben die Bezirksorganisation Linz-Stadt des Pensionistenverbandes u. a. mit aufgebaut: (von links nach rechts) Bert Haider, Maria Ganser, Franz Feichtinger.

Organisationen sind lebende Organismen, und ihre Träger sind die Mitglieder und Funktionäre. Von den Letzteren hängt die Weiterentwicklung der Organisation ab. In den fünfziger Jahren wuchs der Pensionistenverband stark an. Neue Ortsgruppen entstanden. In der Bezirksorganisation Linz-Stadt waren es Genossen wie *Hubmann, Feichtinger, Peter, Haider, Edlmayr* und *Schramayr,* die unermüdlich tätig waren und mit ihrer starken Bezirksorganisation auch halfen, die Landesorganisation größer zu machen. Besonders *Rudolf Hubmann*, der bald auch die Geschäfte der Landesorganisation übernahm, war, ausgehend von der Ortsgruppe Franckviertel, mit seinen Mitarbeitern sehr erfolgreich. So konnte er beim OÖ. Verbandstag 1958 bereits auf 25.000 zahlende Mitglieder verweisen.

Im September 1958 wurde in Linz der erste „Österreichische Rentnerkalender" herausgegeben, zu dessen Gründern der langjährige Chefredakteur des OÖ. Tagblattes

Hermann Czekal, der Mitarbeiter des Gutenberg-Verlages *Gottfried Porsch* und ich als Sekretär der Pensionsversicherungsanstalt der Arbeiter Linz zählten. In wenigen Jahren war der in Oberösterreich aufgelegte Kalender ein beliebtes Nachschlagewerk geworden, das heute in ganz Österreich als „Österreichischer Pensionistenkalender" mit 120.000 Exemplaren der auflagenstärkste Kalender des deutschen Sprachraumes geworden ist.

Von Linz gingen auch starke Impulse zur Verdichtung der kulturellen Betreuung der Mitglieder aus. Theateraufführungen, Operetten, Filmnachmittage, Exkursionen usw. bereicherten den Alltag der Älteren. Von enormer Bedeutung waren dann die Erholungsaktionen im In- und Ausland. Sie erfreuten sich bald großer Beliebtheit. Das Verständnis für die Anliegen der Pensionisten verstärkten die jährlich abgehaltenen „Altentage". Der erste „Tag des Alters" fand bereits 1953 in Linz statt. *LhStv. Dr. Rupert Hartl* hat mit seinen Reformen in Oberösterreich später den „Landesaltentag" als gesetzlich anerkannten Festtag der älteren Generation verankern können.

1962 – DAS KLEINE HAINFELD DER PENSIONISTEN

Der 18. November 1962 war ein denkwürdiges historisches Datum. An diesem Tag fand die außerordentliche Konferenz des Hauptverbandes der Pensionisten und Rentner Österreichs (Linz) mit dem Verband der österreichischen Rentner und Pensionisten (Wien) in der Linzer Arbeiterkammer statt. Einstimmig beschlossen die oberösterreichischen Delegierten den Zusammenschluß mit dem Wiener Verband. Bei den Gesprächen war festgelegt worden, die organisatorische Eigenständigkeit der Oberösterreicher wie Linzer zu wahren.

10.000 MITGLIEDER IN 28 ORTSGRUPPEN

Im Jubiläumsjahr der SPÖ – 1989 – steht der Bezirk Linz-Stadt des Pensionistenverbandes Österreichs als eine in allen Stadtteilen präsente Organisation da, die für ihre Mitglieder im wahrsten Sinne des Wortes Lebenshilfe leistet. Dazu gehört nicht nur die Sicherung im wirtschaftlichen Bereich und Finanzhilfen durch den verbandseigenen Unterstützungsfonds „Pensionisten helfen Pensionisten", sondern auch die Betreuung am Wohnort, im Krankenhaus, in den Alten- und Pflegeheimen und während des Urlaubes in den Sommer- und Wintermonaten.

Die Zahl der Mitglieder in Linz stieg ständig an. Sie betrug im Vorjahr mehr als 10.000 Männer und Frauen, das entspricht mehr als einem Drittel der in der Linzer SPÖ organisierten Mitglieder. Hier muß allerdings positiv vermerkt werden, daß zahlreiche Mitglieder des Pensionistenverbandes gleichzeitig auch zahlende Parteimitglieder sind. Auch in den schwierigen achtziger Jahren sind die Pensionisten die treuesten Anhänger der SPÖ geblieben, weil sie aus eigener leidvoller Erfahrung wissen, daß der Aufstieg der älteren Generation untrennbar mit dem Aufstieg der SPÖ in den 100 Jahren ihres Bestandes verbunden ist.

Die Bezirksorganisation Linz-Stadt umfaßt 28 Ortsgruppen. Da der Abgang durch Tod von Mitgliedern naturgemäß ein sehr starker ist, zählt die Mitgliederwerbung zur permanenten Aufgabe der Funktionäre. Aber auch die Mitglieder sind in den Erneuerungsprozeß miteingeschlossen. Seit Jahrzehnten gibt es den Slogan: „Jedes Mitglied wirbt ein Mitglied."

Unter der Leitung von Bezirksobmann *Karl Fiezinger* und der Frauenreferentin *Ulrike Pühringer* wird in den 28 Ortsgruppen eine vielfältige Informations- und Betreuungstätigkeit entwickelt. Folgende Ortsgruppen stehen in Linz den Pensionisten zur Verfügung:

Altstadt (Obmann *Karl Wimmer*), Auwiesen (Obfrau *Helga Peschek*), Bindermichl I (*Hanna Dolezal*), Bindermichl-Volkshaus (*Hugo Bertani*), Chemie Linz (*Konrad Goerisch*), Ebelsberg (*Albin Lugerbauer*), ESG (*Robert Scheibl*), Franckviertel (*Karl Stenger*), Froschberg (*Konrad Leeb*), Garnisonstraße (*Ulrike Pühringer*), Keferfeld (*Karl Peyreder*), Kleinmünchen (*Leopold Springer*), Muldenstraße (*Ferdinand Kollmann*), Neue Heimat (*Gustav Neuhaus*), Neue Welt (*Johann Kapfer*), Neustadt (*Johann Stipanitz*), Schiffswerft (*Johann Huber*), Spallerhof (*Josef Saurer*), Urfahr-Steg (*Adolf Grund*), Tabak (*Olga Niederleitner*), Taubenmarkt (*Walter Breitschopf*), Untere Donaulände (*Anna Stöger*), Urfahr-Auberg (*Maria Ganser*), Urfahr-Harbach (*Josef Kotrschal*), Urfahr Ost (*Josef Schneiderbauer*), Urfahr West (*Johann Finkenzeller*), Wiener Straße (*Leopold Babl*), Zaubertal (*Karl Fiezinger*).

AKTIVES GEMEINSCHAFTSLEBEN

Nichts könnte das erfolgreiche Wirken des großen Pensionistenbezirkes besser veranschaulichen wie ein Blick auf die Aktivitäten im Veranstaltungsjahr 1988.
Auf Bezirksebene fanden eine Bezirkskonferenz, 4 Bezirksausschußsitzungen und eine Reihe von sportlichen Bezirksveranstaltungen statt, wie Bezirks-Kegelmeisterschaften, Bezirks-Eisstockmeisterschaften, Bezirks-Wandertag usw. Ein äußerst reges Vereinsleben gab es in den Ortsgruppen mit 203 Sitzungen (2657 Teilnehmer) und 283 Versammlungen (35.836 Teilnehmer). Schulungen und Beratungen gab es 71 (594 Teilnehmer).

Das Gemeinschaftsleben wurde mit 136 Altentags-, Muttertags- und Weihnachtsfeiern (21.634 Besucher) gepflegt. Ein besonderer Anziehungspunkt ist das sportliche und gesundheitliche Programm. 1596 Veranstaltungen von Gymnastik und Turnen über Wandern, Schwimmen, Radfahren, Kegeln und Wintersport zeugen für diesen Trend. Sehr beliebt sind auch die Ausflüge. Bei 398 ein- und mehrtägigen Fahrten wurden 22.233 Teilnehmer gezählt.

Alle diese Veranstaltungen werden sinnvoll ergänzt durch Ausstellungs- und Museumsbesuche, Vorträge, Lesungen, Theater, Exkursionen, Bälle und Gartenfeste.

Die sozialen Dienste wie Seniorenklubs, Hauskrankenpflege, Heimhilfe, Essen auf Rädern, Erholungsaufenthalte usw. werden vom Wohlfahrtsamt der Stadt Linz angeboten, mit dem der Bezirk eine gute Basis der Zusammenarbeit hat. Viele Funktionäre des Bezirkes sind gleichzeitig auch ehrenamtliche Fürsorger der Stadt Linz.

Der gesellschaftspolitische Wandel, die Zunahme des Anteiles der älteren Generation an der Gesamtbevölkerung, damit verbunden das Älterwerden der Senioren, schaffen neue Probleme. Auch die im Gefolge der herrschenden Weltwirtschaftskrise auftretenden Probleme bedürfen einer gemeinsamen Lösung durch jung und alt.

Die soziale und humanitäre Betreuung der Senioren stellt auch nach dem Jubiläumsjahr der SPÖ 1989 eine zentrale Aufgabe des Pensionistenverbandes dar. Es gilt auch in der Zukunft, die älteren Menschen in das Leben der Gesamtgesellschaft zu integrieren und ihren Lebensabend sinnerfüllt zu gestalten.

Arbeitersport in Linz

Hans Schobesberger

VON DER GRÜNDUNG BIS ZUM ENDE DES ERSTEN WELTKRIEGES

Am 23. November 1867 konstituierte sich der Arbeiter-Bildungsverein Wien. Im § 2 des Vereinsstatuts war der Vereinszweck dargelegt, z. B. auch die „Pflege des Turnens". Ob tatsächlich schon geturnt wurde, ist nicht überliefert. 1892 legte die Turnsektion des Arbeiter-Bildungsvereins den ersten Jahresbericht vor, die ASKÖ betrachtet dieses Jahr als Gründungsjahr der Arbeiter-Turn- und Sportbewegung in Österreich.

1895 wurde in Wien der Bundesverband der Touristenvereine „Die Naturfreunde" gegründet, 1899 der „Verband der Arbeiter-Radfahrvereine Österreich", Ortsgruppen beider Verbände entstanden in Linz.

Die Konstituierung des ersten „Arbeiter-Turnvereines Linz" erfolgte am 24. September 1903 im Gasthaus „Zum Elefanten" in der Bethlehemstraße. Zum Obmann wurde *Johann Marianka* gewählt, zu seinem Stellvertreter Turngenosse *Hoffermann*. Turnwart wurde Turngenosse *Blacher*. Nur männliche Mitglieder gehörten dem Verein an. Ein Jahr später borgte man sich vom „Deutsch-völkischen Turnverein Linz 1862" den Turnlehrer *Hans Langoth* aus.

Die Tätigkeit des Vereines beschränkte sich in seiner ersten Phase auf den Aufbau des Vereinslebens und darauf, möglichst vielen Turnern einfache Freiübungen und ebensolche auf den Geräten beizubringen. Mit diesem Können ausgerüstet, verschönten die Arbeiter-Turner viele Parteiveranstaltungen, wie Familienabende, Silvesterabende und Tanzkränzchen. Bald stand eine gute Kunstturnriege auf den Beinen und diese war oft wichtiger Programmpunkt bei gewerkschaftlichen Großveranstaltungen, die bis zu 10.000 Besucher auf die Beine brachten. Beliebte Festplätze waren die Straßerau (jetzt Parkbadgelände), aber auch die Gründe der Aktienbrauerei auf dem Bauernberg (jetzt Botanischer Garten). Geturnt wurde am Reck und Barren, beliebt waren auch Stabübungen. Den Höhepunkt der turnerischen Vorführungen bildete stets eine große Pyramide, oft bengalisch beleuchtet.

War bislang in Gasthofsälen und ähnlichen Räumen geturnt worden, erhielt der Verein 1907 die Genehmigung, die Turnhalle in der Raimundschule zu benützen. Es wurde jetzt bereits in fünf Gruppen geturnt, nämlich: Gruppe A: Turner (Stamm des Vereines), Volksfesthalle Südbahnhof; Gruppe B: Zöglinge, Volksfesthalle Südbahnhof; Gruppe C: Turner und Altersturner, Raimundschule; Gruppe D und E: Knaben, Raimundschule.

Mit dieser Gliederung wurde die spätere Bildung von Abteilungen in gewisser Hinsicht vorweggenommen. 1908 fand in der Raimundschule das erste Schauturnen einer Knabenabteilung statt.

Vom stadtgeschichtlichen Gesichtspunkt aus ist auch erwähnenswert, daß der Arbeiter-Radfahrverein die Möglichkeit hatte, seinen Mitgliedern auf der „Radbahn des Linzer Stahlradklubs" Übungsmöglichkeiten zu bieten. Das Erlernen des Radfahrens war ebenso mühselig wie gefährlich. Erst als in den zwanziger Jahren der Tretroller aufkam, lernten wir Kinder das Radfahren spielend, im wahren Sinne des Wortes.

Eine große Aktivität entfalteten auch die Naturfreunde, beinahe ein Standardziel war der Traunstein. Mit dem Zug ging es nach Ebensee, von dort per Plätte zur Lainaustiege oder zur Karbachmühle und über die Mayralm auf den Gipfel (der Naturfreundesteig wurde erst 1929 seiner Bestimmung übergeben).

Am Sonntag, dem 27. September 1908, mit Beginn 3 Uhr fand im Garten der Raimundschule ein „Volkstümliches Wetturnen" statt. Wir gehen kaum fehl, wenn wir dahinter leichtathletische Bewerbe vermuten, möglicherweise war auch ein Wettringen darunter.

Am 12. März 1911 unternahmen Linzer Naturfreunde eine Skipartie auf das Warscheneck. Es ist dies die erste Erwähnung der neuen Sportart im Rahmen der oberösterreichischen Arbeiter-Sport-Bewegung.

Und hier eine Meldung vom 23. Juni 1911, die zum ersten Male darüber berichtet, daß man im Radfahren nicht mehr nur ein Vergnügen oder eine Art der Fortbewegung sah, sondern einen echten Sport. Ein vom Arbeiter-Radfahrverein Linz veranstaltetes Straßenrennen Linz – Bründl im Fall – Linz beweist dies. Die Arbeiter-Radfahrer *Jelinek, Meier* und *Sturm* belegten die ersten drei Plätze. Wenn man den Umstand bedenkt, wie schlecht die Straßen waren und daß ohne Freilauf, mit starrer Hinterachse also, gefahren wurde, war die Zeit des Siegers (44 Minuten) beachtlich.

Etwas über die Entwicklung des Leistungsturnens erfahren wir im Bericht über ein Schauturnen im ausverkauften „Märzenkeller". Es fand am 30. Juli 1911 statt. Eingeleitet wurde die Veranstaltung mit Freiübungen und Übungen am Barren. Absoluter Höhepunkt waren die Recküblungen und die Sprünge über das hohe Pferd. Wahre Glanzleistungen erbrachten die Turner *Trölß* und *Aßmann,* die „ihre äußerst schwierigen Übungen mit überraschender Eleganz und Leichtigkeit zur Schau brachten. Besonders die mit akrobatischer Geschicklichkeit gebrachten Sprünge riefen wiederholt stürmischen Beifall hervor". Turnlehrer *Wilhelm Sperr* und Obmann *Walter* waren die Organisatoren der schönen Veranstaltung.

Ein erster Vorläufer des späteren Turn- und Sport-Bundes wurde am 15. Oktober 1911 im „Gasthof zur ungarischen Krone" ins Leben gerufen, es tagte der erste „Delegiertentag der oberösterreichischen Arbeiterturner". Alle Arbeiterturnvereine Oberösterreichs waren vertreten.

Erst im Jahre 1913 wurde beim Arbeiter-Turnverein Linz das Mädchenturnen eingeführt. Im selben Jahr am 7. Dezember fand ein Landes-Parteitag statt. Im Bericht darüber heißt es:

„Die Vereinsleitungen sollten es als selbstverständlich erachten, von jedem Mitglied zu verlangen, daß es sich über die Zugehörigkeit zur gewerkschaftlichen und politischen Organisation legitimiert. Wenn es Arbeiter gibt, welche glauben, in der Sportgemeinschaft einen Ersatz für die politische oder gewerkschaftliche Organisation zu finden, möge man diesen bedeuten, daß es Vorbedingung sei, sich zuerst ihrer Kampforganisation anzuschließen."

Der Arbeiter-Turnverein Linz hielt am 13. Februar 1914 im Gasthof „Zum Goldenen Hirschen" eine Generalversammlung ab, in der eine vollkommen neue Funktionärsgarnitur in die Vereinsspitze gewählt wurde. Zum Obmann wurde *Max Nürnberger,* zum Turnwart *Gustav Schöning* und zum Kassier *Franz Strohmayr* gewählt.

Eine erste Erwähnung des Arbeiter-Fußballsportes finden wir in der „Wahrheit" vom 19. Juni 1914. Der Arbeiter-Fußballclub Vorwärts Linz hat ein Match gegen

S.V. Urfahr vereinbart. Ob das Match stattfand, wissen wir nicht. Auch zu einer Vereinsgründung kam es nachgewiesenermaßen nicht.

In den ersten Kriegsjahren 1914/15 ist keinerlei turnerische oder sportliche Aktivität feststellbar.

Im Herbst 1916 sammelten die Turngenossen *Franz Imperial* und *Sepp Schöner* die noch nicht im Kriegseinsatz stehenden Jugendturner und begannen einen Turnbetrieb in der Raimundschule. Auch verschiedene Fronturlauber wie die Brüder *Trölß,* die Turngenossen *Winkler, Lackner, Gruber, Brunner* und *Schwarz* erschienen sporadisch auf dem Turnboden. Der Durchschnittsbesuch betrug 45 Turner und nie wurde geklärt, ob diese hohe Besucherquote der Begeisterung zum Turnen oder dem Umstand zuzuschreiben war, daß *Franz Imperial,* der Abteilungsleiter in der Arbeiter-Bäckerei war, zu jedem Turnabend einige Laib Brot mitbrachte, die brüderlich aufgeteilt wurden.

Noch vor Kriegsende, am 9. Februar 1918, tagte eine Generalversammlung des Arbeiter-Turnvereins Linz. Die Neuwahlen brachten zum Teil bereits jene Generation ans Ruder, die bald danach die lawinenartige Entwicklung der Turn- und Sportbewegung einleitete. Obmann wurde *Franz Imperial,* ihm zur Seite standen *Karl* und *Toni Haase, Karl* und *Sepp Schöner, Sepp Bauer, Anton Lackner,* sowie *Hoffmann, Porod, Burghard, Hötzl, Schwarz* und *Binder.*

DER ARBEITERSPORT IN DER ERSTEN REPUBLIK

Am Beginn dieses Zeitabschnittes steht die Gründung der wichtigsten Über-Organisationen: Hatten wir bis jetzt Bundesverbände der Naturfreunde, der Arbeiter-Radfahrer und seit dem 25. Februar 1917 auch einen Reichsverband der „Kinderfreunde", so beginnt nun die Zeit der nationalen und internationalen Arbeiter-Sport-Verbände.

1919 bildeten die Arbeiter-Turnvereine einen Bezirksverband für Ober- und Niederösterreich, 32 Vereine mit 3824 Einzelmitgliedern gehörten ihm an. *Engelbert Zölch* und *Franz Imperial* waren die Obmänner.

Am 20. Juni 1919 wurde der Verband der „Arbeiter- und Soldaten-Sportvereine", kurz VAS genannt, gegründet. *Volkert* war Präsident, *Happisch* sein Stellvertreter. Ihm gehörten alle Arbeiter-Sportvereine an. Es muß an dieser Stelle erwähnt werden, daß die Arbeiter-Turnvereine innerhalb des VAS eine privilegierte Sonderstellung einnahmen, sie bildeten auch eigene Verbände. So den „Verband der Arbeiter-Turnvereine Deutsch-Österreichs", der sich zum Ziele setzte, den Anschluß an den deutschen Arbeiter-Turn- und Sportbund in die Wege zu leiten, der effektive Anschluß erfolgte 1921. Als 17. Kreis wurden Österreichs Arbeiter-Turnvereine in den Arbeiter-Turn- und Sport-Bund eingegliedert.

Am 14. September 1919 bildete sich die „Luzerner Sportinternationale", der sich alle Arbeiter-Sportverbände der Welt verbunden fühlten.

Doch nun zurück nach Linz.

Am 19. Mai 1920 beschloß der Gemeinderat der Stadt Linz, dem Arbeiter-Turnverein Linz ein „Grundstück zwischen Kaufleitnergut und Exerzierplatz" pachtweise zu überlassen. Es war dies die Geburtsstunde des Linzer Arbeiter-Stadions, das sich im Verlaufe der folgenden Jahre zur schönsten Sportanlage Oberösterreichs entwickelte.

Das Vereinsleben an sich begann bereits am 25. Jänner 1919 mit einem Treffen in den Redoutensälen. Die Traunwieser-Kapelle konzertierte, der Arbeiter-Sängerbund trug Arbeiter-Chorwerke vor, und die Turner selbst zeigten Freiübungen und ein Turnen auf dem Hochbarren. Die Lokale waren überfüllt, viele Turngenossen fanden

Bereits 1920 wurde mit dem Bau des späteren Arbeiter-Stadions begonnen. An „Baumaschinen“ standen nur Scheibtruhen und Rollwagen zur Verfügung. Martin Pesch, im Bild stehend rechts, war der Leiter der umfangreichen Erdbewegungen. Ganz links sind die damalige Artillerie- und die Pionierkaserne zu erkennen.

überhaupt keinen Einlaß. Viele alte Freundschaften wurden aufgefrischt, neue geschlossen.

Der Zuspruch zum Arbeiter-Turnverein war enorm. Bereits bestehende Gruppen mußten den Turnbetrieb ausdehnen, neue Vereine und Abteilungen entstanden.

Am 6. Juli 1919 konstituierte sich der „Turngau Oberösterreich der Arbeiter-Turnvereine Deutsch-Österreichs“. Gauobmann wurde *Franz Imperial,* Kassier *Martin Pesch.* Ein Turngenosse, der sich große (wenn auch unbedankte) Verdienste um den Bau des Arbeiter-Stadions erwarb, er war der Praktiker und technische Kopf dieses Unternehmens.

In Urfahr, im Gasthof „Zum Tiroler“, wurde am 12. Mai 1920 der Arbeiter-Turnverein Urfahr gegründet, kurz danach nahm er den Namen „Freie Turnerschaft Urfahr“ an.

Im ATSV Linz begann die Phase der Aufgliederung in Abteilungen. Die in der Innenstadt wohnenden Turner schlossen sich am 29. September 1921 zur Abteilung Stamm zusammen. Sie hatte die meisten Mitglieder, die besten Turner, und sie begann als erste Gruppe mit dem Handballsport in Linz. Diese Abteilung bekam allerdings auch die schönsten Turn- und Sportanlagen. Das Arbeiter-Stadion und später den – für damalige Verhältnisse riesigen – Turnsaal der Diesterwegschule. Obmann wurde für viele Jahre *Hans Kreuzinger.*

Es folgten die Abteilungen Waldegg, Römerberg, am 8. Oktober 1921 schloß sich auch die Freie Turnerschaft Urfahr dem ATSV Linz an. Diese Abteilungen wählten Ausschüsse, hielten Generalversammlungen ab, waren aber keine Vereine im Sinne des Gesetzes.

In den anderen Linzer Randgebieten entstanden weitere Arbeiter-Turnvereine; so in Kleinmünchen, in Steg und in Ebelsberg. Auch Schwimmer und Paddler schlossen sich dem ATSV als Abteilungen an, obwohl sie andere Vereinsnamen (Donau bzw. ASV) trugen.

Während im gesamten österreichischen Sport eine vollständige Trennung in die Gruppen Arbeitersport, deutsch-völkischer Turnverein, christlich-deutscher Turnverein und Vereine, die keiner der vorgenannten Gruppen angehörten, wie Skivereine, Alpenverein, gewisse Fußballklubs, Athletenvereine und Rudervereine (sie gehörten alle dem sogenannten bürgerlichen Lager an), bestand, gab es ein halbes Jahrzehnt keine Arbeiter-Fußballbewegung. Eine ganze Reihe von Vereinen, wie z. B. Rapid, Sparta, Vorwärts, Amateure und viele andere, gehörten eindeutig unserem Lager an, spielten aber im bürgerlichen Verband Meisterschaft. Erst am 24. Oktober 1926 bildete sich ein Landesverband des sozialistischen Fußballverbandes VAFÖ, in welchem Rahmen dann eine eigene Meisterschaft ausgetragen wurde.

Ähnlich war es bei den Schwerathleten. Auch sie besaßen eine Reihe von eindeutig sozialdemokratisch orientierten Athletenvereinen, diese nahmen aber eine geraume Zeit an gemeinsamen Meisterschaften teil.

Doch zurück zum Arbeiter-Turn- und Sport-Bund. Sitz der Zentrale war Leipzig, Österreich war als 17. Kreis angeschlossen, 1922 fand eine Teilung in zwei Kreise statt. Ostösterreich mit den Bundesländern Niederösterreich, Wien, Steiermark, Kärnten und Burgenland blieb Kreis 17, Westösterreich mit Oberösterreich, Salzburg, Tirol und Vorarlberg wurde der 18. Kreis, Obmann der spätere Linzer Bürgermeister *Robert Mehr.*

Großveranstaltungen waren Fixpunkte in unserer Organisation, sie waren in diverse Detailtreffen aufgegliedert, meist wurden Festmeister in verschiedenen Sparten ermittelt. Stets waren ein Festzug und eine große Schlußveranstaltung im Programm. Zu letzterer gehörten unbedingt Massenfreiübungen, getrennt nach Frauen und Männern, Teilnahme war für jeden Festteilnehmer Pflicht. Demgemäß wurde Monate vorher geprobt, gleich welche Spezialdisziplin der einzelne ausübte, in erster Linie war er Turner. Massenfreiübungen waren die Manifestation der Zusammengehörigkeit. War auf dem eigentlichen Festplatz zuwenig Raum, wie beispielsweise 1931 im Wiener Stadion, wurden die Übungen, bei denen auch alle ausländischen Teilnehmer mitturnten, auf einen größeren Platz verlegt, in Wien auf den Trabrennplatz, wo 12.000 Turner ihr Können zeigten.

Zurück nach Oberösterreich: Das erste Großturnfest, gleichzusetzen mit den ASKÖ-Bundesturnfesten unserer Tage war in Linz. In den Tagen 13., 14. und 15. August 1921 ging das Kreisturnfest des 17. Kreises über die Bühne.

In Ermangelung eines Sportplatzes fanden die Massenfreiübungen auf dem Südbahnhof-Platz statt. Der Festzug, ausgehend um 14 Uhr vom Elisabeth-Kai (später

Bis zur Inbetriebnahme des Arbeiter-Stadions fanden die alljährlichen Massenfreiübungen auf dem Südbahnhofplatz (jetzt Marktplatz) statt.

Untere Donaulände), führte über den Platz des 12. November (jetzt Hauptplatz), wo Bürgermeister *Dametz* die Festteilnehmer begrüßte. Weiter ging es dann über die Landstraße, Schillerstraße zum Südbahnhof. Am Abend trafen sich alle Turnerinnen und Turner sowie viele Gesinnungsgenossen aus Linz in der großen Südbahnhofhalle, wo ein prachtvoller Festabend abrollte.

Am Montag fand ein Fest an der Donau statt, mit Stromschwimmen und einem Brückenspringen. Vom obersten Punkt der alten Brücke, aus 14 Meter Höhe, wurde gegen den Strom gesprungen. Kunstsprünge aller Art, darunter dreifache Salti wurden gezeigt. Das Fest endete am Montag abend mit einer Illuminationsfahrt auf der Donau des erst kurz zuvor gegründeten Kajak-Rudervereins Donau. Die Arbeiter-Radfahrer mit lampiongeschmückten Rädern fuhren an den Ufern mit. Alles, was dazugehörte, nahm in irgendeiner Form an dem Fest teil, keiner schloß sich aus.

Es fanden darüber hinaus weitere Großfeste statt. Jährlich am 1. Mai etwa, an verschiedenen Orten, seit 1923 an jedem Sonnwendtag im Gelände des Linzer Arbeiter-Stadions. Dieser Feier ging stets ein Propagandalauf der Turner durch Linz voraus. Mit kurzer schwarzer Hose bekleidet und mit nacktem Oberkörper ging es kreuz und quer durch Linz. Der Linzer Bischof *Johannes Maria Gföllner* gab seinem Mißfallen ständig Ausdruck, so verbot er Turnerinnen einen Auftritt mit kurzen Ärmeln, was sogar den christlich-deutschen Turnverein zu Unmutsäußerungen animierte.

Jahr für Jahr um die Winterszeit veranstaltete der ATSV Linz ein Bühnenschauturnen im großen Volksgartensaal. Hier waren es vor allem die Geräteturner, die stets von neuem begeisterten.

Daß man kein Jubiläum übersah, versteht sich fast am Rande. Ein besonderes Fest für die Linzer Arbeiterschaft wurde 1928 begangen. „25 Jahre Arbeiter-Turnen in Linz" hieß die Devise, äußerer Anlaß war die Fertigstellung des Arbeiter-Stadions, einschließlich des großen Sportheimes an der Ostseite der prächtigen Anlage.

Der internationale Arbeitersport mußte sich der Olympiabewegung anschließen und begann für 1925 eine Arbeiter-Olympiade zu planen. Die erste Arbeiter-Olympiade fand 1925 in Frankfurt statt. 272 österreichische Arbeiter-Sportler nahmen an dieser Großveranstaltung teil, darunter die Linzer Turnerin *Hilde Neubauer.* Ihr gelang es, Siegerin im Turnerinnen-Achtkampf zu werden. Diesen Erfolg wiederholte sie 1931 in Wien im Rahmen der 2. Arbeiter-Olympiade. Es war dies die mit Sicherheit größte Sportveranstaltung in Österreich. 77.166 zahlende Festteilnehmer wurden gezählt, 37.000 davon aus Österreich. Vom 20. bis 25. Juli währte das Fest, fast alle Nationen Europas waren vertreten. An den vier Hauptfesttagen besuchten 200.000 Wiener das Stadion, das am Weltkindertag, am 19. Juni 1931 feierlich eröffnet worden war. Am Schlußtag zogen 3048 Wettkämpfer aus 16 Staaten im vollbesetzten Stadion ein, am Vormittag marschierten 100.000 Festteilnehmer über die Ringstraße.

Von allgemeinem Interesse dürften auch die verschiedenen Grußformeln sein, die innerhalb unserer Bewegung in Gebrauch waren. „Freundschaft" war der Gruß der Partei und ihrer Organisationen. Im Rahmen der Arbeiter-Sportbewegung aber gab es keine einheitliche Grußform. Die größte Gruppe, die Turner, grüßte einheitlich (sowohl in Deutschland als auch in Österreich) mit „Frei heil". Der offizielle Gruß der ASKÖ, der am 26. Oktober 1924 aus dem VAS entstand, lautete „Sport frei". Da nun aber die Mannschaftssportler anstelle des „bürgerlichen" „hipp, hipp, hurrah" einen Sportruf benötigten und beim Frei-heil die Betonung gar ein bißchen auf „Heil" lag, verwendeten auch sie das „Sport frei!" Die Naturfreunde grüßten mit „Berg frei", die Arbeiter-Radfahrer mit „All frei". Die Sänger verwendeten den Gruß „Sang frei", die Athleten grüßten mit „Kraft frei", die Wassersportler mit „Frei naß" und die Schwimmer mit „Naß frei". Grußformen, die uns heute vielleicht etwas eigenartig vorkommen, die aber benützt wurden. Jetzt, wo in gewissen Kreisen auch die Anrede

Hilde Neubauer, die zweifache Olympiasiegerin im Turnerinnen-Achtkampf, war außerdem eine erfolgreiche Leichtathletin. Mit dem Maßband, ganz rechts, erkennen wir Hans Buchberger, der leider im Zweiten Weltkrieg sein Leben lassen mußte.

Genosse möglichst vermieden wird, erinnere ich mich an meine Jugend, in der ich unter anderem Jungturner unter dem legendären *Sepp Schöner* war. Es wäre undenkbar gewesen, ihn etwa mit Herr *Schöner* anzusprechen, oder gar ohne ein „Frei heil“ auf den Lippen den Turnsaal zu betreten.

Nun noch einen kleinen Überblick über die organisatorische Entwicklung des ATSV Linz nach dem Ersten Weltkrieg.

Am 8. Februar 1920 fand die Generalversammlung des ATSV Linz statt. Obmann wurde *Franz Imperial,* ihm zur Seite standen als Funktionäre die Turngenossen *Trölß, Fasol, Sperr, Neubauer, Bauer, Kreuzinger.*

Am 20. Juli 1920 wurde der Arbeiter-Turnverein Kleinmünchen gegründet, der Bürgermeister von Kleinmünchen *Karl Steiger* war einer der Initiatoren. *Alois Wasenbelz* war der erste Obmann, *Ludwig Wiesner* Obmann-Stellvertreter.

Im Dezember 1920 nahm der Arbeiter-Turnverein Römerberg seinen Betrieb auf. Am 26. Jänner 1921 wurde *Robert Mehr* zum Obmann des ATSV Linz gewählt.

Am 21. Juli 1921 fand die Gründung der „Turnsektion“ Ebelsberg statt, erster Obmann war *Josef Brandner,* im selben Jahr entstand Waldegg, Obmann *Sepp Bauer.* Der Arbeiter-Schwimmverein wurde am 20. September 1921 gegründet.

Am 8. Oktober 1921 beschloß eine außerordentliche Generalversammlung des ATSV Linz, den Verein in Abteilungen aufzugliedern. Es waren dies die Abteilungen Stamm, Römerberg, Waldegg, Urfahr und Schwimmen. Ebelsberg und Kleinmünchen gehörten nicht zum ATSV Linz. 1922 entstand der ATSV Steg-Magdalena. Eine 24köpfige Marschmusikkapelle, des „Trommler und Pfeiferkorps“ entstand am 28. Juni 1923, es sollte künftighin den Marschtritt bei diversen Veranstaltungen festigen. 1930 wurde es in einen Spielmannszug umgewandelt.

Am 13. Jänner 1926 wählte sich der ATSV Linz (Großverein) einen neuen Obmann, er hieß *Sepp Perras,* seine Stellvertreter wurden *Sepp Bauer* und *Hans Marianka.* Vereinsturnwart wurde *August Aigner,* Sportwart *Anton Haase* und *Martin Pesch,* Kinderturnwart *Karl Dicketmüller* und Wehrturnwart (neue Funktion) *Ferdinand Hüttner.* Letzterer wurde 1932 Vereinsobmann.

Auf diesem Bild der Waldegg-Turnerinnen sehen wir reihenweise bekannte Gesichter. In die Geschichte der Arbeiter-Turnbewegung sind eingegangen: Franz Imperial (ganz links), Sepp Bauer (ganz rechts), Sepp Schöner (Bildmitte) und Paula Stehrer (rechts neben ihm); sie war die erste Frauenturnwartin in unserem Bundesland.

Vom 25jährigen Gründungsfest im Jahre 1928 war schon die Rede, es gibt uns Gelegenheit, an Persönlichkeiten zu erinnern, die in die Geschichte unserer Stadt eingingen. Dem Haupt-Festausschuß gehörten unter anderem an: Landeshauptmann-Stellvertreter *Josef Gruber,* Bürgermeister *Robert Mehr,* Kammerpräsident *Johann Pregant* und Gemeinderat *Ernst Koref.*

Wie politisch die Arbeiter-Sport-Organisation war, möge dieser Umstand verdeutlichen. Am Wahlkampf für die Nationalratswahl 1930 beteiligte sich der ATSV Linz korporativ. Ab 16. Oktober fanden keinerlei Sportveranstaltungen statt, bis zu den Wahlen am 9. November findet man im „Tagblatt" keine einzige Sportmeldung.

Haben wir uns bis jetzt mit Vereinen und Gliederungen beschäftigt, speziell mit ihrer inneren Struktur, so werden wir jetzt den Sport an sich zu seinem Recht kommen lassen. Die nächsten Kapitel sind nach Sparten gegliedert, wobei wir auch den Rahmen ATSV Linz verlassen müssen und uns unter anderem mit Vereinen beschäftigen werden, die unmittelbar dem ASKÖ unterstanden.

Leichtathletik wird seit dem Beginn der zwanziger Jahre betrieben. Naturtalente machten sich schon in der Anfangszeit einen Namen. *Max Lotteraner, Alois Renner, Franz Haider, Sepp Bakule* und *Fritz Flachberger* seien stellvertretend für die vielen anderen genannt. Doch auch jene Sparte, die wir heute mit dem Begriff Kunstturnen umschreiben, verdient es, die besten Turner ihrer Zeit namentlich anzuführen, es waren dies: *Emil Gherbetz, Matthias Trölß, Otto Janisch, Hermann* und *Alfred Gruber* und *Sepp Lackmayr.* Bei den Frauen sei – stellvertretend für alle anderen – die zweifache Olympiasiegerin *Hilde Neubauer* genannt. Die Sparte Kraftsport war schon existent, ehe sie offiziell begann. Der „Arbeiter-Athletenclub Vorwärts" wurde 1921 gegründet, *Hermann Zuschrott* leitete ihn von Beginn bis 1934. Es wurden später weitere Vereine ins Leben gerufen. Ringen und Stemmen waren zu Beginn die wichtigsten Sparten, später kam Boxen und Jiu-Jitsu dazu. Die Namen der erfolgreichsten Sportler: *Franz Mörkelsberger, Rudolf Müller, Adolf Sonnleitner, Franz Winkler, Hans Schmid, Max Bresenhuber, Sepp Bakule, Albert Gigl* und *Franz Strandl.*

Die Arbeiter-Athletenvereine gehörten nicht dem Arbeiter-Turn- und Sportbund an, es gab eigene Kraftsportverbände, die wiederum dem ASKÖ unterstanden.

Handball wurde in Linz 1927 zum ersten Mal gespielt. Bereits 1932 standen Spitzenmannschaften auf den Beinen. Unser Bild zeigt jene Mannschaft, die in einem Städtekampf Leipzig mit 9:7 Toren besiegte. Die Linzer im dunklen (roten) Dreß von links nach rechts: Schwaighofer, Fürlinger, Schobesberger, Wimmer, Renner, Schachinger, Mistelberger, Nitsche, Mauhardt, Berghammer, Poferl. Im Bild ganz links Schiedsrichter Rudolf Fröschl. Hinter den Leipziger Turnern das neue Stadionsporthaus.

Handball (seit 1927) und Faustball hingegen waren reine Turnspiele. Während die Faustballer nur in Turnierform ihre Meister ermittelten, trugen die Handballer in mehreren Klassen Meisterschaften aus. In Linz gaben Linz-Stamm, Waldegg, Römerberg und Urfahr den Ton an, die beiden erstgenannten Abteilungen ritterten um die Siegespalme. Das sicher beste Spiel, das vor 1934 in Linz ausgetragen wurde, war der Städtekampf Linz – Leipzig, 1932 im Arbeiter-Stadion. Unsere Mannschaft gewann 9:7. Es spielten: *Schachinger, Nitsche, Schobesberger, Poferl, Mauhardt, Fürlinger, Renner, Wimmer, Berghammer, Mistelberger* und *Schwaighofer.*

Eine eigene Bewandtnis hatte es mit Fußball. Die Fußballer waren die letzten, die einen eigenen Arbeiter-Verband gründeten, bis 1926 spielten sie zusammen mit den sogenannten bürgerlichen Sportlern in der Meisterschaft des Oberösterreichischen Fußballverbandes. Die Herauslösung unserer Vereine bewirkte auch, daß die Meisterschaft 1925/26 entfiel. Der neue Verband nannte sich „Verband der Arbeiter-Fußballer Österreichs“, abgekürzt VAFÖ. Folgende Vereine schlossen sich ihm in Oberösterreich an: Admira Linz, Amateure Steyr, Bewegung Steyr, Ebenseer S.V., Ostmark Linz, Rapid Linz, Sparta Linz, Steyrermühl, Vorwärts Steyr und Wacker Kleinmünchen. Erster Obmann des VAFÖ Oberösterreich war *Albin Gebhardt.* Die Meisterschaften wurden in zwei Klassen ausgetragen, in der obersten Spielklasse (Liga!) waren die Linzer Vereine Rapid und Sparta sowie die Steyrer Mannschaft Vorwärts stets an der Spitze.

Rudersport. Die Gründung des Kajak-Rudervereines „Donau“ war ein rein politischer Akt. Dem vorerst unpolitischen Kajak-Ruderverein Schnecke gehörten auch acht Sozialdemokraten an. Als man im Sommer 1920 den sogenannten Arierparagraphen beschloß, war für die acht Genossen kein Bleiben mehr. Sie traten aus und gründeten 1920 eine eigene Gruppe, am 2. Juni 1921 fand die offizielle Gründungsversammlung statt. Erster Obmann war *Karl Schneider.* Die Tätigkeit beschränkte sich vorerst auf das Paddeln (ein Ausdruck der erst später aufkam), seit 1928 waren auch Ruderboote im Einsatz. Die Donaupaddler erreichten bei der Arbeiter-Olympiade 1931 in Wien Siege und Plazierungen, den größten Erfolg aber (eine gewisse Absurdität), 1936, als der ASKÖ längst aufgelöst war. Für Schnecke startend, brachten die ehemaligen Donaupaddler *Kainz – Dorfner* eine olympische Goldmedaille und *Viktor Kalisch* eine Silbermedaille nach Linz.

Schwimmen. Ähnlich wie bei den Radfahrern war es bei den Schwimmern. Nicht der Sport stand vorerst im Vordergrund, sondern das Bestreben, möglichst vielen Genossinnen und Genossen die lebenserhaltende Kunst des Schwimmens beizubringen. Dies war einer der Gründe, den Arbeiter-Schwimmverein, genannt ASV, ins Leben zu rufen. Als Abteilung des ATSV Linz wurde er am 20. September 1921 gegründet. Turngenosse *Reichert* war der erste Obmann. Keines der Becken in der Linzer Schwimmschule hatte Normalmaße, erst mit der Inbetriebnahme des Hallenbades 1932 stand eine allen sportlichen Anforderungen entsprechende 25-m-Bahn zur Verfügung. *Adi Enzenhofer, Hugo Müller* und *Jonny Projer* waren am erfolgreichsten. *Hugo Müller* war ein Neffe *Bernaschek*s. Er flüchtete nach den Februar-Unruhen 1934 in die Sowjetunion, überlebte alle Säuberungen, den Großteil des Krieges und kam als Kommandant einer Partisaneneinheit 1944 in der südlichen Steiermark ums Leben.

Wintersport. Im Jänner 1920 nahm die Skiriege des ATSV Linz ihre Tätigkeit auf. Beliebte Trainingsgebiete waren die Berge in der Nähe von Linz bzw. alle Gebiete, in denen sich Naturfreundehütten befanden, wie Tauplitz und Pyhrgasgatterl. Es gab zwar Spezialisten in den verschiedenen Bewerben, sieht man aber Ergebnislisten durch, dann trifft man auf bekannte Namen aus allen anderen Gebieten. So war der beste Skispringer *Alfred Gruber,* ein Superturner und ein ausgezeichneter Handballer. *Ignaz Treuschitz* war Langläufer auf der Loipe und der Laufbahn, ebenso ein gewiegter Berggeher. *Gretl Binder* war im Skifahren ebenso erfolgreich wie auf dem Wasser. Nicht zu vergessen *Adi Enzenhofer,* der einer der besten Schwimmer war und ein erfolgreicher Langläufer. *Hans Schmid* war Ringer und Skispringer.

Die Skisportler aber waren in ihrem Sport Allroundler, sie waren sowohl alpin als auch nordisch Klasse. Es gab daher auch einen Ski-Vierkampf, der aus Abfahrtslauf, Slalom, Langlauf und Skispringen bestand. Reine Spezialisten gab es zu dieser Zeit überhaupt nicht, solchen nahekommend waren *Franz Scheibelberger, Ernst* und *Josef Ruschp, Franz Sika* und *Hans Binder.* Die besten Frauen waren *Toni Benedikovics, Jula Schlagin* und – wie erwähnt – *Gretl Binder.*

Tennis. Ein Sport, der lange Zeit einfach nicht vereinbar mit Arbeitersport war. Er war elitär und man fand ihn für einen Arbeitersportler vorerst nicht recht passend. Die Sparte Tennis gab es seit 1928. Erster Obmann war *Dipl.-Ing. Ehgartner,* technischer Leiter *Alois Puschmann,* der auch einer der besten Spieler war. *Albin Gebhardt* gehörte dem Ausschuß als Beirat an. In Erinnerung ist auch *Alfred Ehart,* der sich auch als Skisportler und Skifunktionär Sporen verdiente. Im Skisport war er einer der besten Tourengeher.

Der ARBÖ wurde immer mehr zu einer Heimstätte der Arbeiter-Radrennfahrer. Viele Rennen wurden veranstaltet und von den Aktiven bestritten. Ein Mangel waren die schlechten Straßenverhältnisse, aber auch das Fehlen von Gangschaltungen. Bevor diese in Gebrauch kamen, behalf man sich mit zwei verschiedenen Zahnkränzen auf starrer Hinterachse. Vor Bergstrecken mußte man das Rad anhalten und das Hinterrad umdrehen. Auch Saalsport wurde schon betrieben. Die Radfahrer, die ihre Räder prächtig zu schmücken verstanden, fehlten bei keinem Aufmarsch. Ende der zwanziger Jahre besaßen dann auch Arbeiter (nicht Arbeitslose!) Motorfahrzeuge, auch sie wurden im ARBÖ integriert.

Naturfreunde-Mitglieder starteten bei vielen Ski-Wettkämpfen. Besonders hervor taten sich die Mitglieder beim Bau von Naturfreunde-Schutzhütten, wobei sich die Eisenbahner auszeichneten, aber auch Arbeitslose stellten sich in großer Zahl zur Verfügung. In der Zwischenkriegszeit entstand in Oberösterreich die Hochkogelhütte,

Höhepunkt der Zeit zwischen den beiden Weltkriegen war die Arbeiter-Olympiade in Wien 1931. Das Wiener Stadion war neu erbaut und bestand mit diesem Großfest seine erste Feuerprobe. Das Bild wurde am Schlußtag aufgenommen, Abordnungen symbolisierten den Einmarsch der Nationen.

das Schutzhaus Pyhrgasgatterl, das Lichtenberg-Schutzhaus, das Wiesberghaus, das Naturfreundehaus auf dem Schoberstein, ein Haus auf der Katrin, eines auf dem Traunstein und eines auf dem Kranabethsattel (Feuerkogel).

Nun nochmals zurück zum Arbeiter-Turn- und Sportbund. Mit der Machtübernahme *Hitlers* 1933 wurde auch diese machtvolle Organisation aufgelöst. Österreichs Arbeiter-Turner mußten daher eine neue Zentralorganisation schaffen. Am 22. Oktober 1933 konstituierte sich der „Österreichische Arbeiter-Turn und Sportbund", am 24. Oktober das „Landeskartell Oberösterreich", Landesobmann wurde *Ludwig Bernaschek.*

Diese neue Organisation besaß nur eine kurze Lebensdauer, nach dem 12. Februar 1934 wurden alle sozialdemokratischen Organisationen in Österreich aufgelöst.

Zwischen 1934 und 1945 betrieben die ehemaligen Arbeitersportler ihren Sport weiter, sie mußten allerdings zu Vereinen ausweichen, die nicht dem Verbot zum Opfer gefallen waren. Die Sportanlagen wurden von bürgerlichen Vereinen übernommen, allerdings schlossen sich auch einzelne Vereine überhaupt den neuen Machthabern an. Um ein Beispiel zu nennen: Der ehemalige Fußballklub „Admira" blieb mit geänderten Statuten bestehen, ja er übernahm sogar die Anlage der Abteilung Urfahr des ATSV Linz „Am Damm". Der Verein wollte sogar nach 1945 den Sportplatz behalten, als ihm dies nicht gelang, trat er aus Protest nicht wieder dem ASKÖ bei. Die Stamm-Handballer spielten einige Zeit für den LASK, später für die Bundesbahn-Sportvereinigung, die 1938 in Reichsbahn SV umbenannt wurde und bis 1945 existierte. Die Eisenbahnsportvereine waren in gewisser Hinsicht ein Fluchtziel für ehemalige Arbeiterturner. Die Waldegg-Handballer gingen geschlossen zum SV Urfahr.

Einen nicht uninteressanten Weg schlugen die Fußballer des SK Germania ein. Sie trugen bis 1926 die Bezeichnung Arbeiter-Sportklub und gehörten leistungsmäßig der oberösterreichischen Landesliga an, besaßen aber keinen Sportplatz. 1926 schlossen sie sich nicht dem VAFÖ an, sondern blieben im (bürgerlichen) oberösterreichischen Fußballverband. Als nach dem 12. Februar 1934 der Arbeiter-Sportklub Sparta aufgelöst wurde, erhielt Germania den Platz in der Verlängerten Wimhölzelstraße, alle Spartamitglieder wurden, soferne sie dies wollten, von Germania übernommen. Obmann von Germania wurde übrigens in der NS-Zeit *Alois Mühlberger,* ein Mann, der eindeutig dem roten Lager zugehörte, und der auch nach 1945 Vereinsobmann blieb. Der Verein nahm wieder den Namen Sparta an und schloß sich dem ASKÖ an.

Das Arbeiter-Stadion ging mit allen Einrichtungen in den Besitz der Stadt Linz über (das Grundstück gehörte ihr ohnedies), wurde aber vom Heeressportverband verwaltet. Obmann war der Kommandant der Kraftfahrabteilung 4, *Major Rudolf Hammer.* Alle Soldaten durften nur für den Heeressportverband starten, er hatte demgemäß eine gute Fußballmannschaft und ein ebenso gutes Handballteam. Und diese Handballer waren fast zur Gänze ehemalige Arbeiterturner, die wiederum der Kraftfahrabteilung 4 angehörten. *Major Hammer* verfügte daher nicht nur über Kraftfahrzeuge in jeder Menge, er hatte auch sportkundige Soldaten, alles zusammen war Gewähr dafür, daß das „Stadion der Stadt Linz" bestens gepflegt wurde. Anfang der vierziger Jahre mußte es dem Hafenbahnhof weichen. Daß in den Kriegsjahren der Sport fast völlig zum Erliegen kam, ist verständlich.

ATSV UND ASKÖ NACH DEM ZWEITEN WELTKRIEG BIS IN DIE GEGENWART

1945 gab es keine funktionierenden Vereine und in Linz, einschließlich Urfahr, nur einen Sportplatz, jenen in der Unionstraße. Allerdings gab es Sportler. Viele waren invalid, manche krank, alle aber dünn und ausgezehrt. Sie taten sich zusammen und begannen auf dem Westbahnplatz ihr Training. Zwar mußten sie den Sportplatz die meiste Zeit den Amerikanern überlassen, aber bald stand eine erkleckliche Anzahl von Mannschaften auf den Beinen. Da es weder Vereine noch Verbände gab, spielte man in Städte- oder Ländermannschaften. Die politischen Differenzen, die es einmal gegeben hatte, waren vergessen; nun hatte jeder nur eines im Sinn, seinen Sport auszuüben. Aber auch für die „Nicht-mehr-Aktiven" war der Hunger nach Sport groß. Daher fanden sich am 5. August 1945 8000 Zuseher auf dem Westbahnplatz in der Unionstraße ein, bezahlten eine Mark Eintritt und erfreuten sich an den Darbietungen. Als Veranstalter fungierte die Stadt Linz, Hausherr war demnach Bürgermeister *Ernst Koref.* Sowohl im Fußball als auch im Handball besiegte ein Linzer Team eines aus Urfahr, es gab auch Faustball, Leichtathletik und ein Radrennen.

Doch diese Allianz der Überlebenden hielt nicht lange. Funktionäre aller Couleurs strebten eine Wiederherstellung der alten Zustände an; die Aktiven von damals aber handelten nach der Devise: Vereine im alten Sinne, ja! Aber eine Öffnung nach allen Seiten und Austragung allgemeiner Meisterschaften.

Ein einziger Sport- und Turnverband, der auch angestrebt wurde, kam aus ganz bestimmten Gründen nicht in Frage. Zu groß waren 1934 die Verluste der Arbeitersportler an ideellen und vermögensrechtlichen Werten. Und so agierte *Albin Gebhardt,* der in vielerlei Hinsicht Initiator eines neuen, österreichischen Sportlebens war, nach ganz festen Grundsätzen. Zuerst einmal brachte er es zuwege, daß all das zurückerstattet wurde, was man dem Arbeitersport seit 1934 genommen hatte, in sportlicher Hinsicht erfolgte eine „Öffnung nach allen Seiten". Die Sportler der ehemals deutsch-nationalen Richtung fanden im ATSV Linz eine Heimat, die Faustballer von Waldegg etwa trugen sogar noch die Sportkleidung des TV 1862. Als dann 1949 der Allgemeine Turnverein bzw. der Österreichische Turnerbund gegründet wurde, verließen zwar manche den ATSV Linz, die ausgesprochene Spitze aber blieb bei uns, erzielte Faustball-Staatsmeistertitel am laufenden Band und bildete einen Nachwuchs heran, der ideologisch heute dort steht, wo ein Arbeitersportler hingehört.

Doch nun einige vereinstechnische Daten. Vorerst einmal wurden alle ehemaligen Organisationen wie Arbeiter-Turn- und Sportbund und VAFÖ wiedererrichtet, doch bald kristallisierte sich eine einheitliche ASKÖ-Organisation heraus, die bis heute Gültigkeit hat.

Die Gliederung sieht so aus: ASKÖ-Bund/ASKÖ-Landesverband/ASKÖ-Bezirksverband/ASKÖ-Verein.

Die ideelle Zugehörigkeit war von Beginn an unbestritten, der ASKÖ galt und gilt als Vorfeldgliederung der SPÖ. Womit er sich von der etwas später gegründeten Turn- und Sport-Union unterschied, deren Funktionäre ausnahmslos der ÖVP angehörten, die Union aber als überparteilich deklarierten. Inzwischen ist sie de facto eine reine ÖVP-Organisation geworden.

1947 wurde dann der Allgemeine Sportverband ins Leben gerufen, der an sich überparteilich wäre, wenn sich nicht in ihm der 1949 gegründete Österreichische Turnerbund bzw. die Allgemeinen Turnvereine eingenistet hätten, die ihrerseits doch recht deutlich einer politischen Richtung angehören. Man nennt diese drei Organisationen Dachverbände. Ihre Mitglieder sind, direkt oder über den Umweg eines Bezirks- oder Landesverbandes die Turn- und Sportvereine. Betreibt ein Verein Leistungssport, das heißt, will er an Meisterschaften teilnehmen, dann muß er zusätzlich einem Fachverband angehören. Für einen Fußballverein etwa genügt die Zugehörigkeit zum Fußballbund, große Vereine, die mehrere Sportarten betreiben, müssen sich auch mehreren Fachverbänden anschließen.

Der „Arbeiterbund für Sport und Körperkultur", ASKÖ genannt, führt seit dem 13. Jänner 1971 den Namen „Arbeitsgemeinschaft für Sport und Körperkultur", die Kurzbezeichnung ASKÖ blieb, nur das Geschlecht hat sich geändert. Die ASKÖ ist bestens durchorganisiert, ihre Mitglieder grüßen sich einheitlich mit „Sport frei!"

Nun zurück zur Gliederung der Organisation in Linz. Den Ton gab hier der Großverein ATSV Linz an, der in Abteilungen beziehungsweise Sparten aufgegliedert war. Er spielte auch eine Rolle als Stadtkartell, da der ASKÖ Bezirk Linz weit über das Stadtgebiet hinaus wirkte.

Der erste Obmann des ATSV Linz nach dem Zweiten Weltkrieg war *Albin Gebhardt,* technischer Leiter *Rudolf Fröschl.* Im Dezember 1945 fand die Wiedergründung statt.

1950 wurde *Dr. Rudolf Humer* zum Obmann gewählt, *Albin Gebhardt* leitete als Landesobmann die ASKÖ-Landesorganisation. *Rudolf Humer* war bis zu seinem Tod im Jahre 1967 Vereinsobmann, ihm folgte *Hans Lala* in dieser Funktion nach. Die letzte Generalversammlung dieses ruhmreichen Vereines fand am 28. November 1975 statt. Der Verein beschloß seine Auflösung beziehungsweise seine Umwandlung in den ASKÖ Bezirk Linz-Stadt. Sie war notwendig geworden, da die Abteilungen des ATSV Linz, obwohl sie Ausschüsse wählten, die wiederum geschäftsähnliche Transaktionen durchführten, keine Vereine im Sinne des Gesetzes waren.

Am 21. Dezember 1975 wurde der ASKÖ Bezirk Linz-Stadt gegründet, *Hans Lala* wurde zum Bezirksobmann gewählt. Vorsitzender des Wahlausschusses war der Autor dieses Beitrages. Er legte auch die Gründe dar, die für die Umwandlung des ATSV Linz in den Bezirk Linz-Stadt maßgebend waren. Mit dem Bezirk Linz-Stadt wurde eine Organisation geschaffen, die in ihrer Ausdehnung mit den Stadtgrenzen identisch ist. Zur Zeit ist *Adolf Schauberger* Obmann des ASKÖ Bezirkes Linz-Stadt.

Alle ASKÖ-Vereine des Stadtgebietes Linz haben nun eine ihnen gemäße Überorganisation. Die restlichen Vereine des ehemaligen Bezirkes Linz wurden mit gleichem Datum dem neuen Bezirk Linz-Umgebung einverleibt.

Nun noch einige Namen von ASKÖ-Sportlern beziehungsweise Vereinen, die auf sporttechnischem Gebiet echte Pionierarbeit geleistet haben.

Um mit Handball zu beginnen, dieser Sportzweig war stets eine Domäne der Linzer Arbeitersportler, er ist es in gewisser Hinsicht heute noch. Den ersten großen Erfolg erkämpfte die Mannschaft des ATSV Waldegg im Jahre 1947 in Graz. Mit der Aufstellung *Jebinger, Fleiß, Bauer, Lotteraner, Schobesberger, Mayrhofer, Wolff, Untersberger, Vowsik, Haller, Reinhart* errang sie den ersten Handball-Staatsmeistertitel für Linz. Die Mannschaft wurde von Tausenden Linzern am Bahnhof empfangen, *Albin Gebhardt* sprach Begrüßungsworte. Unter Vorantritt der Magistratsmusik marschierte man über die Landstraße zu Landeshauptmann *Dr. Gleißner,* der einen Empfang gab. Insgesamt zehn Staatsmeistertitel hat die Mannschaft der Abteilung Waldegg in weiterer Folge nach Linz gebracht.

Noch erfolgreicher war die Faustball-Mannschaft von Waldegg, sie hält gegenwärtig bei 31 Titeln. Die Pioniere waren *Erich* und *Sepp Petschnek, Hagmüller, Hödl, Gwis, Schusser, Brandstetter.*

Leichtathletik wurde anfangs nur in den Abteilungen des ATSV Linz betrieben, später auch bei anderen Vereinen. Sehr erfolgreich in ihren Spezialdisziplinen waren *Alfred Lasch, Bertl Sixt, Max Lotteraner, Kurt Grasl, Franz Michalek, Ernst*

Eine wunderschöne Gegenlichtaufnahme liefert uns das ASKÖ-Archiv. Sie zeigt den Start zu einem Staffelrennen im Rahmen der Schlußveranstaltung des ASKÖ-Bundesfestes 1952 im Linzer Stadion.

Stöckl und *Herbert Kreiner* sowie die Frauen *Erika Graf, Solveig David, Erika Hofer, Edeltraud Czejka* und *Gabi Rauter.*

Max Lakitsch war bereits Spartenobmann, er war auch der erste Obmann des selbständigen Leichtathletikvereines ATSV Linz – Sparkasse (1970) und bekleidet diese Funktion noch heute.

Die erste Fußball-Meisterschaft wurde bereits im September 1945 gestartet; Sparta und Westbahn vertraten den ASKÖ Linz. Beide Vereine kamen bis in die österreichische B-Liga, seit 1950 gibt es eine Staatsliga-Meisterschaft. Aus Sparta wurde später der Sportverein Stickstoff (SVS), heute spielt er unter dem Namen Chemie. SVS stieß bis in die höchste Spielklasse vor.

Ebenfalls als SVS, was jetzt aber „Sportvereinigung Vöest-Stickstoff“ bedeutete, spielte der Verein ein weiteres Jahr in der Staatsliga A. Die Ehe brachte aber keinen Segen, man stieg ab (1964), Vöest allein stieg dann wieder auf, ist inzwischen ASKÖ-Verein geworden und spielt nach dem Abstieg 1988 aus der obersten österreichischen Spielklasse in der zweiten Division.

Eine gute Rolle im österreichischen Sport spielten jahrelang die Linzer ASKÖ-Ringer. Den ersten Staatsmeistertitel für Linz errang 1950 *Karl Hubmann.* Später folgten ihm *Friedl Anglberger* und *Eugen Wiesberger* nach sowie *Karl Hallmayr* und *Johann Karigl.* Sie alle wurden auch mehrfache Landes- und ASKÖ-Bundesmeister. Unter den Funktionären verdient *Willi Mörkelsberger* ehrenvolle Erwähnung.

Auf dem Wasser waren sowohl die Paddler als auch die Ruderer äußerst erfolgreich. Nach 1945 ragen vor allem die Kajak-Paare *Piemann – Umgeher* und *Schmidtberger – Lackner* heraus beziehungsweise *Hermann Salzner, Helmut Holzschuster, Franz Wolf.* Daß die Paarfahrer auch blendende Einzelkönner waren, versteht sich von selbst. Die Paddler erreichten viele nationale Titel, international wurden sie von den Donau-Ruderern überboten.

Die Frau des erfolgreichen Rudertrainers *Franz Sika, Eva Sika,* errang erste, zweite und dritte Plätze in vielen internationalen Meisterschaften im Frauen-Einer. Im Zweier ohne Steuermann der Männer erruderten sich, neben vielen anderen Titeln, *Sageder – Kloimstein* eine Bronzemedaille bei den Olympischen Spielen 1956 in Melbourne und eine olympische Silbermedaille 1960 in Rom. Auch sie wurden nach ihrem Erfolg in Rom von einer großen Menschenmenge empfangen, ihr Marsch über die Landstraße führte zu einem Empfang bei Bürgermeister *Ernst Koref.*

Kegeln wurde in Linz erst durch die Errichtung automatischer Bahnen ein echter Leistungssport. Aus den vielen Titeln, die für Linz erkegelt wurden, ragt einer besonders heraus. Die ESG-Damen *Gertrude Leibetseder* und *Eva Gruber* wurden im Bewerb „Paarmeisterschaft für Frauen“ Weltmeister 1972 in Split. 866 Holz erzielten sie. Äußerst verdient um den Kegelsport machte sich in verschiedenen Funktionen *Karlmax Linhart.*

Aus den zwei Verbänden Naturfreunde und Arbö sind neben der Betreuung auf touristischem beziehungsweise radtechnischem Gebiet echte Sportorgnisationen geworden. Führen die einen Expeditionen durch und geben Extremkletterern, Skirennfahrern und Rodelsportlern eine Heimat, so wurde aus der anderen eine äußerst schlagkräftige Rad- und Motorsportorganisation.

1946 wurde die Sektion Schwimmen im ATSV Linz errichtet. Sie trug die Bezeichnung ASV Linz. Die Erfolge dieser Gruppe waren vielfältig. In vielen Staffeln wurden Siege errungen, ebenso im Kunstspringen und Wasserball, Hunderte Titel aber in Einzelbewerben. Es gab Zeiten, in denen die ASV-Schwimmer eine dominierende Rolle bei Staatsmeisterschaften spielten. Die nachstehend angeführten Schwimmerinnen und Schwimmer erzielten besondere Leistungen: *Erich Schabransky, Alois Haas,* die drei *Schimanko Sisters, Annemarie* und *Helga Greinöcker, Helmut Ilk, Michael Smrcka, Grete Josk, Grete Hoffmann, Ludwig Eder, Karl Leitner, Margot Leibetseder.*

Die Funktionäre *Ernst Wiener, Erwin Gunnesch* und *Rudolf Smrcka* verdienen für ihre fruchtbare Tätigkeit Erwähnung.

Nicht vergessen dürfen wir auf die Segelflieger *Gruber* senior und junior, *Tauschek, Spitzer* und *Schneeweiß,* die Judosportler *Manfred Penz, Erich Moisl, Siegfried Spennlingwimmer, Erich Pointner, Robert Köstenberger, Klaus Wallas* und

Massenfreiübungen gehörten bis in die sechziger Jahre zu einem unerläßlichen Fixpunkt jedes Sportfestes. Alles nahm daran teil, gleich welchen Sport der einzelne betrieb. Auf den beiden Fotos ist der Einmarsch der Frauen und Männer beim wohl schönsten Turn- und Sportfest nach 1945 zu sehen, das 1952 in Linz stattfand.

Daß die Krone aller Sportfeste Massenübungen bildeten, sollen die beiden Fotos nochmals verdeutlichen. Sportlich stramm zeigten die Männer ihr Können, fraulich beschwingt turnten die Frauen ihre Ballgymnastik. Das vollbesetzte Linzer Stadion umrahmte die gekonnten Vorführungen.

Peter Reiter. Ebensowenig auf den TVN-Rodler *Gerhard Pilz,* der einen WM-Titel errodelte, die Skibob-Fahrer *Walter Kroneisl* und *Erich Goriup* sowie die für ASKÖ Steyr startende *Gertrude Gebert.* Die drei zuletzt Genannten erreichten hohe und höchste Titel.

Der wahrscheinlich beste Eiskunstläufer, den Linz bis dato hervorgebracht hat, ist *Ronald Koppelent.* Er wurde mehrfacher Staatsmeister und erzielte schöne Plazierungen in internationalen Bewerben beziehungsweise bei internationalen Meisterschaften.

Der Radsport nach 1945 ist mit jenem vor 1934 nicht vergleichbar, zu sehr änderten sich die radtechnischen Details. Am Beginn dieser Ära dominierte *Ludwig Wiesner* alle Landesbewerbe. Er erreichte schöne Plätze bei international beschickten Rennen und setzte seiner Karriere den absoluten Glanzpunkt mit einem Sieg im großen 140-Kilometer-Rennen, das den Höhepunkt des Internationalen ASKÖ-Bundesfestes 1952 darstellte. Oberösterreichische ARBÖ-Spitzenfahrer waren auch *Johann Striedner, Hans Kaltenbach, Egon Hammer, Helmut Schacherleitner, Herbert Hani, Karl Sinzinger, Franz Inthaler, Johann Traxler* und *Herbert Seidl.*

Turnen gilt als Krone der Leibesübungen. Eine kleine Liste der Besten erinnert uns an die Elite; die hier Angeführten erturnten Titel in den verschiedensten Bewerben: *Michaela Aichenauer, Hilde Leeb, Fritz Auer, Peter Breitenberger, Rikki Graf, Hans Jankovetz, Rudolf Mallinger, Irmi Howecker, Manfred Heiler, Birgit Grurl.*

Die Mitglieder von Sparten, die nicht speziell erwähnt wurden, bitten wir um Vergebung. Die letzte Vereinsstatistik hat der ASKÖ Bezirk Linz-Stadt per 31. Dezember 1987 herausgegeben. 72 Vereine gehörten ihm an, rund 50 Sportarten werden ausgeübt.

Wir führen nun abschließend jene Großveranstaltungen an, die der ASKÖ-Landesverband seit 1945 organisiert hat.

15. bis 17. Juli 1949 ASKÖ-Landes-Turn- und -Sportfest, Linz; 11. bis 13. Juli 1952 ASKÖ-Bundes-Turn- und -Sportfest, Linz; 16. bis 19. Juli 1959 ASKÖ-Bundes-Turn- und -Sportfest, Linz; 13. bis 17. Juli 1977 ASKÖ-Bundes-Turn- und -Sportfest, Linz, Steyr und Wels.

Diese ASKÖ-Turn- und -Sportfeste nahmen durchwegs einen blendenden Verlauf. Das 1952er-Fest war mit der sportlichen Inbetriebnahme des neuen Linzer Stadions in engster Verbindung. Viele Linzer lernten so die neue Anlage kennen, das Schlußfest am 13. Juli bot, neben vielen anderen Höhepunkten – getrennt nach Geschlechtern – geturnte Massenfreiübungen. Das Bundesfest 1977 war zwar auf drei Städte aufgeteilt, jedoch fanden sowohl das große Eröffnungsfest wie der Festzug in Linz statt.

Die Presse würdigte alle drei Großveranstaltungen eingehend, der Stadt Linz wurde der Ehrentitel „Sportstadt an der Donau“ verliehen.

NOTIZEN ZUR GESCHICHTE DER LINZER NATURFREUNDE

Mag. Hubert Hummer

ZUR FRÜHGESCHICHTE DER LINZER NATURFREUNDE BIS 1918

Der Touristenverein „Die Naturfreunde" war 1895 in Wien entstanden. Der Lehrer *Georg Schmiedl* und der Kaufmann *Simon Katz* hatten in der Arbeiterzeitung ein Inserat aufgegeben und zur Gründung einer touristischen Gruppe aufgerufen. Unter den Wiener Gründungsmitgliedern befanden sich der damalige Student *Karl Renner* (er entwarf die Statuten, zeichnete das farbige Emblem und verfaßte den Wahlspruch) und der nach Wien verzogene Oberösterreicher *Alois Rohrauer. Rohrauer,* ein aus Spital/P. stammender Metallarbeiter, wirkte in der Folge lange Jahre als Präsident der Naturfreunde. Nach ihm ist das Naturfreundehaus der Ortsgruppe Linz am Pyhrgasgatterl, das Rohrauerhaus, benannt.

Die Entstehung der Ortsgruppe Linz des Touristenvereins „Die Naturfreunde" hat eine ähnliche Vorgeschichte. Die Genossen *Adolf Lenz* (Buchdrucker), *Julius Spielmann* (Redakteur) und *Josef Dametz* (Buchdrucker) riefen im sozialdemokratischen Wochenblatt „Wahrheit" vom 8. Juli 1898 unter Bezugnahme auf die Wiener Organisation zur Gründung einer Ortsgruppe auf. Als Ziel der proletarischen Organisation wurde angegeben „mit der Liebe zur Natur die Liebe zur Freiheit zu erwecken".

Im August des Jahres fand die konstituierende Versammlung im Gasthaus „Zum goldenen Hirschen" statt. Erster Obmann wurde der Schuster *Otto Pensl,* als Vereinslokal diente in der Folge das Gasthaus „Zum goldenen Kreuz".

Die Gründung der Ortsgruppe Linz-Urfahr erfolgte unter ungünstigen gesellschaftlichen Voraussetzungen, die in anderen Beiträgen des Buches genauer dargestellt werden. Vor allem die schlechten Arbeits- und Lebensbedingungen des Proletariats wirkten hemmend, stellten andererseits aber auch den Anknüpfungspunkt der Naturfreunde dar.

Durch körperliche Betätigung in der freien Natur sollte dem Problem des Alkoholismus begegnet, Gemütsbildung betrieben und das Kulturbedürfnis der Menschen entwickelt werden. Umgekehrt kann die Entstehung der Naturfreunde als Ausdruck sich entwickelnder Kulturbedürfnisse einerseits und sich abzeichnender Spezialisierungen innerhalb der Arbeiterbewegung andererseits interpretiert werden.

Führende Sozialdemokraten (z. B. *Victor Adler)* hatten mit der Gründung der Organisation vorerst keine Freude. Man betrachtete die Vereinstätigkeit als Ablenkung von der politischen und gewerkschaftlichen Arbeit.

Auch in Linz gab es diese Diskussion, Partei und Verein hatten hier aber von Beginn an ein relativ gutes Verhältnis. Dies drückt sich wohl auch darin aus, daß unter den ersten Sozialdemokraten, die nach den Wahlen von 1905 in den Linzer Gemeinderat einzogen, mit *Dametz, Spielmann* und *Gruber* drei der Naturfreundebewegung eng verbundene Politiker vertreten waren.

Die Linzer Naturfreunde entwickelten ab ihrer Gründung eine rege Wander- und Ausflugstätigkeit in der Umgebung von Linz. 1899 wurde die erste Wegmarkierung von Linz über den Hohenstein nach Katsdorf angelegt und 1901 der erste „Sonderzug“ ins Gesäuse veranstaltet.

Je stärker sich die Wanderaktivitäten entfalteten, desto unangenehmer wurde das Fehlen von Stützpunkten erlebt. Daran ändert auch die Tatsache nichts, daß das Verhältnis zu den bürgerlichen alpinen Vereinen in dieser Phase als nicht schlecht bezeichnet werden kann. Der Beginn des proletarischen Wanderns wurde von ihnen zwar mit etwas Mißtrauen betrachtet, die Naturfreunde stellten aber zu dieser Zeit keine ernstzunehmende Konkurrenz dar, und 1905 gewährte beispielsweise der „Deutsche und Österreichische Alpenverein“ Naturfreundemitgliedern auf den Hütten Ermäßigungen.

In der Naturfreundeliteratur dieser Zeit wurden an das Wandern hohe Anforderungen gestellt. Unter der Bezeichnung „Soziales Wandern“ wurde gefordert, Touren auch zu einer umfassenden Auseinandersetzung mit dem Zielgebiet (Geschichte, Natur, soziale Verhältnisse . . .) zu machen. In den Veranstaltungsankündigungen der Ortsgruppe Linz, die jahrelang die Rubrik „Vereins- und Versammlungsanzeiger“ der „Wahrheit“ dominierten, fällt auf, daß einige Male versucht wurde, Betriebsbesichtigungen in Wanderungen zu integrieren.

Erst nach der Jahrhundertwende wurden im Winter nach und nach auch Schier für die touristischen Unternehmungen verwendet. Die Ortsgruppe Linz gründete 1910 eine eigene Wintersportsektion und veranstaltete ab 1912 Schikurse.

Der Verein richtete bald eine eigene naturwissenschaftliche Bibliothek (das genaue Jahr ist nicht bekannt) und einen Verleih von Ausrüstungsgegenständen ein, führte gesellige Veranstaltungen durch und organisierte ein umfangreiches Vortragswesen.

1911 (nur für dieses Jahr liegen vor 1918 Zahlen vor) hatte die Ortsgruppe Linz 229 Mitglieder. Ab 1912 wurde mit einer eigenen „Photosektion“ die Tradition der Naturfreunde-Lichtbildnerei auch in Linz begründet.

Die schon erwähnten politischen Diskussionen erreichten 1913 einen kritischen Höhepunkt. Die Partei hatte die Sportvereine ermahnt, von jedem Mitglied zu verlangen, „daß es sich über die Zugehörigkeit zur gewerkschaftlichen oder politischen Organisation legitimiert“. Über diese Forderung entzündete sich in der Ortsgruppe offensichtlich ein heftiger Streit, der zum Teil auch über die Tagespost ausgetragen wurde. Er endete damit, daß in einer außerordentlichen Generalversammlung am 17. Juni 1913 Obmann *Otto Pensl* (seit der Vereinsgründung mit einer zweijährigen Unterbrechung in dieser Funktion) von *Josef Gsöllpointner* abgelöst und der größte Teil des Vorstandes ausgetauscht wurde.

Während des Ersten Weltkrieges stellten die Linzer Naturfreunde, im Unterschied zu anderen Arbeitervereinen, ihre Tätigkeit nicht ein. Während der gesamten Kriegsdauer wurde die Wandertätigkeit und das Vereinsleben im großen und ganzen aufrechterhalten.

DIE NATURFREUNDE IN DER ERSTEN REPUBLIK

Die schwierige wirtschaftliche und soziale Situation am Beginn der Ersten Republik erschwerte die Tätigkeit der Naturfreunde einerseits, andererseits konnte durch das soziale Reformwerk unter *Ferdinand Hanusch* eine wesentlich verbesserte Grundlage für die Vereinstätigkeit erkämpft werden. Die Linzer Naturfreunde machten sofort eine steile Aufwärtsentwicklung durch. Das Bedürfnis der Menschen, sich nach den langen Kriegsjahren in der Natur zu erholen und zu entspannen, kam ihnen dabei entgegen. Diese Grundstimmung drückt sich auch in der Entstehung der Wandervogel-Bewegung und vergleichbaren Gruppierungen aus. Sie übten große

Anziehungskraft auf die Jugend aus und vermutlich auch deswegen starteten die Linzer Naturfreunde 1918 neuerlich einen Versuch, eine Jugendsektion zu gründen.

Als Vereinslokal diente ab 1919 das Gasthaus „Zur Pfeife", der Mitgliederstand stieg zwischen 1918 und 1922 von 525 auf 2381. Die Naturfreunde setzten ihre Tätigkeit kontinuierlich fort und waren nun selbstverständlicher Bestandteil des „sozialdemokratischen Milieus", das in den Zentren der Arbeiterbewegung sozusagen eine eigene Lebenswelt darstellte.

1919 schlossen sich die bis dahin selbständigen „Bergfreunde" den Naturfreunden als eigene Sektion an, 1921 bildete sich im damals noch nicht eingemeindeten Kleinmünchen eine eigene Ortsgruppe.

Besondere Anstrengungen unternahmen die Linzer Naturfreunde in der Ersten Republik auf dem Sektor des Hüttenbaues. Die Errichtung eigener Häuser war ein langgehegter Wunsch und wurde durch das Verhalten der bürgerlichen Vereine noch indirekt gefördert. 1921 nahm der „Deutsche und Österreichische Alpenverein" nach inneren Auseinandersetzungen den „Arierparagraphen" in seine Satzungen auf. 1923 strich er allen Mitgliedern anderer alpiner Vereine jegliche Begünstigung. Die gesellschaftlichen Konflikte wurden damit auch ins Gebirge getragen und schon die Verwendung des Naturfreundegrußes „Berg frei" konnte zur politischen Demonstration werden.

Die Errichtung eigener Naturfreundehäuser kostete enorme Anstrengungen und war unter den gegebenen finanziellen Verhältnissen nur durch die unzähligen kostenlosen Arbeitsstunden der Mitglieder selbst realisierbar. Den Naturfreundehäusern kam, das wurde bei den großen Eröffnungsfeierlichkeiten deutlich, große symbolische Bedeutung zu.

Zwischen 1922 und 1930 errichtete die Ortsgruppe Linz das Lichtenberghaus (Eröffnung August 1922), das Rohrauerhaus am Pyhrgasgatterl bei Spital/P. (Eröffnung August 1925) und das Tauplitzhaus (Eröffnung September 1930). Die Bergfreunde hatten außerdem ein Haus in Kammerschlag, das heutige Naturfreundeheim Eidenbergalm, angekauft, somit standen den Linzer Naturfreunden gegen Ende der Ersten Republik vier eigene Häuser zur Verfügung.

Bau des Lichtenberghauses, 1922.

Das alte Rohrauerhaus am Pyhrgasgatterl bei Spital am Pyhrn mit Großem Pyhrgas. Am 2. August 1925 wurde es feierlich eröffnet und nach Alois Rohrauer, einem von Spital/P. nach Wien verzogenen Sensenschmied, benannt. Rohrauer wirkte lange Zeit als Obmann und Ehrenpräsident der Naturfreunde.

Das Tauplitzhaus der Linzer Naturfreunde. Es wurde 1930 eröffnet und stark besucht. Besonders beliebt war es als Standort für Schiwochen.

Zwischen 1918 und 1934 waren die Naturfreunde selbstverständlicher und wichtiger Bestandteil der sozialdemokratischen Kulturarbeit. Insofern fand die Diskussion um ihre politische Funktion, die sich auch in der Ersten Republik fortsetzte, unter neuen Bedingungen statt. Häufig wurde nun sowohl von der Partei wie von den Naturfreunden selbst die sogenannte „Landagitation" als politische Aufgabe der Naturfreunde betrachtet. In der sozialdemokratischen Zeitschrift „Der Kampf" wurde in diesem Zusammenhang beispielsweise die Frage gestellt, ob nicht Jugendliche und Naturfreunde bei ihren Wanderungen Aufklärungsmaterial „am Land“ verteilen könnten. Den „freien Gedanken ins Dorf zu tragen“ war eine stehende Formulierung in diversen Erklärungen. Wieweit dies tatsächlich durchgeführt wurde und welchen Erfolg es hatte, muß hier dahingestellt bleiben. Linzer Naturfreunde, die den Zeitraum aktiv miterlebt haben, bestätigen jedenfalls entsprechende Bemühungen.

Bei den politischen Manifestationen der Sozialdemokratie (z. B. am 1. Mai) waren die Naturfreunde selbstverständlich dabei. Außerdem organisierten sie jährlich mit den Kinderfreunden das sogenannte Berg- oder Blütenfest, eine Gegenveranstaltung zu den Fronleichnamsumzügen.

Politische Konflikte, wie sie in Deutschland zwischen kommunistisch und sozialdemokratisch orientierten Naturfreunden existierten und zu Massenausschlüssen kommunistisch ausgerichteter Ortsgruppen führten und wie sie in der ASKÖ um 1925 in schwachen Ansätzen auftraten, sind aus den österreichischen Naturfreundegruppen bzw. aus der Ortsgruppe Linz nicht bekannt. Die Kommunisten waren hier eine verschwindend kleine Minderheit, hielten sich dementsprechend zurück und hatten als Folge davon auch keine Probleme.

Wesentlich heftigere Diskussionen gab es über die Frage des Leistungsgedankens und den Stellenwert sportlicher Wettkämpfe. Die Naturfreunde wehrten sich lange Zeit gegen die Übernahme so verstandener „bürgerlicher“ Verhaltensweisen,

Naturfreunde „auf Tour“ in der Umgebung von Linz, ca. 1930.

mußten aber schließlich dem Drängen der eigenen Jugend nachgeben und um 1925 nach und nach Schiwettkämpfe zulassen. Bei gemeinsam mit der ASKÖ durchgeführten Schimeisterschaften in den dreißiger Jahren schnitten Naturfreundemitglieder mehrmals hervorragend ab.

DIE NATURFREUNDE ZWISCHEN 1934 UND 1945

Mit den Februarereignissen des Jahres 1934 fand die Entwicklung der Naturfreundebewegung eine jähe Unterbrechung. Der Verein wurde am 14. Februar 1934 mit allen seinen Ortsgruppen verboten, das Vermögen beschlagnahmt und die Hütten vorläufig „staatlichen Treuhändern“ übergeben. Der Sitz der internationalen

Organisation wurde von Wien nach Zürich verlegt. Die österreichischen Naturfreunde traten teilweise anderen alpinen Vereinen bei, teilweise blieben sie „heimatlos". Am 8. Juni 1934 wurde vom sogenannten „Ständestaat" mit den „Bergfreunden" der Versuch gemacht, eine Nachfolgeorganisation zur Integration der ehemaligen Naturfreundemitglieder zu schaffen. Dieser Versuch schlug allerdings weitgehend fehl, obwohl im Juni 1935 das Naturfreundevermögen offiziell den Bergfreunden übergeben wurde.

Im Widerstand zwischen 1934 und 1938 traten die Naturfreunde zwar nicht als Organisation in Erscheinung, viele ihrer Mitglieder stießen aber zu den „revolutionären Sozialisten" und nützten ihre seinerzeit erworbenen Fähigkeiten. Linzer Naturfreunde waren beim Transport und der Verteilung der illegalen Arbeiterzeitung, die über die tschechoslowakische Grenze geschmuggelt wurde, beteiligt.

Nach dem Einmarsch der Nationalsozialisten 1938 und der Auflösung der „Bergfreunde" ging das ehemalige Vermögen der Naturfreunde an den deutschen Alpenverein. Die Hütten wurden vorerst dem „Reichsverband deutscher Jugendherbergen" übergeben. 1941 wurde auch dieser stillgelegt und die Hütten dem Alpenverein zum Kauf angeboten bzw. der Hitlerjugend zur Verfügung gestellt. Während des Nationalsozialismus reduzierte sich die Tätigkeit Linzer Naturfreunde auf die Aufrechterhaltung persönlicher Kontakte.

DIE NATURFREUNDEBEWEGUNG NACH 1945 KONTINUITÄT UND WANDEL

Die gesellschaftlichen Verhältnisse am Beginn der Zweiten Republik werden im Einleitungsbeitrag dieses Bandes skizziert. Entideologisierung und „Politikverdrossenheit", der Verlust eigenständiger sozialistischer Zielvorstellungen im kulturellen Bereich und der notwendige Pragmatismus drückten auch der Naturfreundetätigkeit ihren Stempel auf.

Die Naturfreundebewegung konnte im Unterschied zu anderen sozialdemokratischen Organisationen der Ersten Republik wieder zur Massenorganisation aufsteigen. Sowohl österreichweit wie auch in Linz ist die Politik davon gekennzeichnet, einerseits Traditionen aufzugreifen und fortzuführen und andererseits auf die geänderten gesellschaftlichen Voraussetzungen zu reagieren.

In Wien wurde der Verein 1946 wieder zugelassen. Mit der Schaffung von Landesleitungen als Zwischenglied zwischen Bundesleitung und Ortsgruppen und der Einrichtung sogenannter Fachgruppenreferate (z. B. Bergsteigen) wurden wichtige Vorentscheidungen getroffen.

In den folgenden Jahrzehnten war die Tätigkeit der österreichischen Naturfreunde gekennzeichnet von einem starken Eindringen in das Expeditionsbergsteigen, von einer nicht mehr hinterfragten Übernahme des Leistungsgedankens auch im alpinen Bereich, von einer enormen Entwicklung und Ausdehnung des Sektors Reisen und Urlaub und, etwa ab 1950, von zunehmenden Aktivitäten im Bereich des Natur- und Umweltschutzes.

DIE LINZER NATURFREUNDE NACH 1945

Die Ortsgruppe Linz des Touristenvereines „Die Naturfreunde" wurde im Dezember 1946 neu gebildet. *Johann Buchberger* wirkte neuerlich als Obmann, *Wilhelm Wick* wurde wieder Schriftführer. Er hatte diese Funktion schon in der Zeit von 1903 bis 1934 ausgeübt.

Die ersten Anstrengungen der Ortsgruppenleitung waren naheliegenderweise dem Wiederaufbau gewidmet. Besonders viel Kraft und Energie kostete dabei der Kampf um die Rückerstattung der Häuser. Mit der Übergabe des Eidenbergerhauses

1951 waren wieder alle vier Hütten im Besitz der Ortsgruppe. Die Instandsetzung der zum Teil arg verlotterten Gebäude war unter den Bedingungen der Nachkriegszeit die nächste außerordentlich schwierige Aufgabe.

Die Linzer Naturfreunde begnügten sich aber nicht damit und faßten bald den Entschluß, das 1934 abgebrannte Rohrauerhaus wiederaufzubauen. Bereits am 14. Juli 1947 konnte es mit einer großen Feier, bei der Bürgermeister *Dr. Ernst Koref* die Festansprache hielt, eröffnet werden.

Am 29. Dezember 1933 brannte das Rohrauerhaus ab. Im Bild Linzer Naturfreunde beim Lokalaugenschein. Der sofort gefaßte Beschluß zum Wiederaufbau konnte erst 1955 realisiert werden.

Das neue Rohrauerhaus wurde zwischen 1955 und 1957 errichtet und am 14. Juli 1957 eröffnet. Bürgermeister Dr. Ernst Koref hielt die Festansprache.

1957 übernahm *Josef Schramayr* von *Josef Huber,* der seit 1948 den Verein geführt hatte, diese Funktion. Unter *Josef Schramayr* wurde das leidige Problem der Wasserversorgung des Rohrauerhauses durch einen Brunnenbau gelöst und damit ein „35jähriger Wunsch" der Ortsgruppe erfüllt. Der Brunnenbau, scheinbar eine banale Angelegenheit, konnte erst nach Überwindung vieler Schwierigkeiten erfolgreich abgeschlossen werden und trug nicht unwesentlich zum Ansehen der Naturfreunde bei den Talbewohnern bei.

1961 wurde das alte Lichtenberghaus abgerissen und der Neubau begonnen. Die Gleichenfeier am 23. Februar 1962 wurde festlich begangen. „Gestern zur selben Stunde, da Linz in Nebel und Dunst versank, begingen Menschen, der Natur verhaftet

Naturfreunde aus Kleinmünchen vor dem alten Lichtenberghaus 1957.

und der Freundschaft ergeben, in heller Sonne, hoch oben auf dem Lichtenberg eine besinnliche Feierstunde", beginnt der Tagblattbericht vom 24. Februar 1962. Anschließend folgt eine lange Liste jener Politiker, die an der Feierstunde teilgenommen hatten. Im September 1963 wurde das Haus seiner Bestimmung übergeben. Wieder war es Landesobmann und Bürgermeister *Edmund Aigner,* der in einer „weltlichen Bergpredigt" grundsätzlich zu den Zielen der Naturfreunde Stellung bezog. Das Lichtenberghaus trägt die baulichen Merkmale seiner Zeit. Durch die rasche gesellschaftliche Entwicklung (z. B. Motorisierung) konnte es jedoch nie jenen Stellenwert erreichen, den das alte Haus eingenommen hatte.

Mit 1964 war die Bauperiode im wesentlichen abgeschlossen. In diesem Zeitraum wurden die Hütten von den Mitgliedern so stark für Urlaubszwecke in Anspruch genommen, daß bei weitem nicht alle Anmeldungen berücksichtigt werden konnten.

Das Vereinsleben bestand aus Wanderungen und Bergfahrten, Wintersportveranstaltungen, Vereinsabenden, Lichtbildervorträgen und aus der Arbeit der Fachgruppen. 1948 wurde die Fotogruppe neu gegründet und konnte unter *Ernst Putz* einen hohen Bekanntheitsgrad erreichen. Ebenfalls 1948 erfolgte die Gründung einer Jugendgruppe, aus der 1954 nach Angaben des Jahresberichtes die Bergsteigergruppe hervorging. Diese entwickelte unter „Berggeist“ *Dietrich Karl* umfangreiche Aktivitäten im In- und Ausland. 1956 nahmen Mitglieder der Gruppe an einer Expedition in die Gebirge von Südostanatolien in der Türkei teil.

1957 wurde der angepeilte Mitgliederstand von 2000, der damit allerdings deutlich unter dem Stand von 1922 (2381) liegt, erreicht. Erst 1961 konnte wieder annähernd der Stand von 1922 erreicht werden.

Die wirtschaftliche Konjunktur der folgenden Jahre ermöglichte eine starke Ausdehnung des Sektors Reisen. Mehrtägige Autobusfahrten fanden anfangs besonderen Anklang und der Bereich Wandern und Bergsteigen wurde immer stärker an den Rand gedrückt.

1965, die Sozialistische Partei Österreichs stand nur mehr wenige Jahre vor ihren großen Erfolgen, konnte mit 3089 Mitgliedern erstmals die Dreitausendergrenze überschritten werden. Im entsprechenden Jahresbericht wird dies als Beweis gewertet, „daß die Naturfreundebewegung nicht hinter der Aufwärtsentwicklung der Arbeiterbewegung zurücksteht“.

1967 übernahm Gemeinderat *Hans Mayr* von *Josef Schramayr* die Obmannstelle. Im selben Jahr wurde in der Linzer Arbeiterkammer festlich das 70-Jahr-Jubiläum der Ortsgruppe Linz des Touristenvereins „Die Naturfreunde“ begangen.

Die Darstellung der letzten 20 Jahre muß an anderer Stelle erfolgen. Eine Analyse dieses Zeitraums wird jedenfalls der Gründung der Zweigstellen und deren Tätigkeit, den Aktivitäten der verschiedenen Fachgruppen, vor allem aber den Initiativen der Linzer Naturfreunde im Bereich des Natur- und Umweltschutzes besondere Aufmerksamkeit schenken müssen.

Die Konsumgenossenschaften – eine alternative Form des Wirtschaftens

Franz Seibert

EINLEITUNG: ARBEITERBEWEGUNG UND GENOSSENSCHAFTEN

Betrachtet man die Geschichte der österreichischen Arbeiterbewegung, so zeigt sich, daß Selbsthilfeunternehmen eine große, von Ökonomen wie Historikern bis in die jüngste Zeit fast völlig vernachlässigte Rolle gespielt haben.

Wer, außer wenigen Spezialisten, weiß, daß in der Programmatik der frühen österreichischen Arbeiterbewegung genossenschaftliche Selbsthilfeunternehmen einen höheren Stellenwert besaßen als etwa die gewerkschaftliche Organisation?

Nur wenig bekannter dürfte die Tatsache sein, daß die mit der Arbeiterbewegung eng verbundene konsumgenossenschaftliche Bewegung bereits um die Jahrhundertwende eine Massenorganisation mit mehr als dreihunderttausend Mitgliedern bildete. Konsumvereine erfaßten in der Ersten Republik, auf dem Höhepunkt ihrer wirtschaftlichen Entwicklung, über fünfhunderttausend Mitglieder – und stellen auch heute, mit über achthunderttausend Mitgliedern, eine bedeutende wirtschaftliche Kraft in Österreich dar.

Im folgenden Beitrag soll kurz neben der allgemeinen politischen und wirtschaftlichen Situation auf die Entwicklung der Konsumgenossenschaften im Linzer Raum eingegangen werden.

DIE GENOSSENSCHAFTLICHE IDEE

Die Genossenschaftsbewegung stellt ab der Mitte des 19. Jahrhunderts einen wesentlichen Versuch der arbeitenden Menschen dar, antikapitalistische Vorstellungen als konkrete ökonomische und soziale Reformpolitik innerhalb und gegen den aufkommenden Kapitalismus zu entwickeln. Die „genossenschaftliche Idee" entspringt zum einen aus unmittelbarer wirtschaftlicher Not, zum anderen aber auch aus einer ethisch-moralischen Protesthaltung gegen die sich durchsetzenden kapitalistischen Gesetzmäßigkeiten.

Die Voraussetzungen für wirtschaftliche Gründungen, über die die Arbeiter verfügten, waren neben einem gemeinsamen materiellen Interesse vor allem ein Gemeinsamkeitsbewußtsein sowie ein gewisses Maß an organisatorischer Disziplin und praktischen Qualifikationen.

Die genossenschaftliche Form wurde den Arbeitern indessen nicht nur durch ihre äußeren Lebensumstände aufgezwungen. In ihr spiegelte sich auch etwas von den Wertvorstellungen und Idealen der klassenbewußten Arbeiterschaft wider. Die Idee der Genossenschaft stand für Gleichberechtigung, Mitsprache und Solidarität und erschien vielen Arbeitern damit als *die* alternative Wirtschaftsform zur kapitalistischen Organisation der Produktion schlechthin. Trotzdem war diese Form des Wirtschaftens in der früheren Arbeiterbewegung nicht unumstritten.

BEGINN DER GENOSSENSCHAFTEN IN ÖSTERREICH

Am Beginn der zweiten Hälfte des 19. Jahrhunderts war die Donaumonarchie noch weitgehend von feudalistischen Wirtschafts- und Sozialverhältnissen geprägt. Trotz einzelner regionaler Zentren, die bereits industriell verdichtet waren, bestand gegenüber dem Westen Europas eine relative ökonomische Rückständigkeit. Die verspätete Industrialisierung bewirkte ein Fortbestehen traditioneller handwerklicher und bäuerlicher Organisationsformen und Gedanken bis weit in die kapitalistische Gründungsepoche hinein. Trotzdem zeigten sich in dieser Periode erste Ansätze zu einer Solidarisierung auf genossenschaftlicher Basis, um der wachsenden Not und Teuerung entgegenzutreten. Die ersten Genossenschaften bildeten sich unabhängig voneinander, ohne Einfluß von außen, aber auch ohne Zusammenhalt durch eine Autorität. Diese Bestrebungen waren vielfach verknüpft mit den Bemühungen bürgerlich-mittelständischer Kreise, sich aus den Fesseln der Reaktion zu befreien.

Zudem wurden die Erfolge der britischen und deutschen Genossenschaften (Die Redlichen Pioniere von Rochdale, Schulze-Delitzsch, Raiffeisen, Huber) auch in Österreich langsam bekannt. Der Beginn der Konsumgenossenschaftsbewegung in Österreich wird meist mit dem Jahr 1856 datiert. In diesem Jahr wurde von Spinnereiarbeitern in Teesdorf, nahe Baden, die behördliche Genehmigung zur Gründung eines ,,Wechselseitigen Unterstützungsvereines der Fabriksarbeiter zu Teesdorf" beantragt. Als Vereinszweck war in den Satzungen angegeben: „Die Beischaffung der für die Mitglieder erforderlichen Nahrungsbedürfnisse im großen zur Erzielung möglichst billiger Anschaffungspreise nach Maßgabe des jeweiligen vorhandenen Barfonds."

ERSTE KONSUMVEREINE IN LINZ UND DIE ALLGEMEINE POLITISCHE ENTWICKLUNG

Erste genossenschaftliche Spuren in Linz finden sich mit den am 12. August 1862 genehmigten „Statuten für den Consum-Verein in Linz". Als Ziel für den Verein wurde festgelegt: Der Consum-Verein hat den Zweck, die für den Bedarf seiner Mitglieder erforderlichen Proviant-Gegenstände durch den im Vereinswege ermöglichten Ankauf im Großen und an direkter Quelle zu möglichst billigen Preisen wie auch in guter Qualität herbeizuschaffen und ausschließlich an seine Mitglieder verkaufen zu lassen.

Dieser Verein hatte neben den Mitgliedern sogenannte „Beförderer". Das waren wohlhabendere Leute, die selbst die Vorteile des Consum-Vereines nicht in Anspruch nehmen durften, ihn jedoch unterstützten. Diese erste Consum-Vereinsgründung ging sohin von bürgerlichen Förderern aus, und nicht von den Arbeitern.

Das Vereinsgesetz von 1866 bringt für die Entwicklung der genossenschaftlichen Bewegung entscheidende Impulse. In den Jahren 1868 bis 1873 entstanden nicht weniger als elf Arbeiterkonsumvereine in Oberösterreich, die sich zum bereits erwähnten Linzer Consum-Verein gesellten.

Für Linz bedeutend ist der vom Arbeiter-Bildungsverein Linz gegründete „Consum-Verein für die Mitglieder des Linzer Arbeiter-Bildungsvereins – Lesezimmer Kleinmünchen".

Nachdem man im Arbeiter-Bildungsverein Linz einen Beitritt zum bürgerlichen Linzer Consum-Verein einige Jahre diskutiert hatte, wurde dieser Verein ohne liberal-bürgerliche Hilfe gegründet.

In den von der Statthalterei am 31. Mai 1870 genehmigten Statuten ist keine Kapitalaufbringung über Spenden, und es waren auch keine Ehrenmitglieder vorgesehen.

Als Manuskript zu betrachten.

Statuten

des

Consum-Vereines

für die

Mitglieder des Linzer Arbeiter-Bildungsvereins.

Lesezimmer Kleinmünchen.

§. 1. Gründer des Consum-Vereines ist der Arbeiter-Bildungs-Verein, hat jedoch seine eigene Verwaltung und Casse und ist von selben trennbar.

§ 2. Der Consum-Verein hat den Zweck, die für den Bedarf seiner Mitglieder erforderlichen Proviatn-Gegenstände durch den im Vereinsweg ermöglichten, wenn thunlich im Großen und an direkter Quelle zu möglichst billigen Preisen, wie auch in guter Qualität herbeizuschaffen und ausschließlich an seine Mitglieder verkaufen zu lassen.

§. 3. Ordentliches Mitglied kann jeder werden, der dem Arbeiter-Bildungs-Verein angehört.

§. 4. Mitglieder des Vereins sind diejenigen, welche nach Erfüllung der statutenmäßigen Eintritts-Bedingungen in den Verein aufgenommen werden. Der Beitritt und der Perzent-Gewinnst beginnt mit dem Tage, an welchem die volle Einlage, nämlich **Zwei Gulden** ö. W. entrichtet sind.

Statuten des Arbeiterkonsumvereins Kleinmünchen, 1870, erste Seite.

Dieser Verein wurde, wie der bekannte Linzer Arbeiterführer *Anton Weiguny* in seinem Buch „Erinnerungen eines Alten“ darstellt, eine wichtige Stütze und Institution der Linzer Arbeiterbewegung. Über die wirtschaftliche Entwicklung liegen uns folgende Ziffern vor:

Geschäftsjahr	Mitglieder	Umsatz (in Gulden)	Vermögen (in Gulden)
1871	50	5806	581
1872	58	5116	623
1873	41	3347	418
1874	45	4838	728
1875	35	7067	1453

Der durch das Genossenschaftsgesetz von 1873 erhoffte Aufschwung in der genossenschaftlichen Bewegung fand jedoch nicht statt. Die wirtschaftliche Depression, die nach dem Börsenkrach 1873 über die ganze Monarchie hereinbrach, versetzte auch den Konsumvereinen einen schweren Schlag. Die Beziehungen zur Arbeiterbewegung und den Gewerkschaften, die selbst in schwere Krisen und innerparteiliche Kämpfe verwickelt waren, gingen fast vollständig verloren und somit auch der politische Rückhalt.

Waren es in den sechziger und siebziger Jahren die Ideen eines *Schulze-Delitzsch, Lassalle, Proudhon,* aber auch des Marxismus, der die Arbeiterschaft beeinflußte, kam es nun in ihr zu einer Zersplitterung in Radikale, Gemäßigte und Anarchisten.

Die politischen Ereignisse am Ende der achtziger Jahre und zu Beginn der neunziger Jahre wurden für die konsumgenossenschaftliche Bewegung von großer Bedeutung und brachten ihr bald wieder die Akzeptanz der sozialdemokratischen Partei, deren erklärtes Ziel es bald wurde, eine Vereinigung Produktionsgenossenschaften – Konsumgenossenschaften zustande zu bringen.

Die langsam stärker werdende Arbeiterbewegung hatte den Kampf um das allgemeine und gleiche Wahlrecht begonnen und hatte sich überdies am Hainfelder Einigungsparteitag 1888/89 eine einheitliche theoretische Plattform für ihr Vorgehen gegeben.

In Linz kam es 1892 zur Gründung des „Lebensmittelmagazins für die Bediensteten der österreichischen Verkehrsanstalten" reg. Gen.m.b.H. Dieses Ereignis wird allgemein als Beginn des Konsum Linz angesehen. Dies ist jedoch nach meiner Ansicht nicht ganz richtig, da die „Lebensmittelmagazine" nur die Bediensteten zum Einkauf berechtigte und die übrigen Arbeiter weiterhin bei den privaten Händlern einkaufen mußten.

Das Proponentenkomitee dieser Gründung bestand aus den Herren *Wilfert, Deutsch* und *Knauer.* Bei der Gründungsversammlung am 3. Dezember 1892 im Portierhaus der Werkstätte der Staatsbahnen wurde ein Vorstand, bestehend aus den Herren *Dr. Messerklinger, Tropsch* und *Mayerhofer,* gewählt.

Die erste Abgabestelle wurde im Gebäude der k. u. k. Staatsbahnen in Linz, Wiener Reichsstraße 2, eingerichtet und in Betrieb genommen. Im ersten Geschäftsjahr konnte ein Mitgliederstand von 1022 ausgewiesen werden und der Umsatz belief sich auf 233.835 Kronen. Dieses „Lebensmittelmagazin" entwickelte sich positiv, dies vor allem deshalb, weil den bei den Staatsbahnen beschäftigten Personen wesentliche Frachtbegünstigungen zustanden, welche die Transportkosten der Waren sehr beachtlich verringerten.

Über die weitere Entwicklung des „Lebensmittelmagazins" gibt die folgende Tabelle Auskunft:

MITGLIEDERBEWEGUNG DES LEBENSMITTELMAGAZINES LINZ IN DEN JAHREN 1892 BIS 1924

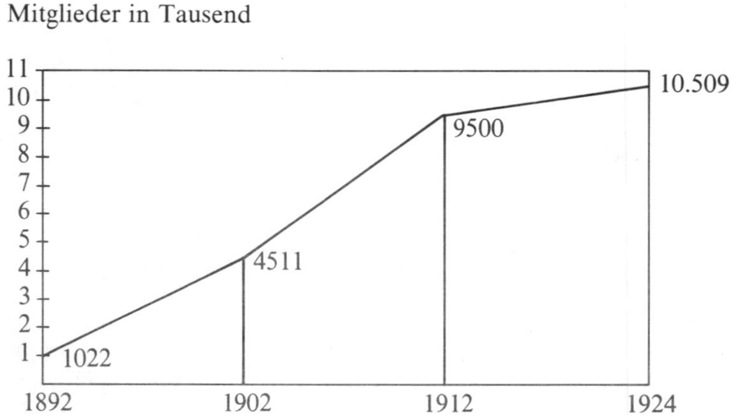

UMSATZENTWICKLUNG DES LEBENSMITTELMAGAZINES LINZ IN DEN JAHREN 1892 BIS 1924

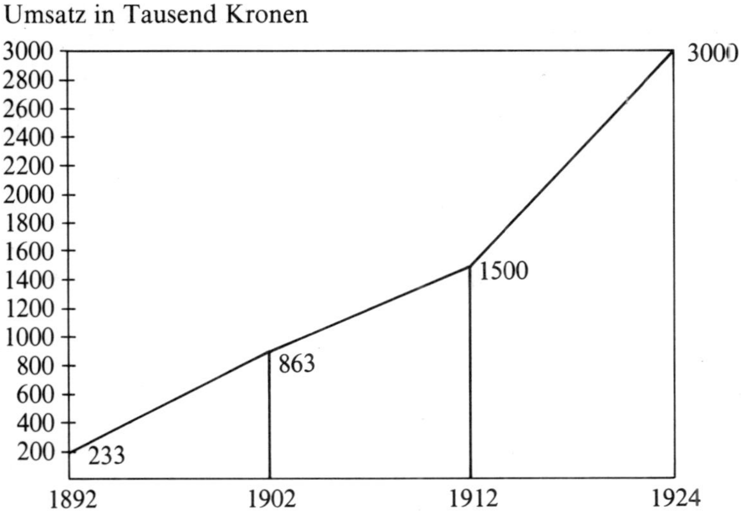

DIE GRÜNDUNG DES I. ALLGEMEINEN SPAR- UND KONSUMVEREINS LINZ REG. GEN.M.B.H.

Erste Versuche zur Gründung eines allgemeinen Linzer Arbeiterkonsumvereins wurden 1897 unternommen. Dieses Bemühen scheiterte jedoch mangels demokratischer, ökonomischer sowie ungenügender finanzieller Grundlagen nach eineinhalbjähriger Tätigkeit 1899.

In der sozialdemokratischen Partei Österreichs fand in dieser Periode ein Richtungskampf über das Verhalten zur Konsumgenossenschaftsbewegung statt. Auf den Parteitagen zwischen 1896 – 1902 plädierte vorwiegend *Victor Adler* für die Gemeinschaft zwischen Partei, Gewerkschaft und Konsumgenossenschaft, die Delegierten sprachen sich jedoch jeweils mehrheitlich dagegen aus. Erst am Wiener Parteitag 1903 konnte folgende Resolution verabschiedet werden: „Die Erstarkung der politischen und gewerkschaftlichen Organisation des österreichischen Proletariats eröffnet die Möglichkeit, nunmehr auch die genossenschaftliche Organisation in den Dienst der Arbeiterbewegung zu stellen . . .“

Da diese grundlegende Erklärung von 1903 keine große Resonanz in der Arbeiterschaft fand, wurde, um einen Wandel zugunsten der Konsumgenossenschaften (KG) herbeizuführen, am Parteitag 1907 folgende Resolution beschlossen: „Der Parteitag macht es deshalb allen Genossen zur Pflicht, überall dort, wo Konsumvereine bestehen, diesen beizutreten und ihre Pflichten als Mitglieder zu erfüllen, und dort, wo Konsumvereine nicht bestehen, die politische und gewerkschaftliche Organisation aber eine entsprechende Stärke erreicht hat, im Einvernehmen mit diesen Organisationen und mit dem Zentralverband österreichischer Konsumvereine einen Konsumverein zu gründen.

Der Parteitag erklärt, daß die Konsumvereine ihre Aufgabe nur dann erfüllen können, wenn sie im Geiste der modernen Arbeiterbewegung geleitet sind und ihre lokalen Interessen dem Interesse der Gesamtheit unterordnen.“

Dieser Parteitagsbeschluß dürfte auch der auslösende Anstoß für die Linzer Arbeiterschaft gewesen sein, im Jahr 1908 einen Konsumverein zu gründen.

Achtung! Warenkäufer! Achtung!

Durch Erhöhung der Einfuhrzölle, durch Kartellierung des Großkapitals, durch gewinnsüchtiges Zurückhalten der Warenvorräte in den Magazinen steigt der Preis aller Lebens- und täglichen Wirtschaftsmittel ins Unerschwingliche.

Dieser künstlichen Preissteigerung kann nur einigermaßen abgeholfen werden durch den Zusammenschluß der Warenkäufer, der Konsumenten. Dies geschieht am besten, wenn man Mitglied eines Konsumvereines wird.

Am Samstag den 25. Jänner, 8 Uhr abends, findet im Saale „zur Pfeife" die

konstituierende Versammlung

des

Ersten allgemeinen

Spar- und Konsumvereines

LINZ

statt, zu welcher alle **Arbeiter** und **Arbeiterinnen** eingeladen sind.

Die Konsumvereine sind die Preisregulatoren der Lebensmittel. Gäbe es keine Konsumvereine, die Preistreiberei wäre noch willkürlicher, die Teuerung noch größer.

Auf darum in den Konsumverein!

Erscheinet zahlreich bei der gründenden Versammlung am 25. Jänner 1908.

Die Proponenten.

Kopie der Einladung zur Gründungsversammlung

Am 25. Jänner 1908 fand unter Vorsitz von *Josef Dametz,* dem späteren Bürgermeister von Linz, im Gasthaus „Zur Pfeife" in der Herrenstraße die Gründungsversammlung statt.

Der Vorstand bestand aus den Herren *Friedrich Greifeneder,* Beamter, *Josef Peherstorfer,* Krankenkassenangestellter, *Josef Hellersberger,* Bäcker;

der Aufsichtsrat aus *Hans Ottenbacher,* Tischler, *Hugo Bräuer,* Schriftsetzer, *Josef Dametz,* Gewerkschaftssekretär, *Anton Reichharzer,* Schlosser, und *August Valentinitsch.*

Der Geschäftsanteil wurde mit 30 Kronen und die Einschreibegebühr mit 50 Heller festgesetzt. Als erstes Verkaufslokal wurde nach längerer Suche ein Laden in der Waltherstraße 17 am 1. Juni 1908 eröffnet.

Die Geschäfte entwickelten sich gut, und so mußte bereits im Mai 1909 in Urfahr eine zweite Verkaufsstelle errichtet werden. Da der Mitgliederzuwachs anhielt, wurde im Jahr 1911 eine dritte Filiale in der Wiener Reichsstraße 25 eröffnet. Im selben Jahr wurde ein Magazin in der Novaragasse errichtet. In Kleinmünchen Nr. 173 wurde im Jahr 1913 eröffnet und im März 1914 in Urfahr/Steg Nr. 76 der Verkauf begonnen.

Die folgende Tabelle gibt einen Überblick über die Entwicklung des I. Allgemeinen Spar- und Konsumvereines Linz (1908 – 1914).

Geschäftsjahr	Mitglieder	Abgabestellen	Umsatz (in Kronen)
1908 *	222	1	12.649
1908/09	370	2	51.560
1909/10	531	2	90.665
1910/11	831	3	138.911
1911/12	944	4	208.737
1912/13	1116	4	261.289
1913/14	1371	5	308.673

* Geschäftsjahr nur vier Monate (Juni bis September 1908), alle übrigen Geschäftsjahre dauerten von Anfang Oktober bis Ende September.

Diese letzten Jahre vor Kriegsausbruch können, wie am Beispiel Linz illustriert, so gesehen werden, daß die Genossenschaften nach vielen Jahren des Mißtrauens und

Spar- und Konsumverein Attnang-Puchheim
in Attnang
registrierte Genossenschaft mit beschränkter Haftung.

Mitgliedsbuch Nr. 84

für Fr. Toni Mayer-Graf
Charakter:
Wohnung: Attnang 144.
Eingetreten am: 1. V. 1912.

(Beschlossen in der konstituierenden Versammlung am 2. Juni 1911.)

Obmann. Kassier.

Die Mutter der ehemaligen Linzer NR-Abgeordneten Edith Dobesberger war bereits 1912 Konsum-Mitglied.

der Opposition nun durch ideelle Unterstützung der sozialdemokratischen Partei ihre Mitgliedschaft stark vermehrt hatten und die Idee der genossenschaftlichen Selbsthilfe unter der Arbeiterschaft populär wurde.

SCHWIERIGE KRIEGSJAHRE

Der Kriegsausbruch im Jahre 1914 war für die österreichische Volkswirtschaft eine Katastrophe, weil man nur geringe Vorräte an Lebensmitteln und Rohstoffen im Land hatte. Die Angstkäufe der Bevölkerung zu Beginn des Krieges führten zu großen

Abverkäufen an Lebensmitteln in den Abgabestellen der Konsumvereine; bald waren die Filialen geleert, und die Wiederbeschaffung der Waren begegnete immer größeren Schwierigkeiten.

Die größte Gefahr für die Konsumvereine bildete unmittelbar nach Kriegsausbruch die plötzliche Entziehung eines erheblichen Teils der Spareinlagen, die einen überaus wichtigen Bestandteil ihres Betriebskapitals bildeten. Durch die Abhebung der Spareinlagen hatten die Konsumvereine plötzlich kein Geld zum Warenkauf mehr. Die Erlassung eines allgemeinen Moratoriums verhinderte die Abhebung der Spareinlagen in den Konsumvereinen und bewahrte sie vor einer finanziellen Krise.

Mit Kriegsfortgang 1915/16 wurde die Versorgung der Bevölkerung immer schwieriger und mangelhafter. Der Konsumverein Linz sah sich daher 1916 gezwungen, die Neuaufnahme von Mitgliedern zu sperren, die Abgabemenge zu rationieren und keine Rückvergütung mehr auszubezahlen.

Die Versorgungslage der Bevölkerung spitzte sich immer mehr zu. Ende Jänner 1918 kam es zu einem Massenstreik, allgemeine Kriegsmüdigkeit verbreitete sich, die militärischen Niederlagen führten die Monarchie an den Abgrund.

Die folgende Tabelle zeigt die Entwicklung des I. Allgemeinen Spar- und Konsumvereins Linz im Ersten Weltkrieg:

Geschäftsjahr	Mitglieder	Abgabestellen	Umsatz (in Kronen)
1914/15	1626	5	377.459
1915/16	2048	6	440.090
1916/17	1722	6	544.830
1917/18	1806	6	744.348
1918/19	2125	7	1,230.420 (für 9 Monate)

NEUBEGINN IN SCHWEREN ZEITEN (1918 – 1924)

Der Zusammenbruch der Monarchie und die Entstehung des Staates Österreich mit nur 6,5 Mio. Einwohnern waren für die Genossenschaftsbewegung ein schwerer Schlag. Die völlig veränderten politischen und wirtschaftlichen Bedingungen verlangten die Anpassung an diese Verhältnisse.

Das Kriegsende hatte keine Linderung der Not gebracht. Die schwierige Lage auf dem Lebensmittelmarkt und der Fortbestand des staatlichen Rationierungssystems brachte dem Konsumverein Linz großen Zustrom neuer Mitglieder. Eine sprunghafte Aufwärtsentwicklung setzte ein, die nicht zuletzt auch dadurch entstand, daß in vielen kleineren oberösterreichischen Orten Konsumvereine bestanden, die ihre Existenz nicht mehr wahren konnten und sich daher dem größeren Linzer Konsumverein anschlossen. Damit wurde das Verkaufsstellennetz wesentlich erweitert und die Versorgung der Verkaufsstellen mit den täglich benötigten Gütern komplizierter.

Im Jahre 1919 wurde eine Reihe von Filialen errichtet, und zwar: Kleinreifling, Eferding, Zizlau, Rohrbach, Haslach, Aigen. Der Hauptgrund für die Errichtung dieser und der noch folgenden Verkaufsstellen war das Drängen der Bevölkerung in den einzelnen Gemeinden, da der private Handel bei der Versorgung mit Lebensmitteln vielfach versagte.

Im Juni 1920 besaß der Konsumverein Linz bereits zwanzig Filialen. Diese Ausdehnung ging explosionsartig weiter. Vom Juni 1920 bis Juli 1921 kamen 26 Filialen dazu, 14 davon durch Neueröffnung, 12 durch Übernahme.

Die Entwicklung in dieser Periode zeigt die folgende Tabelle:

Geschäftsjahr	Mitglieder	Abgabestellen	Umsatz (in Kronen)
1919/20	8.293	20	11,075.407
1920/21	15.574	46	125,535.745
1921/22	17.325	47	2.069,064.395
1922/23	15.033	48	22.469,873.959
1923/24	15.472	48	31.688,927.629

Ab 1921 richtete der Vorstand des Linzer Konsumvereins sein Hauptaugenmerk darauf, die innere Festigkeit der Genossenschaft zu erhöhen. Damit war es mit einer weiteren Ausdehnung im größeren Stil vorbei. In den folgenden Jahren wurden nur vereinzelt Verkaufsstellen übernommen bzw. eröffnet, so z. B. Braunau, Ried, Schwertberg sowie in Linz Wimhölzelstraße, Hühnersteig, Römerberg und der Werkskonsum der Schiffswerft AG.

Durch diese vielen neuen Geschäftsstellen geriet der Konsumverein Linz selbst in Schwierigkeiten. Der Kapitalbedarf der Genossenschaft, verschärft durch die Inflation, stieg ins Uferlose. Die Rentabilität der kleinen Abgabestellen nahm zusehends ab, und so mußten einige geschlossen werden.

REORGANISATION UND DIE EINGLIEDERUNG DER LEBENSMITTELMAGAZINE DER BEDIENSTETEN DER ÖSTERREICHISCHEN EISENBAHNEN (1924 – 1933)

Die schwierige Lage der österreichischen Wirtschaft konnte durch die Währungsreform 1924 etwas verbessert werden. Man konnte wieder mit einem festen Geldwert und festen Preisen rechnen und daher an eine planvolle Zukunftsarbeit denken.

Der Konsumverein Linz zog einen Schlußstrich unter die unglückliche Entwicklung der letzten Jahre. Einerseits wurde das Sanierungskonzept im Filialbereich fortgesetzt und die Zahl der Abgabestellen von 48 im Juli 1924 auf 35 im Dezember 1925 reduziert; andererseits wurden Mitglieder, die länger als ein Jahr keine Waren beim Konsumverein bezogen hatten oder ihren statutenmäßigen Verpflichtungen nicht nachkamen, ausgeschlossen. Dadurch verringerte sich der Mitgliederstand schlagartig von 15.472 auf nur 3898. Überdies war es nun möglich, da man entsprechend „gesundgeschrumpft" war, die Rückvergütung wieder einzuführen (ein Prozent des getätigten Umsatzes).

Im Jahr 1926 begannen Verhandlungen zwischen den Funktionären des Konsumvereins Linz und des „Lebensmittelmagazins für die Bediensteten der österreichischen Verkehrsanstalten in Linz" bezüglich einer Fusionierung. Diese „Lebensmittelmagazine", in Linz wie erwähnt 1892 gegründet, kamen nach der Sanierung der österr. Bundesbahnen 1922 in wirtschaftliche Schwierigkeiten und suchten daher einen Zusammenschluß mit dem Konsumverein.

Nach längeren Gesprächen beschloß man die Zusammenlegung, und bereits im November 1926 übersiedelte die Leitung und Verwaltung des Konsumvereins in die Räume des „Lebensmittelmagazins", Wiener Reichsstraße 2. Durch die Verwaltungsvereinfachung konnten erhebliche Einsparungen erzielt werden und einem gemeinsamen Aufstieg stand nichts mehr im Wege. Die offizielle Eintragung im Genossenschaftsregister erfolgte aufgrund rechtlicher Probleme erst im Jahre 1928 unter dem Firmennamen „Lebensmittelmagazin und Spargenossenschaft Linz reg. Gen. mit Geschäftsanteilhaftung". Dieser Name bestand jedoch nur vier Jahre. Ab 1932 wurden die Geschäfte unter „Konsumgenossenschaft Linz" geführt.

Außenansicht der 37. Verteilungsstelle in Linz, Franckstraße 39 (am 27. August 1930 neueröffnet).

Außenansicht der 46. Verteilungsstelle in Linz, Römerstraße 31 (vor der Übersiedlung).

Die Zentrale in Linz, Wiener Reichsstraße 2.

Außenansicht der 50. Verteilungsstelle in Linz, Bethlehemstraße 9.

Mit dieser Fusionierung im Jahre 1928 hatten wichtige Einrichtungen für die arbeitende Bevölkerung eine gemeinsame Form gefunden.

Die Konsumgenossenschaft Linz übernahm die Filialen Füchselstraße 14, Waldeggstraße 74, Stadlbauerstraße 4, Wr. Reichsstraße 2, Zollamtstraße 14, Wr. Reichsstraße 143, Untergaumberg, Summerau, St. Valentin, Steyr, Wels (Bahnhofstraße 14) und Gmunden. Noch im selben Jahr wurde eine Filiale in Linz (Unionstraße 64) und Wels (Franz-Kaim-Straße 1) eröffnet. Somit erreichte das Verteilungsnetz wieder 48 Stellen, wie vor der Währungsreform. Weiters kamen die Schlächterei Linz und eine Brennstoffabteilung mit beträchtlichem Umsatz dazu.

Die relativ günstige konjunkturelle Entwicklung der Jahre 1924/29 wurde durch die Weltwirtschaftskrise 1929 abrupt unterbrochen. Die Arbeitslosigkeit stieg laufend an. Die Sanierungsmaßnahmen der bürgerlichen Regierung trafen besonders die arbeitende Bevölkerung. Überdies verschlechterte sich die politische Situation für die Arbeiterschaft zusehends.

Die Entwicklung in diesen Jahren zeigt nachstehende Tabelle:

Geschäftsjahr	Mitglieder	Abgabestellen	Umsatz (in Schilling)
ab 1. 6. 1924	3.898	48	2,275.480
1925	4.371	35	2,829.762
1926	4.780	33	2,704.536
1927	5.177	34	2,877.206
1928	11.521	48	5,091.618
1929	12.610	49	5,959.581
1930	9.302	50	6,378.210
1931	11.560	50	6,398.715
1932	13.042	50	6,051.644
1933	14.101	50	5,650.465

DIE KONSUMGENOSSENSCHAFT LINZ IM STÄNDESTAAT (1933 – 1938)

Nach der Ausschaltung des Parlaments im März 1933 wurde im selben Monat ein erster schwerer Schlag gegen die KG geführt. Die KG wurden der Gewerbeordnung unterstellt, d. h. den allgemeinen Bestimmungen des Handels. Eine weitere Verordnung der Regierung *Dollfuß* vom Oktober 1933 machte es den KG unmöglich, an öffentliche Körperschaften oder Institutionen zu liefern.

Die Angriffe gegen die KG verschärften sich immer mehr und während der Jahre 1933/34 überfielen die Heimwehren Verkaufsstellen und durchsuchten sie nach Waffen des Schutzbundes.

Nach den politischen Auseinandersetzungen im Februar 1934 besetzten Exekutive und Heimwehren sozialistische Einrichtungen. Viele wichtige Funktionäre der Partei und Gewerkschaft wurden verhaftet. Es sah so aus, als ob auch die Konsumgenossenschafter deren Schicksal teilen würden.

Durch Unterstützung der landwirtschaftlichen Genossenschaften gelang es zwar, eine Auflösung zu verhindern, doch war dieser Fortbestand mit der Zerstörung der Selbstverwaltung verbunden. Überdies

1. durften keine neuen Konsum-Filialen mehr errichtet werden,
2. war es nicht erlaubt, daß die Mitgliederzahl den Stand vom 1. Jänner 1934 überstieg und
3. mußte jede Propagandatätigkeit auf die eigenen Mitglieder beschränkt bleiben.

Die Weiterentwicklung der Konsumgenossenschaft Linz wurde somit durch die rigorosen Regierungsbeschränkungen behindert, und überdies bewog die Tatsache der Unterwerfung unter das autoritäre Regime viele Arbeiter, ihren Haß gegen die Regierung auch auf die KG zu übertragen und ihren Boykott auf sie auszudehnen.

Erst im Laufe des Jahres 1935 änderte sich die Haltung der Arbeiterschaft zum Konsum. In die Versammlungen des Konsum konnten Vertreter illegaler sozialistischer Organisationen entsandt werden, um politische Reden zu halten. Dieser „überlebende" Zweig der österreichischen Arbeiterbewegung wurde eine wichtige Plattform der Opposition im Kampf gegen das ständestaatliche System.

Die Entwicklung der Jahre 1933 bis 1938 bei der KG Linz ist von einer gewissen Konsolidierung gekennzeichnet. Durch die äußere Bedrohung des Ständestaates wurde im Inneren reorganisiert und neu gegliedert.

Folgende Tabelle zeigt diese Entwicklung auf:

Geschäftsjahr	Mitglieder	Abgabestellen	Umsatz (in Schilling)
1934	14.509	50	4,839.380
1935	12.896	50	4,820.268
1936	13.220	51	4,941.497
1937	10.748	51	5,120.362

ÜBERLEBENSKAMPF IN DER NATIONALSOZIALISTISCHEN ÄRA

Mit dem Einmarsch deutscher Truppen im März 1938 in Österreich änderten sich die Bedingungen für die Konsumgenossenschaft Linz von Grund auf. Das gesamte Eigentum der Republik Österreich, der Besitz an Grund und Boden samt den Einrichtungen ging an das Deutsche Reich über.

Die erste Maßnahme der neuen Machthaber gegen die KG war die Auflösung der alten Leitung und die Tendenz einer so rasch wie möglich durchzuführenden Gleichschaltung. Weiters wurden leitende Angestellte abgesetzt, entlassen und zum Teil auch in „Schutzhaft" genommen. Die übrigen Angestellten schüchterte man ein und forderte sie dann auf, ihre Arbeit weiter fortzusetzen, um den Bestand des Unternehmens nicht zu gefährden.

Nachdem die Grundsatzentscheidung über den Fortbestand gefallen war, drängte sich als zweite Frage auf, welcher NS-Organisation die Führung übertragen werden sollte. Ein heftiges Tauziehen hinter den Kulissen begann, das schließlich mit dem Sieg der Deutschen Arbeitsfront (DAF) endete. Die KG waren somit ab Sommer 1938 Instrumente der DAF. Sie hatten keine eigene Zielsetzung mehr, die Freiheit der Selbstbestimmung war aufgehoben, der genossenschaftlichen Demokratie der Boden entzogen.

Mit dem Ausbrechen des Zweiten Weltkrieges im September 1939 mußten sich die KG ebenso wie die gesamte Wirtschaft auf kriegswirtschaftliche Regulierungsmaßnahmen umstellen. Es ging vor allem darum, die KG in die NS-Machtentfaltung völlig einzubeziehen.

Über den Zeitpunkt, die Form und den Weg zu diesem Ziel gab es jedoch innerhalb der Nationalsozialisten unterschiedliche Auffassungen. Dieser Streit dauerte länger und wurde erst im Februar 1941 durch die „Verordnung zur Anpassung der verbrauchergenossenschaftlichen Einrichtungen an die kriegswirtschaftlichen Verhältnisse" beendet. Mit dieser „Verordnung" war die gesetzliche Grundlage zur Vernichtung der KG geschaffen.

Die praktische Umsetzung dauerte jedoch wieder einige Zeit und erst 1942/43 wurde von der DAF das ,,Gemeinschaftswerk der Deutschen Arbeitsfront GmbH (GW) gegründet. Das „GW“ übernahm als Holding- und Muttergesellschaft alle Einrichtungen der KG. Die KG hatten somit zu existieren aufgehört. Das Wiederanknüpfen an die genossenschaftliche Tradition wurde damit wesentlich erschwert.

Das nahende Kriegsende 1945 brachte durch die ständigen Luftangriffe auf Linz die Zerstörung vieler Abgabestellen im Stadtgebiet und des Zentrallagers in der Wr. Reichsstraße. Trümmer, wohin man sah; Hunger und Not, zerstörte und geplünderte Abgabestellen, das war das Erbe, das der NS-Krieg zurückgelassen hatte.

NEUANFANG ZWISCHEN TRÜMMERN

Nach dem Zusammenbruch des „Dritten Reiches“ lag auch die KG-Bewegung in Trümmern. Gewachsene genossenschaftliche Strukturen waren durch nationalsozialistische Politik zerschlagen.

Die KG Linz begann unverzüglich mit Kriegsende den Wiederaufbau. Schon in wenigen Wochen konnte die geregelte Versorgung der Mitglieder mit den damals vorhandenen Gütern aufgenommen und damit ein wichtiger Beitrag zur Überwindung der ersten Notzeit nach dem Krieg geleistet werden.

Die KG Linz wurde am 14. April 1946 in dem aus der Zeit der ersten Gründung bekannten Saal des Gasthauses „Zur Pfeife“ wiedergegründet. Der dabei gewählte provisorische Vorstand und Aufsichtsrat bestand aus folgenden Personen:

Vorstand: Obmann: *Johann Ahammer,* Obmann-Stellvertreter: *Josef Mayr, Edmund Aigner, Alois Köller.*

Aufsichtsrat: Obmann: *Franz Thanhofer,* Obmann-Stellvertreter: *Vinzenz Ribnitzky,* Schriftführer: *Dr. Karl Linecker,* Schriftführer-Stellvertreter: *Wilhelm Huemer, Josef Kassin, Josef Seitlinger, Franz Rammerstorfer, Alois Hager.*

Man ging seitens der KG Linz ab November 1947, nachdem der rechtliche und organisatorische Rahmen dafür geschaffen war, daran, kontinuierlich Werbung für die Genossenschaftsidee zu betreiben. Die Verbraucher von der Leistungsfähigkeit zu überzeugen, das war das erste Gebot in diesen Jahren.

NORMALISIERUNG UND AUFSCHWUNG

Durch die Währungsreform vom November 1947, ferner infolge des Einsetzens weltweiter Hilfsaktionen für Österreich und das allgemeine Ansteigen der Industrieproduktion begann im Jahr 1948 der eigentliche Wiederaufbau Österreichs, und in den Jahren 1949/50 erfaßte der Aufschwung alle Zweige der Wirtschaft. Die Nachfrage nach Konsumgütern überstieg allerdings noch bei weitem das Angebot.

Die KG Linz reagierte auf die Änderungen des Marktes rasch und eröffnete am 27. Mai 1950 im Zentralgebäude Linz, Wr. Reichsstraße 2, den ersten Selbstbedienungsladen Österreichs.

Damit begann in der Verkaufstechnik des heimischen Einzelhandels eine Wende, die den Konsum in unserem Lande zu einem Wegweiser der industriellen Warenverteilung werden ließ.

Dieser erste stürmische Wirtschaftsaufschwung endete in den Jahren 1952/53 in einer Konsolidierungsphase, in der zwar die Investitionstätigkeit auf einem beachtlichen Niveau gehalten werden konnte, die Inflation aber zu einer heftig nachholenden

Lohn- und Gehaltsbewegung geführt hatte. Die Voraussetzungen für eine ständige Verbesserung des Lebensstandards der Bevölkerung waren in diesen Jahren geschaffen worden. Österreich war auf dem Wege zur Wohlstandsgesellschaft.

DER KONSUMGENOSSENSCHAFTLICHE WANDEL

Als der Wiederaufbau der österreichischen Wirtschaft in den fünfziger Jahren beendet war und die dynamische Expansionsphase der österreichischen Volkswirtschaft völlig neue Wettbewerbs- und Marktbedingungen schuf, bedurfte es zur Behauptung der Stellung der KG am Markt der überlegten Ausnutzung aller im Genossenschaftsgesetz gebotenen unternehmerischen Möglichkeiten, der Entwicklung einer modernen Marktstrategie und der Einführung moderner Managementmethoden.

Die Entwicklung der Konsumgenossenschaft Linz in den vierziger und fünfziger Jahren im Hinblick auf Mitgliederzahlen, Verkaufsstellen und Umsatz verläuft, wie aus folgender Statistik ersichtlich, kontinuierlich aufwärts:

Geschäftsjahr	Mitglieder	Abgabestellen	Umsatz (in Mill. S)
1945	–	52	–
1946	–	87	–
1947	6.568	87	20,2
1948	7.462	62	29,6
1949	11.041	70	44,6
1950	14.027	73	56,6
1951	15.751	75	77,3
1952	17.664	75	92,0
1953	18.855	75	92,7
1954	20.528	77	97,6
1955	20.829	79	111,3

In den genannten Jahren ändert sich jedoch auch die Aufgabe und Funktion des Konsum. Es kommt zu einer Verflachung der mit den konsumgenossenschaftlichen Gedanken verbundenen politischen Zielsetzungen. In ähnlicher Weise, wie die politischen Parteien eine gegenseitige Annäherung auf eine gemeinsame Mitte hin durchgemacht haben, wurden auch die weltanschaulich begründeten Gegensätze zwischen der privaten Wirtschaft und den KG eingeebnet. Die KG betreiben nunmehr eine Politik der Anpassung an das bestehende System, anstatt, wie in ihrer Anfangszeit, in den KG politische Instrumente zur Beeinflussung der allgemeinen Lebensumstände zu propagieren.

Zur Illustration dieser Entideologisierung des Konsums sei beispielsweise erwähnt, daß in den schriftlichen Berichten zur Jahres-Bezirkskonferenz der SPÖ-Bezirksorganisation Linz-Stadt in den Jahren 1949 bis 1954 entsprechende Mitteilungen über die Konsumgenossenschaft Linz gegeben werden, ab 1955 nicht mehr.

Die politischen Zielsetzungen der KG, die sie aufs engste mit der Arbeiter- und Gewerkschaftsbewegung verknüpft hatten, waren nun nicht mehr geeignet, für die Verbraucher einen Anreiz zur Mitarbeit im Konsum zu bilden. Die ideologischen Ziele wurden daher als mehr oder weniger unzeitgemäß aufgegeben.

Der Strukturwandel im Lebensmittelhandel in den sechziger Jahren schritt jedoch fort, und auch die konsumgenossenschaftlichen Betriebe mußten sich, um überleben zu können, dieser Entwicklung anschließen.

Das Verkaufsstellennetz der Konsumgenossenschaft Linz 1952

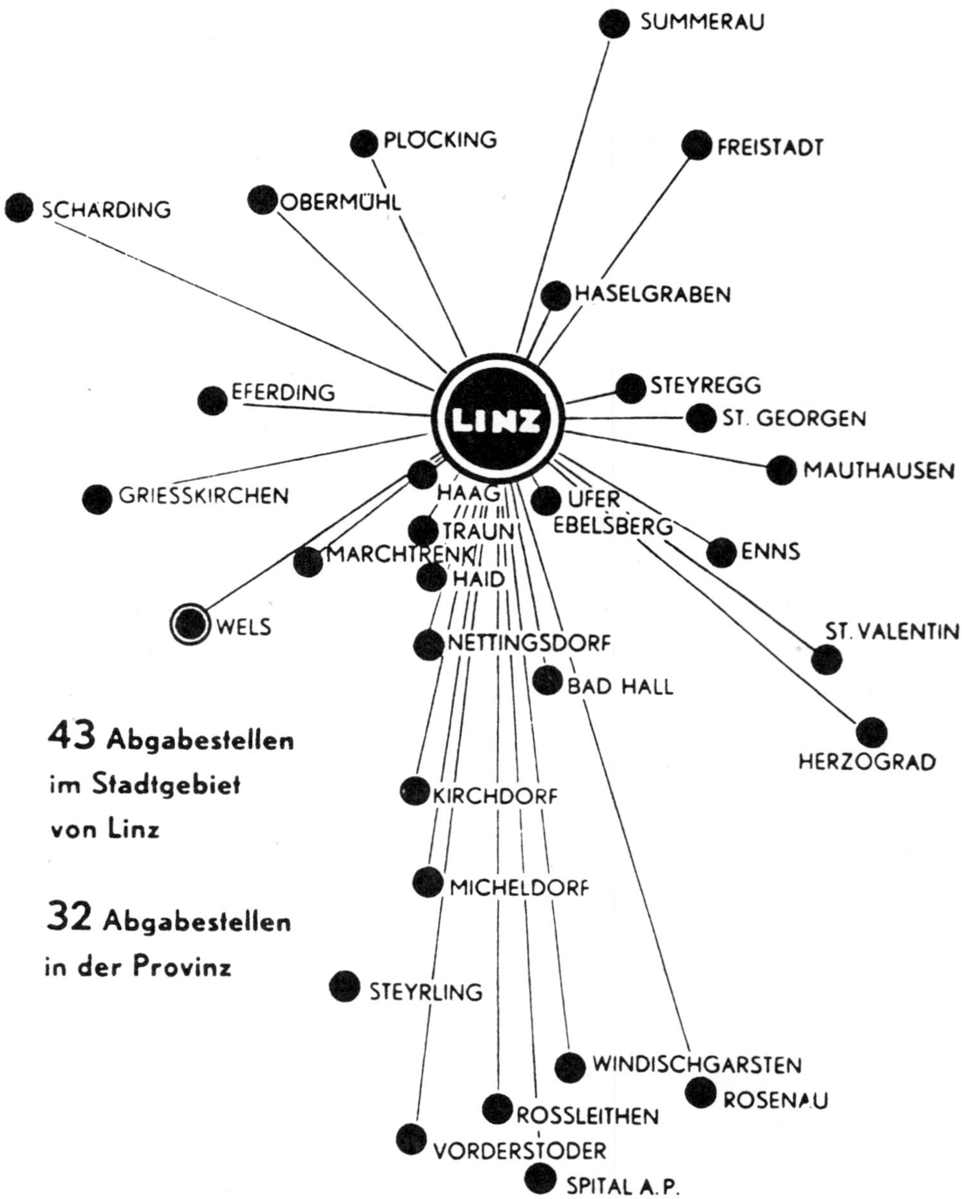

Die Entwicklung zeigt untenstehende Tabelle:

Geschäftsjahr	Mitglieder	Abgabestellen	Umsatz (in Mill. S)
1956	21.658	84	118,4
1957	22.303	86	124,3
1958	22.291	86	127,5
1959	20.989	87	130,4
1960	21.468	87	137,5
1961	22.498	88	146,5
1962	23.021	90	159,0
1963	24.209	90	169,8
1964	25.152	92	184,2
1965	26.274	91	202,6
1966	27.141	88	215,0
1967	28.502	86	238,0
1968	30.187	82	280,0
1969	32.676	78	322,7

Seitens der Konsumgenossenschaft Linz ging man in diesen Jahren daran, die Struktur des Ladennetzes zu überprüfen, und begann mit den Vorarbeiten der Rationalisierung und Modernisierung auf breiter Basis, um den richtigen Ladentyp, die optimale Ladengröße und den richtigen Standort zu finden.

Die bestehenden Bedienungsläden wurden erweitert bzw. an neuen Standorten Selbstbedienungsläden mit Größen von 100 bis 150 Quadratmetern Verkaufsfläche errichtet. So hat die Konsumgenossenschaft Linz im Jahr 1967 bereits neben 59 Normalbedienungsläden 23 Selbstbedienungsläden, einen Tempoladen, drei Großraumläden, einen Supermarkt und ein Textil-Spezialgeschäft.

DIE GENOSSENSCHAFTLICHE STRUKTURREFORM 1969 UND KONSUM ÖSTERREICH 1978

Die Hochkonjunktur der sechziger Jahre brachte den KG zwar eine Steigerung ihrer Umsätze, aber sie stiegen langsamer als in den fünfziger Jahren und langsamer als die ihrer Marktkonkurrenten. Das machte ihnen zu schaffen.

Die Zeit der genossenschaftlichen Strukturreform war angebrochen, Hauptziel der Reform war die Erhöhung der Leistungs- und Wettbewerbsfähigkeit und die Stärkung der Stellung im Markt.

Die KG Linz führte dieses Konzept konsequent durch, und in den folgenden Jahren kam es einerseits zur Schließung unrentabler Kleinläden, andererseits wurden Konsummärkte (ab 400 Quadratmeter Verkaufsfläche) errichtet.

Geschäftsjahr	Mitglieder	Abgabestellen	Umsatz (in Mill. S)
1970	35.377	75	388,6
1971	37.352	75	450,2
1972	39.845	70	523,7
1973	42.412	64	621,2
1974	45.125	64	734,9
1975	48.089	62	788,9
1976	50.272	62	844,0
1977	53.626	63	884,7

In Fortsetzung der Gedanken der Strukturreform kam es am 23. Juni 1978 zur Gründung des „Konsum Österreich". Der „Konsum Österreich" trägt dem wirtschaftlich begründeten Trend zu wachsenden Unternehmensgrößen Rechnung und setzt sich aus fünf Regionen – die Region Ost, Steiermark, Kärnten, Oberösterreich und West – und dem Zentralkonsum (früher GÖC) zusammen.

Die Hauptaufgabe dieser neuen genossenschaftlichen Organisation liegt in der Straffung des Wareneinkaufes und des Vertriebes, in der einheitlichen Firmierung als Konsum, einer gezielten Verwendung der Investitionsmittel und, damit in direktem Zusammenhang, im beschleunigten Ausbau und in der Modernisierung des Filialnetzes.

Mit dieser Initiative stellt sich die KG als fortschrittliche Wirtschaftsorganisation dar, die ständig an der Modernisierung und Weiterentwicklung der Verteilungswirtschaft arbeitet.

PERSPEKTIVEN

Das Einkaufsverhalten der Konsumenten hat sich in den Jahren seit 1978 rasch verändert, und so wird der Konsum auch weiterhin bis tief in die neunziger Jahre mit einem anhaltend raschen Wandel konfrontiert sein. Der Vorstand des Konsum Österreich hat daher ein „Konzept 2000" erstellt, das darauf zielt, künftige Entwicklungen im Einkaufsverhalten der Konsumenten durch Schaffung differenzierter Einkaufsmöglichkeiten vorwegzunehmen. Einerseits wird der Nahversorgung durch leistungsfähige Betriebsgrößen (ab 400 Quadratmeter Verkaufsfläche) in diesem Konzept auch weiterhin die wichtigste Rolle zugewiesen, andererseits werden auch der Diskont, der Fachmarkt und der Umbau von konventionellen Warenhäusern zu City-Warenhäusern eine deutliche Forcierung erfahren.

ORGANISATIONS- UND SEKTIONSENTWICKLUNG DER LINZER SPÖ

ZUR ORGANISATIONSENTWICKLUNG DER LINZER SOZIALDEMOKRATIE VON DEN ANFÄNGEN BIS 1934

Brigitte Kepplinger

Organisationsfragen spielten in der Geschichte der sozialdemokratischen Bewegung immer eine zentrale Rolle, hängt doch von einer schlagkräftigen Organisation der politische Erfolg entscheidend ab. Parteisekretär *Skaret* formulierte es auf dem Parteitag 1912 folgendermaßen: „Man kann über die politische Organisation denken wie man will, sicher ist, daß dort, wo die Organisation versagt, die sozialdemokratische Partei Niederlagen zu verzeichnen hat."

In Linz dauerte es von 1868, der Zeit der Gründung des Linzer Arbeiter-Bildungsvereins, der Keimzelle der sozialdemokratischen Partei, bis ungefähr 1905, dem Jahr des Einzugs der Sozialdemokratie in den Linzer Gemeinderat, daß man von einer Parteiorganisation im engeren Sinne sprechen kann.

Die Ursachen für diese schwierige und mühsame Entwicklung lagen zum einen in den Fraktionskämpfen, die die Bewegung bis zum Hainfelder Parteitag beschäftigten. Der andere wesentliche Grund ist in den gesellschaftlichen Verhältnissen der Habsburger-Monarchie zu suchen, die zwar seit 1867 eine Verfassung und damit auch die rechtliche Grundlage für die Bildung politischer Parteien besaß, diese Möglichkeit aber durch gesetzliche Bestimmungen derartig einschränkte, daß politische Organisation kaum durchzuführen war. Vor allem das restriktive Vereinsrecht ist hier zu nennen, das die Bildung politischer Parteien geradezu unmöglich machte: Das, was unserem heutigen Verständnis von „politischer Partei" am nächsten kam, war der „politische Verein". Alle anderen Vereine – Bildungsvereine, Gewerkschaftsvereine, Unterstützungsvereine, Krankenkassen etc. – hatten „unpolitisch" zu sein, andernfalls konnten sie von der Behörde aufgelöst werden. Überdies durften politische Vereine keine Zweigstellen errichten (damit war die Bildung einer zentralen Leitung unmöglich), sie durften nicht mit anderen Vereinen in Verbindung treten, und auch der Mitgliederkreis war durch das Vereinsrecht beschränkt: Frauen, Minderjährige und Ausländer durften in einen politischen Verein nicht aufgenommen werden.

Aus diesem Grund wurden Arbeiter-Bildungsvereine, Unterstützungsvereine und Fachvereine die Basisorganisationen der Sozialdemokratie. Auch in Linz war dies so, wie der oberösterreichische Delegierte auf dem Parteitag von 1891, *Johann Neander* (einer der Gründer der Linzer Sozialdemokratie), berichtet: „Folgende Vereine existieren in Linz: Allgemeiner Arbeiterverein, Gewerkschaft der Bäcker, Tischler, Bauarbeiter und Schuhmacher, letztere drei für ganz Oberösterreich. In Steyr eine Gewerkschaft der Hafner . . . Alle Vereine zusammen haben 600 Mitglieder (. . .) Auf der oberösterreichisch-salzburgischen Landeskonferenz wurde beschlossen, einen politischen Verein für Oberösterreich zu gründen. Die Statuten wurden abgewiesen, wieder eingebracht, und zum Schluß meinte die Statthalterei, daß sie überhaupt nicht die Notwendigkeit der Gründung eines politischen Vereins einsehe." Treffpunkte der

Sozialdemokraten jener Jahre und damit auch Kristallisationspunkte der Organisation waren die Gasthäuser – und blieben es jedenfalls bis ans Ende der Ersten Republik. In Linz waren es der „Goldene Elefant“ in der Bethlehemstraße, „Zum Goldenen Hirschen“ in der Hirschgasse, das Gasthaus „Zur Pfeife“ in der Herrenstraße, „Zum Wilden Mann“ in der Goethestraße, „Zur Goldenen Birne“ am Graben, und viele andere, in denen sich das Organisationsleben abspielte. Auch die um 1905 in Erscheinung tretenden Sektionen veranstalteten ihre Ausschußsitzungen, Mitgliederversammlungen etc. in Gasthäusern; erst Mitte der zwanziger Jahre konnten einige Sektionen in eigene Lokalitäten übersiedeln.

Aber zurück zu den Anfängen: Die Behörden der Monarchie versuchten also, die nach 1889 rasch wachsende Sozialdemokratie durch gesetzliche Bestimmungen, durch kleinliche Schikanen etc. an der Ausbreitung zu hindern, was aber auf Dauer nicht möglich war. Mit Phantasie und Engagement versuchten die Sozialdemokraten, die behördlichen Behinderungen zu unterlaufen, oft mit Erfolg. So war z. B. die Genehmigung einer Demonstration langwierig und schwierig; häufig wurde das Ansuchen abgewiesen. Man behalf sich durch die Organisation von „Massenspaziergängen“, wie etwa zum 50. Jahrestag der Revolution von 1848 in Linz. Nach den zwei Festveranstaltungen im „Elefanten“ und im „Märzenkeller“ zogen „die zu gleicher Zeit auf der Landstraße zusammentreffenden Teilnehmer beider Versammlungen . . . in einem Zuge durch die Schmidtthorstraße zum Franz-Josephs-Platz und wieder retour. Dieser ‚Spaziergang‘ wurde einige Male zum großen Verdruß der ‚besseren‘ Leute wiederholt, denen der ‚Plebs‘ den obligaten Sonntagsbummel einmal gründlich verdarb“, berichtet die „Wahrheit“.

Zwei Meilensteine in der Organisationsentwicklung sind in diesem Zusammenhang zu nennen: Die Gründung einer eigenen sozialdemokratischen Zeitung – der „Wahrheit!“ (1897), die ein – auch organisatorisches – Zentrum bildete, und die Erkämpfung des Wahlrechts.

1897 wurde für den Reichsrat eine fünfte, allgemeine Wählerkurie eingeführt, in der auch Arbeiter wahlberechtigt waren. 1905 waren in Linz, auf Gemeindeebene, ebenfalls durch Einführung einer allgemeinen Wählerkurie erstmals Arbeiter zu den Gemeinderatswahlen zugelassen. 1907 schließlich fanden die ersten Reichsratswahlen nach dem allgemeinen, gleichen, direkten Wahlrecht für Männer statt; das Kurienwahlrecht war also in diesem Bereich gefallen.

Diese Erfolge bestimmten Richtung und Ziel des Ausbaus der politischen Organisation. Basis der politischen Organisation war nun der Wahlkreis, während bisher die industriellen Zentren, die Betriebe, das jeweilige Organisationsgebiet bestimmt hatten. Der Parteitag von 1902 beschloß die Einführung der Straßen- und Häuserorganisation (also der Sektionen), um die Wahlagitation effizienter durchführen zu können. Die zentrale Institution dieser Straßen- und Häuserorganisation war der lokale Vertrauensmann, der „Straßenkassier“, später Subkassier, der für die Kassierung der Mitglieder ebenso verantwortlich war wie für die Umsetzung der „hohen Parteipolitik“, indem er mit den Mitgliedern diskutierte, Bedenken zerstreute, aber auch als Puffer für Unzufriedenheit und Ansprechpartner für Kritik fungierte. Der Aufbau eines dichten Netzes ehrenamtlicher Vertrauensmänner war die Garantie für die Umsetzung der Parteipolitik und sollte in der Ersten Republik die Grundlage für die großen politischen Erfolge der Sozialdemokratie werden.

DIE LINZER SEKTIONEN

Die ersten Linzer Sektionen entstanden – soweit bisher bekannt ist – im Zuge der Gemeindewahlrechtsreform 1905. Es muß hier allerdings bemerkt werden, daß für die Zeit vor dem Ersten Weltkrieg die Sektionsgrenzen nur ungefähr angegeben werden können. Sektionsprotokolle aus dieser Zeit sind nämlich – bis auf zwei Ausnahmen – nicht erhalten.

Das Stadtgebiet von Linz umfaßte 1905 das Stadtzentrum mit den in südlicher Richtung sich anschließenden Vororten Lustenau und Waldegg (eingemeindet 1873). Die südliche Grenze des Stadtgebiets lag auf der Höhe des Hausleitnerwegs. 1915 wurde St. Peter eingemeindet und Kleinmünchen war bis 1923 eine selbständige Gemeinde. Urfahr war bis zum Zusammenschluß mit Linz (1919) eine eigene Stadt. St. Magdalena, Pöstlingberg und Ebelsberg wurden 1938 eingemeindet, 1939 folgte ein Teil von Leonding (Keferfeld).

Im folgenden wird eine Zusammenstellung der Sektionen nach dem Datum ihres ersten „Erscheinens“ (in der „Wahrheit“) versucht, die aufgrund der spärlichen Quellenlage leider nicht vollständig ist. Zur Orientierung werden – soweit bekannt – die Gasthäuser angegeben, in denen die Sektionssitzungen stattfanden.

3. 2. 1905:	I. Sektion (Schulerberg)
	Treffpunkt: Gasthaus „Zum Römischen Kaiser“, Römerstraße
17. 2. 1905:	II. Sektion (Ludlgasse, Schiffswerft, Tabakfabrik)
	Gasthaus „Zum Goldenen Apfel“, Fabrikstraße
	„Zum Goldenen Ochsen“, Fabrikstraße
	Köstlers Gasthaus „Zur Schiffbrücke“; Schlachthof-Restauration
17. 2. 1905:	III. Sektion (Neustadt)
	„Zum Bayrischen Hof“, Blumauerstraße
6. 1. 1905:	IV. Sektion (Kapuzinerviertel)
	Hotel „Zum Goldenen Schiff“
	V. Sektion (Römerberg)
	Hauers Gasthaus, Johannesgasse 1
20. 1. 1905:	VI. Sektion
	Gasthaus „Zum Sandwirt“, Wurmstraße
(1905)	VII. Sektion (Stockhofviertel)
	Gasthaus „Zum Flugrad“, Karl Wiser-Straße
(1905)	VIII. Sektion (Lustenau)
	Gasthaus „Zur Stadt Salzburg“, Wiener Reichs-Straße
(1905)	IX. Sektion (Waldegg)
	Wipplingers Gasthaus; Gasthaus „Zur Staatsbahn“, Waldeggstraße 55
(1907)	X. Sektion (Gaumberg – Leonding)

Dies ist sozusagen eine Momentaufnahme, da die Sektionsgrenzen und -bezeichnungen noch nicht dauerhaft fixiert sind. So z. B. wird ab 1907 das Harrachviertel als IV. Sektion geführt. Die Lokalorganisation Urfahr existiert seit 1905/06 – mit den Sektionen I, II und III. Treffpunkte: Gasthaus „Zum Grünen Hain“, Aubergstraße, „Zur Stadt Innsbruck“, Augls Gasthaus „Zur Bergbahn“.

Kleinmünchen besitzt jedenfalls seit 1908 eine eigene Lokalorganisation. Von 1908 bis 1917 existiert das Protokoll dieser Lokalorganisation, so daß die Vorsitzenden ab 1908 bekannt sind (Erster Vorsitzender: *David Woženiček*). Anhand dieses Protokolls kann die Entwicklung dieser Organisation recht genau nachgezeichnet werden. Bis zum Ersten Weltkrieg konnte die Linzer Sozialdemokratie eine stetige Aufwärtsentwicklung verzeichnen, was sich auch in der Entwicklung der Sektionen zeigte. So wurde in der Jahresversammlung der Sektion II, die am 1. März 1914 beim „Hofwirt“ in der Kaisergasse stattfand, „zufolge des großen Umfassungsgebietes . . . die Frage der Teilung in Sektion II und Sektion II a behandelt und nach wohldurchdachter Einteilung beschlossen“, wie es im Sektionsprotokoll, das von 1913 bis 1925 erhalten ist, heißt. (Die Sektion II a wurde 1915 wieder mit der Sektion II vereinigt.)

Der Erste Weltkrieg unterbrach das Parteileben zwar nicht vollständig, doch ist ein deutlicher Rückgang in der Zahl der Sektionsversammlungen zu bemerken. Zum einen wurden nicht wenige Mitglieder der Partei zum Militär eingezogen, zum anderen erzwang die Burgfriedenspolitik ein Stillhalten in politischen und gewerkschaftlichen Fragen.

Die Sektionsarbeit beschränkte sich im wesentlichen auf die Veranstaltung von Ausschußsitzungen und Mitgliederversammlungen, um die Kontakte zu halten. Die Jahresversammlung der Sektion II vom 30. Jänner 1916 zeichnet folgendes Bild: „Vor Ausbruch des Krieges zählte die Sektion 226 Mitglieder. Eingerückt zur Militärdienstleistung sind 104; im Felde gefallen sechs; in Kriegsgefangenschaft befinden sich vier, gestorben sind fünf Sektionsmitglieder, abgereist sechs . . ." – die Mitgliederzahl hatte sich also halbiert! Ende 1916 betrug die Zahl der Mitglieder nur mehr 40, Ende 1917 77. Deutlicher als lange Ausführungen zeigen diese Zahlen den Niedergang der sozialdemokratischen Organisation im Krieg.

Mit der Gründung der Republik Deutschösterreich wurden tiefgreifende politische Reformen realisiert. Im vorliegenden Zusammenhang ist vor allem die Einführung des allgemeinen, gleichen, direkten Wahlrechts auf Bundes-, Landes- und Gemeindeebene bedeutsam: Da sich die Sozialdemokratie die Eroberung der politischen Macht auf dem Weg der Wahlen zum Ziel gesetzt hatte, richtete sich natürlich auch die Organisationsstruktur nach diesen Anforderungen. Für die Sektionen bedeutete dies konkret, daß die Sektionsgrenzen nunmehr ziemlich genau nach den Grenzen der Wahlsprengel ausgerichtet wurden.

Weiters brachte die Republik den Zusammenschluß von Urfahr mit Linz; die bisher (formal) selbständige Urfahraner Lokalorganisation wurde mit ihren Sektionen Teil der Linzer Organisation. 1923 schließlich erfolgte – wie schon erwähnt – die Eingemeindung von Kleinmünchen, die von der Linzer sozialdemokratischen Stadtverwaltung mit Bürgermeister Dametz an der Spitze durchgesetzt wurde. Die bürgerlichen Parteien leisteten hier erbitterten Widerstand, was nicht verwunderlich ist, war doch Kleinmünchen schon im 19. Jahrhundert eine Hochburg der Sozialdemokratie!

Das Sektionsleben wurde in der Ersten Republik reichhaltiger und vielfältiger. Die grundsätzlich andere Stellung der Sozialdemokratie – nunmehr besaß sie eine bedeutende Position in der Gesellschaft – spiegelt sich in dieser Vielfalt der Aufgaben der Sektionen wider.

Zum einen wurde hier – wie bisher – die Parteipolitik in mühevoller Kleinarbeit umgesetzt, wie folgender Bericht der Sektion II vom 17. Oktober 1920, dem Tag der Parlamentswahlen, zeigt: „Schon vor 6 Uhr früh hatten sich die Genossen beim *Köstler* eingefunden (Köstlers Gasthaus ‚Zur Schiffbrücke', B. K.), um den 17. Oktober für das Proletariat zu opfern. Hierauf wurden die einzelnen Genossen, von denen jeder eine rote Nelke trug, in die Straßen der einzelnen Sprengel (. . .) geschickt, um dort die Agitation zu bewerkstelligen. Die Kommissionsmitglieder und Strichler gingen in die Wahllokale. Im Laufe des Vormittags setzte dann der Schleppdienst ein, der gegen Mittag abflaute, aber nachmittag wieder so stark wurde, daß beständig drei Fiaker und zwei Automobile die säumigen Wähler zur Urne zu führen hatten. (. . .) Der Wahlapparat in unserer Sektion lag in den kräftigen Händen der Gen. *Wannek, Langl* und *Klement.* Im Agitationslokal zum Ochsen hatten sich die Frauen eingefunden (. . .), die auch diesen Tag für das Proletariat opferten."

Darüber hinaus aber wurden in den Sektionen mehr und mehr auch die Belange der Jugendarbeit, der Elternarbeit („Freie Schule"), Kulturarbeit etc. wahrgenommen. Wenn möglich, errichteten die Sektionen eigene Bibliotheken: 1929 besaßen fünf Sektionen solche Bibliotheken mit (zusammen) über 1200 Büchern. Und: Die Sektion war **Heimat** für die Genossen. Privates und politisches Leben verbanden sich: so scheint im Protokoll der Ausschußsitzung der Sektion II vom 1. Februar 1923 auf, daß die Genossen *Zamazal* (beide Aktivisten der Sektion) „am 4. Februar 1923 das

Fest der silbernen Hochzeit feiern und dazu alle Genossen zur Feier in der Schlachthofrestauration herzlich einladen".

Im folgenden soll die Sektionseinteilung für Linz, wie sie sich in den zwanziger Jahren herausbildete, kurz dargestellt werden. Dabei ist auf das Problem der Betriebssektionen hinzuweisen. Der Grundsatz, die Mitglieder an ihrem Wohnort zu kassieren und zu betreuen, konnte nicht lückenlos durchgehalten werden. Schon um 1905 konstituierten sich erste Betriebssektionen, wie Post und Heizhaus. In einer Reihe von Fällen wurden die Mitglieder der SDAPÖ zwar im Betrieb kassiert, aber nicht von einer eigenen Betriebssektion, sondern von den Vertrauensmännern der entsprechenden Wohnsektion. Ein Beispiel dafür ist die Schiffswerft, in der 1923 eine eigene Betriebssektion gegründet wurde, die aber einige Jahre später wieder aufgelassen wurde.

DIE LINZER SEKTIONEN 1930

Sektion I

Annagasse – Domgasse – Hofgasse – Klosterstraße – Platz des 12. November – Schmidtorstraße – Adlergasse – Graben – Kollegiumgasse – Neutorgasse – Pfarrgasse – Pfarrplatz – Rathausgasse – Rechte Donaustraße – Zollamtstraße – Altstadt – Badgasse – Hahnengasse – Hofberg – Tummelplatz ohne 10 – Margarethen – Obere Donaulände – Tummelplatz 10
Mitgliederstand 1930: 433

Sektion II

Eisenbahngasse – Fabrikstraße – Kaserngasse – Ringstraße 3 – Umschlagplatz ohne 100 – Kaisergasse – Ludlgasse – Untere Donaulände – Holzstraße – Honauerstraße – Keplerstraße 3–72 – Prunerstraße
Mitgliederstand 1930: 541

Sektion III

Bürgerstraße 1–35 – Humboldtstraße – Schillerstraße 1–30 – Goethestraße 1–43 – Südtirolerstraße – Scharitzerstraße – Schubertstraße 35–Ende – Blumauerstraße – Goethestraße 47–79 – Starhembergstraße – Bürgerstraße 39–Ende – Dinghoferstraße – Schillerstraße 31–Ende – Schubertstraße 1–34
Mitgliederstand 1930: 471

Sektion III a

Billrothstraße – Garnisonstraße 1, 1 a, 2, bakt. Inst., 3, 5 – Goethestraße 140, 150 – Krankenhausstraße – Prinz-Eugen-Straße – Rennplatz – Darrgutstraße – Garnisonstraße 9, ungerade Nr. 27–49 – Glögglweg – Goethestraße 95 – Grünauerstraße – J.-Planck-Straße – Khevenhüllerstraße – Kinderspitalstraße – Liststraße – Lustenau 26, 27, 28, 72, 89, 140
Mitgliederstand 1930: 424

Sektion IV

Bethlehemstraße – Josef-Dametz-Straße – Marienstraße – Museumstraße, gerade Nr. bis 14, ungerade alle – Quergasse – Elisabethstraße – Fadingerstraße – Harrachstraße – Bismarckstraße – J.-Konrad-Vogel-Straße – Lustenauer Straße – Markstraße – Pestalozziplatz – Volksfeststraße – Eisenhandstraße – Huemerstraße – Mozartstraße – Museumstraße, gerade Nr. 16–36 – R.-Körner-Straße
Mitgliederstand 1930: 325

Sektion IV a

Derfflingerstraße – Derfflingerstraße Baracken – Gabelsbergerstraße – Im Hühnersteig – Im Hühnersteig Baracken – Wirtschaftshofstraße – Gallanderstraße – Hafenstraße – Katzenau – Keplerstraße 78–100 – Lustenau 9, 10, 13, 15, 17–23, 25, 29, 65, 541, 765, 879 – Maurus-Lindermayr-Straße – Schiffbaustraße – Sintstraße mit Baracken – Umschlagplatz 100 – Winterhafen – Hyrtlstraße – Kaplanhofstraße – Martin-Zeiller-Straße – Reischekstraße – Ringstraße 30–53 – Weißenwolffstraße
Mitgliederstand 1930: 1155

Sektion V

Anton-Dimmel-Straße – Flügelhofstraße – Johannesgasse – Martingasse – Römerstraße 2–39 – Schweizerhausgasse – Tiefer Graben – Bancalariweg – Donatusgasse – Freinbergstraße – Greilstraße – Kürnbergerweg – Mariahilfgasse 28–Ende – Ritzbergerstraße – Römerstraße 40–Ende – Schulertal – Vergeinerstraße – Waldegg 1–6, 9, 30, 34, 90, 91, 109, 232, 305 – Hirschgasse – Lasingerstraße – Lessingstraße – Mariahilfgasse 1–24 c – Schlossergasse
Mitgliederstand 1930: 519

Sektion VI

Bauernberg – Hopfengasse – Kapuzinerstraße – Limonigasse – Hafnerstraße – Stifterstraße – Wurmstraße – Baumbachstraße – Steingasse – Waltherstraße
Mitgliederstand 1930: 246

Sektion VI a

Herrenstraße 3–19, 2–22 – Promenade – Spittelwiese – Bischofstraße – Hafferlstraße – Herrenstraße 23–Ende – Langgasse – Magazingasse – Rudigierstraße – Seilerstätte – Landstraße
Mitgliederstand 1930: 132

Sektion VII

Auerspergstraße – Bahnhofstraße – Feldstraße – Gesellenhausstraße – Gustav-Eder-Straße – Stelzhamerstraße – Tegetthoffstraße 33 a, 35 – Volksgartenstraße 30 – Chr.-Coulin-Straße – Figulystraße ohne 39 – Gärtnerstraße – Weingartshofstraße – Karl-Wiser-Straße – Kroatengasse – Stockhofstraße – Auf der Gugl – Beethovenstraße – Bergschlösselgasse – Bockgasse – Kellergasse – Roseggerstraße – Sandgasse – Stockbauernstraße
Mitgliederstand 1930: 391

Sektion VII a

E.-Handel-Mazzetti-Straße – Figulystraße 39 – Hanriederstraße – Herstorferstraße – Niederreithstraße – Sofiengutstraße – Waldegg 35–37, 65, 97, 99, 147 – Waldeggstraße 1–52 – Weingartshofstraße 46, 48 – Ziegeleistraße – Froschberg – Ghegastraße – Göllerichstraße – Grabnerstraße – Hörmannstraße – Holzheimerstraße – Keimstraße – K.-Deubler-Straße – Kudlichstraße – Schultestraße – Waldegg 49 – Waldeggstraße 53–Ende – Wilhelm Weitling
Mitgliederstand 1930: 220

Sektion VIII

Anastasius-Grün-Straße – Anzengruberstraße – Friedhofstraße – Hamerlingstraße – Jungwirthstraße – Lastenstraße – Lenaustraße – Lustenau 101, 512, Wiener Reichstraße 1–49 – Grillparzerstraße – Gürtelstraße ohne 58 – Heizhausstraße – Kraußstraße – Lustenau 481 – Makartplatz – Makartstraße – Raimundstraße – Dierzerstraße – Drouotstraße – Dr.-Eigner-Straße – Lissagasse – Lustenau 32, 52–55 – Melicharstraße – R.-Wagner-Straße – Wiener Reichstraße, ungerade Nr. 53 a–125
Mitgliederstand 1930: 836

Sektion VIII a

Franckstraße 1–19, 35, 38–56, 58, 60, 62, 64, 66, WW – Füchselgutstraße, gerade Nr. – Füchselgutstraße Reihenhäuser – Gilmstraße – Gürtelstraße 58 – Ing.-Stern-Straße 36–54 – Lonstorferplatz – Lonstorferweg – Lustenau – Schotterplatz – Vielguthstraße – Willemerstraße – Wimhölzelstraße 14–24, WW, GH, Wagg. – Zeppenfeldstraße – Dr.-A.-Ebenhoch-Straße – Dr.-Victor-Adler-Straße – E.-Pernerstorfer-Straße – Ing.-Stern-Straße 10–24 – J.-Engelmann-Straße – Johann-Neander-Straße – Karl-Kronberger-Straße – M.-Krinner-Straße – Memhardstraße – Wimhölzelstraße, ungerade Nr. – Franckstraße 57, 59, 61, 63, 68, 72, 74, 76 – Fröbelstraße – Füchselstraße, ungerade Nr. – Ing.-Stern-Straße 56–60 – Lustenau 30, 34, 35, 37, 38, 39, 68, 135, 869, 870, 871, Parzelle, Wh.-St.-Peter-Straße
Mitgliederstand 1930: 1072

Sektion IX

Breitwiesergutstraße – Burgenlandstraße – Dr.-Holzknecht-Straße 7, 8, 9, 16 – L.-Hasner-Straße – Löfflerhofstraße – Niedernharter Straße – Reuchlinstraße – Versorgungshausstraße Waldegg 46, 50, 51, 60, 69, 70, 81, 82, 83, 92, 101, 113, 117, 119, 195, 419, 420, 454 – Wiener Reichstraße, gerade Nr. 42–62 – Brucknerstraße – Dr.-Dürnberger-Straße – Dr.-Holzknecht-Straße 11 – Unionstraße, ungerade Nr. – Wiener Reichstraße, gerade Nr. 2–38 – Andreas-Hofer-Platz – Andreas-Hofer-Straße – Dr.-Bahr-Straße – Dr.-Edlbacher-Straße – Novaragasse – Pillweinstraße – Unionstraße 50–88
Mitgliederstand 1930: 820

Sektion X

Aigengutstraße – Fichtenstraße – In der Neuen Welt – Kommunalstraße – Oberfeldstraße – Rosenbauerstraße – St. Peter 29, 31, 37, 40, 46, 50, 53, 89, 90, 91, 104, 110, 174, 175, 176, 208, 209, 211 – Strachgasse – Turmstraße – Westbahnstraße – Wiener Reichstraße, ungerade Nr. 127–229, gerade Nr. 166–196
Mitgliederstand 1930: 382

Sektion X a

Georg-Reiter-Straße – Hummelfeldstraße – Laingruberstraße – St. Peter 1, 6, 7, 24, 26, 28, 32–36, 44, 47, 48, 52, 54–57, 61, 99, 100, 131, 141, 145, 156, 157, 161, 171, 182, 187, 188, 193, 195, 197, 198, 200, 201, 203, 207, 210, 214, 215, Baracke GH – Spinnereistraße 53–135 – Sternbauernstraße – Wahringerstraße ohne 15 – Zizlau – Zizlauerstraße
Mitgliederstand 1930: 205

Sektion XI

Am Damm – Ferihumerstraße – Hardtlstraße – Hauptstraße 1–41 – Heilham – Hinsenkampplatz – Jahrmarktplatz – Kirchengasse – Linke Brückenstraße – Linke Donaustraße – Schulstraße – Urfahrer Friedhofstraße – Verlängerte Kirchengasse – Wildbergstraße – Blütenstraße – Gerstnerstraße – Gstöttnerhofstraße – Hauptstraße 42–Ende – Jahnstraße – Reindlstraße – Schmiedegasse – Sonnensteinstraße
Mitgliederstand 1930: 241

Sektion XII

Fischergasse – Halbgasse – Löwengasse – Marktplatz – Ottensheimer Straße – A.-Weiguny-Platz – Flußgasse – K.-Fiedler-Straße – Kreuzstraße – Lerchengasse – Neugasse – Obere Donaustraße – Rosenstraße – Webergasse – Berggasse – Gußhausstraße – Im Tal – K.-Marx-Straße 71–Ende – Mittelgasse – Schratzstraße – Talgasse – Urfahrwänd – Zellerstraße
Mitgliederstand 1930: 478

Sektion XIII

Jägerstraße – Kaarstraße – K.-Marx-Straße 1–70 – Mühlkreisbahnstraße – Stadlbauerstraße – Dr. A.-Brenner-Straße – Auberg – Güntherstraße – Hagen – Hagenstraße – Höchsmannstraße – Landgutstraße – Pfeifferstraße – Pichlerstraße – Spatzgasse – Aubergstraße – Hoppichlerstraße – Nisslgasse – Parzhofstraße – Petrinumstraße – Rosenauerstraße, ungerade Nr. – Pöstlingberg
Mitgliederstand 1930: 358

Sektion XIV

Freistädter Straße – Gründberg – Harbach – Höllmühlstraße – Leonfeldner Straße – Lindengasse – Rosenauerstraße, gerade Nr. – Wischerstraße – Am grünen Anger – Bachl – Damaschkestraße – Karlhofstraße – Knabenseminarstraße – Leisenhofstraße – Pflaster – Pöstlingbergstraße – Riesenhofstraße – Schwarzstraße – Steinbauernstraße – Teistlergutstraße – Trefflingerweg
Mitgliederstand 1930: 237

Sektion XV

A.-Petzold-Straße 84–96 – Dauphinestraße, ungerade Nr. 11–29, gerade Nr. 36–48, fortlaufende Nr. 53–81 – Franz-Kurz-Straße – Kleinmünchen 27, 28, 29, 33, 34, 49, 59, 68, 80, 91, 97, 111, 112, 113, 189, 198, 211, 266, 273, 274, GH, Baracken – Löwenfeldstraße 28, 30, 37, 44, 56, 58 – Rädlerweg – R.-Blum-Straße 19–50 – Schickmayrstraße – Schörgenhubstraße – Dauphinestraße 5, 6, 9, 30, 32, 34 – Grillmayrstraße – Dr.-Holzmüller-Straße – Kleinmünchen 50, 56, 60, 62, 82, 92, 93, 95, 96, 106, 114, 121, 129, 160, 186, 187, 204, 210, 255, 256, 258–265, 268 – Lassallestraße – Löwenfeldstraße 4, 6, 10, 18 – Madlsederstraße – Magerweg – R.-Blum-Straße 1, 4–6, 9, 17 – Sommerstraße – Spinnereistraße 17–48, Wahringerstraße 15 – Wiener Reichstraße 374, 375, 379, 380, 382, 384, 386–388, 391, 394, 396, 406, 408, 439, 440, 444 – A.-Petzold-Straße 30, 31, 45, 47, 49, Bauhütte – A.-Rohrauer-Straße 4, 8, 15, 19, 20, 27 – Bergern – Brunnenfeldstraße 106–117 – Dauphinestraße 159–224 – G.-Streicher-Straße 5 – Kleinmünchen 39, 47, 53, 118, 177, 206, 208, 216, 218, 235, 236, 241, 242, 243, 245, 246, 250, 251, 257, 275, WW, Wagg – Kremplstraße 8 – Purschkastraße 12 – Salzburger Reichstraße 61–315, Baracken – Scharlinz 11, 26, 138, 139, 284, 336, 340, 345, 347, 349, 356–358, 363, Baracke, Bauhütte – Wegscheid
Mitgliederstand 1930: 499

Sektion XVI

Achaz-Willinger-Straße – Alois-Senefelder-Straße 7, 9, 14, 16 – Brunnenfeldstraße 6, 33, 35, 37, 39, 41 – Georg-Buchner-Straße 3 – Glimpfingerstraße – Gustav-Streicher-Straße 7 – Kleinmünchen 142, 147, 179, 201, 212, 230 – Kremplstraße 6 – Otto-Prechtler-Straße – Salzburger Reichstraße 2, 4, 8, 10, 24, 27, 28, 29, 31, 38–44, 45 WW – Scharlinz 134, 261 – Schumannstraße – Wasserwerkstraße – Wiener Reichstraße, gerade Nr. 208–298, 318, 322, 324, 330, ungerade Nr. 311–317, 331–345 – Alois-Rohrauer-Straße 13 – A.-Senefelder-Straße 20 – Angerholzerweg – A.-Spaun-Straße – Georg-Buchner-Straße 9, 13 – Hausleitnerweg – J.-Haydn-Straße – Moritz-Schwind-Straße – Purschkastraße ohne 12 – Scharlinz 12, 31, 71, 95, 97, 99, 100, 103, 123, 355 – W.-Gluck-Straße
Mitgliederstand 1930: 329

BETRIEBSSEKTIONEN:

(jeweils mit Mitgliederstand 1930)
Magistrat: 1173
ESG: 324
Post: 172
Poschacher: 243
Sozialversicherung: 147
Heizhaus I: 190 (aufgelassen 1931)
Heizhaus II: 237 (aufgelassen 1931)
Militär: 53 (aufgelassen 1931)
Sekretariat: 339

Dieses über Jahrzehnte organisch gewachsene Gefüge der sozialdemokratischen Organisation wurde nach dem 12. Februar 1934 von den Behörden zerstört; Heimwehr und kirchliche Organisationen übernahmen das Vermögen der Arbeiterbewegung, vor allem auch die Parteiheime und Bibliotheken. Die nochmalige Enteignung dieser Vermögenswerte durch den Nationalsozialismus erschwerte die Rückstellungsmaßnahmen nach 1945 ungemein; auch ein Anknüpfen an die Sektionsarbeit der Ersten Republik war durch diese Entwicklung nur sehr schwer möglich.

DIE ENTWICKLUNG DER LINZER SEKTIONEN AB 1945

Christian Denkmaier

Obwohl der Zweite Weltkrieg zu Beginn des Jahres 1945 mit all seinen grausamen Konsequenzen noch im Gange war, wurden von Linzer Sozialist/inn/en bereits erste Überlegungen angestellt, wie nach Kriegsende ein halbwegs funktionierendes Parteileben herzustellen sei. Dazu – dies war von Anfang an klar – bedurfte es eines Wiederaufbaus der Sektionen, die ja seit 1934 nicht mehr existierten.

In der Zeit nach dem Zweiten Weltkrieg kam der Sektionsarbeit vor allem aus zweierlei Gründen eine besondere Bedeutung zu.

- Zum einen konnte in den Sektionen die in dieser Zeit oft lebensnotwendige Betreuung der Mitbürger am besten gewährleistet werden, hatte und hat doch die Sektion im allgemeinen eine gute Verankerung bei der Bevölkerung mit all ihren Problemen.
- Zum anderen war es nur durch konstruktive Sektionsarbeit und insbesondere durch Einbindung junger Genoss/inn/en möglich, einen politischen Kader aufzubauen. Schließlich hatte es seit 1934 keine fundierte politische Bildung gegeben, und zahlreiche ideologisch bewußte Parteimitglieder gingen ab 1934 der sozialdemokratischen Bewegung verloren: durch ihre Tätigkeit im Widerstand, die sie mit dem Leben bezahlen mußten; durch Emigration, von der viele nicht mehr zurückkehrten, aber auch durch politische Resignation oder durch Hinwendung zu anderen politischen Gruppierungen. Zudem waren viele Genoss/inn/en im Kriege umgekommen und auch die Kriegsgefangenen standen für den Wiederaufbau der Partei (noch) nicht zur Verfügung. So fanden beispielsweise die späteren Bürgermeister Grill und Hillinger bei ihrer Rückkehr aus der Emigration (Grill) beziehungsweise Kriegsgefangenschaft (Hillinger) bereits eine bestehende Parteistruktur vor.

I) DIE GRÜNDUNG DER LINZER SEKTIONEN

Natürlich mußten die Sektionsgründungen der Nachkriegszeit nicht aufs Geratewohl und ohne jegliche Erfahrungswerte angegangen werden. Die „Aufteilung" des Stadtgebietes konnte in weiten Bereichen im Sinne der Sektionseinteilungen der Ersten Republik vorgenommen werden. Doch erwiesen sich derartige Einteilungen oft als unpraktikabel oder uneffizient, sodaß im Laufe der folgenden Jahre Zusammenlegungen oder Trennungen vorgenommen wurden.

Besonders schwierig gestaltete sich der Aufbau von Sektionsstrukturen in jenen Stadtteilen, die erst Ende der dreißiger und Anfang der vierziger Jahre, infolge der NS-Rüstungsindustriepolitik und infolge der NS-Wohnbaupolitik in Linz geschaffen wurden: Die Wohnsiedlungen am „Bindermichl" und in der „Neuen Heimat" sowie am „Keferfeld", wo die Bewohner des vormaligen „St. Peter" hingesiedelt wurden, das ja für den Aufbau des Industriestandortes der „Hermann-Göring-Werke" geschliffen wurde. Für Urfahr sind in diesem Zusammenhang noch „Harbach" und die „Hartmayrsiedlungen" erwähnenswert, die ebenfalls bevorzugter Standort im NS-

Wohnbaukonzept waren. Demnach kann man die Sektionen, die im Jahr 1945/46 gegründet wurden, in zwei „Kategorien“ einteilen:
A) „Traditionssektionen“
B) „Neue Sektionen“

Nachfolgend wird versucht, die nach 1945 entstandenen Sektionen einer der beiden Kategorien zuzuordnen; natürlich hat diese Klassifizierung keinen Anspruch auf Exaktheit und Vollständigkeit.

Soweit bekannt, wird für einzelne Sektionen auch ein genauerer Gründungszeitpunkt angegeben. Der Begriff „Wiedergründung“ wird dann verwendet, wenn eine Sektion der Zweiten Republik logische Nachfolgerin einer Sektion der Ersten Republik ist, zum Teil auch mit anderem Namen.

(Für Urfahr ist eine derartige Festlegung besonders schwierig vorzunehmen, da nach 1945 bedeutende strukturelle Veränderungen – auch in bezug auf Sektionsgrenzen – stattfanden.)

A) NACH 1945 (WIEDER)GEGRÜNDETE „TRADITIONSSEKTIONEN“

● Altstadt-Ludlgasse
(Nach 1945 wurden Altstadt und Ludlgasse getrennt gegründet)
● Andreas-Hofer-Platz
(Wiedergründung am 8. April 1946)
● Bulgariplatz
(Wiedergründung 1945 als „Makartstraße“)
● Dametzstraße
(Wiedergründung 1945)
● Ebelsberg
(Die Wiederaufnahme der Sektionsarbeit dürfte 1946 erfolgt sein)
● Franckviertel
(Wiedergründung am 24. Juli 1945)
● Froschberg
(Wiedergründung Ende Juli 1945)
● Gaswerk
(Wiedergründung 1945)
● Kapuzinerstraße
(Die Wiederaufnahme der Sektionsarbeit dürfte Ende 1945 erfolgt sein)
● Kleinmünchen
(Die Wiederaufnahme der Sektionsarbeit dürfte 1945 erfolgt sein)
● Neue Welt
(Wiedergründung im Juni 1945)
● Neustadt
(Wiedergründung zur Jahreswende 1945/46)
● Römerberg
(Wiederaufnahme der Sektionsarbeit vermutlich 1945)
● Schiffswerft
(Wiedergründung im Oktober 1946; ab Ende 1945 existierte ein provisorischer Ausschuß)
● Urfahr West
(Gründung Ende 1945/Anfang 1946 als Sektion „Hagen“)

Das „Keferfeld" war einer der Stadtteile, wo ab 1945 auf völlig neuer Basis mit der Sektionsarbeit begonnen werden mußte.

Im Franckviertel legte man in den fünfziger Jahren auf eine funktionierende Jugendarbeit besonders großen Wert.

B) NEUE SEKTIONEN, 1945 BIS 1988 GEGRÜNDET

Der Begriff der „Neuen Sektionen" – verwendet im Gegensatz zur Traditionssektion – ist natürlich nicht unproblematisch. Und vielleicht mag der eine oder andere denken, „seine" Sektion würde eher in die Kategorie „Traditionssektion" fallen. Sicherlich sind nur wenige „Neue Sektionen" nach 1945 in völlig neuen Stadtteilen entstanden, folglich ist es legitim, wenn etwa Mitglieder der Sektion „Volksgarten", die hier als Neugründung angeführt ist, „ihre Sektion" als Traditionssektion verstehen.

Bei den einzelnen Sektionen sind ebenfalls – soweit vorhanden – die genaueren Gründungszeitpunkte angegeben.

- Auwiesen
(Gründung im Oktober 1981)
- Bindermichl
(Gründung vor dem Oktober 1945)
- Chemie
(Gründung im Oktober 1945 als „Stickstoffwerke")
- Dornach-Auhof
(Gründung am 10. März 1972)
- Gebietskrankenkasse
(Gründungsjahr 1958)
- Harbachsiedlung
(Gründung vermutlich 1946)
- Hartmayrsiedlung
(Gründung im August oder September 1945)
- Heilham
(Gründungsjahr 1945)
- Karlhof
(Gründung am 1. November 1945)
- Keferfeld-Oed
(Gründung kurz nach Kriegsende 1945)
- Muldenstraße
(Gründungsjahr 1966)
- Neue Heimat
(Gründung am 21. Juni 1946)
- Pensionsversicherungsanstalt
(Gründungsjahr 1948)
- Schörgenhub
(Gründung am 31. März 1978)
- Spallerhof
(Gründung vermutlich 1948)
- Steg-St. Magdalena
(Ersterwähnung in einem Jahresbericht 1954)
- VOEST
(Gründung im Herbst 1950)
- Volksgarten
(Gründungsjahr 1945)

Veränderungen des Organisationsgefüges der Sektionen

1950: „Margarethen" wird aufgelöst und in „Altstadt" bzw. „Römerberg" integriert.
1964: „Makartstraße" wird in „Bulgariplatz" umbenannt.
1966: „Hagen" und „Rudolfstraße" werden zu „Urfahr West" zusammengelegt.
1968: „Altstadt" und „Ludlgasse" werden zusammengelegt.

Viel Mühe steckten etliche Sektionen in den Bau oder die Erhaltung ihrer Sektionslokale. Hier das Lokal der Sektion Neustadt vor und während der Renovierung.

Prominentenbesuche sind bei Sektionsfesten genauso willkommen wie die Wohnbevölkerung. Hier die Eindrücke von Festen in der Sektion Altstadt und Auwiesen.

Feste und Feiern sind zentrales Element des Sektionslebens. Eine Erinnerung an die „Froschberg-Redoute" 1954.

II) BETRIEBSSEKTION – WOHNSEKTION URFAHR – LINZ

Wie bereits angeführt, ist die Unterscheidung der Sektionen ab 1945 in „Traditionssektionen" und „Neue Sektionen" nur relativ gültig und insofern auch willkürlich. Es gibt noch eine Reihe von anderen denkbaren Möglichkeiten, die spezifische Entwicklung und das spezifische Gesicht der einzelnen Sektionen zu beschreiben und zu erklären.

a) Eine wesentliche Differenzierung ist jedenfalls die zwischen „Betriebssektionen" und „Wohnsektionen". Wie aus früheren Kapiteln dieses Buches hervorgeht, spielte die politische Arbeit auf Betriebsebene früher eine sehr gewichtige Rolle. Wohl nicht zuletzt dadurch bedingt, daß der Betrieb durch eine Arbeitszeit von bis zu 16 Stunden täglich die elementare Aufenthaltsstätte des Arbeiters war.
Durch die verstärkten kulturellen Ambitionen der Sozialdemokratie und durch die Erfolge beim Kampf um kürzere Arbeitszeit, vor allem aber auf Grund der wachsenden Bedeutung, die die Sozialdemokraten den Wahlauseinandersetzungen schenkten, verlagerte sich der Schwerpunkt der Arbeit auf die Betreuung der Mitglieder im Wohnumfeld. In vielen Kernbereichen der Arbeiterschaft in Österreich ist die sozialdemokratische Sektionsarbeit auf Betriebsebene völlig aufgegeben worden, was zweifellos (auch) problematische Begleiterscheinungen in sich birgt. Die politische Arbeit wird durch die Gewerkschaften, insbesondere der FSG abgedeckt. Linz stellt, was die Sektionsstruktur anlangt, hier wohl eine große Ausnahme dar. Fünf typische Betriebssektionen – Voest, Chemie, Pensionsversicherungsanstalt, Gebietskrankenkasse, Schiffswerft – bilden zahlenmäßig und auch mitgliedermäßig einen relevanten Teil des Sektionsgefüges. Sozusagen eine „halbe" Betriebssektion ist die Sektion „Gaswerk", in der zahlreiche SBL- und Magistratsbedienstete mitarbeiten.

b) Von großer Bedeutung für die unmittelbare Nachkriegszeit war die geographische Lage des Sektionsgebietes. Die Urfahrer Sektionen hatten mit zum Teil doch erheblich anderen Problemen zu kämpfen als die Sektionen auf der anderen Donauseite. Die Kooperation der Linzer und der Urfahrer Sektionen gestaltete sich zwischen 1945 und 1955 durch Übertrittsscheine und dergleichen sehr schwierig. In die Zeit der Besetzung Österreichs durch die Mächte, die das Land 1945 befreit haben, fällt übrigens auch die Eingliederung Urfahrs in den Bezirk Linz, die, wie der folgende Protokollauszug zeigt, nicht ohne „Bauchschmerzen“ und Bedenken über die Bühne gegangen ist:

Linz, den 3. 12. 1953

Protokoll

über die am 1.12.53 zwischen dem Bezirk Linz und Urfahr erfolgte Aussprache betreffs der Zusammenlegung beider Bezirke.

Ort der Verhandlung: Parteisekretariat Linz, Landstr. 36

Anwesende:

Bezirk Urfahr:	Bezirk Linz:
Gen. Fechter	Gen. Bernaschek
Gen. Vockenhuber	Gen. Ahamer
Geni. Mayer	Gen. Lackinger
	Gen. Böhm
	Gen. Höllinger
	Gen. Lala

Gen. Bernaschek begrüßt alle Erschienenen und eröffnet die Aussprache und sagte, daß wir uns heute über die grundlegenden Fragen der Zusammenlegung beschäftigen und aussprechen wollen. Gen. Bernaschek ersuchte dann die Gen. von Urfahr ihre Meinung und Wünsche über die ganze Angelegenheit vorzutragen.

Für den Bezirk Urfahr sprach Gen. Fechter. Er entschuldigte vorerst Gen. Demuth, der leider wegen Verhind rung an der heutigen Aussprache nicht teilnehmen kann.

Gen. Fechter führte dann unter anderem aus:

Wir haben unseren Beschluß zur Auflösung des Bezirkes dem Bezirk Linz vorgelegt und sind nun bereit, die Zusammenlegung vorzunehmen. Unsere größte Sorge ist die Erhaltung des Bezirkes Urfahr-Land mit rund 1200 Mitgliedern. In dieses Gebiet einzudringen war eine mühevolle Arbeit und die Erhaltung dieses ist für das übrige Mühlviertel organisatorisch von größter Bedeutung. Die Erhaltung erfordert natürlich finanzielle Mitteln und würden wir daher den Wunsch an den Bezirk Linz haben, die vorhandenen Geldmitteln des Bezirkes Urfahr (ca. 30000.--S) zur Erhaltung des Bezirkes Urfahr-Land zu belassen. Weiters hat die Bezirksorganisation eine Kinokonzession auf Grund einer Wiedergutmachung erworben, welche derzeit an das Gasthaus Auerhahn in Steeg verpachtet ist und jährl. einen Betrag von zirka 2 1/2 bis 3.000.--S einträgt. Auch diesen Betrag möge man der Organisation belassen.

Gen Bernaschek gab auf diese Ausführungen gleich Antwort und sagte: "Der Bezirk Linz ist finanziell nicht so schlecht bestellt und die finanzielle Angelegenheit soll auch in der ganzen Sache nicht das ausschlaggebende sein. Unser Kassier ist sehr großzügig und wir sind natürlich bereit, daß das vorhandene Kapital des Bezirkes Urfahr im Bezirk für die Aufwendung der von Gen. Fechter angeführten Posten verwendet werden soll. Außerdem ist der Bezirk Linz nicht interessiert als Erbe aufzutreten.

Über die Konzession selbst müssen wir noch reden, denn durch die Auflösung des Bezirkes Urfahr, welcher derzeit der Konzessionsträger ist, muß nach der Auffassung des Bezirkes die Besitzfrage geklärt werden. In punkto Kino wurde noch eine sehr rege einvernehmliche und fruchtbringende Debatte abgeführt. Man hat sich in diesem Punkte darauf geeinigt, daß sich in dieser Angelegenheit Gen. Bernaschek und Gen. Demuth aussprechen sollen.

SEKTIONSTREFFPUNKTE

Unter welch schwierigen Bedingungen die politische Basisarbeit auf Sektionsebene vonstatten ging, dokumentiert wohl am deutlichsten eine Aufzählung von Gründungs- und Versammlungsorten der Sektionen ab 1945. (Ein ähnliches Bild ergibt übrigens auch eine Auseinandersetzung mit der Zeit vor 1934!)

Sektionssitzungen nach 1945 in Privatwohnungen abzuhalten war keine Seltenheit, auch Baracken mußten vielfach als Gründungs- oder Versammlungsorte herhalten. Ersteres belegt zum Beispiel die Geschichte von „Karlhof", „Hartmayrsiedlung" und „Bulgariplatz"; letzteres die Gründungsberichte aus den Sektionen „Neustadt" (Schulbaracke am Südbahnhof), „Neue Welt" (Sanitätsbaracke) und „Bindermichl"

Baracken mußten nach dem Zweiten Weltkrieg oft als Versammlungsort dienen. Auf dem Foto ist jene Stelle abgebildet, wo die Sanitätsbaracke stand, in der die Sektion „Neue Welt" nach dem Krieg Sitzungen abhielt.

(WAG-Baracke). Die Vorgängersektion von „Urfahr West" mußte gar in einem ungeheizten Kellerraum Sitzungen abhalten. Darüber hinaus hatten die Sektionen um die Wiedererlangung ihres Eigentumes – nämlich ihrer Sektionsheime – zu kämpfen. Von den Austrofaschisten waren den Sozialisten die Lokalitäten enteignet (= gestohlen) und zumeist kirchlichen Organisationen übergeben worden. Auch die Nazis bedienten sich gerne der Heime, die von Sozialdemokraten errichtet worden waren. Und nach 1945 bedurfte es noch vieler Anstrengungen, diese Lokalitäten wieder in den Besitz der Sektionen bzw. der Arbeiterschaft zu bringen ... Die „Geschichte" des Sektionsheimes „Froschberg" – des „Kudlichheimes" – oder des „Arbeiterheimes Kleinmünchen" spiegeln diese für Sozialisten sehr bittere Epoche wider. In einer Kurzfassung über die Geschichte des Arbeiterheimes Froschberg bezeichnete 1971 der damalige Obmann die Enteignung des Heimes als „fürwahr eine grausige Tat".

Betrachtet man heute die Raumsituation der einzelnen Sektionen, so kann mit Genugtuung festgestellt werden, daß fast alle Sektionen geordnete und geeignete Versammlungsmöglichkeiten vorfinden. Und selbst die Sektion Steg-St. Magdalena, die sich (noch) im Gasthaus treffen muß, hat halbwegs akzeptable Arbeitsbedingungen.

Die nachfolgende Auflistung von Versammlungsorten einiger der Linzer Sektionen seit 1945 soll einerseits veranschaulichen, wie steinig der Weg hin zu einem eigenen „Lokal" oft war (und ist). Andererseits birgt die Dokumentation der Unzahl von Versammlungsstätten auch eine kulturpolitische Aussage in sich, die für die Erste und Zweite Republik gilt:

Die Sektionsgeschichte ist häufig eng verbunden mit der Geschichte des jeweiligen Kommunikationszentrums eines Stadtteiles, sehr häufig also des Gasthauses. Und es ist wohl auch in Hinkunft von Bedeutung, daß die Sektionen in gewisser Weise ihren „Öffentlichkeitscharakter" bewahren. Das heißt, die maßgeblichen Vorteile eines eigenen Sektionsraumes sollten zweifelsohne genutzt werden, doch wird eine im Stadtteil verankerte Sektion sich davor hüten, sich im Sektionslokal abzukapseln und somit im Bewußtsein der übrigen Bewohner des Sektionsgebietes an Bedeutung zu verlieren.

Die nachfolgende Liste erhebt keinen Anspruch auf Vollständigkeit. Diese wäre aus Platzgründen unmöglich; zudem sind die Recherchen noch nicht soweit abgeschlossen. Es geht vielmehr darum, einen Eindruck über die von den Sektionen oft geforderte Mobilität zu vermitteln.

DIE RAUMODYSSEE EINIGER LINZER SEKTIONEN SEIT 1945

Altstadt-Ludlgasse:	„Dreifaltigkeit", „Schiefermeier"
Andreas-Hofer-Platz:	„Baracke Unionstraße", „Andreas-Hofer-Stüberl", „Sportcasino"
Chemie:	„Märzenkeller", „Volksheim Franckstraße", „Volksheim Bindermichl"
Dametzstraße:	„Goldenes Kreuz", „Am Südbahnhof", „Grüner Baum"
Franckviertel:	„Union", „Dorfhalle", Kinosaal des „Atlantis-Kino"
Gaswerk:	alte Kantine Körnerstraße, Kantinensaal der Stadtwerke, „Kinderfreunde-Hühnersteigheim"
Heilham:	„Zum Tiroler", ehemaliger ATSV-Urfahr-Platz, „Lindbauer"
Kapuzinerstraße:	„Zum Elefanten", „Zur Traube", „Zur Pfeife", „Laterndl"
Karlhof:	„Zum Elisabethbad", Baracke Teistlergutstraße
Neue Heimat:	„Ledigenheim", „Laskahof"
Römerberg:	„Frühlingsluft" (Martinsgasse), „Goldener Becher" (Johannesgasse)
Spallerhof:	Baracke Bindermichl, „Bratwurstglöckerl"
Voest:	Arbeiterheim Bindermichl, Volkshaus Bindermichl
Volksgarten:	„Arbeiterkammer", „Zum Weißen Lamm", „Zur Pfeife", Bahnhofsrestaurant

Derzeit treffen sich die einzelnen Sektionen in folgenden Lokalitäten zu ihren Vorstands- und Ausschußsitzungen:

Sektion:	**Sektionsheime:**
Altstadt-Ludlgasse	Sektionsheim, Pfarrplatz 13
Andreas-Hofer-Platz	Kandlheim, Edlbacherstraße 1
Auwiesen	Sektionsheim, Schörgenhubstraße 45 c
Bindermichl	Volkshaus Bindermichl, Uhlandgasse 5
Bulgariplatz	Franz-Plasser-Heim, Zaunmüllerstraße 4
Chemie Linz AG	St.-Peter-Straße 25
Dametzstraße	Sektionsheim, Khevenhüllerstraße 4
Dornach-Auhof	Volkshaus Dornach
Ebelsberg	Kinderfreundeheim, Schloßweg 26
Franckviertel	Volkshaus Franckstraße 68
Froschberg	Arbeiterheim Kudlichstraße 21
Gaswerk	SBL-Kantinensaal, Huemerstraße 3–5
Gebietskrankenkasse	Gruberstraße 77
Urfahr West	Franz-Thanhofer-Heim, Güntherstraße
Harbachsiedlung	Volkshaus Im Bachlfeld 31
Hartmayrsiedlung	Kinderfreundeheim, Am Hartmayrgut 14
Heilham	Sektionsheim, Freistädter Straße 135
Kapuzinerstraße	SJ-Heim, Kapuzinerstraße 36
Karlhof	Sektionsheim, Teistlergutstraße 21
Keferfeld-Oed	Sektionsheim, Zibermayrstraße 40
Kleinmünchen	Arbeiterheim, Zeppelinstraße 29
Muldenstraße	Ludwig-Bernaschek-Heim, Edisonstraße 30
Neue Heimat	Volksheim, Vogelfängerplatz 4
Neue Welt	Kinderfreundeheim, Einfaltstraße 8
Neustadt	Sektionsheim, Khevenhüllerstraße 4
Pensionsversicherung	Volksgartenstraße 14
Römerberg	Römerbergschule, Donatusgasse 3
Schiffswerft	Sektionsheim, Posthofstraße 50
Schörgenhub	Steigerstraße 3 (ASKÖ-Heim)
Spallerhof	Sektionsheim, Scheibenpogenstraße 1
Steg-St. Magdalena	Gasthaus Auerhahn, Freistädter Straße
Voest AG	Voest-Gelände
Volksgarten	Beethovenstraße 23

SEKTIONSVORSITZENDE

Sektionsgeschichte zu schreiben heißt konsequenterweise auch die politische Tätigkeit vieler einzelner Genossinnen und Genossen zu beachten. Denn das persönliche Engagement der Mitarbeiter spielt auf Sektionsebene eine wichtige Rolle. Leisten sie doch „ehrenamtliche" Basisarbeit, ohne dafür auch nur die geringste finanzielle Entschädigung zu erhalten. Eine besondere Rolle kommt in diesem Zusammenhang den Sektionsvorsitzenden zu, die zwar ohne die Mitarbeit der übrigen Sektionsmitarbeiter nicht erfolgreich wirken können, andererseits aber die oft schwierige Aufgabe bewältigen müssen, das Sektionsleben mit viel Eigeninitiative zu koordinieren.

„100 Jahre Linzer Sozialdemokratie" zu feiern erfordert auch, an Hunderte Sektionsvorsitzende zu erinnern, die mehr oder weniger erfolgreich einer entscheidenden politischen Aufgabe nachgegangen sind (und nachgehen): Der Arbeit an der „Basis". Denn daß die SPÖ nur dann erfolgreich sein kann, wenn die Basisfunktionäre glaubwürdig und effizient sozialistische Prinzipien im täglichen „Kleinkampf" vertreten und durchsetzen, ist wohl jedem/r klar.

Es ist auf Grund des beschränkten Rahmens nun nicht möglich, politische und persönliche Bilanz über das Wirken einzelner Linzer Sektionsvorsitzender zu ziehen. Wie wohl die Linzer Sektionsgeschichte eine Reihe von ernsten und weniger ernsten „Geschichten aus dem Leben" zu bieten hätte. (... von einem Sektionsvorsitzenden wird erzählt, er habe dem damaligen Parteiobmann Schärf im Streit ein Glas Bier über den Anzug geschüttet. Ein anderer schnürte von einem Tag auf den anderen sein SP-Ränzchen und ging zur KPÖ ...)

Die nachfolgende Liste hat (lediglich) den Sinn, die Namen der ab 1945 wirkenden Sektionsvorsitzenden festzuhalten, soweit sie uns bislang zugänglich waren. Nähere Angaben wie Funktionsdauer, Beruf oder Geburtsdatum der einzelnen Vorsitzenden werden bewußt nicht angeführt, da die Angaben der einzelnen Sektionen verständlicherweise recht unterschiedlich sind.

Abgerundet wird dieses Kapitel mit einer Auflistung der jetzt aktiven Sektionsvorsitzenden, die genauere Angaben darüber enthält, wo sie erreichbar sind.

Name der Sektion	**Vorsitzende seit 1945** (ohne derzeit aktive Vorsitzende)
Altstadt-Ludlgasse	Johann Fuchs, Leopold Guttenbrunner, Johann Obezofsky
Andreas-Hofer-Platz	Josef Seitlinger, Paul Neubauer, Heinz Hinterleitner, Karl Grünner, Hermann Donauer
Bindermichl	Johann Böhm, Alfred Schnur, Karl Fraunberger, Fritz Heidenreich, Hermann Mayrhofer, Karl Sperrer
Bulgariplatz	Gustav Kraßnig, Karl Eckl, Ernst Ottenbacher, Leopold Babl
Chemie Linz AG	Heinrich Meier, Heinrich Kopp, Franz Uhl, Dkfm. Walter Weber, Ing. Hans Wagner, Hans Lechner, Peter Ablinger, Dr. Sebastian Barbier
Dametzstraße	Heinrich Ahamer, Josef Ecker, Ernst Ahamer
Ebelsberg	Alois Ungar, Karl Oberfurtner, Johann Hauder, Karl Mühlböck, Hans Hospodar
Franckviertel	Franz Prammer, Josef Kassin, Ernst Ottenbacher, Hans Obermüller, Adalbert Koits
Froschberg	Johann Kirchschläger, Leopold Atzmüller, Josef Reindl, Franz Schabetsberger, Herbert Wohlmacher
Gaswerk	Franz Labek, Wenzl Geier, Heinz Merschitzka
Gebietskrankenkasse	Franz Marianka, Franz Schaufuß, Rudolf Holzmüller, Erwin Seidl
Harbachsiedlung	Josef Angel, Martin Wimmer, Leopold Krause, Alfred Rudolf, Johann Mayr
Hartmayrsiedlung	Johann Buchegger, Stefan Fechter, Rudolf Aigner, Walter Prieschl
Heilham	Josef Fröschl, Franz Profant, Franz Richtsfeld, Josef Mischag, Josef Öllinger, Willi Strohmayer, Franz Pichler, Alfred Franzmayr
Kapuzinerstraße	Alois Barth, Rudolf Schönfuß, Karl Prammer

Karlhof	Ernst Honel, Fritz Stockhammer, Felix Diener, Josef Oswald
Keferfeld-Oed	Johann Streitner, Anton Gabrielli, Karl Prammer, Elfriede Weiguny, Alois Wiesinger, Robert Groißmayr, Roman Maurer
Kleinmünchen	Anton Wlassak, Gottfried Gruber, Alfred Gruber
Muldenstraße	Walter Rößler, Helmut Ruckerbauer, Fritz Angerhofer
Neue Heimat	Josef Winter, Josef Grestenberger
Neue Welt	Rupert Weinas, Mathias Beer, Roman Maurer, Alois Füreder, Rudolf Kapellner
Neustadt	Rudolf Kerbl, Gottlieb Sebesta, Ferdinand Bödö, Hans Lala, Sepp Mistlberger
Pensionsversicherung	Hugo Schanovsky, Alfred Gruber, Wilhem Barkal, Josef Sailer, Alfred Aichinger, Josef Ackerl
Römerberg	Anton Kröpfl, Franz Samhaber
Schiffswerft	Josef Glaser, Leopold Lindorfer
Spallerhof	Karl Dopita, Fritz Baum, Rudolf Plotz, Florian Schöfl
Steg-St. Magdalena	Karl Nürschl, Hartmut Pentz
Urfahr West	Franz Enzlmüller, Franz Voggenhuber, Hans Schwentner, Hugo Schanovsky
Voest-Alpine AG	Heinz Krejci, Rupert Enzenhofer
Volksgarten	Karl Fiala, Franz Sendner, Karl Gintenreiter, Franz Haslinger

DEN ABSCHLUSS DIESES KAPITELS BILDET EINE LISTE DER DERZEIT AKTIVEN SEKTIONSVORSITZENDEN IN LINZ:

Sektion	Vorsitzender	Anschrift	
Altstadt-Ludlgasse	*GR Ing. Karl Reisinger*	Weingartshofstr. 34	4020 Linz
Andreas-Hofer-Platz	*Manfred Fadl*	Brahmsstr. 12	4020 Linz
Auwiesen	*GR Mag. Johann Mayr*	Hallestr. 1	4030 Linz
Bindermichl	*GR Karl Wöllert*	Landstr. 36	4020 Linz
Bulgariplatz	*LAbg. Helmut Edelmayr*	Volksgartenstr. 40	4020 Linz
Chemie Linz AG	*LAbg. Helmut Zuschrader*	Stieglbauernstr. 5	4020 Linz
Dametzstraße	*StR Hans Nöstlinger*	Hauptstr. 1 – 5	4041 Linz
Dornach-Auhof	*GR Dir. Dr. Ernst Reif*	Gruberstr. 77	4020 Linz
Ebelsberg	*GR Arthur Gründlinger*	Eisenhandstr. 30	4020 Linz
Franckviertel	*GR Erwin Sampt*	Helletzgruberstr. 7	4020 Linz
Froschberg	*Walter Giritzer*	Joh.-Strauß-Str. 37	4020 Linz
Gaswerk	*Peter Haunschmidt*	Hauptplatz 1	4020 Linz
Gebietskrankenkasse	*Klaus Renner*	Hertzstr. 6	4020 Linz
Harbachsiedlung	*Jürgen Peschek*	Keplerstr. 36	4040 Linz
Hartmayrsiedlung	*Werner Hajnal*	Am Hartmayrgut 9	4040 Linz
Heilham	*Dietmar Neger*	Merianweg 4	4040 Linz
Kapuzinerstraße	*GR Wolfgang Schimböck*	Volksgartenstr. 40	4020 Linz
Karlhof	*GR Alois Luger*	Leonfeldner Str. 149	4040 Linz
Keferfeld-Oed	*GR Wolfgang Prammer*	Zibermayrstr. 67	4020 Linz
Kleinmünchen	*GR Karl Richtsteiger*	Karl-Steiger-Str. 58	4030 Linz
Muldenstraße	*Friedrich Litzlbauer*	Hagenstr. 69	4020 Linz
Neue Heimat	*GR Adolf Ametsreiter*	Volksgartenstr. 40	4020 Linz
Neue Welt	*Erich Mitter*	Willingerstr. 23	4030 Linz
Neustadt	*Bgm. Dr. Franz Dobusch*	Hauptplatz 1	4010 Linz
Pensionsversicherung	*Franz Röhrenbacher*	Volksgartenstr. 14	4020 Linz
Römerberg	*Mag. Wolfgang Lehner*	Untere Donaulände 7	4020 Linz
Schiffswerft	*GR Horst Traxler*	Schaunbergerstr. 86	4020 Linz
Schörgenhub	*GR Helfried Hinterleitner*	Karl-Steiger-Str. 44	4030 Linz
Spallerhof	*GR Roland Klaushofer*	Zinnöggerweg 16	4020 Linz
Steg-St. Magdalena	*Brigitte Paukner*	J.-W.-Klein-Str. 44	4040 Linz
Urfahr West	*Dr. Erich Wolny*	Fischergasse 13	4040 Linz
VOEST-ALPINE AG	*StR Alois Froschauer*	Hauptstr. 1 – 5	4041 Linz
Volksgarten	*StR Josef Ackerl*	Hauptstraße 1 – 5	4041 Linz
ÖBB	*Adolf Mayr*	Seidelbastweg 17	4030 Linz
Bezirksparteisekretär	*GR Erich Haider*	Landstr. 36	4020 Linz
Bezirksparteivorsitzender	*Bgm. Dr. Franz Dobusch*	Hauptplatz 1	4020 Linz

Linz als Industriestadt

Rudolf Kropf

Die Stadt Linz war bis zum Zweiten Weltkrieg keine typische Industriestadt. Infolge der verkehrsgünstigen Lage dominierten hier einerseits Handel und Kleingewerbe sowie andererseits durch die Funktion als Landeshauptstadt die Verwaltung. In Linz kreuzten sich der West-Ost-Verkehr des Donauweges von Bayern über Österreich nach Ungarn und dem Balkan mit dem Nord-Süd-Verkehr von der Ostsee und Böhmen über die Alpen zur Adria. Seit dem Mittelalter bestimmte diese verkehrspolitisch wichtige Funktion die Wirtschaft der Stadt.

DIE LINZER WOLLENZEUGMANUFAKTUR

Im Geiste einer merkantilen Gewerbepolitik entstand in Linz im 17. Jahrhundert das größte gewerbliche Unternehmen der Habsburgermonarchie. Der Linzer Ratsbürger Christian Sint gründete 1672 eine privilegierte Wollenzeugmanufaktur, die in der zweiten Hälfte des 18. Jahrhunderts zeitweise etwa 60.000 Personen beschäftigte. Das Unternehmen repräsentierte den Fortschritt der Textilproduktion des 17. und 18. Jahrhunderts. Die neue Arbeitsorganisation, vorwiegend der Textilmanufakturen, umfaßte die dezentrale Auslagerung einzelner Produktionsstufen, weil diese im Verlagssystem arbeitsteilig strukturiert waren. Spinnen, Weben, Spulen und Duplieren wurden im überwiegenden Ausmaß außerhalb des Fabriksgebäudes verrichtet. Die arbeitsintensivste Produktionsstufe war das Verspinnen der Wolle. Die Manufaktur versuchte deshalb, in verschiedenen Ländern der Monarchie – neben Oberösterreich auch in Böhmen, Mähren, Niederösterreich, Tirol und in der Steiermark – Spinndistrikte einzurichten, in denen vorwiegend bäuerliche und unterbäuerliche Schichten im Nebenerwerb (in Heimarbeit) Garne für die Linzer Wollenzeugmanufaktur herstellten. Zeitweise umfaßte der Anteil der im Nebenerwerb tätigen Spinner 80 bis 90 Prozent der von dem Unternehmen mit Arbeit verlegten Personen. Durch diese Miteinbeziehung der ländlichen Bevölkerung in die gewerbliche Produktion erreichte die Manufaktur eine neue volkswirtschaftliche Bedeutung.

Während das Spulen und Duplieren ebenfalls meist in Heimarbeit verrichtet wurde, besorgten in Zünften organisierte Landweber das Verweben der Garne. Durch das Verlagsystem waren daher kaum mehr als 2000 Personen in der Manufaktur selbst mit der Wollvorbereitung und -aufbereitung sowie mit den nachgelagerten Zwischenstufen, der Finalproduktion und mit der Organisation und Verwaltung beschäftigt. Hier handelte es sich zum Teil um Personen mit einer qualitativ hochwertigen Ausbildung (Färber, Modelstecher etc.), die gemäß ihrer Kenntnisse und Fertigkeiten auch dementsprechend entlohnt wurden, zum Teil um ungelernte oder angelernte Arbeitskräfte (Wollklauber, Wäscher, Wollschlager etc.), die sich aus der ländlichen Bevölkerung oder aus Randschichten rekrutierten. Ein besonderes Anliegen der Sozialpolitik des aufgeklärten Absolutismus sowohl unter Maria Theresia als auch unter Joseph II. war die Integration der Randschichten der Bevölkerung in den Arbeitsprozeß. Zum Beispiel erließ Maria Theresia Privilegien, die es der Linzer Manufaktur gestatteten, Bettler und Landstreicher im Land ob der Enns zur

Fabriksarbeit heranzuziehen. Auch das Linzer Waisenhaus wurde teilweise in die Arbeitsorganisation der Manufaktur miteinbezogen.

In der Arbeitswelt der Manufaktur des 18. Jahrhunderts vollzog sich eine Änderung der Beschäftigungsstruktur. Neben der Rekrutierung von Randschichten wurden in der Manufaktur immer stärker Frauen und Kinder zur gewerblichen Arbeit herangezogen. Frauen- und Kinderarbeit war im Rahmen der Hauswirtschaft seit der Antike allgemein verbreitet. In der Heimarbeit, Hausindustrie und Landwirtschaft sowie im Handwerk und Bergbau ist die Mitarbeit von Frauen und Kindern bis weit in das 20. Jahrhundert anzutreffen. Die Manufaktur vollzog die Ausgliederung von Frauen und Kindern als selbständige Arbeitskräfte mit einem eigenen Entlohnungsschema, das weit unter der Lohnskala des Mannes lag.

Für die heutige Wirtschaftspolitik enthält die Geschichte der Linzer Wollenzeugfabrik noch einen weiteren wesentlichen Entwicklungsschritt. Im Jahr 1754 wurde das Unternehmen vom Staat übernommen und blieb bis zur Auflösung im Jahr 1850 in dessen Besitz. Um die Mitte des 18. Jahrhunderts hatte die Manufaktur eine Größe erreicht, für die innerhalb der Monarchie kaum kapitalkräftige Unternehmer zu gewinnen waren. Aufgrund der eminenten Bedeutung der Linzer Wollenzeugfabrik für die Volkswirtschaft der Monarchie konnte der Staat eine Auflösung des Unternehmens nicht verantworten. Kaiserin Maria Theresia sah in der Linzer Wollenzeugmanufaktur einen Lehrbetrieb für die ganze österreichische Textilindustrie, in der sowohl unternehmerische Fähigkeiten studiert und entwickelt werden sollten, als auch die neue Arbeitsdisziplin mit den späteren Tugenden des Bürgertums „Ordnung, Fleiß und Sparsamkeit“ Platz greifen konnten.

Obwohl die Linzer Wollenzeugmanufaktur im Jahr 1785 die Teppicherzeugung aufnahm – die Teppiche des Unternehmens können heute noch wegen ihrer hohen Qualität immer wieder in Ausstellungen bewundert werden – setzte nach den Koalitionskriegen im Vormärz infolge mangelnder staatlicher Förderung und eines ungünstigen Standortes ein ständiger Niedergang ein. Dieser führte 1850 zur Auflösung des Unternehmens.

DIE VERSPÄTETE INDUSTRIALISIERUNG IM 19. JAHRHUNDERT

Die industrielle Revolution erreichte von Großbritannien ausgehend Mitteleuropa mit einiger Verzögerung. Diese wirtschaftliche Rückständigkeit weist in der regionalen Differenzierung noch weitere unterschiedliche Muster auf. Die Rückständigkeit Oberösterreichs sowohl gegenüber Westeuropa als auch gegenüber den Industrieländern der Monarchie ist deutlich erkennbar und auf Standortnachteile und mangelnde infrastrukturelle Voraussetzungen zurückzuführen.

Obwohl parallel zum Niedergang der Linzer Wollenzeugmanufaktur eine Reihe von Betrieben entstanden – häufig auf Handarbeit basierend wie die Schafwollwarenfabrik Honauer – verlagerte sich dennoch im Vormärz der industrielle Schwerpunkt an die Ufer der Traun. Der wichtigste Industriestandort war nun Kleinmünchen infolge der nutzbaren Wasserkräfte der Traun und ihrer Seitenarme. Die hier aufgebaute Textilindustrie, in erster Linie die Baumwollspinnereien, entsprach mit ihrer technischen Ausstattung dem Standard der Industriewirtschaften der ersten Hälfte des 19. Jahrhunderts. Die Baumwollspinnereien von *Johann Grillmayer* (1838), der Familie *Rädler* (1830) und der Familie *Dierzer* (1845) waren überwiegend mit englischen oder Schweizer Maschinen eingerichtet und streng arbeitsteilig organisiert. Diese Unternehmen beschäftigten häufig Frauen und Kinder nach der industriellen Fabriksdisziplin mit Arbeitszeiten von 14 bis 16 Stunden täglich. Die Arbeitskräfte wurden anfangs zum Teil in Böhmen angeworben.

Die Baumwollspinnerei von Josef Dierzer Ritter von Traunthal in Kleinmünchen um die Mitte des 19. Jahrhunderts. Das Gebäude wurde 1983 nach einem Brand abgerissen. Kleinmünchen war während der Frühindustrialisierung der wichtigste Industriestandort im Raum Linz.

A) EISENBAHNWESEN UND DAMPFSCHIFFAHRT

Nach der Revolution von 1848 und der Beseitigung der feudalen Strukturen (Grundentlastung und Bauernbefreiung) setzte auch in Mitteleuropa eine verstärkte Industrialisierungswelle ein. Diese erste Gründerzeit blieb in Oberösterreich infolge infrastruktureller Nachteile nur von vergleichsweise geringer Wirksamkeit. Die ehemals verkehrspolitisch günstige Lage von Linz war durch die Verkehrsrevolution, der Entwicklung neuer Verkehrsträger, ins Hintertreffen geraten. Zwar wurde bereits 1832 eine Pferdeeisenbahn von Linz nach Budweis eröffnet, doch blieb dieses Unternehmen mangels eines Anschlusses an einen anderen Schienenstrang lange Zeit ein Torso. In der Habsburgermonarchie favorisierte man zunächst den Ausbau der von Wien ausgehenden Nord- und Südbahn und stellte infolge der großen Erwartungen in die Donauschiffahrt den Bau der Westbahn einstweilen zurück. Damit wurde die über Linz laufende Nord-Süd-Verkehrsachse nach Osten verschoben. Der neue Nord-Süd-Verkehrsweg Prag – Wien – Triest schränkte die verkehrspolitische Bedeutung von Linz beträchtlich ein. Erst die im Jahr 1858 bis Linz fertiggestellte und 1860 bis Salzburg eröffnete Westbahn half mit, die entstandene wirtschaftliche Rückständigkeit gegenüber den Industriezentren der Monarchie abzubauen. Im weiteren Ausbau des Eisenbahnnetzes fand Linz als Landeshauptstadt zunächst nur geringe Beachtung. Die Abzweigung nach Passau (1861) erfolgte von Wels aus und die nach Steyr von St. Valentin. Erst mit dem Bau der Kremstal- (1880) und Mühlkreisbahn (1888) wurde eine Zentrierung des Verkehrs Richtung Linz vorgenommen. Die wachsende Bevölke-

Der Linzer Hauptbahnhof. Mit der Eröffnung der Westbahn von Wien nach Salzburg (1858/60) fand Linz Anschluß an den internationalen Eisenbahnverkehr.

rung und die Eingemeindung der Vororte verlangten einen adäquaten innerstädtischen Verkehrsträger. Nachdem bereits 1880 eine Pferdetramway errichtet worden war, eröffnete die „Tramway- und Elektrizitätsgesellschaft Linz-Urfahr" 1897 eine elektrisch betriebene Straßenbahnlinie zwischen dem Linzer Bahnhof und Urfahr.

Gegenüber der raschen Entwicklung des Eisenbahnwesens war die Donauschiffahrt zunächst zurückgeblieben. Erst nach der Beseitigung von Hindernissen (Struden, Kachlet etc.) und der Regulierung des Flusses gewann die Donau als Verkehrsweg wieder an Attraktivität. Im Zuge dieser Bestrebungen entschloß sich die Stadt Linz sowohl für den Personen- als auch für den Güterverkehr einen Donauumschlagplatz zu errichten. Im Jahr 1894 wurde ein Landungsplatz am freien Strom mit Schleppbahn zum Linzer Bahnhof eröffnet.

B) KREDITWESEN UND INDUSTRIALISIERUNG

Im 19. Jahrhundert war der Aufbau von Industrien gleichbedeutend mit einer langfristigen Kapitalanlage in Grundstücken, Gebäuden und Maschinen. Der Bedarf an Umlaufkapital zur Lagerhaltung und Finanzierung des Produktions- und Verkaufsprozesses wuchs ständig an. Die Art der Kapitalaufbringung, der Umfang des Kapitals und seine Beeinflussung der Infrastruktur sowie des wirtschaftlichen Wachstumsprozesses sind Kernprobleme der Industrialisierung im 19. Jahrhundert. Oberösterreich zeigte nach der Jahrhundertmitte im Mangel an Kapital für die Gründung industrieller Unternehmen und im Fehlen von Unternehmerpersönlichkeiten sowie in den Vorbehalten gegenüber industriellen Betrieben einige wesentliche Charakteristika eines wirtschaftlich relativ rückständigen Landes. Das in Mitteleuropa entwickelte Universalbankwesen mit der Unternehmensform der Aktiengesellschaft schien prädestiniert zu sein, diese Rückständigkeit zu überwinden. In Linz bestand neben der Allgemeinen

Sparkasse bis Ende der 60er Jahre ein Privatbankwesen, das meist Handel, Transport, Spedition und Bankwesen verband. Das Linzer Speditions- und Bankhaus J. M. Scheibenpogens's Eidam unterhielt umfangreiche Beziehungen zu den traditionellen Wirtschaftszweigen des Landes. Das Bankhaus pflegte enge Geschäftsverbindungen zur oberösterreichischen Sensenindustrie – die Inhaber des Unternehmens, die Familie *Planck,* wurden häufig als „Sensenbanquiers" bezeichnet – ferner zu den Leinen- und Baumwollfabriken in Haslach sowie Helfenberg und verlegte Mühlviertler Weber mit Garnen. Im allgemeinen waren aber die ersten Fabriken auf die Selbstfinanzierung angewiesen, wobei der Reinvestition der Gewinne in die Betriebe ein hoher Stellenwert zukam. Die Kapitalaufbringung zwecks Firmengründung erfolgte in Linz während der Frühindustrialisierung häufig durch Außenfinanzierung, und zwar in Form einer geschickten Familien- oder Heiratspolitik. Die Textilfabrikanten *Johann Grillmayer* und *Franz Honauer* sowie der Gründer der Linzer Schiffswerft, *Ignaz Mayer,* legten durch die Heirat einer vermögenden Witwe den Grundstein für ihren Aufstieg.

Im Jahr 1869 ging aus dem Speditions- und Bankhaus J. M. Scheibenpogen's Eidam die Bank für Oberösterreich und Salzburg (Oberbank) als Aktiengesellschaft hervor. Als einzige Anstalt für den großgewerblichen und industriellen Kreditbedarf überlebte sie die Wirtschaftskrise von 1873. Nach einer Konsolidierung in den achtziger Jahren expandierte das Unternehmen in den beiden letzten Jahrzehnten vor Ausbruch des Ersten Weltkrieges. Dabei trat das Institut im Vergleich zu manchen Wiener Banken weniger als Vertreterin des industriellen Gründertums hervor, sondern initiierte durch Kooperationen mit vielen oberösterreichischen Industriebetrieben den wirtschaftlichen Aufschwung der Spätgründerzeit. Obwohl danach am Linzer Platz einige neue Kreditinstitute entstanden, behauptete die Oberbank ihre dominierende Rolle im Wirtschaftsleben der Landeshauptstadt und des Kronlandes Oberösterreich.

C) DER AUFBAU DES BILDUNGSWESENS

Die Bildung, ein wesentlicher Teil des Faktors Arbeit, hatte einen bedeutenden Einfluß auf den Industrialisierungsprozeß. Ein beschleunigtes Wirtschaftswachstum konnte unter anderem nur bei vorhergegangenen oder begleitenden Investitionen in Bildungseinrichtungen erwartet werden. Die fortschreitende Industrialisierung verlangte einerseits ein Arbeitskräftepotential, das die qualitativen oder strukturellen Anforderungen der Industrie erfüllte, andererseits ausgebildete Führungskräfte einschließlich technologisch und kaufmännisch versierter Unternehmer. Ähnlich wie bei anderen Infrastruktureinrichtungen wies die Stadt Linz beim Ausbau eines höheren Bildungswesens gemäß ihrer Funktion als wirtschaftlicher und verwaltungsmäßiger Mittelpunkt des Landes einen Rückstand auf. Infolge der geographischen Nähe zu Wien kann eine bestimmte Sogwirkung festgestellt werden, sodaß vor allem technisch-gewerbliche Schulen und eine höhere Bildungsanstalt vom Range einer Hochschule oder Universität fehlten. Während die Bestrebungen zur Errichtung einer Hochschule oder Universität bis zum Ersten Weltkrieg ohne jeden sichtbaren Erfolg blieben, konnte das technisch-gewerbliche und kaufmännische Schulwesen beträchtlich erweitert werden (1882 Gründung einer Handelsakademie und 1907 der Staatsgewerbeschule).

D) DIE INDUSTRIELLE ENTWICKLUNG

Man kann für Linz festhalten, daß der Ausbau der für die Industrialisierung wichtigen Infrastruktur erst mit einiger Verzögerung erfolgte und somit ein eigenes regionales Muster der wirtschaftlichen Rückständigkeit entstand. Die im letzten Viertel des 19. Jahrhunderts verstärkt einsetzenden Investitionen in die Infrastruktur beschleunigten die Industrialisierung von Linz in den letzten Dezennien vor Ausbruch des Ersten Weltkrieges.

Die Gründung neuer Industriebetriebe wurde in Linz anfangs häufig durch eine nahezu industriefeindliche Haltung der Bevölkerung erschwert und verzögert. Das Dröhnen von Hämmern, der Lärm von Motoren und Maschinen wurde von vielen als störend empfunden und daher abgelehnt. Die oberösterreichische Handelskammer bemerkte hiezu in einem Bericht im Jahre 1880: „Die Angst vor Motoren, insbesondere vor Dampfmaschinen, ist nirgends größer als in Linz." Bereits die Aufstellung einer Dampfmaschine und sogar eines Gasmotors stieß auch außerhalb der bewohnten Gebiete auf Schwierigkeiten, sodaß häufig geplante Industriegründungen oder -erweiterungen unterblieben. Erst Ende des 19. Jahrhunderts trat eine Änderung in dieser negativen Einstellung ein.

Die wichtigsten Industriestandorte im Bereich von Linz waren ursprünglich die Vororte, vor allem Kleinmünchen. Die Seitenarme der Traun boten geeignete Voraussetzungen für die Entwicklung der Textilindustrie sowie einer Kunstmühle und einer Teigwarenfabrik. Die aus der Firma *Johann Grillmayer* hervorgegangene „Aktiengesellschaft der Kleinmünchner Baumwollspinnereien und mechanische Weberei" errichtete zwischen 1884 und 1886 in Linz-Zizlau eine neue Spinnerei und erwarb 1906 die Kunstmühle, die in eine Baumwollspinnerei umgebaut wurde.

Die Reparaturwerkstätte der Kaiserin-Elisabeth-Westbahn war in der zweiten Hälfte des 19. Jahrhunderts ziemlich lange das Linzer Unternehmen mit den meisten Beschäftigten. Neben dem Großbetrieb der Tabakfabrik, die 1850 in den leeren Räumen der Wollenzeugmanufaktur eingerichtet worden war, gab es in Linz in erster Linie nur Klein- und Mittelbetriebe.

Bis zum Ersten Weltkrieg hatte sich die Situation der Linzer Industrie bedeutend gewandelt. Zunächst kamen mit der Eingemeindung der Vororte Waldegg und Lustenau (1873) mit der Schiffswerft, einer Dampfsäge, der Poschacher Brauerei etc. wichtige Industriebetriebe zu Linz. Weiters entstanden im stadtnahen und innerstädtischen Bereich einige Fabriken, die die Struktur der Industrie veränderten. Den größten Anteil daran hatte die Eisen-, Metall- und Maschinenindustrie (Lokomotivfabrik Krauß & Co, Nähmaschinenfabrik Johann Jax, Maschinenfabrik Posselt etc.). Auch die elektrotechnische Industrie konnte noch vor 1914 in Linz Fuß fassen (Sprecher & Schuh). Von größerer Bedeutung war die Zündhölzer- und Wichsefabrik Solo AG, die aus der Zusammenlegung einiger kleinerer Werke in den neunziger Jahren hervorging. In Sankt Peter-Zizlau entstanden eine Leimfabrik, eine Seifenfabrik und eine Baumwollspinnerei. Als bemerkenswert erscheint die große Zahl der Gründungen ausländischer, vor allem deutscher Tochterfirmen. Die günstige Verkehrslage zu einem weiten Verbrauchsgebiet und die Möglichkeit des Exports sowie zollpolitische Überlegungen waren hiefür ausschlaggebend.

Gegenüber dem industriellen Aufschwung von Linz blieb die Entwicklung von Urfahr erheblich zurück. Die Ursache hiefür lag vor allem in der schlechten Verkehrslage. Die Eisenbahn Linz – Budweis überquerte die Donau bei Steyregg. Die Mühlkreisbahn blieb lange ein Torso, erst zur Jahrhundertwende konnte über die Donau der Anschluß zur Westbahn hergestellt werden. Die geplante Donauuferbahn Urfahr – Krems wurde nur bis Mauthausen verwirklicht.

Die Struktur der innerhalb des Stadtgebietes gelegenen Industrie zeigte 1902 ein Dominieren des Baugewerbes und der Bauhilfsbetriebe (28,5 Prozent der Beschäftigten). Ihnen folgten die Nahrungs- und Genußmittelindustrie sowie die Eisen-, Metall- und Maschinenindustrie (je 23 Prozent). Alle übrigen Zweige waren demgegenüber von geringerer Bedeutung – zusammen 25,5 Prozent der Arbeitnehmer.

Dampfhammer in der Reparaturwerkstätte der Österreichischen Bundesbahnen beim Linzer Bahnhof. 1888 von der Maschinenfabrik Ringhoffer in Prag-Smichow gebaut, seit 1987 im Museum der industriellen Arbeitswelt in Steyr. Der Dampfhammer war in der zweiten Hälfte des 19. Jahrhunderts ein Zeichen des technischen Fortschritts in der Schwerindustrie.

E) BEVÖLKERUNG UND URBANISIERUNG

Das zunächst langsame Bevölkerungswachstum der Stadt Linz hatte sich ab 1890 erheblich beschleunigt und erreichte um die Jahrhundertwende die Durchschnittswerte anderer österreichischer Landeshauptstädte.

Bevölkerung der Stadt Linz (Volkszählungsergebnisse)

	1869	1880	1890	1900	1910	1923
jeweiliges Stadtgebiet	30.538	41.687	47.685	58.791	67.817	102.081
heutiges Stadtgebiet				83.402	97.885	107.460
	1934	**1939**	**1951**	**1961**	**1971**	**1981**
jeweiliges Stadtgebiet	108.970	128.177	184.685	195.978	202.874	197.962
heutiges Stadtgebiet	115.338	128.177	184.685	195.978	202.874	197.962

Die Zuwanderung nach Linz erfolgte vorwiegend aus der näheren Umgebung, den Bezirken Linz-Land und Urfahr. Durch die geringe Industrialisierung des Linzer Raumes zeigte die wirtschaftliche und soziale Struktur der Bevölkerung keine Dominanz eines Wirtschaftszweiges. Handel und Verkehr, Industrie und Gewerbe waren annähernd gleich groß. Der hohe Anteil der Selbständigen mit 35,6 Prozent Berufstätigen im Jahr 1910 beweist die durchwegs kleingewerbliche Struktur von Handel und Gewerbe. Beamte und Angestellte hatten mit 12,16 Prozent eine bescheidene Quote gegenüber 45,63 Prozent der Arbeiter.

Die Urbanisierung einer Region ist im wesentlichen das Ergebnis des Anstieges der industriellen Betriebsgrößen in Verbindung mit einer hohen Zuwachsrate der Bevölkerung. Da beide in Linz nur niedrige Werte erzielten, vollzog sich die

Die „Aschenhäuser“ in Kleinmünchen, von der „Aktiengesellschaft der Kleinmünchner Baumwollspinnereien und mechanische Weberei“ ab 1895 erbaut, erhielten ihren Namen von dem verwendeten Baumaterial Schlacke. Diese bekannte Arbeitersiedlung vermittelt heute noch die Atmosphäre aus der Entstehungszeit.

Verstädterung eher langsam. Daher behielten die meisten Vororte ihren dörflich-ländlichen Charakter bis nach dem Zweiten Weltkrieg. Der „technische Großbetrieb“, der das entscheidende Element für den Verlauf der Urbanisierung und für die erreichten Größenordnungen bildete, stand hier weit gegenüber der klein- bis mittelbetrieblichen Struktur der Industrie zurück. Für die Ansiedlung einer industriegeprägten Großstadtbevölkerung fehlten somit wesentliche Voraussetzungen.

DIE RÜSTUNGSINDUSTRIE IM ERSTEN WELTKRIEG

Der Ausbruch des Ersten Weltkrieges unterbrach die seit der Jahrhundertwende anhaltende wirtschaftliche Hochkonjunktur. Auch die Linzer Betriebe mußten sich auf die Kriegswirtschaft und die Forcierung der Rüstungsindustrie umstellen. Mit Fortdauer des Krieges litten sie unter Rohstoffverknappung, Mangel an Arbeitskräften und

Energie sowie letztlich unter einer Erschöpfung der Ressourcen. Die Baumwollindustrie in Kleinmünchen geriet bald nach Kriegsausbruch durch Rohstoffmangel in große Schwierigkeiten. Kurzarbeit und Reduktion des Spinnereibetriebes waren die Folge. Letztlich mußten sich die Spinnereien auf die Papierverarbeitung als Spinnfaserersatz umstellen. Die Papierspinnerei, die nur einen Bruchteil der Kapazitäten der Unternehmen auslastete, diente im wesentlichen zur Beschäftigung der wenigen noch verbliebenen Arbeitskräfte.

DIE LINZER INDUSTRIE WÄHREND DER KRISEN IN DER ZEIT ZWISCHEN DEN BEIDEN WELTKRIEGEN

A) INFRASTRUKTURELLE WANDLUNGEN

Die geänderten politischen Verhältnisse erlaubten nach dem Ersten Weltkrieg Stadt und Land viele Investitionsmöglichkeiten zum Ausbau der Infrastruktur. Als nach 1918 der Eisenbahnbau aus finanziellen Überlegungen nicht mehr fortgesetzt werden konnte, bot sich mit dem Kraftfahrzeug ein neuer Verkehrsträger an. Da bereits vor dem Krieg Versuche der Post, ständige Autobuslinien einzurichten, erfolgreich waren, wurde diese Idee neu aufgegriffen und erweitert. Ab 1924 bauten die „Oberösterreichische Kraftwagenverkehrs AG", die Post und die Bundesbahn ein dichtes, das gesamte Land erfassendes Autobusliniennetz auf, dessen Mittelpunkt die Landeshauptstadt war. Auch zur Lösung der Probleme des städtischen Nahverkehrs, vor allem der Verbindung zwischen den Vororten und dem Stadtzentrum erwies sich der Autobus als besonders geeignet. Der Omnibusverkehr sollte zunächst eine Zubringerfunktion zur Straßenbahn erfüllen. Eine weitere Schwierigkeit für die Linzer Stadtverwaltung war der Bau eines geeigneten Stadthafens. Der Ende der zwanziger Jahre rasch angewachsene Warenumschlag zeigte die Grenzen des Landungsplatzes am offenen Strom. Alle Pläne für den Bau eines Hafens scheiterten aber an den finanziellen Möglichkeiten.

Das während der Inflation übernatürlich aufgeblähte Kreditwesen war durch die Weltwirtschaftskrise einem Schrumpfungsprozeß unterworfen. Die Oberbank, das bedeutendste Bankinstitut am Platz, geriet in Schwierigkeiten und ging in den Besitz der Creditanstalt-Bankverein über. Das Unternehmen mußte den größten Teil seiner industriellen Kooperationen und Beteiligungen abgeben.

Eine zeitgenössische Quelle beschreibt die Stadt Linz in der Zwischenkriegszeit als „Typus einer etwas überdimensionierten bajuwarischen Bauernstadt. Die Bedeutung von Linz beschränkte sich darauf, daß es der Hauptumschlag für das bäuerliche Hinterland Oberösterreichs und der Sitz der Zentralbehörden war ... Was die industrielle Intensität der Stadt Linz anbelangt, kann aber gesagt werden, daß ihre Reichweite und Bedeutung vor 1938 nicht über die Grenzen Österreichs, zum Teil nicht einmal über den Bereich des innerösterreichischen Marktes hinausging".

B) DIE STRUKTUR DER INDUSTRIE

Die Struktur der gewerblichen Wirtschaft von Linz anhand der sozialversicherten Betriebe mit fünf und mehr Arbeitnehmern zeigte 1937, daß erst 40,5 Prozent aller Beschäftigten in Industriebetrieben arbeiteten, gegenüber 28,8 Prozent im Gewerbe und 14,5 Prozent im Handel. Bei Miteinbeziehung der Kleinbetriebe unter fünf Arbeitnehmern stieg die Zahl der im Gewerbe Tätigen auf 9000 gegenüber 5772 in der Industrie.

Durch die Eingemeindungen hatte sich die Struktur der Industrie gegenüber dem Vorkriegsstand geändert. Größter Industrie- und Gewerbezweig war 1930 das

Baugewerbe mit 4555 (30,6 Prozent), vor der Nahrungs- und Genußmittelerzeugung mit 3003 (20,2 Prozent), Eisen-, Metall- und Maschinenindustrie mit 2382 (16 Prozent), der Textilindustrie mit 1549 (10,4 Prozent) und dem holzverarbeitenden Gewerbe mit 1268 (8,5 Prozent) Beschäftigten. Das Baugewerbe war durch die kurzfristig günstige Marktlage infolge der Einführung einer staatlichen Wohnbauförderung nach 1928 beträchtlich gewachsen. Durch den Ausbau der Höhenstraßen am Freinberg und am Pöstlingberg sowie durch die Errichtung von Wohnsiedlungen, Eigenheimbauten und anderen Notstandsarbeiten versuchte man die Auswirkungen der Weltwirtschaftskrise zu mildern.

Infolge der Zerschlagung der österreichisch-ungarischen Monarchie gerieten einige Linzer Industriezweige in eine prekäre Situation. Die exportorientierten Branchen der chemischen und holzverarbeitenden Industrie, der Textil- sowie der Eisen-, Metall- und Maschinenindustrie verloren einen Teil ihres Absatzgebietes und mußten Betriebseinschränkungen vornehmen. Der inländische Markt konnte nur

Montagehalle für Rohölmotoren in der Linzer Schiffswerft um 1925. Infolge der Auftragsrückgänge im Schiffsbau nahm die Linzer Schiffswerft nach dem Ersten Weltkrieg die Erzeugung von Verbrennungsmotoren und Gießereiartikeln auf.

einen Teil der Erzeugung aufnehmen. Die gehemmte Ausfuhr bedingte zahlreiche Betriebsreduktionen und zeitweise Stillegungen von Werken. Die Metall- und Maschinenindustrie litt unter den Autarkiebestrebungen der östlichen Absatzländer. Die Lokomotivfabrik Krauß & Co. und die Maschinenfabrik Posselt wurden stillgelegt. Die Schiffswerft versuchte sich durch den angegliederten Motorenbau und die Gießerei zu behaupten.

C) DIE AUSWIRKUNGEN DER WELTWIRTSCHAFTSKRISE

Der Ausbruch der Weltwirtschaftskrise im Jahr 1929 traf die Linzer Industrie zu einem Zeitpunkt der Umstrukturierung und Anpassung an die veränderten Marktbedingungen. Betriebsstillegungen, Kurzarbeit und Arbeiterentlassungen waren die Folge. Neben dem Baugewerbe wurde vor allem die Metallverarbeitung von der Krise schwer getroffen. Einige Zweige, wie die Baumwollindustrie, waren bereits in den

Schlosserei der Elektrobau AG um 1925. Durch den forcierten Ausbau der Elektrizitätswirtschaft stieg in den zwanziger Jahren die Nachfrage nach elektrotechnischen Artikeln sprunghaft an.

zwanziger Jahren infolge einer ungünstigen Weltmarktlage in Schwierigkeiten geraten. Der Direktor der Kleinmünchner Baumwollspinnereien und mechanischen Weberei stellte 1929 fest: „Es läßt sich die Tatsache nicht wegleugnen, daß es weit wirtschaftlicher wäre, die Spinnereien überhaupt völlig stillzulegen, als weiter verlustreich zu produzieren." Im Jahr 1932 erreichte die Krise mit Kurzarbeit und Betriebsstillegungen (Rädler in Kleinmünchen) ihren Höhepunkt. Der bürgerlichen und später austrofaschistischen Regierung fehlten die notwendigen Konzepte zur Bekämpfung der Krise. Auch den von der oberösterreichischen Landesregierung initiierten Maßnahmen wie Industrieförderungsgesetz oder Begünstigung bei der Entrichtung von Lohnsteuer und Strompreis blieb mangels finanzieller Mittel der Erfolg versagt. In Linz versuchte Bürgermeister *Wilhelm Bock,* jugendliche Arbeiter in Arbeitsdienstgruppen mit freiwilligen Arbeiten zu Straßen- und Siedlungsbauten heranzuziehen. Letztlich blieben aber alle diesen Maßnahmen ein Tropfen auf einem heißen Stein.

Nur die Nahrungs- und Genußmittelindustrie sowie die Elektrizitätswirtschaft konnten sich relativ günstig entwickeln. Erstere war 1937 mit 2225 Beschäftigten der größte Industriezweig der Stadt und profitierte von deren Bevölkerungszunahme. Durch den Ausbau der Tabakfabrik und die Gründung der Brau AG entstanden weitere Großbetriebe. Im Jahr 1937 war die AG der Kleinmünchner Spinnereien und Webereien mit 1226 Arbeitnehmern das größte Werk im Bereich der Stadt, gefolgt von der Tabakfabrik mit ca. 900, der Linzer Brauerei mit 274, der Kleinmünchner Schafwollwarenfabrik mit ca. 236, der Ferrobetonit Werke AG mit 208 und der Baufirma Mayreder, Kraus & Co. mit 205 Beschäftigten.

Das Bevökerungswachstum der Stadt verlangsamte sich in der Zwischenkriegszeit merklich. Ein größerer Bevölkerungsanstieg konnte nur zwischen 1918 und 1923 durch die Eingemeindung der Vororte bzw. Vorstädte Urfahr, Pöstlingberg, Kleinmünchen und St. Peter erzielt werden. Zwischen 1919 und 1938 wuchs die Stadt Linz trotz Eingemeindungen nur um 34.671 Personen. Die wirtschaftliche und soziale Struktur der Bevölkerung hatte sich gegenüber 1919 kaum geändert.

Wirtschaftliche Zugehörigkeit der Wohnbevölkerung (in Prozent) *

	1910	1934	1939	1951	1961	1981
Land- und Forstwirtschaft	1,57	1,98	2,80	1,31	0,78	0,38
Industrie und Gewerbe	34,91	36,59	40,50	44,72	42,77	33,05
Handel und Verkehr	28,56	31,92	31,66	20,19	20,72	22,99
Öffentlicher Dienst und Sonstige	34,96	29,51	25,04	33,78	35,73	43,58
	100,00	100,00	100,00	100,00	100,00	100,00

* Infolge der geänderten Erhebungsgrundlagen sind die Ergebnisse nicht voll vergleichbar.

Nach wie vor herrschte zwischen Industrie und Gewerbe, Handel und Verkehr sowie Verwaltung eine nahezu gleiche Verteilung. Nur in ersten Ansätzen war ein Trend zum sekundären Sektor feststellbar.

GROSSBETRIEBE UND RÜSTUNGSINDUSTRIE WÄHREND DES ZWEITEN WELTKRIEGES

Keine Stadt Österreichs erlebte während der siebenjährigen nationalsozialistischen Herrschaft eine derartige Veränderung wie Linz. Der Zweite Weltkrieg brachte einen ungeheuren Strukturwandel – Linz wurde zur Stadt der Großindustrie. Im Osten der Stadt entstanden drei Großbetriebe der chemischen und Metallindustrie. Für den Standort Linz sprachen damals die Lage an der Donau, die Ausbaufähigkeit des Hafens, die Nähe zum Steirischen Erzberg und der Wille Hitlers, die Stadt seiner Jugend besonders zu fördern. Gleich nach dem Einmarsch wurde mit dem Aufbau der Werke begonnen und hiefür das Dorf St. Peter abgerissen sowie die Bevölkerung ausgesiedelt. Die Rüstungsbetriebe, die bis Kriegsende nicht die geplante Ausbaustufe erreichten, gehörten zu den Reichswerken „Hermann Göring“ und sollten ein Hüttenwerk mit Kokerei, sechs Hochöfen, ein Stahlwerk und Walzwerk sowie die „Eisenwerke Oberdonau“ für die Panzererzeugung umfassen. Als Energiebasis diente ein eigenes kalorisches Kraftwerk. Im Jahr 1943 beschäftigte die Hütte Linz 5500, die Stahlbau AG 1000 und die Eisenwerke Oberdonau 8740, insgesamt 14.240 Arbeiter, davon 57 Prozent Fremdarbeiter und Kriegsgefangene. Die Eisenwerke Oberdonau hatten sich bis 1943 zum größten Panzerwerk Großdeutschlands entwickelt.

Seit 1939 entstanden neben der Hütte Linz durch den IG-Farbenkonzern die Stickstoffwerke Ostmark. Diese sollten Salpetersäure und Ammon-Nitrat für die Munitionserzeugung herstellen. Als Grundstoff diente das Kokereigas der Hütte Linz.

Mit dem Aufbau dieser Großbetriebe kam es zu einer bedeutenden Zuwanderung nach Linz mit großen Wohnungsproblemen und ferner zur Errichtung von Barackensiedlungen. Mit Fortdauer des Krieges wurden sowohl für den Aufbau der Werke als auch für den Produktionsbereich immer mehr Fremdarbeiter aus den eroberten Gebieten nach Linz zwangsverpflichtet. Auch Konzentrationslagerhäftlinge mußten in der Rüstungsproduktion der Reichswerke Hermann Göring arbeiten. In den letzten Kriegsjahren waren diese Werke häufig Ziele von Bombenangriffen und wurden zum Teil auch beträchtlich beschädigt.

LINZ ALS STADT DER GROSSINDUSTRIE SEIT 1945

Die Stadt Linz zeigte erst ab 1938 eine beschleunigte Industrialisierung, die sich nach 1945 fortsetzte. Der gewaltige wirtschaftliche Aufschwung seit dem Ende des

Ankunft italienischer Fremdarbeiter am Linzer Bahnhof 1941. Durch die Einberufung zum Militär mußten immer mehr Arbeitskräfte durch Fremdarbeiter, meist Zwangsarbeiter, oder Konzentrationslagerhäftlinge ersetzt werden.

Zweiten Weltkrieges in einer günstigen Konjunkturperiode benötigte beträchtliche Aufwendungen zur Verbesserung und zum Ausbau der Infrastruktur.

A) VERKEHRS-, KREDIT- UND BILDUNGSWESEN

Die Technisierung des Individualverkehrs durch das Auto erforderte den Ausbau und die Modernisierung des Straßenwesens, wobei durch die Pendler auch das Umland in das städtische Verkehrssystem stärker miteinbezogen werden mußte. Der Bau der Westautobahn, deren Trasse im Süden die Stadt berührt und Linz an das europäische Autobahnnetz anschloß, wirkte sich für die internationale verkehrspolitische Lage der Stadt positiv aus. Der während des Zweiten Weltkrieges gebaute Linzer Hafen entwickelte sich in der Folge zu einem der größten Häfen an der oberen Donau. Der Warenumschlag erfolgte in drei Einheiten: dem Vöest-Hafen, dem Handelshafen der Stadt Linz und den Umschlagstellen für Mineralölprodukte. Gemeinsam mit der 1953 eröffneten Zollfreizone war der Linzer Hafen ein wesentlicher Bestandteil der Industrialisierung nach 1945.

Das Kreditwesen profitierte nach dem Krieg durch die Marshallplan-Hilfe. Die Vergabe der ERP-Aufbaukredite übernahmen Wiener Großbanken und deren Filialen sowie als erste Anstalt außerhalb Wiens die Oberbank. Diese Kredithilfen trugen wesentlich zum Wiederaufbau und zur Erweiterung der technischen Kapazitäten der Industrie bei.

Im Zeichen der Chancengleichheit für alle Schüler wurde das Schulwesen nach 1945 organisiert und reformiert. Für Linz war vor allem der Ausbau des höheren Schulwesens (Gründung der Hochschule für Sozial- und Wirtschaftswissenschaften im Jahre 1966) und die Erweiterung der berufsbildenden Einrichtungen sowie der Neugestaltung der beruflichen Anstalten ausschlaggebend.

B) DIE VERÄNDERTE STRUKTUR DER INDUSTRIE

Der während des Krieges eingetretene Strukturwandel der Linzer Industrie hatte sich in den nächsten Jahrzehnten fortgesetzt. Dabei herrschten einige Zeit Zweifel hinsichtlich der Inbetriebnahme der durch Bomben stark beschädigten

Großbetriebe. Einige Kreise vertraten die Ansicht, daß die vorhandenen Werksanlagen der Vöest in ihrer Größenordnung den Bedürfnissen des engeren Wirtschaftsraumes Österreichs in keiner Weise entsprächen. Die Linzer Hütte war überdimensioniert und auf ein Mehrfaches der in Österreich in Betracht kommenden Kapazität ausgebaut. Bei den österreichischen Stickstoffwerken hielt man es in Wien für aussichtslos, die Erzeugungsstätten auf Dauer halten zu können. Dennoch setzte sich der Plan durch, die Werke zu internationalen Großbetrieben auszubauen.

Im Jahre 1965 war die Eisen- und Metallgewinnung bzw. -verarbeitung mit 46,3 Prozent der in der Industrie Beschäftigten der mit Abstand größte Industriezweig der Stadt, gefolgt vom Baugewerbe mit 20,4 Prozent, der chemischen Industrie mit 11,6 Prozent und der Nahrungs- und Genußmittelindustrie mit acht Prozent. Viel von ihrer ursprünglichen Bedeutung hatte die Textilindustrie eingebüßt, die nur mehr 2,5 Prozent der Werktätigen zählte. Die führende Rolle der Eisen-, Metall- und Maschinenindustrie war in erster Linie eine Folge der überragenden Bedeutung der Vöest. Am 1. Oktober 1945 wurde die Linzer Hütte mit den Eisenwerken, dem Stahlbau sowie den angegliederten eisen- und stahlverarbeitenden Abteilungen und Nebenbetrieben zur „Vereinigten Österreichischen Eisen- und Stahlwerke AG" zusammengeschlossen. Am 14. Juni 1947 konnte dann der erste Hochofen mit 1000 Kubikmeter wieder in Betrieb genommen werden. Der Ausbau des Werkes profitierte einerseits vom LD-Verfahren (1952: erstes LD-Stahlwerk in Betrieb genommen), andererseits vom „Eisen- und Stahlplan", der Linz als Zentrum der österreichischen

Das LD-Stahlwerk III der Voest-Alpine im Hauptwerk Linz. Die Erfindung des LD-Stahlverfahrens war eine der Ursachen für den Aufstieg der Schwerindustrie in Linz nach 1945.

Grob-, Mittel- und Feinblecherzeugung vorsah. Die Vöest zählte am 1. Jänner 1961 23.435 Arbeitnehmer, davon 18.419 allein in Linz. Neben diesem Großbetrieb entstanden knapp vor Kriegsende eine Reihe von Klein- und Mittelbetrieben, die später mit ERP-Krediten ausgebaut wurden. Auch bei der chemischen Industrie dominierte ein Betrieb. Nachdem die Stickstoffwerke Ostmark 1946 in „Österreichische Stickstoffwerke AG“ umbenannt wurden, erfolgte der Ausbau des Werkes. Die Stickstoffwerke waren Ende der fünfziger Jahre immer stärker auf den Export ausgerichtet.

Nach dem Zweiten Weltkrieg entstanden einige bisher in Linz kaum vorhandene Industriezweige. Der Aufbau der Bekleidungsindustrie mit den am südlichen Stadtrand gelegenen Schuhfabriken war absatzorientiert. Die Schmuckwarenerzeugung „nach Gablonzer Art“ wurde von den aus dem Sudetenland zugewanderten Firmen aufgenommen. Westböhmische Unternehmen und Glasbläser gründeten die glaserzeugenden und glasverarbeitenden Betriebe. Nach 1955 begannen Linzer Firmen, sich auf die Verarbeitung von Kunststoffen (Installationsrohre, Bodenbeläge etc.) umzustellen. Die neu aufgebauten Groß- und Mittelbetriebe waren äußerst exportintensiv. Der Anteil von Linz am Wert der oberösterreichischen Ausfuhr erreichte 1960 bereits 58,2 Prozent und am österreichischen Export 14,5 Prozent (Bevölkerungsanteil 2,5 Prozent). Ein beträchtlicher Teil entfiel dabei auf die beiden Großbetriebe. Die Vöest allein war mit elf Prozent am österreichischen Exportwert beteiligt.

Betriebszählungen (Betriebe mit 20 und mehr Beschäftigten) *

	1902		1955		1964	
	Betriebe	Beschäftigte	Betriebe	Beschäftigte	Betriebe	Beschäftigte
Bergbau			2	383	1	39
Energie- und Wasserversorgung	1	187	2	771	3	313
Stein, Erde und Glas	6	277	17	1.492	18	1.194
Bauwesen und Bauhilfsbetriebe	18	2.349	93	10.634	123	11.244
Eisen- und Metallgewinnung, -verarbeitung	13	1.902	80	22.577	80	25.462
Holzverarbeitung	8	384	14	1.176	10	1.037
Ledererzeugung und -verarbeitung	2	69	3	84	1	27
Textilindustrie	1	21	9	1.561	12	1.350
Bekleidungsindustrie	4	129	12	731	26	2.080
Papiererzeugung und -verarbeitung	1	145	2	180	2	100
graphische Betriebe	6	369	9	1.391	12	1.388
chemische Produktion	3	518	12	5.427	13	6.358
Nahrungs- und Genußmittel	8	1.902	32	4.045	42	4.400
Summe	71	8.252	287	50.452	343	54.992

* 1902: 21 und mehr Beschäftigte sowie ohne Vororte

Während nach Kriegsende die Schwerindustrie, die chemische Industrie sowie die Nahrungs- und Genußmittelindustrie die größten Zunahmen verzeichneten, waren zwischen 1953 und 1960 die Zweige Bekleidung, Elektroanlagen und -geräte sowie Baustoffe und Keramik besonders wachstumsintensiv.

Der Standort der Linzer Industrien im Osten und Süden der Stadt in der Nähe des Handelshafens und der Zollfreizone erwies sich als optimal. Gegenüber Linz war Urfahr nach 1945 abermals zurückgeblieben. Infolge der sowjetischen Besatzung kam es bis 1955 nur vereinzelt zu Neuinvestitionen.

Die deutliche Abschwächung der Hochkonjunktur der sechziger und siebziger Jahre seit der Krise von 1975 und die internationale Krise der Grundstoffindustrie, speziell der Eisen- und Stahlerzeugung, haben die verstaatlichten Großbetriebe in Linz schwer getroffen. Der derzeitige Umbau und die Neuordnung der verstaatlichten Industrie lassen auf eine günstigere wirtschaftliche Entwicklung dieser Unternehmen gegenüber den letzten Jahren hoffen.

C) LINZ ALS DYNAMISCHES INDUSTRIEZENTRUM

Der Aufstieg der Stadt Linz von einer mittleren Verwaltungs- und Handelsstadt zu einem dynamischen Industriezentrum zeichnete sich deutlich in der Bevölkerungszunahme ab. Durch den verstärkten Bedarf an Arbeitskräften in den Linzer Großbetrieben nahm die Bevölkerung in den Kriegsjahren rasch auf etwa 175.000 Personen zu. Dieser Wachstumstrend hielt bis in die Mitte der sechziger Jahre an und wurde dann durch eine Stagnation abgelöst. In den letzten Jahren konnte der Bevölkerungsschwund nur durch den Zuzug vorwiegend von Gastarbeitern ausgeglichen werden. Durch die rasch fortschreitende Industrialisierung entstand eine enge Verflechtung der Kernstadt Linz mit ihrem Umland, sodaß die Stadtregion bis zum Beginn der siebziger Jahre auf ca. 360.000 Bewohner anwuchs. Der Ausbau der Linzer Großbetriebe stellte außergewöhnliche Ansprüche an den Arbeitsmarkt. Der Bedarf an Arbeitskräften konnte nur mehr aus den Landbezirken gedeckt werden. Dabei löste die Pendelwanderung den Zuzug in die Stadt ab. Wurden 1940 in Linz erst 1302 Pendler gezählt, so stieg deren Zahl bis 1971 auf 53.104 Personen an. Linz hatte sich somit als dominierendes Arbeitszentrum des oberösterreichischen Zentralraumes behauptet.

Die Auswirkungen dieses Industrialisierungsprozesses sind im Wandel der Berufsstruktur deutlich zu erkennen. Während 1951 mit 44,72 Prozent der Wohnbevölkerung Industrie und Gewerbe den höchsten Anteil aufwiesen, geht dieser Prozentsatz seither zugunsten von Handel und Verkehr sowie Verwaltung wieder zurück. Die Stadt Linz entsprach also nach dem Zweiten Weltkrieg keineswegs dem Typ einer reinen Industriesiedlung, sondern eher einer durch Industrie und Gewerbe geprägten Stadt. Die Verteilung der Berufstätigen nach der Stellung im Beruf unterstreicht diese Tatsache. Im Jahre 1951 waren 49,02 Prozent aller Berufstätigen Arbeiter gegenüber 37,79 Prozent Beamten und Angestellten. Seither verschob sich dieses Verhältnis weiter zugunsten der Angestellten und Beamten.

Der Aufbau der Linzer Wirtschaft hatte sich nach dem Krieg weitgehend geändert. Von 1937 bis 1965 stieg die Zahl der in Linz beschäftigen unselbständigen Arbeitnehmer von 14.254 auf 93.600 Personen. Davon waren 48,1 Prozent im Industriesektor, 26,7 Prozent im Gewerbe und 16,5 Prozent im Handel tätig.

Linz als Industriestadt heute.

Das Linzer Programm der österreichischen Sozialdemokratie 1926

Rudolf G. Ardelt

„Die Entwicklungstendenzen sind noch viel zu wenig klar ...“ (*Otto Bauer*, 1920)

Als die Delegierten der Sozialdemokratischen Arbeiterpartei Österreichs 1926 auf dem Parteitag in Linz ein neues Parteiprogramm beschlossen, war seit der Verabschiedung des ersten Programms der Sozialdemokratischen Arbeiterpartei Österreichs auf ihrem Wiener Parteitag des Jahres 1901 ein Vierteljahrhundert vergangen. Die beiden Jahreszahlen 1901 und 1926 stehen auch für ganz verschiedene Welten: dort die Habsburgermonarchie, eine Arbeiterbewegung, die noch eine relativ kleine und marginale politische Kraft darstellte – hier die junge, erst acht Jahre alte Republik, ein Kleinstaat, dem die Sozialdemokratie in den ersten Jahren ihren Stempel aufzuprägen verstanden hatte.

In der Hainfelder Prinzipienerklärung 1888/89 und im Wiener Programm 1901 galt noch als *„das eigentliche Programm“*
„das Proletariat zu organisieren, es mit dem Bewußtsein seiner Lage und seiner Aufgaben zu erfüllen, es geistig und physisch kampffähig zu machen und zu erhalten ...“

Seitdem waren zweieinhalb Jahrzehnte des Aufstiegs vergangen – es hatte aber auch traumatische Erfahrungen und Krisen gegeben: die Krise des Parlamentarismus im Habsburgerreich in den letzten Jahren vor 1914, den Kriegsausbruch mit seinen Ausbrüchen des Deutschnationalismus und der Kriegsbegeisterung auch in den eigenen Reihen, die Erfahrungen der Ohnmacht gegenüber der Kriegsdiktatur und der damit verbundenen moralischen und organisatorischen Krise von Partei und Gewerkschaften. In den beiden letzten Kriegs- und Hungerjahren nach 1916 war dann eine Zeit des Aufbruchs neuer, bis dahin nicht organisierter Gruppen von Arbeitern, aber auch Angehörigen der Intelligenz erfolgt, im Kampf ums tägliche Brot wurden die Frauen mobilisiert – und „politisiert“. In dieser Zeit vor dem Zusammenbruch des Habsburgerreiches und dann in den ersten Monaten der neuen Republik gelang es der österreichischen Sozialdemokratie in erstaunlicher Weise sich zu regenerieren, diese neuen Impulse einer sozialen Bewegung aufzunehmen und damit die Grundlage für eine Machtposition zu schaffen, die *„die Eroberung der politischen Macht“* als Mittel des *„Kampfes für die Befreiung der Arbeiterklasse“* – wie es das Wiener Programm schon 1901 formuliert hatte – in greifbare Nähe zu rücken schien.

Unwillkürlich stellt man sich die Frage, warum sich denn angesichts dieser dramatischen Veränderungen nicht schon wesentlich früher Überlegungen über die mittel- und längerfristigen Perspektiven sozialdemokratischer Politik in einem „Programm“ niederschlugen. Konnte man sich doch nach 1918 kaum mehr des früheren Programmes als Leitlinie bedienen, dessen Forderungskatalog in den ersten Jahren der Republik im Bereich der Verfassungsordnung oder der Sozialpolitik in den wesentlichsten Punkten erfüllt und von den gesetzten Maßnahmen überholt worden war.

Forderungen nach einer Revision des Parteiprogrammes hatte es schon seit 1920 auf den Parteitagen gegeben. In seiner Antwort auf den Antrag der Bezirksorganisation Steyr hatte *Otto Bauer* 1920 sehr deutlich auf die Gründe des Zögerns und Hinausschiebens einer Ablösung des Wiener Programms hingewiesen:
„Es ist der Niederschlag einer langen, großen wissenschaftlichen Arbeit, des ganzen Lebenswerkes von Marx und Engels. Ihre ganze wissenschaftliche Arbeit ist zum Schluß in ihren letzten Ergebnissen zusammengefaßt worden in den knappen Sätzen des theoretischen Teiles unseres Programms. Wenn wir uns jetzt ein neues Programm geben wollten, das der neuen Welt angepaßt ist, die der Weltkrieg geschaffen hat, so müßte es wieder das Ergebnis und der Niederschlag streng wissenschaftlicher Untersuchung der Entwicklungstendenzen dieser Gesellschaft sein.“

Einer wissenschaftlich fundierten Abschätzung der Entwicklung stand nach *Otto Bauer* aber die Unmöglichkeit entgegen, angesichts der Umwälzungen im Gefolge des Ersten Weltkrieges mittel- und längerfristige Perspektiven als Grundlage einer Strategie gewinnen zu können:
Ein solches Programm können wir heute noch nicht schaffen. Die Entwicklungstendenzen sind noch viel zu wenig klar und eindeutig ausgeprägt, die wissenschaftliche Erforschung der neuen Tatsachen ist noch viel zu wenig weit gediehen, es ist noch viel zu wenig Klarheit geschaffen, als daß das, was wir Sozialdemokraten wirklich ein Parteiprogramm nennen, heute geschaffen werden könnte. Ich glaube, das ist viel zu verfrüht, und ich fürchte, wir werden noch manches Jahr brauchen, bis wieder eine solche einheitliche und feste Grundauffassung gewonnen ist, die man dann in programmatischer Weise festlegen kann. (Protokoll der Verhandlungen des Parteitages der sozialdemokratischen Arbeiterpartei Deutschösterreichs. Abgehalten in Wien vom 5. bis zum 7. November 1920, Wien 1920. S. 176 – 177).

Otto Bauer hatte daher vorgeschlagen, sich mit den flexibleren Instrumenten der Aktionsprogramme und programmatischen Parteitagsresolutionen zu begnügen.

Es waren allerdings nicht so sehr die Probleme der äußeren Entwicklung, die die Parteiführung vor einer programmatischen Festlegung zurückschrecken ließen, als vielmehr die Probleme der Spaltung der internationalen Arbeiterbewegung und auch der inneren Konflikte der österreichischen Sozialdemokratie, die sich mit dem Entstehen der Kommunistischen Parteien und der Kommunistischen Internationale ergeben hatten: reichte doch die Bandbreite der ideologischen Positionen von Vertretern einer bloßen sozialen Reformpolitik am rechten Flügel der Partei bis hin zu den Anhängern einer revolutionären Umgestaltung und Sympathisanten einer engen Kooperation mit der KP am linken Parteiflügel.

Es stellte sich 1920 nicht nur die Frage der Fortführung der Großen Koalition mit den Christlichsozialen und damit die Frage der Übernahme einer Mitverantwortung für die Regierungspolitik im Rahmen eines „bürgerlichen“ Staates, sondern auch die Frage der Dauer und der Reichweite eines Weges in die Opposition, nachdem die Koalition zerbrochen war. Und schließlich sah man sich von seiten der KPÖ immer wieder mit der Forderung nach der Fortführung der revolutionären Umwälzung der Gesellschaft und der gewaltsamen Übernahme der Macht – der Errichtung der „Diktatur des Proletariats“ – konfrontiert.

1920 drohte daher eine Programmdiskussion den Zusammenhalt und die Einheit der Partei zu belasten – erst beim Parteitag 1923 wird auch von der Parteiführung erstmals die Notwendigkeit der Revision des alten Parteiprogramms betont, beim Salzburger Parteitag 1924 werden die entscheidenden ersten Schritte getan: die Linien einer zumindest mittelfristigen Entwicklung scheinen nunmehr deutlich erkennbar.

✽

„. . . um der Jugend einen starken geistigen Lebensinhalt zu geben“ (*Otto Bauer,* 1924)

Für *Otto Bauer,* die dominierende Persönlichkeit und den herausragenden analytischen Geist der Sozialdemokratie jener Jahre, standen zwei wesentliche Tendenzen der inneren Entwicklung Österreichs im Vordergrund:

- zum einen eine grundlegende Veränderung des Charakters der „bürgerlichen" Parteien der Regierungskoalition, und
- zum zweiten eine grundlegende politisch-ideologische Um- und Neuorientierung breiter Bevölkerungsschichten, die bisher zum Sympathisanten- und Anhängerkreis der „bürgerlichen" Parteien gezählt hatten.

Ausführlich begründete *Otto Bauer* auf dem Salzburger Parteitag 1924 diese Thesen – sollte doch darauf die Konzeption einer entwicklungsgerechten sozialdemokratischen Strategie aufbauen:

So hatten nach *Bauers* Ansicht sowohl die Christlichsozialen wie auch die Großdeutschen *„alle als kleinbürgerliche Parteien begonnen, die die kleinen Leute zum Kampfe gegen das große Kapital zusammenfassen wollten".* Während in der Zeit der Monarchie das Großkapital aber seinen Einfluß auf dem Wege der kaiserlichen Regierung ausgeübt habe, übe es – seit 1923 für jedermann offen sichtbar – nunmehr seinen Einfluß auf dem Wege über diese Parteien aus. Sie seien daher *„längst schon . . . auf dem Wege der Entwicklung zu bürgerlichen Sammelparteien, die alle Schichten der bürgerlichen Klassen, von den Großkapitalisten bis zu den Kleinbürgern und Bauern, zu einer Front gegen die Arbeiterklasse zusammenfassen wollen",* ja, sie seien *„bei dieser Entwicklung immer mehr unter den Einfluß der wirtschaftlich führenden Schicht der bürgerlichen Klassen, also der Großbanken und Großindustriellen geraten". (Otto Bauer* auf dem Parteitag 1924, S. 164)

Darüber hinaus führe die Dominanz dieser Schichten auch zur weitgehenden Annäherung der bürgerlichen Parteien, zur *„Festigung der Koalition zwischen Christlichsozialen und Großdeutschen",* die *„zu einem Flügel, zu einem Anhängsel der Christlichsozialen geworden"* seien und *„jede selbständige Bedeutung verloren"* hätten.

Die zentrale Annahme *Otto Bauers* war nun die, daß sich das politische System Österreichs damit auf ein *„reines Zweiparteiensystem"* zubewege, womit eine völlig veränderte Situation für die österreichische Arbeiterbewegung geschaffen werde:
„Wo nur zwei Parteien sind, dort entscheiden die Wähler selbst, wer regieren soll, und damit auch, wie regiert werden soll. Das System des Regierens wird bei einem Vielparteiensystem im Parlament selbst durch alle möglichen Kombinationen bestimmt, bei dem Zweiparteiensystem durch die Wähler selbst. Am Tage nach der Wahl ist nichts mehr zu kombinieren: es regiert, der die Mehrheit hat, und die Minderheit hat Opposition zu machen, zu kontrollieren, zu kritisieren und zu schauen, daß das nächste Mal sie die Mehrheit erreicht. Das verstehen die österreichischen Arbeiter sehr schwer, und zwar aus einem sehr begreiflichen Grunde. Gerade Österreich war bis zum Umsturz das klassische Land des Vielparteiensystems . . ."

Diese vermeintliche Entwicklung zum *Zweiparteiensystem* bestätigte damit nicht allein den 1920 gewählten Weg in die Opposition, sie eröffnete auch Chancen. Es ist kein Zufall, daß in den Debatten der Parteitage ab 1923 einerseits die Entwicklung in der Sowjetunion deutlich an Bedeutung verloren hatte, daß aber die englische Entwicklung immer wieder angesprochen wurde: nicht nur konnte man dort die Auswirkungen der Entwicklung zu einem Zweiparteiensystem beobachten, die Übernahme der Regierung durch die *Labour Party* bis 1923 und der – trotz der Wahlniederlage – erfolgte Zuwachs an Wählerstimmen beflügelten die Hoffnungen, daß auch die österreichische Arbeiterbewegung einen solchen Weg einschlagen könnte.

Eine zweite Entwicklungstendenz schien nach *Otto Bauers* Ansicht diese Zukunftsperspektive zu bestärken:

Die wirtschaftliche Krise und die unter dem christlichsozialen Bundeskanzler *Ignaz Seipel* verfolgte Politik der *Sanierung* mit ihren einschneidenden sozialen Folgen *„untergräbt, unterminiert nun die wirtschaftliche Basis, auf der sich der bürgerliche Regierungsblock erhebt ... Eine große Schicht, die bisher zur treuesten Gefolgschaft der bürgerlichen Parteien gehörte, gerät tatsächlich in immer stärkere Auflehnung gegen dieses System ...“*

Die Schlußfolgerungen daraus waren einfach und klar:

„Bei einem Vielparteiensystem würde sich das vielleicht in der Form vollziehen, daß diese unzufriedenen Mittelschichten von einer bürgerlichen Partei zur anderen übergehen würden. Bei einem Zweiparteiensystem können sie das nicht: es gibt nur zwei Lager. Das muß dazu führen, daß die Mittelschichten, die zwischen der eigentlichen industriellen und agrarischen Unternehmerschaft auf der einen und zwischen der industriellen und der landwirtschaftlichen Arbeiterschaft auf der anderen Seite stehen, politisch zerrissen werden, daß diejenigen, bei denen ausgesprochene Unternehmerinteressen vorhanden sind, drüben bleiben, daß aber alles, was nicht ausgesprochene Unternehmensinteresssen hat, zu uns gedrängt wird, sich um die Arbeiterklasse schart.“

Die Frage einer Koalitionsregierung oder sonstiger taktischer Varianten der Zusammenarbeit mit anderen Parteien auf Bundesebene schien so auch durch die historische Entwicklung vorerst erledigt zu sein – eine ganz andere Perspektive tat sich auf: die der Übernahme der Regierungsgewalt und damit der *„Macht“* im Staate:

„Gerade die Vereinigung der bürgerlichen Parteien muß die Anziehungskraft unserer Partei ungeheuer stärken, wird uns die Heranziehung immer breiterer Massen erleichtern und beschleunigen, und bietet unvergleichlich leichter die Möglichkeit, die politischen Machtverhältnisse nicht durch Kombinationen und Koalitionen, sondern durch Fortschritt bei den Wahlen so zu ändern, daß die bürgerliche Mehrheit zusammenbricht. (Lebhafte Zustimmung.) Das müssen wir den Arbeitern sagen, um den Willen zur Macht in der Arbeiterschaft zu wecken, die Entschlossenheit zu einem Kampfe, wo es nicht vor allem darauf ankommt, ob wir heute oder morgen oder übermorgen dieses oder jenes Gesetz durchsetzen, sondern vor allem darauf ankommt, ob unser Kampf so geführt wird, daß wir die Möglichkeiten, die sich durch die Zerbröckelung der Basis der bürgerlichen Parteien ergeben, voll ausnützen und damit den Tag näher bringen, da wir die Macht erobern können.“

Das Gebot der Stunde war es daher, die eigene Wählerbasis auszuweiten und gezielt Wählergruppen der bürgerlichen Parteien anzusprechen, deren Vertrauen und Loyalität zu diesen durch die Wirtschaftskrise und die Sanierungsmaßnahmen der christlichsozial-großdeutschen Regierungskoalition erschüttert worden war. Vor allen anderen Gruppen wollte man die Landarbeiter und Bauern gewinnen, der Parteivorstand stellte deshalb 1924 an den Parteitag als erstes den Antrag,

„eine agrarpolitische Kommission einzusetzen, die die Einzelprobleme sozialdemokratischer Agrarpolitik zu untersuchen, die sozialdemokratische Agrarpolitik durch literarische Publikationen zu fördern und ein sozialdemokratisches Agrarprogramm vorzubereiten hat“.

Darüber hinaus sollte aber auch die eigene Mitgliederbasis, die von 90.000 im Jahre 1913 (im Gebiet der späteren Republik) auf ca. 560.000 Personen im Jahr 1924 angestiegen war, gefestigt und erneut mobilisiert werden – und dazu sollte eine breit angelegte Diskussion über ein neues Parteiprogramm dienen. *Otto Bauer* führte dazu aus:

„... die Arbeit an diesem Programm soll nicht eine Arbeit von einigen Leuten sein, sondern das soll durch längere Zeit die Partei beschäftigen, zu dem Zwecke, damit die Diskussion über die einzelnen Fragen des Programms das Schulungsmittel wird, indem wir die fünf Sechstel der Parteimitgliedschaft zu wirklichen Sozialdemokraten erziehen wollen.“

Wenn *Otto Bauer* dabei auch von einem *„Programm der Machteroberung“* sprach, dann hatte er vor allem auch die Entwicklung von „positiven“ Gegenkonzepten zu verschiedenen Bereichen der Regierungspolitik im Auge. Nach dem Vorbild der englischen *Independent Labour Party* sollten Kommissionen zum Studium verschiedener Problembereiche eingesetzt werden, sollten deren Ergebnisse – wie auch schon jene zur Agrarfrage – entsprechend publiziert und zur Diskussion gestellt und schließlich zu einem Programm zusammengefaßt werden.

Der Parteitag beauftragte daher den Parteivorstand mit der Einsetzung von Kommissionen, *„die wichtige Probleme sozialdemokratischer Politik (zum Beispiel die Probleme des Schul- und Erziehungswesens, der Forderungen der Partei an die Justiz, der Stellung der Partei zu Religion und Kirche, der Stellung der Partei zu den Problemen der öffentlichen Gesundheitspflege, der sozialdemokratischen Gemeindepolitik und dergleichen) programmatisch zu erklären haben.“*

Anträge von *Karl Renner* auf die Formulierung eines Hochschulprogramms traten ergänzend hinzu.

Daß dieses neue Parteiprogramm aber nicht nur „praktischen“ Bereichen der Politik gewidmet sein sollte, sondern weit darüber hinausreichende Visionen bieten sollte, zeigte sich darin, daß *Otto Bauer* als einen spezifischen Adressatenkreis dieser Diskussionen zum Schluß seiner Rede am Parteitag 1924 die *Jugend* nannte. Manche charakteristischen Züge des „Linzer Programmes“ von 1926 lassen sich vielleicht besser verstehen, wenn man wieder in Erinnerung ruft, was *Otto Bauer* dazu ausführte: *„Diese Jungen, die da durch den Krieg und den Umsturz herangewachsen sind, sind ganz anders als wir waren. Sie haben zu viele Autoritäten zusammenbrechen, sie haben zu viele Ideale scheitern und zu viele Ideen sich blamieren gesehen. Diese Jugend ist skeptisch, also ist sie nüchtern, und trotzdem ist sie jung, ist sie, nachdem sie so viele Ideale verloren hat, voll von Sehnsucht nach Idealen, die sie haben möchte ... In aller Nüchternheit muß das Programm, das wir schaffen wollen, der Jugend geben den festen Glauben daran, daß es sich da nicht nur um institutionelle Veränderungen an Staat und Gesellschaft handelt, sondern um die Vorbedingungen für einen neuen Menschen, für ein neues Leben, für eine neue Kultur ... Das haben wir unserer Jugend in den letzten Jahren zu wenig geben können, weil wir zu sehr mit dem Alltag befaßt waren ... die Jugend, das ist die Macht, das ist die Zukunft.“*

✽

DER LINZER PROGRAMMPARTEITAG 1926

Nachdem bereits 1925 das Agrarprogramm beschlossen worden war, folgte 1926 auf dem Parteitag in Linz der Abschluß der Diskussionen um das Parteiprogramm.

Welche Bedeutung man den Beratungen dieses Parteitages zumaß, wird schon allein aus seiner Dauer vom Abend des 30. Oktober bis zum 3. November ersichtlich. Die Diskussionen vor und auf dem Parteitag lassen deutlich die Risse und innerparteilichen Konfliktlinien erkennen – aber auch die Versuche, mit dem Programm die verschiedenen Flügel der Partei zu integrieren.

So war der Programmentwurf in sechs Abschnitte gegliedert, die zugleich umfassend und doch in der gebotenen Knappheit alle wesentlichen Fragen und Problemkreise des Überganges von der kapitalistischen zur sozialistischen Gesellschaftsordnung sowie der konkreten politischen Aufgabenstellungen für die österreichische Sozialdemokratie zu umreißen suchten – tatsächlich handelte es sich wohl um das bedeutendste Dokument der Blütezeit des „Austromarxismus“ in seinen vielfältigen Facetten und mit seiner umfassenden und integralen Konzeption einer tiefreichenden politischen, wirtschaftlichen, sozialen und nicht zuletzt kulturellen Veränderung

Der Linzer Parteitag 1926 fand im Volksgartensaal statt. Die Beratungen dauerten fünf Tage.

der Gesellschaft. Dieser Übergang wurde dabei nicht – wie bei den früheren programmatischen Aussagen – in eine unbestimmte Ferne gerückt, sondern von *Otto Bauer* in der Einleitung zur Parteitagsdiskussion *„als eine geschichtliche Aufgabe dieser Generation der Arbeiterklasse"* bezeichnet.

Auf den ersten Abschnitt, der sich mit den Entwicklungstendenzen des Kapitalismus und Imperialismus in der Zeit nach dem Ersten Weltkrieg befaßte, folgte im zweiten Abschnitt ein Überblick über die wichtigsten Entwicklungstendenzen des Klassenkampfes, der im wesentlichen an *Otto Bauers* 1924 vorgetragene und in einer Broschüre mit dem Titel „Der Kampf um die Macht" veröffentlichte Thesen anschloß. Beide Abschnitte skizzierten damit die wesentlichsten gesellschaftlichen Voraussetzungen und Bedingungen der politischen Strategie der Partei, während sich die folgenden drei Abschnitte mit dem Problem einer sozialdemokratischen Regierungsübernahme bis hin zum Übergang zur sozialistischen Gesellschaftsordnung befaßten.

Der dritte Abschnitt war dem „Kampf um die Staatsmacht" und damit dem Problemkreis einer demokratischen Machtübernahme der österreichischen Sozialdemokratie gewidmet – er stellte in gewisser Weise den wichtigsten Teil, mit seinen Äußerungen zum Verhältnis der Partei zu Demokratie und Diktatur aber auch den Teil des Programmes dar, der im Inneren der Partei heftig umstritten blieb und von den Gegnern in verzerrter Weise in den Mittelpunkt der antisozialistischen Propaganda gerückt wurde. Der vierte Abschnitt enthielt einen umfangreichen Katalog von konkreten Reformzielen noch *„innerhalb der kapitalistischen Gesellschaft"* – die selbst sechzig Jahre später noch lesens- und bedenkenswert sind. Damit wurde sowohl für die Zeit der Opposition als auch für jene einer Regierungsübernahme die Vision einer tiefgreifenden gesellschaftlichen Veränderung in das Gewand konkreter Maßnahmen gekleidet.

Hingegen befaßte sich der fünfte Abschnitt mit den weiterreichenden Problemen des *„Übergangs von der kapitalistischen zur sozialistischen Gesellschaftsordnung"* –

sowohl was die Triebkräfte dieses Überganges als auch was die dann nötigen Maßnahmen – vor allem auf dem Gebiete der Sozialisierung – betraf. Und in knappster Form wagte das Programm sogar einen Ausblick auf bestimmte Grundzüge dieser zukünftigen sozialistischen Gesellschaft.

Den Abschluß des Programmes bildete schließlich ein sechster Abschnitt zum Problemkreis der Internationale, der vor allem die Position des außenpolitischen Revisionismus und die für die österreichische Sozialdemokratie charakteristischen Vorbehalte gegen die Pariser Friedensordnung sowie das System des Völkerbundes umriß.

Es war kein Zufall, daß der dritte Abschnitt im Mittelpunkt der innerparteilichen Kontroversen und der Anfeindungen von außen stand: kamen in ihm doch die entscheidenden theoretischen Positionen des austromarxistischen Zentrums um *Otto Bauer* zum Tragen. Einerseits wurden die gesellschaftlichen Beziehungen weitgehend auf den *Kampf um die Macht* zwischen einander prinzipiell feindlich gegenüberstehenden Klassen zurückgeführt, zum anderen wurde von *Otto Bauer* jedoch der *demokratische Weg* als die der Arbeiterbewegung entsprechende politische Form der Realisierung des Überganges zum Sozialismus und der sozialistischen Gesellschaftsordnung und damit die *Absage an Gewalt, Bürgerkrieg und Diktatur* als Instrumente der Machteroberung – mit dem einzigen Ausnahmefall der Verteidigung der Demokratie – festgelegt.

Problematisch war diese Verbindung von Klassenkampftheorie und Postulierung des demokratischen Weges insoferne, weil sie zugleich auch die These umschloß, daß der *Kampf um die Macht* sich zunehmend verschärfte, ja daß die *Bourgeoisie* im Grunde genommen nicht demokratiefähig sei.

Otto Bauer legte diese These beim Linzer Parteitag in seinem Einleitungsreferat in eindrucksvoller Weise dar. Wiederum griff er auf die These zurück, daß die historische Entwicklung auf die Reduzierung einer differenzierten politischen Landschaft – wie sie für die Zeit der Habsburgermonarchie kennzeichnend war – auf zwei politische Hauptlager hintreibe. In Österreich sah *Bauer* diese Entwicklungstendenz besonders deutlich ausgeprägt, da die Arbeiterklasse nach der Revolution von 1918 *„nicht wie die Arbeiterklasse anderer Länder wirklich besiegt, wirklich geschlagen worden" war,* sich vielmehr eine *„außerordentlich große Machtstellung bewahrt"* hatte, *„eine Machtstellung vor allem dadurch, daß sie es verstanden hat, sich vor der Gefahr der Spaltung zu bewahren".* Damit sei sie

„der Bourgeoisie so nahe an den Leib gerückt, daß die Bourgeoisie ihre Herrschaftsstellung in der Republik nicht mehr anders verteidigen kann, als durch die Zusammenfassung aller bourgeoisen Kräfte zu einer reaktionären Masse".

Darüber hinaus dürfe man sich – so *Otto Bauer* – nicht darüber täuschen,

„daß die Bourgeoisie, die sich schwer genug mit der Demokratie abgefunden hat, obwohl sie die Demokratie beherrscht, antidemokratisch, monarchistisch oder faschistisch werden wird, sobald die Demokratie in unsere Hände fällt und damit ihrem Geldsack wirklich gefährlich wird. (Lebhafter Beifall.) Wir kennen den Haß der Bourgeoisie! Wir wissen, welche Wut jedes kleine Stück Machtstellung der Arbeiterklasse bei ihr hervorruft ... Täuschen wir uns nicht! Gerade, wenn der Moment kommt, da wir mit den Mitteln der Demokratie die Macht erobern, wird die Bourgeoisie, wenn sie das wagen kann, es versuchen, die Demokratie zu stürzen und eine faschistische Diktatur aufzurichten".

Angesichts dessen drohte der ebenso postulierte demokratische Weg zum Sozialismus in ein grundsätzliches Dilemma zu geraten – aus dem *Otto Bauer* und das Parteiprogramm einen Weg wiesen: den der *Wehrhaftigkeit* der Arbeiterklasse. Mit zwingender Logik wurde dies im dritten Abschnitt des Parteiprogramms dargelegt:

„Nur wenn die Arbeiterklasse wehrhaft genug sein wird, die demokratische Republik gegen jede monarchistische oder faschistische Gegenrevolution zu verteidigen, nur wenn

das Bundesheer und die anderen bewaffneten Korps des Staates auch dann die Republik schützen werden, wenn die Macht in der Republik durch die Entscheidung des allgemeinen Wahlrechtes in die Hand der Arbeiterklasse fällt, nur dann wird es die Bourgeoisie nicht wagen können, sich gegen die Republik aufzulehnen, nur dann wird daher die Arbeiterklasse die Staatsmacht mit den Mitteln der Demokratie erobern und ausüben können.“

Die Sozialdemokratie müsse daher

„die Arbeiterklasse in ständiger, organisierter geistiger und physischer Bereitschaft zur Verteidigung der Republik erhalten, die engste Geistesgemeinschaft zwischen der Arbeiterklasse und den Soldaten des Bundesheeres pflegen, sie ebenso wie die anderen bewaffneten Korps des Staates zur Treue zur Republik erziehen und dadurch der Arbeiterklassse die Möglichkeit erhalten, mit den Mitteln der Demokratie die Klassenherrschaft der Bourgeoisie zu brechen“.

Der *demokratische Weg* zum Sozialismus war demnach von einer unabdingbaren Voraussetzung abhängig: nämlich vom Vorhandensein eines zur Abschreckung von Umsturzversuchen ausreichenden Gewaltpotentials der Arbeiterklasse.

Dies erklärt denn auch, warum das Parteiprogramm sich die Wege des *Bürgerkrieges* – für den Fall einer trotz aller Bemühungen der Sozialdemokratie gelingenden *„Gegenrevolution der Bourgeoisie“* – und der *Diktatur* offenhielt – den letztgenannten Weg für den Fall, daß sich die *„Bourgeoisie gegen die gesellschaftliche Umwälzung, die die Aufgabe der Staatsmacht der Arbeiterklasse sein wird, durch planmäßige Unterbindung des Wirtschaftslebens, durch gewaltsame Auflehnung, durch Verschwörung mit ausländischen gegenrevolutionären Mächten widersetzen sollte.“*

Daß der *demokratische Weg* trotzdem gelingen könnte, beruhte auf der Überzeugung, daß im Verlauf der weiteren krisenhaften Entwicklung des europäischen, vor allem auch des österreichischen Kapitalismus, immer breitere Schichten der Bevölkerung zur Sozialdemokratie fänden und sich der Führung bzw. *Hegemonie* des Proletariats anvertrauen würden. Wie allgemein und unumstritten diese Meinung verbreitet war, zeigt die Tatsache, daß der zweite Abschnitt des Parteiprogramms, in dem sie ihren Niederschlag fand, als einziger auf keinerlei Kritik stieß und überhaupt nicht geändert werden mußte. Ausführlich ging *Otto Bauer* auf diesen Gedanken einer immer stärkeren Vereinheitlichung der „Arbeiterklasse“ ein – weit über die industrielle Arbeiterschaft hinaus, unter Einschluß der agrarischen Arbeiter und der *„geistigen Arbeiter“* –, an den sich die Forderung anschloß, auch den Kampf um die *Mittelschichten,* das *Kleinbürgertum* zu führen. Damit sollte schließlich die Sozialdemokratie zum politischen Sammelpunkt einer breiten Mehrheit der Bevölkerung werden.

In gewisser Weise spiegelten tatsächlich die beiden hier genannten Abschnitte des Programmes Entwicklungstendenzen der österreichischen Gesellschaft nach 1918 wider: denn es war ja die demokratische Republik vor allem eine Schöpfung der Sozialdemokratie, gab es ja die Tendenzen zum Umsturz der Demokratie, verfügte die Partei – noch – über ein ausreichendes und beeindruckendes Gewalt- und damit auch Machtpotential in der Gestalt des Republikanischen Schutzbundes und auch in Teilen der bewaffneten Exekutive.

Trotzdem kann nicht übersehen werden, daß *Otto Bauers* Argumente ebenso wie die Argumentationslinie des Parteiprogramms auch auf durchaus problematischen Annahmen beruhten: denn letztlich bauten sie auf der Vorstellung einer linearen Weiterentwicklung auf – sowohl was die Machtposition der Sozialdemokratie als auch was ihre Anziehungskraft auf traditionell bürgerliche und bäuerliche Wählerschichten betraf. Die Möglichkeit einer Schwächung der Machtpositionen der Arbeiterklasse wurde ebenso negiert wie etwa die Möglichkeit, daß die *kleinbürgerlichen* und *kleinbäuerlichen Schichten* nach rechts gehen könnten. Vor allem aber wurden damit auch andere Optionen als die der Unterordnung dieser Schichten unter die *Hegemonie* der Arbeiterklasse und damit der Sozialdemokratie übergangen, wie etwa die Annäherung an Teile der gegnerischen Parteien, die ja keineswegs diese homogene *„reaktionäre Masse"* darstellen, wie dies *Otto Bauer* zugrundelegte.

Man muß wohl das *Linzer Programm* auch als den Ausdruck eines auf dem Höhepunkt angelangten Selbstbewußtseins der österreichischen Sozialdemokratie in der Ersten Republik auffassen – eines starken Selbstbewußtseins nicht nur gegenüber den gegnerischen *bürgerlichen* Parteien, sondern auch gegenüber dem Kommunismus: ausführlich rechnete *Otto Bauer* mit dem Kommunismus in seiner Einleitungsrede ab, seine Rede war damit auch eine eindrucksvolle Abrechnung mit dem Konzept der *Gewalt,* des *Bürgerkrieges,* der *Diktatur* als Mittel der politischen Strategie der Sozialdemokratie. Das Proletariat selbst würde letztlich das Opfer eines solchen Weges sein, wie er unter Hinweis auf Rußland aufzuzeigen suchte. Das prägte schließlich auch *Otto Bauers* Auseinandersetzung mit dem führenden theoretischen Kopf der Linken, dem Wiener Soziologen *Max Adler,* der den Begriff der *Diktatur des Proletariats* als unerläßlich für die Definition des Überganges zum Sozialismus betrachtete, ohne damit die verfassungsmäßige Form der Diktatur zu meinen.

Daß trotzdem gerade der dritte Teil des Programmes den meisten Anstoß bei innerparteilichen Kritikern wie politischen Gegnern erregte, beruhte auf der Tatsache, daß die Themen *Macht* und *Gewalt* nicht umgangen wurden wie etwa in der Hainfelder Prinzipienerklärung: in aller Deutlichkeit und Schärfe wurden sie auf den Punkt gebracht – was vor allem Vertreter der Parteirechten als inopportun betrachteten. Aber gerade deshalb muß man das Linzer Programm wohl auch als eines der logisch in sich konsistentesten Dokumente eines Weges zwischen bloßer Sozialreform und gewaltsamer Revolution in der Geschichte des europäischen Sozialismus bezeichnen.

Letztlich ist das Linzer Programm nur dann verständlich, wenn es als ein *Programm der Offensive* unter den spezifischen Bedingungen der Mitte der zwanziger Jahre aufgefaßt wird – und darin lag wohl das zentrale Problem und das Scheitern dieses Programmes: schon mit dem Jahr 1927 geriet die österreichische Sozialdemokratie zunehmend in die Defensive, drohte das Gleichgewicht der Macht und der Gewaltpotentiale immer stärker umzukippen, gingen gerade auch die kleinbürgerlichen und kleinbäuerlichen Schichten nicht nach *links,* sondern nach *rechts* – das Moment der *Abschreckung* drohte so verlorenzugehen, die Perspektive des *Bürgerkriegs* rückte immer näher. Sie hatte das Programm zwar nicht übergangen – eine Orientierung in diesem Kampf bot es nicht.

Sozialdemokratische Gemeindemandatare in Linz (1905 – 1988)

17. Mai 1905 – 15. Mai 1907

Gemeinderäte	*Dametz Josef*	*Reichharzer Anton*
	Gruber Josef	*Siegl Johann*
	Kollinger Rupert	*Spielmann Julius*
	Maier Alois	*Thaler Johann*
	Plöckinger Josef	*Weiguny Anton*

15. Mai 1907 – 26. Mai 1909

Gemeinderäte	*Dametz Josef*	*Siegl Johann*
	Gruber Josef	*Spielmann Julius*
	Kollinger Rupert	*Thaler Johann*
	Maier Alois	*Weiguny Anton*
	Plöckinger Josef	*Weiser Kajetan*
	Reichharzer Anton	

26. Mai 1909 – 10. Mai 1911

Gemeinderäte	*Dametz Josef*	*Siegl Johann*
	Gruber Josef	*Thaler Johann*
	Kollinger Rupert	*Weiguny Anton*
	Plöckinger Josef	*Weiser Kajetan*

10. Mai 1911 – 21. Mai 1913

Gemeinderäte	*Ehart Gustav*	*Siegl Johann*
	Gruber Josef	*Spielmann Julius*
	Kollinger Rupert	*Thaler Johann*
	Plöckinger Josef	*Weiser Kajetan*

21. Mai 1913 – 16. November 1918

Gemeinderäte	*Ehart Gustav*	*Plöckinger Josef*
	Gruber Josef	*Weiser Kajetan*
	Kollinger Rupert	

16. November 1918 – 11. Juni 1919

Bestellt durch die provisorische Landesregierung

Prov. Vizebürgermeister	*Dametz Josef*	
Prov. Gemeinderäte	*Affenzeller Josef*	*Lifka Franz*
	Beutlmayr Marie	*Plöckinger Josef*
	Dannereder Michael	*Reisetbauer Ferdinand*
	Ehart Gustav	*Resch Franz*
	Euller Eduard	*Scherbantin Josef*
	Ginzinger Hans	*Siegl Johann*
	Gruber Josef	*Stock Josef*
	Kollinger Rupert	*Strunz Rudolf*
	Kraft Leopold	*Weiser Kajetan*

11. Juni 1919 – 13. Juli 1923

Bürgermeister	*Dametz Josef*	
Vizebürgermeister	*Mehr Robert*	
Stadträte	*Fraß Hans* *Kraft Leopold* *Kroiher Hans*	*Resch Franz* *Schneeweiß Hermann*
Gemeinderäte	*Affenzeller Josef* *Beutlmayr Marie* *Bruckschlögl Max* *Ehart Gustav* *Ennser Hans* *Euller Eduard* *Ginzinger Hans* *Gruber Josef* *Häuslmayr Ferdinand* *Kecht Hugo* *Kelischek Franz* *Kollinger Rupert* *Lifka Franz*	*Müller Emil* *Nawrath Franz* *Nowak Theresia* *Pfoser Fritz* *Plöckinger Josef* *Reisetbauer Ferdinand* *Scherbantin Josef* *Schmirl Hans* *Schubert Franz* *Siegl Johann* *Stock Josef* *Tomaschek Anna* *Weiser Kajetan*
Ersatzleute *	*Albrecht Leopold* *Benedikovic Rudolf* *Dannereder Michael* *Dannesbichler Leopold* *Langl Anton*	*Maier Alois* *Miesbauer Johann* *Pace Otto* *Strasser Richard*

13. Juli 1923 – 13. Mai 1927

Bürgermeister	*Dametz Josef*	
Vizebürgermeister Ersatz	*Resch Franz* *Mehr Robert*	
Stadträte	*Kraft Leopold* *Kroiher Hans*	*Mehr Robert* *Steiger Karl*
Ersatz	*Scherbantin Josef*	
Gemeinderäte	*Affenzeller Josef* *Beutlmayr Marie* *Brandl Therese* *Bruckschlögl Max* *Bruckschlögl Risa* *Ehart Gustav* *Ennser Hans* *Euller Eduard* *Fraß Hans* *Gabrielli Anton* *Gruber Josef* *Hofer Hans*	*Kandl Heinrich* *Kollinger Rupert* *Langl Anton* *Lifka Franz* *Mitterbauer Engelbert* *Müller Emil* *Orthner Hans* *Scherbantin Josef* *Schneeweiß Hermann* *Schoißengair Hans* *Weiser Kajetan* *Wlassak Anton*
Ersatzleute	*Hruschka Ambros* *Scherleitner Josef*	*Stock Josef* *Strasser Richard*

* Anmerkung: Als „Ersatz“ bzw. „Ersatzleute“ werden diejenigen GR-Mitglieder bezeichnet, die während einer Funktionsperiode für einen ausgeschiedenen Mandatar (in dessen Position) nachgerückt sind.

13. Mai 1927 – 21. Mai 1931

Bürgermeister	*Dametz Josef*	
Ersatz	*Mehr Robert*	
	Euller Eduard	
	Gruber Josef	
Vizebürgermeister	*Mehr Robert*	
Ersatz	*Euller Eduard*	
	Kraft Leopold	
Stadträte	*Euller Eduard*	*Scherbantin Josef*
	Kraft Leopold	*Steiger Karl*
	Kroiher Hans	
Ersatz	*Bruckschlögl Max*	
	Mehr Robert	
	Übeleis Vinzenz	
Gemeinderäte	*Aigner Edmund*	*Koref Ernst*
	Albrecht Josefine	*Kollinger Rupert*
	Beutlmayr Marie	*Langl Anton*
	Bruckschlögl Max	*Mitterbauer Engelbert*
	Bruckschlögl Risa	*Orthner Hans*
	Drasch Robert	*Scherleitner Josef*
	Ehart Gustav	*Schneeweiß Hermann*
	Ennser Hans	*Schoißengair Hans*
	Gabrielli Anton	*Stock Josef*
	Glasner Josef	*Strasser Richard*
	Gruber Josef	*Übeleis Vinzenz*
	Hofer Hans	*Wlassak Anton*
	Hruschka Ambros	
Ersatzleute	*Aichmayr Franz*	*Prammer Karl*
	Brejla Rafael	*Seibert Nikolaus*
	Fröschl Wilhelm	

21. Mai 1931 – 12. Februar 1934

Bürgermeister	*Gruber Josef*	
Vizebürgermeister	*Mehr Robert*	
	Kraft Leopold	
Ersatz	*Gabrielli Anton*	
	Scherleitner Josef	
Stadträte	*Bruckschlögl Max*	*Scherbantin Josef*
	Kroiher Hans	*Steiger Karl*
Ersatz	*Kraft Leopold*	
Gemeinderäte	*Aigner Edmund*	*Kandl Heinrich*
	Albrecht Josefine	*Koref Ernst*
	Beutlmayr Marie	*Langl Anton*
	Bruckschlögl Risa	*Liedl Fritz*
	Drasch Robert	*Prammer Karl*
	Ehart Josef	*Scherleitner Josef*
	Ennser Hans	*Schneeweiß Hermann*
	Euller Eduard	*Schoißengair Hans*
	Fröschl Wilhelm	*Seibert Nikolaus*
	Gabrielli Anton	*Strasser Richard*
	Hofer Hans	*Übeleis Vinzenz*
	Hruschka Ambros	*Wlassak Anton*
	Hufnagl Franz	

Ersatzleute	*Ahamer Heinrich* *Fischer Käthe* *Hiermann Ludwig*	*Höglinger Hans* *Schmiedinger Ella* *Zapf Hermann*

7. Mai 1945 – 7. Jänner 1946

Ernannt durch die amerikanische Militärregierung

Bürgermeister	*Koref Ernst*
Vizebürgermeister	*Scherleitner Josef* *Gebhardt Albin*
Stadträte	*Reich Josef* *Steubl Franz*

7. Jänner 1946 – 8. April 1946

Bürgermeister	*Koref Ernst*
Vizebürgermeister	*Scherleitner Josef* *Gebhardt Albin*
Stadträte	*Ahammer Johann* *Markl Ferdinand* *Reich Josef*

8. April 1946 – 27. Oktober 1949

Bürgermeister	*Koref Ernst*	
Vizebürgermeister	*Scherleitner Josef* *Gebhardt Albin*	
Stadträte	*Ahammer Johann* *Kassin Josef*	*Markl Ferdinand* *Reich Josef*
Gemeinderäte	*Affenzeller Josef* *Edlinger Rudolf* *Eibensteiner Johann* *Erb Vinzenz* *Fiala Karl* *Gabrielli Anton* *Gaggl Josef* *Hammerl Josef* *Hazod Franz* *Hofer Karl* *Hödl Josef* *Imperial Franz* *Jirmann Ignaz* *Kasticky Johann* *Kerl Rudolf*	*Labek Franz* *Lackinger Marianne* *Leppelt Hermann* *Pammer Franz* *Prammer Karl* *Schnur Franz* *Seibert Rosa* *Seitlinger Josef* *Streitner Johann* *Thanhofer Franz* *Vockenhuber Franz* *Weinas Rupert* *Wiskozil Franz* *Wlassak Anton*
Ersatzleute	*Namors Wilhelm* *Stuj Ilona*	*Verwagner Elise* *Zuschrott Hermann*

27. Oktober 1949 – 15. November 1955

Bürgermeister	*Koref Ernst*	
Vizebürgermeister	*Scherleitner Josef*	
Stadträte	*Ahammer Johann* *Gebhardt Albin*	*Markl Ferdinand* *Reich Josef*
Ersatz	*Namors Wilhelm*	

Gemeinderäte	*Brauneis Walter* *Edlinger Rudolf* *Fiala Karl* *Gabrielli Anton* *Gruber Alois* *Hofer Karl* *Kassin Josef* *Kleiner Viktor* *Lackinger Marianne* *Mayr Heinrich*	*Mayr Käthe* *Namors Wilhelm* *Pammer Franz* *Rainer Karl* *Seitlinger Josef* *Stuj Ilona* *Thanhofer Franz* *Treuschitz Ignaz* *Winter Josef* *Wlassak Anton*
Ersatzleute	*Fechter Stefan* *Hillinger Franz*	*Lala Hans* *Lukesch Rudolf*

15. November 1955 – 13. November 1961

Bürgermeister	*Koref Ernst*	
Vizebürgermeister	*Grill Theodor* *Gebhardt Albin*	
Stadträte	*Ahammer Johann* *Namors Wilhelm*	*Markl Ferdinand*
Ersatz	*Fechter Stefan* *Hillinger Franz*	*Samhaber Franz*
Gemeinderäte	*Brauneis Walter* *Dellinger Hans* *Fechter Stefan* *Fiala Karl* *Grestenberger Anny* *Heitzinger Käthe* *Hillinger Franz* *Kleiner Viktor* *Krejci Heinz* *Lackinger Marianne* *Lala Hans* *Lindorfer Leopold* *Lukesch Rudolf*	*Mayr Hans* *Mayr Käthe* *Obermüllner Hans* *Oswald Josef* *Pammer Franz* *Rainer Karl* *Reich Josef* *Richtsfeld Franz* *Seitlinger Josef* *Siegmeth Philipp* *Treuschitz Ignaz* *Winter Josef* *Wlassak Anton*
Ersatzleute	*Czekal Hermann* *Eder Josef* *Hans Kirchschläger*	*Maringer Wilhelm* *Samhaber Franz*

13. November 1961 – 8. November 1967

Bürgermeister	*Koref Ernst*
Ersatz	*Aigner Edmund*
Vizebürgermeister	*Grill Theodor* *Gebhardt Albin*
Ersatz	*Hillinger Franz*
Stadträte	*Fechter Stefan* *Hillinger Franz* *Samhaber Franz*
Ersatz	*Jarosch Klaus*

Gemeinderäte	*Aigner Edmund* *Ahamer Ernst* *Czekal Hermann* *Eder Josef* *Enzenhofer Rupert* *Grestenberger Anny* *Gruber Gottfried* *Heitzinger Käthe* *Hutsteiner Josefine* *Jarosch Klaus* *Kafka Karl* *Kleiner Viktor* *Krejci Heinz*	*Lindorfer Leopold* *Lukesch Rudolf* *Maringer Wilhelm* *Mayr Hans* *Mayr Käthe* *Mayrhofer Hermann* *Mühlböck Karl* *Obermüllner Hans* *Oswald Josef* *Reindl Josef* *Richler Fritz* *Strasser Rudolf* *Treuschitz Ignaz*
Ersatzleute	*Girlinger Michael* *Neubauer Paul*	*Schanovsky Hugo* *Wagner Hans*

8. November 1967 – 1973

Bürgermeister	*Aigner Edmund*	
Ersatz	*Grill Theodor*	
Vizebürgermeister	*Grill Theodor* *Hillinger Franz*	
Ersatz	*Fechter Stefan*	
Stadträte	*Fechter Stefan* *Grestenberger Anny*	*Lala Johann* *Samhaber Franz*
Ersatz	*Enzenhofer Rupert*	
Gemeinderäte	*Ahamer Ernst* *Czekal Hermann* *Dobesberger Franz* *Eder Josef* *Enzenhofer Rupert* *Feichtinger Richard* *Franzmayr Alfred* *Girlinger Michael* *Gruber Franz* *Gruber Gottfried* *Hamberger August* *Heitzinger Käthe* *Hillinger Franz* *Hofer Edeltraud* *Huber Josef* *Hutsteiner Josefine* *Kaiser Erwin* *Kapellner Rudolf* *Krejci Heinz*	*Lala Johann* *Lindorfer Leopold* *Link Paula* *Maringer Wilhelm* *Mayr Hans* *Mayrhofer Hermann* *Merschitzka Heinz* *Mühlböck Karl* *Obermüllner Hans* *Oswald Josef* *Reif Ernst* *Reindl Josef* *Samhaber Franz* *Schanovsky Hugo* *Schöfl Florian* *Stadlmayr Horst* *Strasser Rudolf* *Wagner Johann*
Ersatzmann	*Gruber Franz*	

1973 – 1979

Bürgermeister	*Hillinger Franz*
Vizebürgermeister	*Samhaber Franz* *Lala Johann*
Stadträte	*Ahamer Ernst* *Enzenhofer Rupert* *Schanovsky Hugo*

Gemeinderäte

Czekal Hermann
Feichtinger Richard
Fostel Hermine
Franzmayr Alfred
Gargitter Eduard
Girlinger Michael
Gruber Alfred
Gruber Franz
Gründlinger Arthur
Hamberger August
Hofer Edeltraud
Huber Josef
Kaiser Erwin
Kapellner Rudolf
Lindorfer Leopold
Link Paula
Lotteraner Max
Maringer Wilhelm
Mayr Hans
Merschitzka Heinz
Mistlberger Josef (ab 1977)
Mühlböck Karl
Obermüllner Johann
Oswald Josef
Peschek Jürgen (ab 1977)
Reif Ernst
Ruhaltinger Franz (ab 1978)
Schöfl Florian
Stadlmayr Horst
Strasser Rudolf
Winkler Oskar

1979 – 1985

Bürgermeister

Hillinger Franz

Vizebürgermeister

Schanovsky Hugo
Lala Johann

Stadträte

Ahamer Ernst
Enzenhofer Rupert
Hofer Edeltraud
Nöstlinger Hans
Schauberger Adolf

Gemeinderäte

Ackerl Josef (ab 1981)
Fostel Hermine
Franzmayr Alfred
Grafleitner Horst
Graenitz Ilona
Gruber Alfred
Gruber Franz
Gründlinger Arthur
Haslhofer Erwin
Hauder Ilse (ab 1981)
Hinterleitner Helfried (ab 1983)
Huber Josef
Kapellner Rudolf
Lang Heinz
Lindorfer Leopold
Lonauer Fritz
Luger Alois (ab 1983)
Maringer Wilhelm
Mayr Hans
Merschitzka Heinz
Mistlberger Josef
Mitterlehner Wilhelm
Mühlböck Karl
Obermüllner Johann
Pentz Hartmut
Reif Ernst
Stadlmayr Horst
Steinbichler Ernst (ab 1983)
Strasser Rudolf
Traxler Horst
Wiesinger Karl
Wipplinger Hubert
Wohlmacher Herbert (ab 1984)
Wöllert Karl

1985 – 1991

Bürgermeister

(Schanovsky Hugo)
Dobusch Franz (ab 1988)

Vizebürgermeister

Schauberger Adolf
Hofer Edeltraud

Stadträte

Ackerl Josef
Froschauer Alois
Nöstlinger Hans

Gemeinderäte	*(Ahamer Ernst)*	*Merschitzka Heinz*
	Ametsreiter Adolf	*(Oberchristl Helmut)*
	Frais Karl (ab 1988)	*Prammer Wolfgang*
	(Graenitz Ilona)	*Reif Ernst*
	Grafleitner Horst	*Reisinger Karl*
	Gründlinger Arthur	*Richtsteiger Karl*
	Haider Erich	*Rockenschaub Erika*
	Hartmaier Siegmund	*Sampt Erwin*
	Haslhofer Erwin	*Scherde Werner*
	Hauder Ilse	*Schimböck Wolfgang*
	Hinterleitner Helfried	*Traxler Horst*
	Holzhammer Ingrid (ab 1988)	*Weingartner Hedwig (ab 1988)*
	Klaushofer Roland (ab 1988)	*Wiesinger Karl*
	Luger Alois	*Wipplinger Hubert*
	Mayr Hans	*Wöllert Karl*
	Mayr Johann	

Korrekturen und Ergänzungen

Beitrag: „EIN JAHRHUNDERT SOZIALDEMOKRATIE IN LINZ"
Seite 47, 2. Absatz soll lauten –
„Als Dollfuß im März 1933 die Demokratie ausschaltete . . ."

Beitrag: „100 JAHRE – 10 BÜRGERMEISTER"
Seite 95, 4. Absatz soll lauten –
„Von 1969 bis 1979 übernahm er als Stadtrat . . ."

Beitrag: „SOZIALISTISCHE GEWERKSCHAFTSBEWEGUNG IN LINZ"
Seite 141, 5. Absatz soll lauten –
„. . . das vierte Lohn- und Preisabkommen im September 1950 . . ."

Beitrag: „ERZIEHUNGS- UND BILDUNGSARBEIT DER SOZIALDEMOKRATIE IN LINZ"
Seite 179, „Die Kinderfreundearbeit", 3. Absatz soll lauten –
„. . ., die Republikfeier gedachte der Ausrufung der Ersten Republik am 12. November 1918; . . ."

Seite 179, letzter Absatz soll lauten –
„. . . bereitete die kapitalistische Krise den Kinderfreunden ab 1931 zunehmend Probleme"

Beitrag: „DEN FRAUEN IHR RECHT"
Seite 202, letzter Absatz soll lauten –
„Es war der Erste Mai 1884 . . ."

Beitrag: „LINZER NATURFREUNDE"
Seite 249, 2. Absatz soll lauten –
„Bereits am 14. Juli 1957 konnte . . ."

Beitrag: „DIE ENTWICKLUNG DER LINZER SEKTIONEN AB 1945"
Seite 291/292 ist bei „Vorsitzende seit 1945" zu ergänzen –

Sektion Gaswerk:	Philipp Siegmeth
Sektion Neue Heimat:	Wilhelm Maringer
Sektion PVA:	Wilhelm Boukal (anstatt Barkal)

Beitrag: „LINZER INDUSTRIEENTWICKLUNG"
Seite 297, Bildtext soll lauten –
„Die Baumwollspinnerei von Johann Grillmayer in Kleinmünchen, Mitte des 19. Jahrhunderts."

Seite 304/305, Bildtexte sind auszutauschen

Anhang: SOZIALDEMOKRATISCHE GEMEINDEMANDATARE IN LINZ

Koref Ernst	Bürgermeister	von 1945–1962
Aigner Edmund	Bürgermeister	von 1962–1968
Grill Theodor	Bürgermeister	von 1968–1969
	Vizebürgermeister	von 1955–1968

Hillinger Franz	Bürgermeister	von 1969–1984
	Vizebürgermeister	von 1965–1969
Schanovsky Hugo	Bürgermeister	von 1984–1988
	Vizebürgermeister	von 1979–1984
	Stadtrat	von 1969–1979
Dobusch Franz	Bürgermeister	ab 1988
Fechter Stefan	Vizebürgermeister	von 1968–1969
	Stadtrat	von 1958–1968
Lala Hans	Vizebürgermeister	von 1969–1983
	Stadtrat	von 1967–1969
Samhaber Franz	Vizebürgermeister	von 1969–1979
	Stadtrat	von 1960–1969
Enzenhofer Rupert	Vizebürgermeister	von 1983–1985
	Stadtrat	von 1968–1983
Ahamer Ernst	Vizebürgermeister	von 1984–1987
	Stadtrat	von 1969–1984
Hofer Edeltraud	Vizebürgermeister	ab 1985
	Stadtrat	von 1979–1985
Schauberger Adolf	Vizebürgermeister	ab 1987
	Stadtrat	von 1983–1987
Nöstlinger Hans	Stadtrat	ab 1984
Ackerl Josef	Stadtrat	ab 1985
	Gemeinderat	von 1980–1985
Froschauer Alois	Stadtrat	ab 1987
Graenitz Ilona	Gemeinderat	von 1979–1986
Hauder Ilse	Gemeinderat	ab 1980
Luger Alois	Gemeinderat	ab 1980
Oberchristl Helmut	Gemeinderat	von 1985–1987
Klaushofer Roland	Gemeinderat	ab 1986
Holzhammer Ingrid	Gemeinderat	ab 1987

Anhang: **WAHLERGEBNISSE**

Gemeinderatswahlen in Linz, 1985

Wahlberechtigte	abgegebene Stimmen	gültige Stimmen	**SPÖ**	ÖVP	FPÖ	VGÖ	GALL	KPÖ	DGÖ
140165	102680	100213	**52445**	31748	5162	5524	2685	1989	660

Nationalratswahlen in Linz, 1983

Wahlberechtigte	abgegebene Stimmen	gültige Stimmen	**SPÖ**	ÖVP	FPÖ	VGÖ	ALÖ	KPÖ
139588	121523	120215	**69505**	36482	6869	4024	1954	981

Nationalratswahlen in Linz, 1986

Wahlberechtigte	abgegebene Stimmen	gültige Stimmen	**SPÖ**	ÖVP	FPÖ	Grün-Altern.	KPÖ
140071	118247	116532	**62671**	33829	11483	7306	1243

Die Mitgliederbewegung

DIE MITGLIEDERBEWEGUNG DER SPÖ LINZ-STADT ZWISCHEN 1922 UND 1987

	Männer	Frauen	Zusammen
1922	11592	3126	**14718**
1923	10553	2436	**12989**
1924	9314	2911	**12225**
1925	7783	2690	**10473**
1926	8542	2817	**11341**
1927	8824	3382	**12206**
1928	9185	3692	**12877**
1929	9476	3899	**13375**
1930	9289	3913	**13202**
1931	8140	3361	**11501**
1932	8273	3438	**11711**
1933	7460	3094	**10554**
1934	–	–	–
1935	–	–	–
1936	–	–	–
1937	–	–	–
1938	–	–	–
1939	–	–	–
1940	–	–	–
1941	–	–	–
1942	–	–	–
1943	–	–	–
1944	–	–	–
1945	–	–	–
1946	4766	1609	**6375**
1947	6215	2294	**8509**
1948	7057	2624	**9691**
1949	7260	2755	**10015**
1950	7723	2785	**10508**
1951	9005	2934	**11939**
1952	10253	3167	**13420**
1953	11293	3390	**14683**
1954	14001	4338	**18339**

	Männer	Frauen	Zusammen
1955	14749	4564	**19313**
1956	14927	4507	**19434**
1957	15480	4635	**20115**
1958	16282	4986	**21268**
1959	16716	5111	**21827**
1960	17106	5250	**22356**
1961	17104	5261	**22365**
1962	17147	5242	**22389**
1963	17598	5460	**23058**
1964	17895	5516	**23411**
1965	17862	5496	**23358**
1966	17589	5404	**22993**
1967	17608	5351	**22959**
1968	17826	5361	**23187**
1969	18071	5228	**23299**
1970	18129	5270	**23399**
1971	17910	5188	**23098**
1972	18019	5274	**23293**
1973	17875	5294	**23169**
1974	18185	5377	**23562**
1975	19456	5722	**25178**
1976	20243	6204	**26447**
1977	20598	6504	**27102**
1978	21350	6827	**28177**
1979	22349	7257	**29606**
1980	22230	7210	**29440**
1981	22145	7217	**29362**
1982	22062	7197	**29259**
1983	22154	7383	**29537**
1984	22561	7596	**30157**
1985	22631	7686	**30317**
1986	22385	7681	**30066**
1987	21389	7490	**28879**

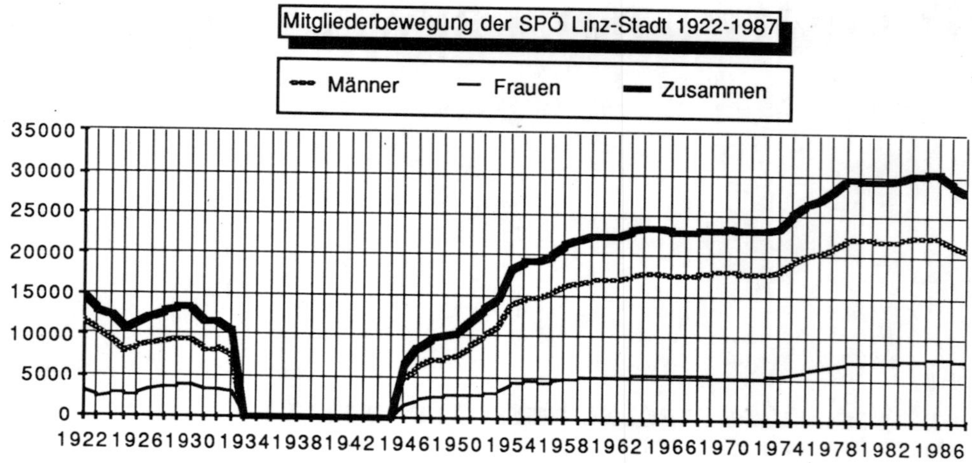

DIE MITGLIEDERENTWICKLUNG DER LINZER SEKTIONEN, FESTGEHALTEN IN DEN JAHREN 1954, 1964, 1974, 1984

Männer ····· Frauen — Zusammen

jeweils zum 1. 1.		**1954**	**1964**	**1974**	**1984**
Altstadt-Ludlgasse	Zusammen	**695**	**632**	**513**	**537**
	Männer	514	425	338	332
	Frauen	181	207	175	205
(Ludlgasse)	Zusammen	**447**	**415**		
	Männer	330	285		
	Frauen	117	130		
A.-Hofer-Platz	Zusammen	**789**	**606**	**389**	**500**
	Männer	611	446	288	376
	Frauen	178	160	101	124
Bindermichl	Zusammen	**689**	**736**	**758**	**654**
	Männer	513	546	570	450
	Frauen	176	190	188	204
Dametzstraße	Zusammen	**237**	**224**	**180**	**196**
	Männer	175	149	121	110
	Frauen	62	75	69	86
Bulgariplatz	Zusammen		**739**	**628**	**630**
	Männer		578	494	501
	Frauen		161	134	129

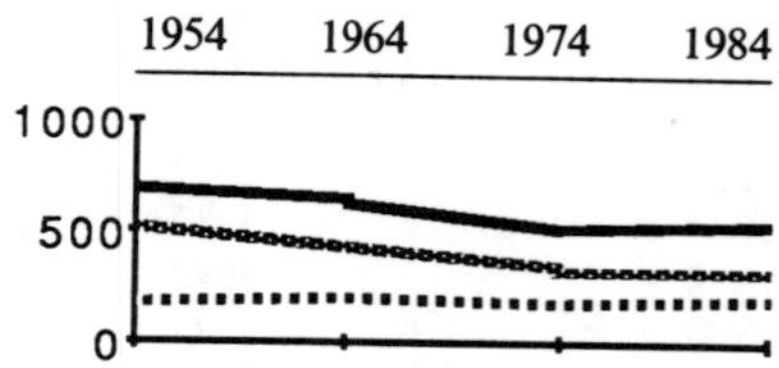

wurde mit Altstadt zusammengelegt

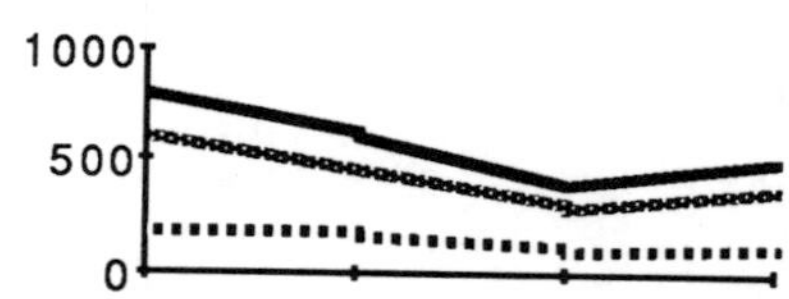

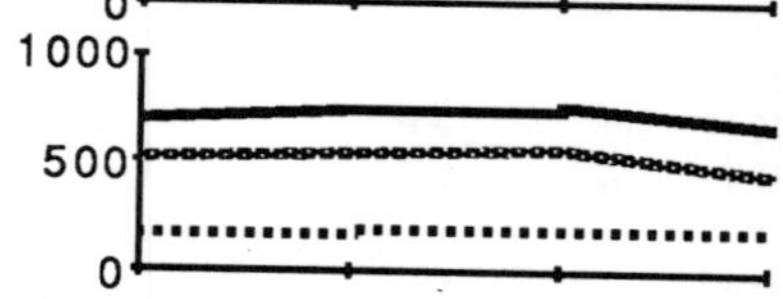

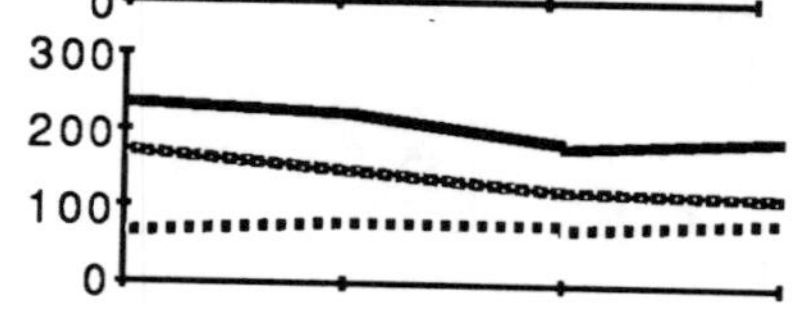

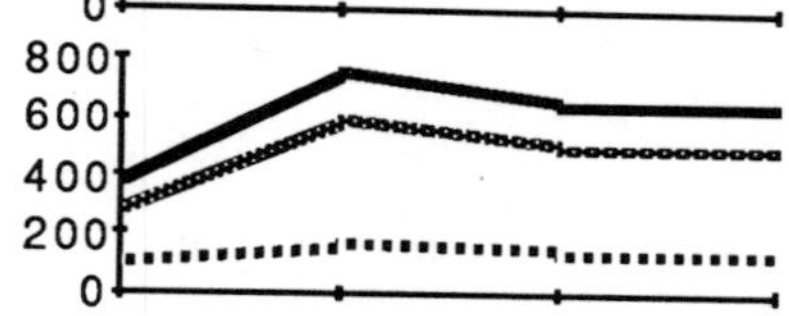

jeweils zum 1. 1.		**1954**	**1964**	**1974**	**1984**	1954 1964 1974 1984
(Makartstraße)	Zusammen	**374**				wurde in Bulgariplatz übernommen
	Männer	272				
	Frauen	162				
Chemie Linz	Zusammen			**1728**	**2806**	
	Männer			1550	2380	
	Frauen			178	426	
(Stickstoffwerke)	Zusammen		**777**			wurde in Chemie Linz übernommen
	Männer		724			
	Frauen		53			
Ebelsberg	Zusammen	**348**	**472**	**546**	**611**	
	Männer	256	338	417	435	
	Frauen	92	134	129	176	
Dornach-Auhof	Zusammen			**236**	**419**	
	Männer			181	279	
	Frauen			55	140	
Franckstraße	Zusammen	**1990**	**1313**	**1010**	**667**	
	Männer	1531	915	658	405	
	Frauen	459	398	352	262	
Froschberg	Zusammen	**658**	**993**	**847**	**721**	
	Männer	453	705	648	532	
	Frauen	205	288	199	189	
Gaswerk	Zusammen	**984**	**1010**	**1063**	**1613**	
	Männer	538	503	482	659	
	Frauen	446	507	581	954	
(Hagen)	Zusammen	**596**	**607**			Hagen und Rudolfstraße wurden zu „Urfahr West“ zusammengelegt
	Männer	470	499			
	Frauen	126	108			
(Rudolfstraße)	Zusammen	**320**	**212**			
	Männer	209	142			
	Frauen	111	70			
Urfahr West	Zusammen			**800**	**965**	
	Männer			690	784	
	Frauen			110	181	

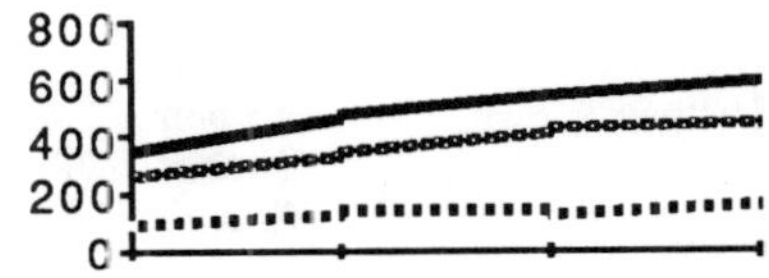

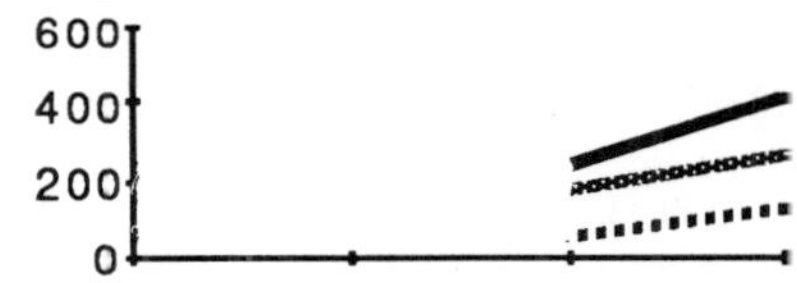

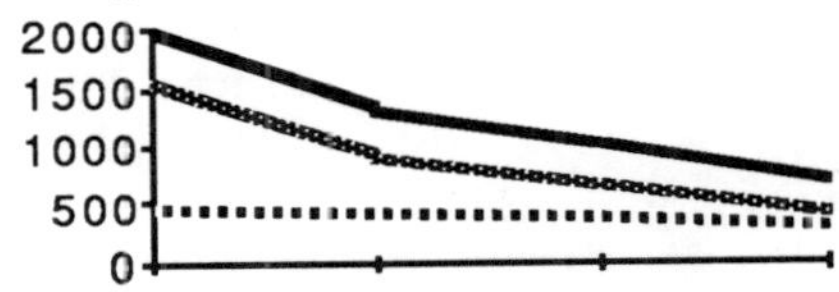

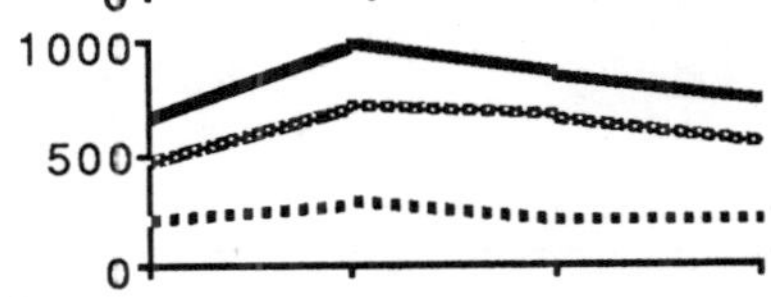

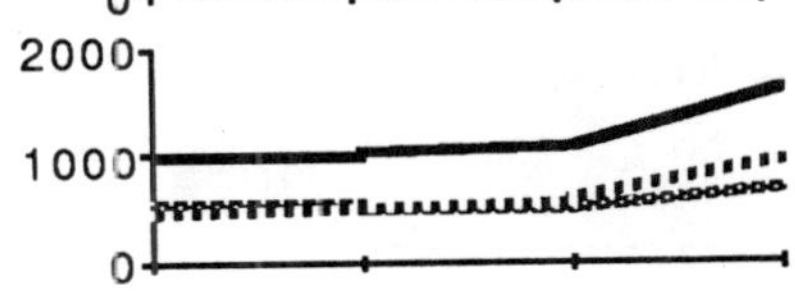

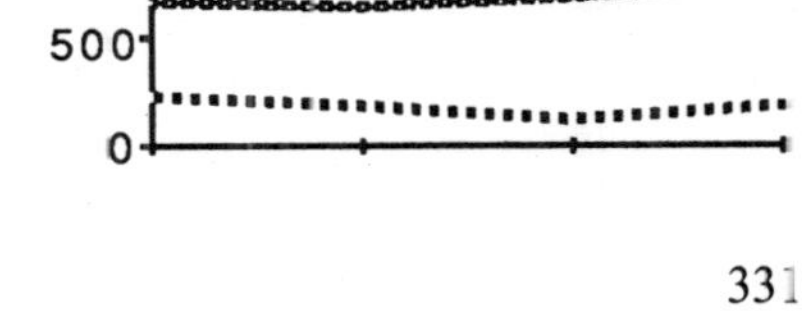

jeweils zum 1. 1.		**1954**	**1964**	**1974**	**1984**
Gebiets-krankenkasse	Zusammen			**445**	**716**
	Männer			238	337
	Frauen			207	379
Harbachsiedlung	Zusammen	**418**	**591**	**593**	**468**
	Männer	300	407	409	304
	Frauen	118	184	184	164
Hartmayrsiedlung	Zusammen	**579**	**741**	**698**	**606**
	Männer	380	492	434	367
	Frauen	199	249	264	239
Heilham	Zusammen	**290**	**471**	**463**	**592**
	Männer	200	320	307	366
	Frauen	90	151	156	226
Karlhofsiedlung	Zusammen	**323**	**365**	**420**	**454**
	Männer	210	231	264	269
	Frauen	113	134	156	185
Kapuzinerstraße	Zusammen	**281**	**218**	**177**	**198**
	Männer	188	133	115	151
	Frauen	93	85	62	47
Keferfeld	Zusammen	**357**	**423**	**387**	**503**
	Männer	256	270	264	340
	Frauen	101	153	123	163
Kleinmünchen	Zusammen	**835**	**1080**	**1020**	**741**
	Männer	680	878	769	524
	Frauen	173	202	251	217
Muldenstraße	Zusammen			**297**	**464**
	Männer			209	267
	Frauen			88	197
Neue Heimat	Zusammen	**626**	**929**	**910**	**855**
	Männer	457	597	597	547
	Frauen	169	332	313	308
Neue Welt	Zusammen	**373**	**444**	**334**	**363**
	Männer	285	348	241	247
	Frauen	88	96	93	116

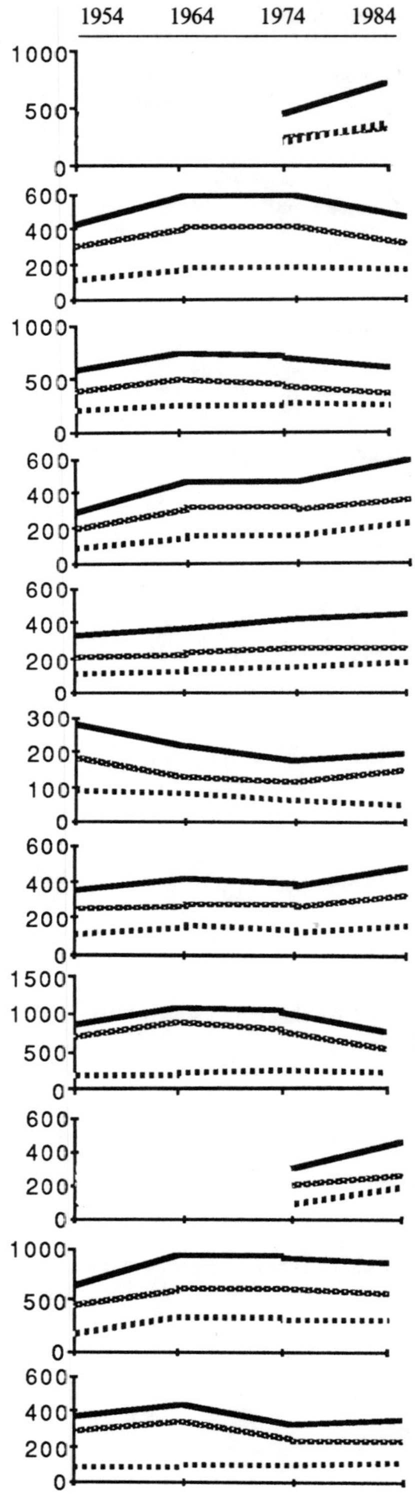

jeweils zum 1. 1.		**1954**	**1964**	**1974**	**1984**
Neustadt	Zusammen	**515**	**444**	**314**	**304**
	Männer	333	276	210	184
	Frauen	182	168	104	120
Römerberg	Zusammen	**315**	**294**	**212**	**189**
	Männer	225	200	137	112
	Frauen	90	94	75	77
Pensionsversicherungsanstalt	Zusammen			**152**	**272**
	Männer			77	112
	Frauen			75	160
Spallerhof	Zusammen	**545**	**527**	**317**	**295**
	Männer	419	392	200	173
	Frauen	126	135	117	122
Schiffswerft	Zusammen	**513**	**515**	**626**	**723**
	Männer	392	395	509	629
	Frauen	121	120	117	94
Steg-Magdalena	Zusammen	**279**	**294**	**306**	**453**
	Männer	229	232	229	317
	Frauen	50	62	77	136
Volksgarten	Zusammen	**498**	**491**	**468**	**467**
	Männer	376	341	351	331
	Frauen	122	150	117	136
Voest	Zusammen	**2595**	**6078**	**5741**	**9135**
	Männer	2503	5598	5423	8349
	Frauen	92	480	318	786
ÖBB-Verschiebebahnhof (Zahlstelle)	Zusammen			**84**	**110**
	Männer			82	108
	Frauen			2	2
Schörgenhub	Zusammen				**292**
	Männer				185
	Frauen				107
Auwiesen	Zusammen				**135**
	Männer				85
	Frauen				50

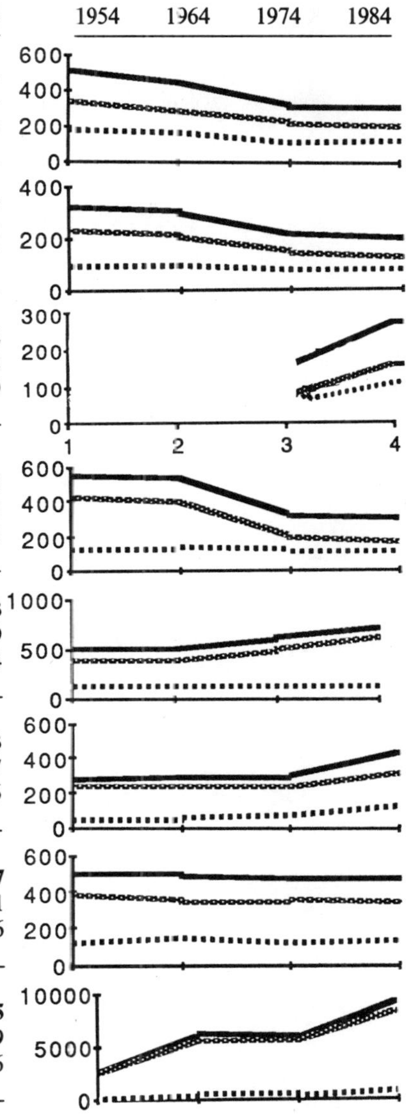

GEMEINDERATSWAHLEN IN LINZ

DIE GEMEINDERATSWAHLEN IN LINZ IN DER ERSTEN REPUBLIK

Gemeinderatswahlen 1919 – 1931 (absolut)

	1919	1923	1931
Sozialdemokraten	**20267**	**28038**	**32140**
Christlich-Soziale	10005	15155	14285
Großdeutsche	6138	9159	5922
Heimatwehr			5794
Nationalsozialisten		4133	4202
Kommunisten		843	700

Gemeinderatswahlen 1919 – 1931 (in %)

	1919	1923	1927	1931
Sozialdemokraten	**55.26**	**48,6**	**52,57**	**50,98**
Christlich-Soziale	28,2	26,3	*46,97	22,66
Großdeutsche	16.54	15,7		9,39
Nationalsozialisten		7,9		6,76
Heimwehr				8,19
Sonstige		1,59	0,36	1,11

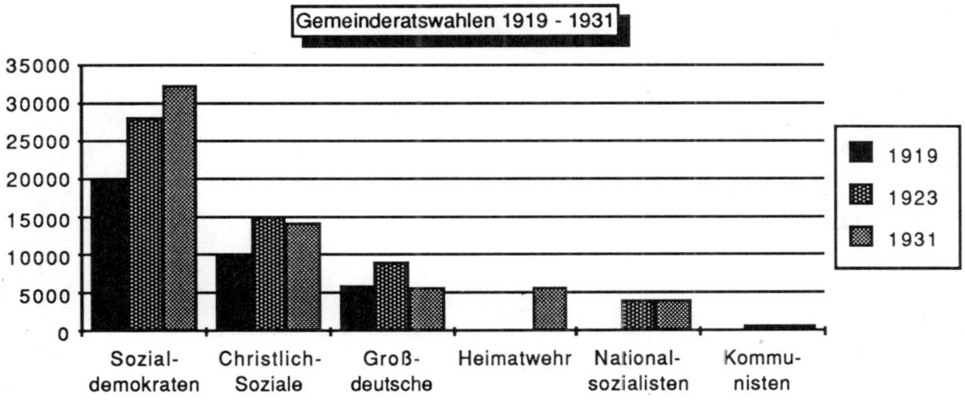

Gemeinderatswahlen 1927* (absolut)

Sozialdemokraten	**33837**
Einheitsliste	30193
Kommunisten	226

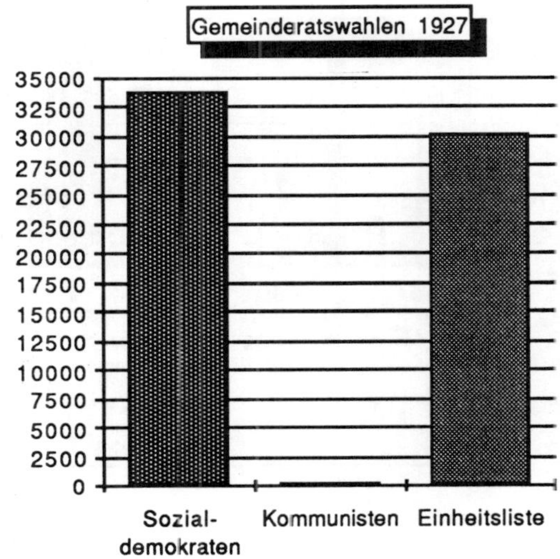

*1927 kandidierten Christlich-Soziale und Deutsch-Nationale gemeinsam als „Einheitsliste"

DIE GEMEINDERATSWAHLEN IN LINZ 1945 – 1985

Gemeinderatswahlen 1945 – 1985 (absolut)

	Wahlberechtigte	abgegebene Stimmen	gültige Stimmen	SPÖ	ÖVP	FPÖ*	KPÖ
1949	102768	97336	96145	**40731**	23054	27036	4724
1955	116235	106137	102734	**53280**	30283	14197	4974
1961	128085	111858	108885	**57170**	33860	13931	3924
1967	134178	115569	113790	**67421**	33421	9562	2064
1973	136929	118779	116833	**65654**	37937	9886	2514
1979	139860	110720	108786	**60820**	37710	8477	1779
1980	139860	90549	86356	**52199**	26050	8674	2433
1985	140165	102680	100213	**52445**	31748	5162	1989

Gemeinderatswahlen 1945 – 1985 (in %)

	SPÖ	ÖVP	FPÖ*	KPÖ
1945	**59,5**	36,3		4,2
1949	**42,4**	24,0	28,1	4,9
1955	**51,9**	29,5	13,8	4,8
1961	**52,5**	31,6	12,8	3,6
1967	**59,3**	29,4	8,4	1,8
1973	**56,2**	32,5	8,5	2,2
1979	**55,9**	34,7	7,8	1,6
1980	**58,4**	29,2	9,7	2,7
1985	**52,3**	31,7	5,2	2,0

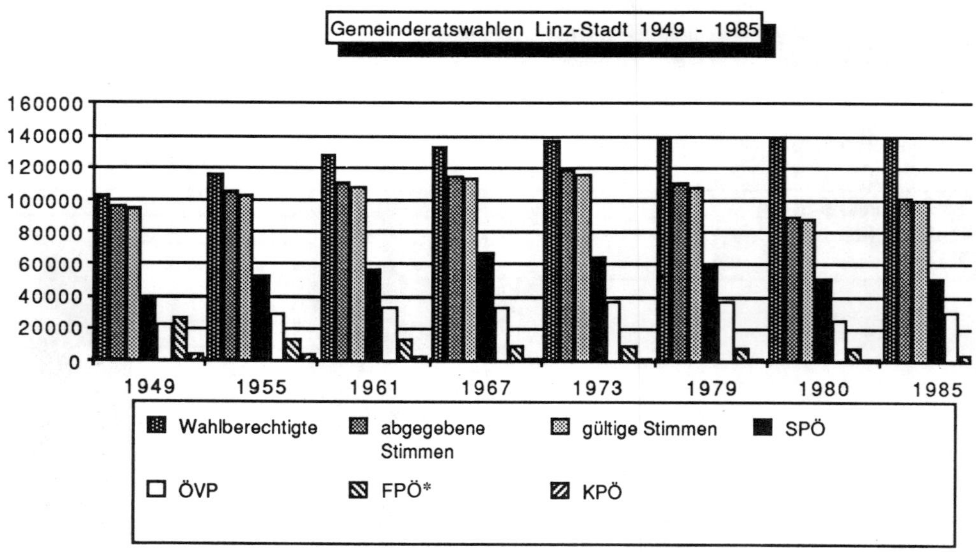

*ursprünglich VDU

Die Landtagswahlen in Linz

DIE LANDTAGSWAHLEN IN LINZ IN DER ERSTEN REPUBLIK IN %

	1919	1925	1931
Sozialdemokraten	**56**	**46**	**51**
Christlichsoziale	27		23
Freiheits- + Ordnungspartei	17		
Bürgerliche (vereint)		43	
Nationalsozialisten		8	7
Kommunisten		2	1
Unabh. christl. Arbeiter		1	
Wirtschaftsblock + Landbund			9
Heimatblock			9

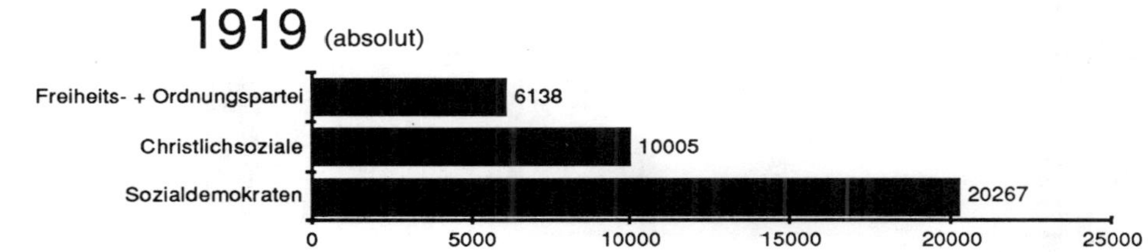

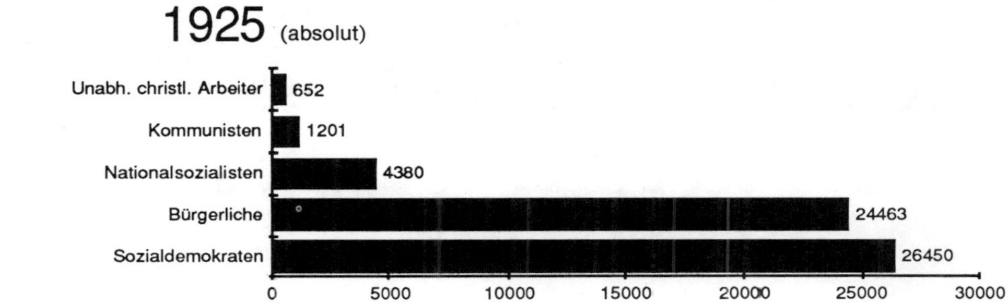

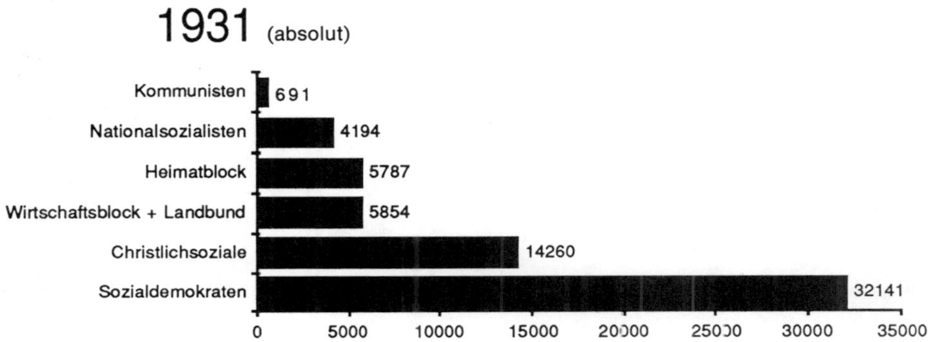

DIE ERGEBNISSE DER LANDTAGSWAHLEN AB 1945 FÜR DEN WAHLKREIS LINZ-UMGEBUNG IN %

	SPÖ	ÖVP	FPÖ*	KPÖ	Sonstige
1945	**54,0**	42,5		3,5	
1949	**39,7**	29,8	25,7	4,2	0,6
1955	**49,4**	34,4	11,7	4,5	
1961	**48,7**	37,2	11,2	2,9	
1967	**55,7**	34,8	7,3	1,3	0,9
1973	**54,2**	36,4	7,5	1,4	0,5
1979	**52,5**	40,8	6,0	0,7	

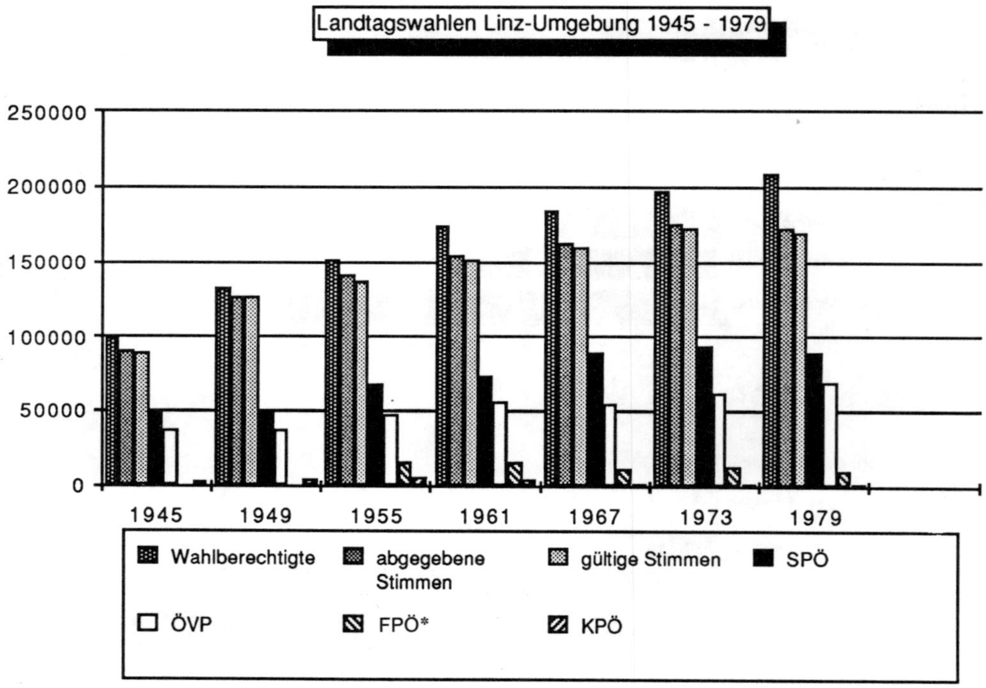

* ursprünglich VDU

NATIONALRATSWAHLEN IN LINZ

(einschließlich der Reichsratswahlen 1907 und 1911)

DIE ERGEBNISSE DER REICHSRATSWAHLEN 1907* UND 1911* SOWIE DER NATIONALRATSWAHLEN IN DER ERSTEN REPUBLIK FÜR LINZ-STADT

Reichsratswahlen 1907, 1911 (absolut)

	gültige Stimmen	**Sozial-demokraten**	Christlich-Soziale	Deutsch-Nationale
1907	11361	**5278**	2757	3277

	Wahlbe-rechtigte	abgegebene Stimmen	gültige Stimmen	**Sozial-demokraten**	Deutsch-Nationale	Christlich-Soziale
1911	13222	12258	11881	**4663**	4484	2360

Reichsratswahlen 1907, 1911 in %

	1907	**1911**
Sozialdemokraten	**46,5**	**39,2**
Christlich-Soziale	24,6	23,1
Deutsch-Nationale	28,9	37,7

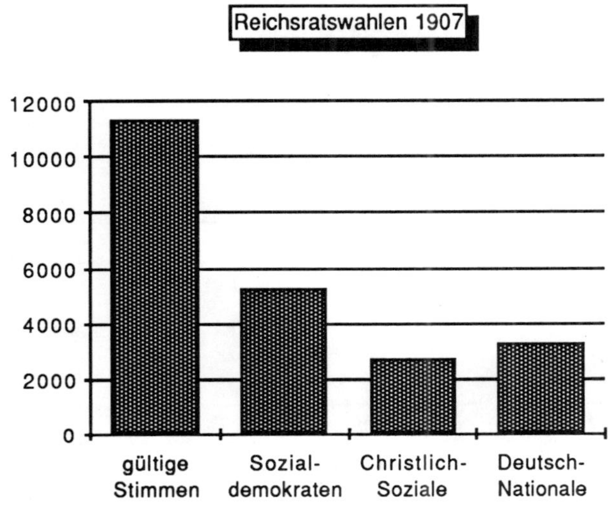

* Frauen waren nicht wahlberechtigt

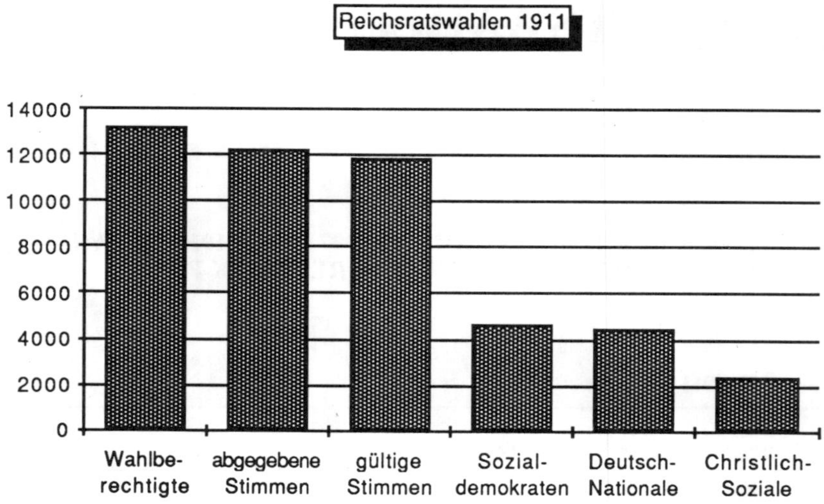

Nationalratswahlen 1919 – 1930 (absolut)

	Wahlberechtigte	abgegebene Stimmen	gültige Stimmen	**Sozialdemokraten**	Christlich-Soziale	Deutsch-Nationale
1919	47751	40804	40593	**21088**	8662	10795
1920	60074	52290	51520	**23882**	13486	13240
1923	65475	59342	58726	**29168**	17356	12202
1930	71277	67308	66796	**32482**	12436	21124

	Wahlberechtigte	abgegebene Stimmen	gültige Stimmen	**Sozialdemokraten**	Einheitspartei
1927 (absolut)	70426	65023	64274	**33626**	27434

Nationalratswahlen 1919 – 1930 in %

	1919	**1920**	**1923**	**1930**
Sozialdemokraten	**52,1**	**46,4**	**49,7**	**48,6**
Christlich-Soziale	21,3	26,2	29,5	18,7
Deutsch-Nationale	26,6	25,7	20,8	31,7
Sonstige		1,7		1,0

Nationalratswahlen 1927 (%)	
Sozialdemokraten	**52,3**
Einheitspartei	42,7
Sonstige	5,0

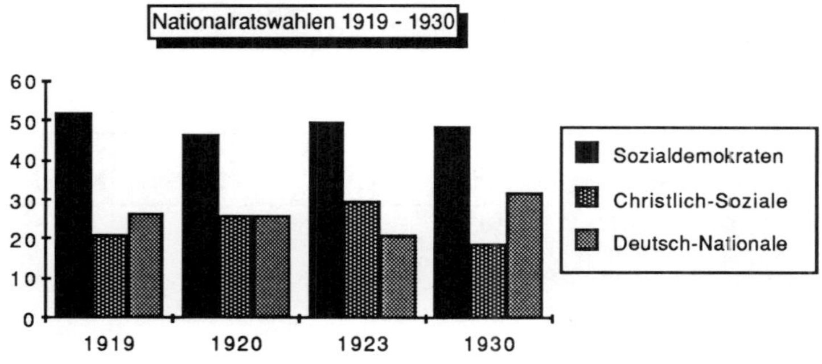

in Prozent

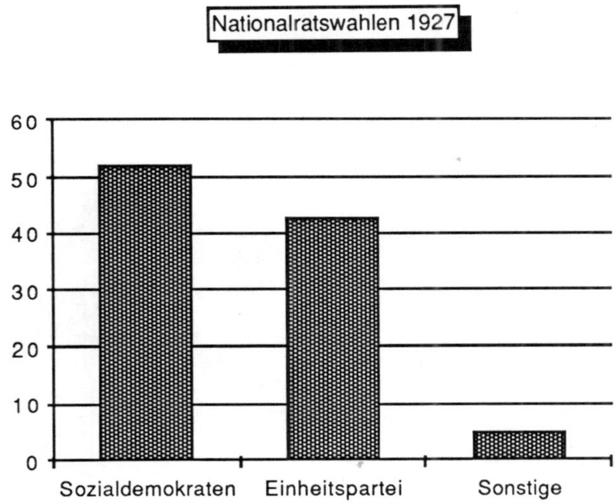

1927 kandidierten Christlich-Soziale und Deutsch-Nationale als „Einheitspartei“

DIE ERGEBNISSE DER NATIONALRATSWAHLEN DER ZWEITEN REPUBLIK FÜR LINZ-STADT

Nationalratswahlen 1945 – 1986 (absolut)

	Wahlberechtigte	abgegebene Stimmen	gültige Stimmen	**SPÖ**	ÖVP	FPÖ*	KPÖ
1945	74777	66109	64718	**39030**	22973		2715
1949	102768	98968	98031	**40740**	24054	27777	4751
1953	118437	109473	106859	**53389**	25800	17565	5588
1956	119394	112919	110998	**57700**	37648	11102	4548
1959	125168	116575	115243	**61478**	36452	13026	4287
1962	129941	121366	120193	**63198**	39947	11658	4195
1966	134736	123540	122219	**62441**	44478	10403	
1970	138829	122838	121883	**71550**	40012	8399	1245
1971	137348	120654	119574	**72250**	37436	8141	1747
1975	136940	121154	120008	**73801**	37111	7484	1612
1979	139606	122116	120858	**75811**	35096	8703	1245
1983	139588	121523	120215	**69505**	36482	6869	981
1986	140071	118247	116532	**62671**	33829	11483	1243

Nationalratswahlen 1945 – 1986 (in %)

	SPÖ	ÖVP	FPÖ*	KPÖ	Sonstige
1945	**60,3**	35,5		4,2	
1949	**41,6**	24,6	28,3	4,9	0,6
1953	**50,0**	27,9	16,4	5,2	0,5
1956	**52,0**	34,0	10,0	4,0	
1962	**52,6**	33,2	9,7	3,5	1,0
1966	**51,1**	36,4	8,5		4,0
1970	**58,7**	32,8	6,9	1,0	0,6
1971	**60,4**	31,3	6,8	1,5	
1975	**61,5**	30,9	6,2	1,3	0,1
1979	**62,7**	29,0	7,2	1,0	0,1
1983	**57,8**	30,4	5,7	0,8	5,3
1986	**53,8**	29,0	9,9	1,1	6,2

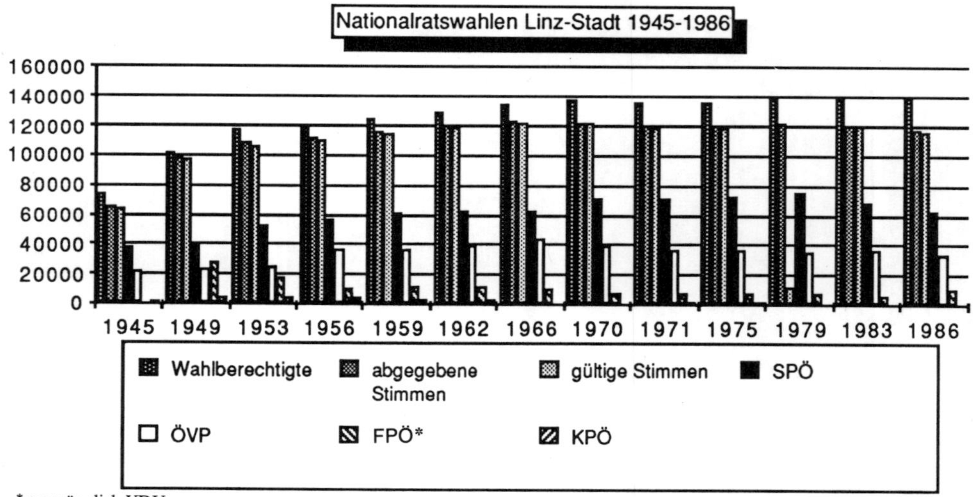

* ursprünglich VDU

Die Autoren

ARDELT, Rudolf G., *o. Univ.-Prof., Dr., geb. 1944 in Bad Hall*
Vorstand des Institutes für Neuere Geschichte und Zeitgeschichte an der Universität Linz; Leiter des Ludwig-Boltzmann-Institutes für Geschichte der Arbeiterbewegung.
Publikationen zur österreichischen Zeitgeschichte, besonders zur Geschichte der österreichischen Sozialdemokratie und zur regionalen Zeitgeschichte des Bundeslandes Salzburg.
Buchpublikationen:
„Zwischen Demokratie und Faschismus." Deutschnationales Gedankengut in Österreich 1918 – 1930, Wien-Salzburg 1972;
„Friedrich Adler." Probleme einer Persönlichkeitsentwicklung um die Jahrhundertwende, Wien 1984

DENKMAIER, Christian, *Mag.; geb. 1962 in Freistadt*
Ab 1981 Funktionär der Sozialistischen Jugend (SJ) und des Verbandes Sozialistischer Studenten (VSStÖ);
seit Herbst 1987 Koordinator der Aktivitäten zu „100 Jahre Sozialdemokratie in Linz".
Verschiedene Beiträge zum Thema „Sozialistische Kulturpolitik" und Leiter von zahlreichen Schulungen über „Sozialistische Kultur- und Bildungsarbeit" im Rahmen des Dr.-Karl-Renner-Institutes.

DOBESBERGER, Bernd; *geb. 1959 in Linz*
Derzeit Student;
bis 1986 Funktionär der Roten Falken Linz;
seit 1988 stellvertretender Bezirksvorsitzender der Linzer Kinderfreunde und sozialistischer Bildungsfunktionär.
Verschiedenste Veröffentlichungen zur Geschichte und Theorie der sozialistischen Erziehung.

ETTL, Helmut; *geb. 1965 in Linz*
1985 Matura an der Handelsakademie, seither Student der Volkswirtschaftslehre an der Universität Linz;
seit 1978 Mitglied der Sozialistischen Jugend;
während der Schulzeit Mitarbeiter der Schülerorganisation der SJ, „Aktion Kritischer Schüler", 1983 Landesschulsprecher und Mitglied des Bundesschülerbeirates, von 1985 bis 1989 Sekretär der Sozialistischen Jugend Linz.

EXNER-KÖGLER, Eveline; *geb. 1954 in Linz*
Studium der Publizistik und Politologie in Salzburg;
anschließend Journalistin;
derzeit Frauensekretärin der SPÖ Linz-Stadt;
Schulungstätigkeit über Medienpolitik und Kommunikationstraining.
Herausgabe der Zeitschrift „Die Mehrheit"

FIEREDER, Helmut, *Dr. phil.; geb. 1947 in Linz*

Historiker;
nach der Pflichtschule Lehre in der VOEST-Hütte Linz.
1966 bis 1970 Besuch der Arbeitermittelschule Linz.
1972 bis 1979 Studium in Salzburg und Linz.
Von 1980 bis 1985 wissenschaftlicher Mitarbeiter der Gedenkstätte Mauthausen, daneben Tätigkeit in der Erwachsenenbildung;
seit 1986 firmengeschichtliche Arbeiten im In- und Ausland.

Verschiedene Beiträge in wissenschaftlichen Zeitschriften des In- und Auslandes.
Buchpublikationen:
Reichswerke „Hermann Göring" in Österreich, Wien 1983
„Tradition und Fortschritt." 100 Jahre Rumpel, Wels 1987

HUMMER, Hubert, *Mag.; geb. 1952 in Vöcklabruck*

Lehramt für Deutsch und Geschichte an Hauptschulen, Studium der Pädagogik, Politik und Soziologie, Lehrbeauftragter am Pädagogischen Institut des Bundes für Oberösterreich und an der Johannes-Kepler-Universität Linz, Leiter des Fachbereiches Pädagogik an der Volkshochschule Linz.

Forschungen zur Kultur und Geschichte der Bergarbeiter. Dazu *diverse Veröffentlichungen.*

KEPPLINGER, Brigitte, *Dr.; geb. 1952 in Linz*

Studium der Soziologie in Linz. Promotion 1981. Ab 1980 Assistentin am Institut für Neuere Geschichte und Zeitgeschichte der Universität Linz. Seit 1984 Assistentin am Forschungsinstitut für Sozialplanung der Universität Linz. Lehrbeauftragte am Institut für Neuere Geschichte und Zeitgeschichte, Mitarbeiterin des Ludwig-Boltzmann-Instituts für Geschichte der Arbeiterbewegung in Linz.

Publikationen zur Geschichte der österreichischen Arbeiterbewegung, zum Nationalsozialismus und zur Regionalgeschichte.

KROPF, Rudolf, *Univ.-Prof. Dr. phil.; geb. 11. Juli 1940 in Stadtschlaining, Burgenland*

Studium der Geschichte und Geographie an der Universität Wien, Promotion 1967.
Seit 1968 Assistent am Institut für Sozial- und Wirtschaftsgeschichte der Universität Linz.
1979 Habilitation zum Universitätsdozenten, seit 1981 a. o. Universitätsprofessor für Sozial- und Wirtschaftsgeschichte, seit 1983 Vorstand des Instituts für Sozial- und Wirtschaftsgeschichte der Universität Linz.
Wissenschaftlicher Leiter der oberösterreichischen Landesausstellung 1987: Arbeit/Mensch/Maschine.
1988 Goldenes Verdienstzeichen des Landes Oberösterreich.

Publikationen zur Industrie-, Agrar- und Sozialgeschichte Österreichs, vorwiegend des 19. und 20. Jahrhunderts.

JANKO, Siegbert, *Mag. jur.; geb. 1945 in Freistadt/OÖ.*

Lehrer, Erzieher, Pädagogischer Leiter des Fachbereiches Politische Bildung, Stadtteilarbeit und Zielgruppenarbeit an den Volkshochschulen Linz;
Stellvertretender Direktor der Volkshochschule Linz;
seit 1986 Leiter des Kulturamtes der Stadt Linz
Vorsitzender der Bildungsorganisation der SPÖ Oberösterreichs;
stellvertretender Vorsitzender der Bundesbildungsorganisation der SPÖ.

LOTTERANER, Max, *Prof. Ing.; geb. 1928 in Linz*

Absolvierung der Staatlichen Ingenieurschule, Fachrichtung Elektrotechnik;
ab 1953 Aufbau der Abteilung für Öffentlichkeitsarbeit der Kammer für Arbeiter und Angestellte für Oberösterreich;
dann deren Leiter bis zu seiner Pensionierung 1988.

Von 1965 bis 1978 Landesbildungsobmann der SPÖ Oberösterreich;
1973 bis 1977 Gemeinderat der Stadt Linz;
Mitglied des ORF-Kuratoriums für Oberösterreich zwischen 1974 und 1980.

1980 Verleihung des Berufstitels „Professor" für besondere Verdienste um die Erwachsenenbildung;
Träger der Kreisky-Medaille und des Staatspreises 1987 für Geschichte der Arbeiterbewegung;
zahlreiche Auszeichnungen für seine sportlichen Leistungen.

Langjähriger Chefredakteur des „AK-Reports" und viele Veröffentlichungen

MAYR, Johann, *Mag. jur., Mag. phil., Dr. phil.; geb. 1946 in Linz*

Nach der Pflichtschule Lehre eines Gas- und Wasserleitungsinstallateurs und Anlehre des Berufs eines Eisenbiegers.
1968 bis 1972 Besuch der Arbeitermittelschule in Linz.
1972 bis 1978 Lehramtsstudium für Deutsch und Geschichte in Salzburg;
anschließend AHS-Lehrer bis 1985.
Daneben Studium der Rechtswissenschaften und Promotion zum Dr. phil.;
zur Zeit wissenschaftlicher Vertragsbediensteter des Bundesministeriums für Wissenschaft und Forschung, dienstzugeteilt an das Museum Industrielle Arbeitswelt in Steyr.

1988 Silbernes Verdienstzeichen des Landes Oberösterreich.

Veröffentlichungen:
Wissenschaftliche Aufsätze in verschiedenen Fachzeitschriften und Herausgeberschaften.

Buchpublikationen:
„Sozialdemokratie und Agrarpolitik", Linz 1987.
„Tractatus logico psychologicus", Klagenfurt 1987. (Belletristik)

SCHANOVSKY, Hugo, *Prof.; geb. 1927 in Steyr*

Besuch des Gymnasiums in Linz;
Matura kriegsbedingt erst 1946;
1947 Eintritt in die Pensionsversicherungsanstalt der Arbeiter;
ab 1969 Freistellung wegen politischer Tätigkeit.

1967 bis 1984 Gemeinderat der Stadt Linz
1969 bis 1979 Stadtrat
1979 bis 1984 Vizebürgermeister
1984 bis 1988 Bürgermeister der Stadt Linz

Für sein literarisches Schaffen wird Hugo Schanovsky der Berufstitel „Professor" und die Würde des Ehrensenators der Johannes Kepler Universität Linz verliehen.

1988 Goldenes Ehrenzeichen für Verdienste um das Land Oberösterreich
1988 Ehrenbürger der Stadt Linz

Veröffentlichungen:
Zahlreiche Werke im Bereich der Belletristik

SCHOBESBERGER, Hans, *Prof.; geb. 1914 in Linz*

1928 Maschinenschlosserlehre in Linzer Schiffswerft;
1945 bis 1948 Bilanzbuchhalter
1948 Eintritt beim Magistrat Linz, B-Matura;
später Begründer und Leiter der kaufmännischen Abteilung in den Stadtwerken.

Als ASKÖ-Funktionär: 1948 bis 1950 Geschäftsführender Obmann bei Abteilung Waldegg des ATSV Linz und Ausschußmitglied im Großverein;
seit 1952 Obmann der Landeskontrolle;
ab 1975 Aufbau eines ASKÖ-Landesarchivs;
Schulungsreferent für die Geschichte der Arbeiter- und Sportbewegung;

1977 Goldenes Ehrenzeichen für Verdienste um die Republik Österreich.
1981 Victor-Adler-Plakette.
1984 Berufstitel „Professor".

Zahlreiche Veröffentlichungen zum Thema Arbeitersport.
Buchpublikationen:
„75-Jahr-Jubiläum der Arbeiter Sportbewegung in Oberösterreich", Linz 1978.
„Geschichte der Linzer Arbeiter-, Turn- und Sportbewegung 1945 bis 1978", Linz 1981.

SEIBERT, Franz, *Mag., Dr.; geb. 1948 in Linz*

Nach der Matura Studium der Betriebswirtschaftslehre an der Universität Linz.
Nach der Sponsion 1972 Vertragsassistent am Institut für Neuere Geschichte und Zeitgeschichte (Prof. Stadler).
1976 Promotion zum Doktor der Sozial- und Wirtschaftswissenschaften.
1977 Eintritt beim Magistrat Linz in den höheren wirtschaftlichen Dienst.
1978 Wechsel zur Österreichischen Länderbank AG, Linz.
Seither dort beschäftigt, zuletzt als Zweigstellenleiter.

WEIDENHOLZER, Josef, *Univ.-Prof. Mag. Dr.; geb. 1950 in St. Florian/Inn*

Nach Matura Studium der Soziologie an der Hochschule in Linz;
Sponsion 1973, Promotion 1977;
1982 Gastprofessor am North Staffordshire Polytechnic in Stoke-on Trent, England.
Seit 1983 a. o. Univ.-Professor für Gesellschaftspolitik und Sozialpolitik am Institut für Gesellschaftspolitik, Abteilung Sozialpolitik und politische Institutionen der Johannes Kepler Universität Linz;
seit 1984 Leiter des Forschungsinstitutes für Sozialplanung.
Lehraufträge an den Universitäten Graz, Innsbruck und Klagenfurt.
Wissenschaftliche Vorträge an Universitäten und Hochschulen in Großbritannien, USA, Frankreich, Belgien, Schweden, Ungarn, Tschechoslowakei und Bundesrepublik Deutschland.
Seit 1986 Vorsitzender des Vereins Museum Arbeitswelt und seit 1987 Vorsitzender des Institutes für Wissenschaft und Kunst für OÖ.
Seit 1986 Vorsitzender der Volkshilfe, Landesverein OÖ. und Bezirksgruppe Linz-Stadt.

1977 Theodor-Körner Preis;
1984 Verleihung des Victor-Adler-Staatspreises und Verleihung des AK-Preises für wissenschaftliche Arbeiten;
1988 Goldenes Verdienstzeichen des Landes Oberösterreich.

Zahlreiche Aufsätze in verschiedenen wissenschaftlichen Publikationen sowie Herausgeber und Co-Herausgeber verschiedener Sammelbände.
Buchpublikationen:
Auf dem Weg zum „Neuen Menschen", Wien 1981
Der sorgende Staat. Zur Entwicklung der Sozialpolitik von Josef II. bis Ferdinand Hanusch, Wien 1985

QUELLENHINWEISE

EIN JAHRHUNDERT SOZIALDEMOKRATIE IN LINZ

Protokolle der Landesparteikonferenzen und Bezirksparteikonferenzen.
Bart Richard/Puffer Emil: *Die Gemeindevertretung der Stadt Linz vom Jahre 1848 bis zur Gegenwart.* Linz 1968.
Leser Norbert (Hrsg.): *Werk und Widerhall. Große Gestalten des österreichischen Sozialismus.* Wien 1964.
Slapnicka Harry: *Oberösterreich – die politische Führungsschicht 1918 – 1938.* Linz 1979.
Tätigkeitsberichte der Sozialdemokratischen Partei Oberösterreichs von 1920 – 1932, 1945 – 1986.
Stadler Karl R.: *Opfer verlorener Zeiten. Die Geschichte der Schutzbundemigration 1934.* Wien 1974.
Baron Gerhart: *Der Beginn.* Linz 1971.
Weidenholzer Josef: *Auf dem Weg zum „Neuen Menschen“, Bildungs- und Kulturarbeit der österreichischen Sozialdemokratie in der Ersten Republik.* Wien 1981.
Konrad Helmut: *Das Entstehen der Arbeiterklasse in Oberösterreich.* Wien 1981.

100 JAHRE – 10 BÜRGERMEISTER DIE LINZER VERTRAUEN DEN SOZIALISTEN

Altmüller Rudolf P.: *Die Linzer Eingemeindungen. Ein Beitrag zur Entwicklungsgeschichte der Landeshauptstadt.* Linz 1965.
Constantini Otto: *Großstadt Linz. Ein baulicher Überblick.* Linz 1972.
Grüll Georg: *Das Linzer Bürgermeisterbuch,* 2. Auflage. Linz 1985.
Koref Ernst: *Die Gezeiten meines Lebens.* Wien-München 1980.
Kreisky Bruno: *Zwischen den Zeiten. Erinnerungen aus fünf Jahrzehnten.* Zürich 1986.
Kulczycki Werner: *Bürgermeister Josef Dametz.* In: *Historisches Jahrbuch der Stadt Linz 1976.* Linz 1977.
Kykal Inez/Stadler Karl R.: *Richard Bernaschek, Odyssee eines Rebellen.* Wien 1976.
Linz aktiv. Linz 1970 ff.
Lebendiges Linz. Illustrierte Stadtzeitung. Linz 1979 ff.
Mayrhofer Fritz: *Linz. Oberösterreichischer Kulturführer.* Wien-München 1984.
Oberlik Elisabeth: *Namen der Vergangenheit.* In: *Lebendiges Linz.* Illustrierte Stadtzeitung. Linz 1978 ff.
Parteiprotokoll der SPÖ Ebelsberg. Ebelsberg 1929 bis 1933.
Rausch Wilhelm/Bart Richard/Puffer Emil: *Die Gemeindevertretung der Stadt Linz vom Jahre 1848 bis zur Gegenwart.* Geschichte – Biographien. Linz 1986.
Slapnicka Harry: *Oberösterreich – zwischen Bürgerkrieg und Anschluß (1927 bis 1938).* Linz 1975.
Ders.: *Oberösterreich – Die politische Führungsschicht. 1861 bis 1918.* Linz 1983.
Ders.: *Oberösterreich – Die politische Führungsschicht. 1918 bis 1938.* Linz 1976.
Tweraser Kurt: *Der Linzer Gemeinderat 1914 bis 1934. Krise der parlamentarischen Demokratie.* In: *Historisches Jahrbuch der Stadt Linz 1980.* Linz 1981.
Ders.: *Der Linzer Gemeinderat 1934 bis 1962. Ständestaat, NS-Regime und Ära Koref.* In: *Historisches Jahrbuch der Stadt Linz 1983.* Linz 1985.
Diverse Veröffentlichungen der Stadt Linz und des Stadtmuseums Nordico.

LINZ – FEBRUAR 1934

Da keine Aktenbestände des Schutzbundes erhalten sind, mußte sich der Autor bei der Darstellung auf Quellenbestände stützen, die den Schutzbund aus der Sicht seiner Gegner beschreiben. Es waren dies die Schilderungen der Ereignisse durch die Sieger des Bürgerkriegs

(Bundesheer, Exekutive und Heimatschutz) und die Akten der Prozesse, die nach dem 12. Februar den verhafteten Mitgliedern des geschlagenen Schutzbundes gemacht wurden. Um diesen offensichtlichen Mangel auszugleichen, führte der Autor eine Vielzahl von Gesprächen mit ehemaligen Angehörigen des Schutzbundes.
Peball Kurt: *Die Kämpfe in Wien im Februar 1934.* Wien 1978.
Kykal Inez/Stadler Karl R.: *Richard Bernaschek, Odyssee eines Rebellen.* Wien 1976.
Februar-Aufruhr 1934: *Das Eingreifen des österreichischen Bundesheeres.* Wien 1935.
Das Jahr 1934: *12. Februar. Wissenschaftliche Kommission des Theodor-Körner-Stiftungsfonds und des Leopold-Kunschak-Preises zur Erforschung der österreichischen Geschichte der Jahre 1927 bis 1938. Band II.* Wien 1975.
Bauer Otto: *Der Aufstand der österreichischen Arbeiter. Seine Ursachen und Wirkungen.* Prag 1934.
Stadler Karl R.: *Opfer verlorener Zeiten. Geschichte der Schutzbundemigration 1934.* Wien 1974.
Tages-Post Nr. 44 bis 46, Jg. 70 (1934).

SKIZZEN ZUR ENTWICKLUNG DER SOZIALISTISCHEN GEWERKSCHAFTSBEWEGUNG IN LINZ

Ludwig Brügel: *Geschichte der österreichischen Sozialdemokratie, Bd. 1, Bd. 3,* Wien 1922.
Julius Deutsch: *Geschichte der österreichischen Gewerkschaftsbewegung, Bd. 1, Bd. 2,* Wien 1929.
Adolf Braun: *Die Gewerkschaften,* Wien 1911.
Gerhart Baron: *Der Beginn. Die Anfänge der Arbeiterbildungsvereine in Oberösterreich,* Linz 1971.
Fritz Klenner: *Die österreichischen Gewerkschaften, Bd. 1,* Wien 1951; *Bd. 2,* Wien 1953, *Bd. 3,* Wien 1979.
Helmut Konrad: *Das Entstehen der Arbeiterklasse in Oberösterreich,* Wien 1981.
Josef Weidenholzer: *Auf dem Weg zum „Neuen Menschen",* Wien 1981.
Wilhelm Rausch/Max Lotteraner: *Aufbruch in eine bessere Zeit,* Linz, 1981.
Josef Hindels: *Österreichs Gewerkschaften im Widerstand 1934 – 1945,* Wien 1976.
Berichte des Österreichischen Gewerkschaftsbundes, Landesexekutive Oberösterreich 1950, 1950 – 1951, 1953, 1954, 1954 – 1955, 1957, 1957 – 1959, 1960 – 1962, 1963 – 1965, 1966 – 1968, 1969 – 1972, 1973 – 1976, 1977 – 1980, 1981 – 1984.
Hans Ottenbacher: *Den Erinnerungen der Alten muß man Leben verleihen,* Linz 1976.
Anton Weiguny: *Erinnerungen eines Alten, Linz 1911.*
Julius Deutsch: *Die sozialistischen Gewerkschafter von ihren Anfängen bis zur Gegenwart,* Wien 1908.
Peter Kammerstätter: *Bildung macht frei. Aus der Sozialdemokratischen Lehrstube von 1898 bis 1914,* in: Max Lotteraner: *Ein Leben für die Weiterbildung der Arbeiterklasse.*

DIE SOZIALDEMOKRATIE IST EINE KULTURBEWEGUNG

Baron Gerhart: *Der Beginn.* Linz 1971.
Konrad Helmut: *Das Entstehen der Arbeiterklasse in Oberösterreich.* Linz 1981.
Koref Ernst: *Die Gezeiten meines Lebens.* Linz 1980.
Kreczi Hanns: *Städtische Kulturarbeit in Linz.* Linz 1959.
Stöber Otto: *Die Moor-Stöber.* Neydharting/Linz/Wien.
Arbeit – Mensch – Maschine.
Der Weg in die Industriegesellschaft (Ausstellungskatalog). 1987.
Interviews mit Otto Stöber, Eduard Macku, Trude Grill. Alle 1987/1988.
Weiguny Anton: *Erinnerungen eines Alten.* Linz 1911.
Historisches Jahrbuch der Stadt Linz. Linz 1986.
Koref Ernst: *Zehn Jahre Kulturarbeit in Linz. Pioniere des Fortschritts.* Hrsg. Österr. Städtebund. Linz 1956.
Hanns Kreczi: *Kulturförderung der Stadt Linz. Linzer Kulturhandbuch, Bd. 2.* Linz 1965.
Bildungskurier. Hrsg. Bildungsorganisation der SPÖ Oberösterreich 1948 – 1980.
Linz aktiv. Nr. 32, 54, 50, 44, 51.
Linzer Kulturchronik.

ERZIEHUNGS- UND BILDUNGSARBEIT DER LINZER SOZIALDEMOKRATIE

Afritsch Anton: *Für unsere Kinder.* In: *Der Kampf.* Wien 1909.
Baron Gerhart: *Der Beginn.* Linz 1971.
Ecker Alois/Zahradnik Michael: *Familie und Schule.* Wien 1986.
Fiereder Helmut: *Der Republikanische Schutzbund in Linz und die Kampfhandlungen im Februar 1934.* Linz 1979.
Kanitz Otto Felix: *Die Erziehungsaufgaben des Arbeitervereins Kinderfreunde* (1920). In derselbe: *Das proletarische Kind in der bürgerlichen Gesellschaft.* Frankfurt/Main 1974.
Kleiner Viktor: *Von der SOVEGA zum BSA.* In: *30 Jahre BSA OÖ.* Linz 1976.
Marckhgott Gerhart: *Kinderarbeit am Beispiel Oberösterreich.* In: *Arbeit – Mensch – Maschine* (Beiträge). Linz 1987.
Schnell Hermann: *Die österreichische Schule im Umbruch.* Wien-München 1974.
Uitz Helmut: *Die österreichischen Kinderfreunde und Rote Falken 1908 – 1938.* Salzburg-Wien 1975.
Weiguny Anton: *Erinnerungen eines Alten.* Linz 1911.
Im besonderen wurden natürlich Berichte aus dem *Oberösterreichischen Tagblatt* der entsprechenden Jahrgänge verwendet, *Berichte der Linzer Kinderfreunde* an die SDAP Linz bzw. an die SPÖ Linz von 1928 bis 1933 bzw. ab 1949. Dann auch noch die *Berichtsbände an die Landeskonferenzen der oberösterreichischen Kinderfreunde* und an die *Bundeskonferenzen der Kinderfreunde,* und an die *KF-Bezirkskonferenzen.*

VORWÄRTS, UND NICHT VERGESSEN

Die Pflicht zum Widerstand. Festschrift Peter Kammerstätter zum 75. Geburtstag, 1986. Hrg. von Hubert Hummer u. a. Wien-München-Zürich 1986.
Fritz Weber: *Der kalte Krieg in der SPÖ, Koalitionsmächte, Pragmatik und revolutionäre Sozialisten 1945 – 1950.* Wien 1986.
Peter Pelinka: *Die Geschichte der Sozialistischen Jugend – 90 Jahre SJÖ.* Wien 1984.
Wolfgang Neugebauer: *Bauvolk der kommenden Welt. Geschichte der Sozialistischen Jugendbewegung in Österreich.* Wien 1975.
Der jugendliche Arbeiter. Zeitschrift für die Interessen der Arbeiterjugend. Wien 1902 – 1934.
Peter Kammerstätter: *Der Aufstand des Republikanischen Schutzbundes am 12. Februar 1934 in Oberösterreich.* Eine Sammlung von Materialien, Dokumenten und Aussagen von Beteiligten, 3 Bände 1983.
Harry Slapnicka: *Oberösterreich – zweigeteiltes Land 1945 – 1955.* Linz 1986.
Harry Slapnicka: *Oberösterreich von der Monarchie zur Republik 1918 – 1927.* Linz 1975.
Harry Slapnicka: *Oberösterreich zwischen Bürgerkrieg und Anschluß 1927 – 1938.* Linz 1975.
Widerstand und Verfolgung in Oberösterreich 1934 – 1945, 1. Band. Linz 1982.
Tonbandinterviews mit Peter Kammerstätter und Rudi Kührer.

DEN FRAUEN IHR RECHT

Bebel August: *Die Frau und der Sozialismus.* Berlin 1977.
Bolognese-Leuchtenmüller Birgit (u. a.): *Frauen der ersten Stunde 1945 – 1955.* Wien 1985.
Dokumentationsarchiv des österreichischen Widerstandes (Hrsg.): *Widerstand und Verfolgung in Oberösterreich. Bd. 1.* Wien/München/Linz 1982.
Konrad Helmut: *Die Entstehung der Arbeiterklasse in Oberösterreich.* 1981.
Kürbisch Friedrich G./Klucsarits Richard (Hrsg.): *Arbeiterinnen kämpfen um ihr Recht.* Wuppertal 1981.
Maimann Helene (u. a.): *Mit uns zieht die neue Zeit. Arbeiterkultur in Österreich. 1918 – 1934* (Ausstellungskatalog). Wien 1981.
Olbrich Bert/Özer Selin: *Linz 1938.* Linz 1988.
Ottenbacher Ernst/Kammerstätter Peter (Hrsg.): *Hans Ottenbacher: Den Erinnerungen der Alten muß man Leben verleihen.* Linz 1976.

Puffer Emil: *Die Linzer Gemeindemandatare.* In: *Rausch, Wilhelm: Die Gemeindevertretung der Stadt Linz vom Jahre 1848 bis zur Gegenwart.* Linz 1968.
Slapnicka Harry: *Oberösterreich – Die politische Führungsschicht 1918 – 1938.* Linz 1976.
Schmid Sigrid/Schnedl Hanna: *Totgeschwiegen. Texte zur Situation der Frauen von 1880 bis in die Zwischenkriegszeit.* Wien 1982.
Stadler Karl R. (Hrsg.): *„Es wird nicht mehr verhandelt ...“ Der 12. Februar 1934 in Oberösterreich.* Linz 1984.
Stöber Otto: *Die Moor-Stöber.* Neydharting/Linz/Wien.
Thönessen Werner: *Frauenemanzipation.* Frankfurt 1969.
Weiguny Anton: *Erinnerungen eines Alten. Aus den Anfängen der Arbeiterbewegung.* Linz 1911.
Berichte der SPÖ Linz-Stadt von 1927 – 1933 und teilweise ab 1970 – 1988.
Dobesberger Edith/Karlsson Irmtraud: *75 Jahre Frauentag.* Wien 1987.
Feigl Susanne: *Frau sein in Österreich* (Renner-Institut). Wien 1987.
Parteiprogramm der SPÖ von Linz 1978.
Staatssekretariat für Frauenfragen (Hrsg.): *Frauenbericht 1985.*
Knoglinger Walter: *Linz im Kraftfeld der sozialen Revolution.* In: *„Linz aktiv“*, Nr. 31, Jg. 1969.
Slekov Gustav: *Die Arbeiterbewegung in Oberösterreich.* In: *„Oberösterreich, Land und Volk“.* Wien 1926.
und selektiv Jahrgänge von:
„Die Unzufriedene“
„Die Frau“
„AZ“
„Tagblatt“
Interviews: mit Dobesberger Edith (interviewt von Eveline Exner-Kögler). Linz 1988.
Frauen im Linzer Frauencafé (interviewt von Eveline Exner-Kögler). Linz 1985.
Grill Gertrude (interviewt von Mag. Christian Denkmaier). Linz 1988.
Praschl Anna Maria (interviewt von Eveline Exner-Kögler). Linz 1988.
Und als weitere Quellen: *Persönliche Dokumente* von Käthe Mayr und Anny Thomas.

DIE SOZIALISTISCHEN PENSIONISTEN – DIE ALTERSVERSORGUNGSPROBLEMATIK

„Pensionisten-Post“ ab 1955 und eigene Aufzeichnungen.

ARBEITERSPORT IN LINZ

Historisches Jahrbuch der Stadt Linz 1977, Seite 233–346, Tafel III–XIV.
Hans Schobesberger/ Fritz Mayrhofer: *„Geschichte der Linzer Arbeiter-Turn- und Sportbewegung (1903–1934)“*
Sonderdruck der oben angeführten Arbeit, herausgegeben vom ASKÖ Bezirk Linz-Stadt, 132 Seiten
Hans Schobesberger *„Geschichte der Linzer Arbeiter-Turn- und Sportbewegung (1945–1978)“*, 580 Seiten.
Herausgegeben vom ASKÖ-Bezirk Linz-Stadt, Linz 1981
Hans Schobesberger *ATSV Linz im Wandel der Zeit 1903–1975 mit Tätigkeitsberichten 1973–1975.* 77 Seiten DIN A 4.
Herausgeber ATSV Linz
Hans Schobesberger *„Hauptdaten zur Geschichte der Arbeiter-Turn- und Sportbewegung Österreichs,* 8 Seiten DIN A 4.
Herausgeber ASKÖ Landesverband für Oberösterreich, Februar 1982
Hans Schobesberger *„Kurzchronik ASKÖ Landesverband Oberösterreich 1945–1983“*, 6 Seiten DIN A 4.
Erscheinungsdatum März 1984
Linzer Zeitungen
1903–1916 *Wahrheit*
1917–1934 *Tagblatt*
1945–heute *Oberösterreichische Nachrichten, Tagblatt, Volksblatt.*

NOTIZEN ZUR GESCHICHTE DER LINZER NATURFREUNDE

Arbeit – Mensch – Maschine. Der Weg in die Industriegesellschaft. Katalog der oberösterreichischen Landesausstellung 1987. Steyr 1987.
Happisch Leopold: *Geschichte der Naturfreunde.* Manuskript. 1937.
Konrad Helmut: *Das Entstehen der Arbeiterklasse in Oberösterreich.* Linz 1981.
Kramer Dieter: *Der sanfte Tourismus. Umwelt- und sozialverträglicher Tourismus in den Alpen.* Wien 1983.
Krammer Reinhard: *Arbeitersport in Österreich.* Wien 1981.
Alfred M. Müller: *Geschichte des Deutschen und Österreichischen Alpenvereins.* Ein Beitrag zur Sozialgeschichte des Vereinswesens, Diss., Neuere Geschichte. Münster 1979.
Renner Karl: *An der Wende zweier Zeiten.* Lebenserinnerungen. Wien 1946.
Schobesberger Hans/Mayrhofer Fritz: *Geschichte der Linzer Arbeiter-Turn- und -Sportbewegung (1903 – 1934).* In: *Historisches Jahrbuch der Stadt Linz 1977.* Linz 1978. S. 283 – 346.
Schügerl Gerald: *Die Entwicklung des Vereines „Die Naturfreunde“ zur „Naturfreunde-Internationale“ unter besonderer Berücksichtigung Österreichs.* Manuskript. Saalfelden 1981.
Wick Wilhelm: *30 Jahre Linzer Naturfreunde.* In: *Tagblatt,* Nr. 226, 29. 9 1928, S. 6 ff.

DIE KONSUMGENOSSENSCHAFTEN – EINE ALTERNATIVE FORM DES WIRTSCHAFTENS

Baron Gerhart: *Der Beginn.* Die Anfänge der Arbeiterbildungsvereine in Oberösterreich. Linz 1971.
Benischko Siegfried: *Die historische Entwicklung der österreichischen Konsumgenossenschaften, unter besonderer Berücksichtigung der oberösterreichischen Konsumgenossenschaften, und deren organisatorische Entwicklung als Instrument der Unternehmensführung.* Unver. Diplomarbeit. Univ. Linz 1987.
Hunger Andreas: *Die historische Entwicklung der Konsumgenossenschaft Linz unter besonderer Berücksichtigung des wirtschaftlich-sozialen Umfeldes.* Unver. Dissertation. Univ. Linz 1985.
Konrad Helmut: *Das Entstehen der Arbeiterklasse in Oberösterreich.* Wien 1981.
Seibert Franz: *Die Konsumgenossenschaften in Österreich.* Wien 1978.
40 Jahre Konsumgenossenschaft Linz. Linz 1932.
60 Jahre Konsumgenossenschaft Linz (1892–1952). Linz 1952.
75 Jahre Konsum Linz (1892–1967). Linz 1967.
Rechenschaftsberichte der Konsum- und Spargenossenschaft in Linz, 1919 bis 1925.
Jahresberichte der Lebensmittelmagazine und Spargenossenschaft in Linz, 1926 bis 1932.
Jahresberichte der Konsumgenossenschaft Linz, 1933 bis 1939.

ORGANISATIONS- UND SEKTIONSENTWICKLUNG DER LINZER SPÖ

Wahrheit! Sozialdemokratisches Volksblatt für Oberösterreich (1897–1915)
Tagblatt (1916–1934)
Protokolle der Parteitage der Sozialdemokratischen Arbeiterpartei 1889–1932
Victor Adlers Aufsätze, Reden und Briefe, herausgegeben vom Parteivorstand der Sozialdemokratischen Arbeiterpartei Deutschösterreichs, Wien 1922–1929
Sozialdemokratische Partei Oberösterreichs: *Tätigkeitsberichte* an den Landesparteitag: 1922, 1923, 1924, 1925, 1926, 1927, 1928, 1930, 1931
Sozialdemokratische Bezirksorganisation Linz-Stadt: *Tätigkeitsbericht* für das Verwaltungsjahr 1930, 1931, 1932 (Archiv der SPÖ Linz)
Protokoll der II. Sektion 1913–1925 (Archiv der SPÖ Linz)
Protokoll der Lokalorganisation Kleinmünchen 1908–1916 (Archiv der SPÖ Linz)

LINZ ALS INDUSTRIESTADT

Bittner Margarethe: *Die wirtschaftliche und soziale Entwicklung von Linz.* Diss. Innsbruck 1956.
Fiereder Helmut: *Reichswerke „Hermann Göring" in Österreich (1938–1945).* Wien – Salzburg 1983.
Györgyfalvay Werner: *Geschichte der Gas- und Elektrizitätsversorgung der Stadt Linz.* Linz 1980.
Kapeller Maria: *Die Industrialisierung des Linzer Großraumes im Dritten Reich.* Diss. Wien 1985.
Konrad Helmut: *Das Entstehen der Arbeiterklasse in Oberösterreich.* Wien – München – Zürich 1981.
Kropf Rudolf: *Oberösterreichs Industrie (1873–1938). Ökonomisch-strukturelle Aspekte einer regionalen Industrieentwicklung.* Linz 1981.
Mayrhofer Franz: *Die Donaustadt Linz. Eine geographische Betrachtung.* Linz 1939.
Meixner Erich Maria: *Linz 1945–1960. Industrie, Gewerbe, Handel, Verkehr, Fremdenverkehr, Geldwesen.* Linz 1962.
Ders.: *Linz in Zahlen 1965/66.* Linz 1966.
Schmidt Karl: *Die Linzer Industrie in den Jahren 1918–1945.* Linz o. J.

DAS LINZER PROGRAMM DER ÖSTERREICHISCHEN SOZIALDEMOKRATIE 1926

Protokoll der Verhandlungen des Parteitages der sozialdemokratischen Arbeiterpartei Deutschösterreichs. Abgehalten in Wien vom 5. bis zum 7. November 1920. Wien 1920.
Protokoll des sozialdemokratischen Parteitages 1924. Abgehalten in Salzburg vom 31. Oktober bis 3. November 1924. Wien 1924.
Protokoll des sozialdemokratischen Parteitages 1925. Abgehalten in Wien vom 13. bis 16. November 1925. Wien 1925.
Protokoll des sozialdemokratischen Parteitages 1926. Abgehalten in Linz vom 30. Oktober bis 3. November 1926. Wien 1926.
Otto Bauer: *Der Kampf um die Macht* (Wiener Sozialdemokratische Bücherei), Wien 1924 (wieder abgedruckt in: Otto Bauer, *Werkausgabe,* Band 2, 935–967).
Die österreichische Sozialdemokratie im Spiegel ihrer Programme. (Sozialistische Politik. Eine Schriftenreihe des Dr.-Karl-Renner-Institutes.) Wien 1977.
Helmut Feichter: *Das Linzer Programm (1926) der österreichischen Sozialdemokratie.* In: Historisches Jahrbuch der Stadt Linz 1973/74, 233–339.
Charles A. Gulick: *Österreich von Habsburg zu Hitler.* Wien: Forum Verlag 1976.
Peter Kulemann: *Am Beispiel des Austromarxismus. Sozialdemokratische Arbeiterbewegung in Österreich von Hainfeld bis zur Dollfuß-Diktatur.* Hamburg: Junius Verlag 1979.
Norbert Leser: *Zwischen Reformismus und Bolschewismus. Der Austromarxismus als Theorie und Praxis.* 2. Aufl. d. zentralen Teiles, Wien, Köln, Graz: Böhlau 1985.
Anson Rabinbach: *The Crisis of Austrian Socialism. From Red Vienna to Civil War 1927–1934.* Chicago, London: University of Chicago Press 1983.
Anson Rabinbach (Hrsg.): *The Austrian Socialist Experiment, Social Democracy and Austromarxism, 1918–1934.* Boulder, London: Westview Press 1985.

ANHANG

Die Unterlagen für die Tabellen und Grafiken wurden von folgenden Institutionen zur Verfügung gestellt bzw. den angeführten Publikationen entnommen:

Mitgliederbewegung der SPÖ Linz-Stadt; 1922 – 1987: *Archiv der SPÖ Linz*

Liste der sozialistischen Gemeinderäte in Linz: aus *„Die Gemeindevertretung der Stadt Linz von 1848 bis zur Gegenwart",* Linz 1968

Ergebnisse der Gemeinderatswahlen, Erste Republik: *Archiv der Stadt Linz*

Ergebnisse der Gemeinderatswahlen, Zweite Republik: *Stadt Linz, Amt für Stadtforschung*

Ergebnisse der Landtagswahlen, Erste Republik: *Archiv der Stadt Linz*

Ergebnisse der Landtagswahlen, Zweite Republik: aus *„Wahlen in Oberösterreich, 1945 – 1979", Amt der oö. Landesregierung,* Linz ohne Jahrgang

Ergebnisse der Reichsratswahlen, 1907 und 1911: *Ludwig-Boltzmann-Institut für Stadtgeschichtsforschung*

Ergebnisse der Nationalratswahlen, Erste Republik: *Ludwig-Boltzmann-Institut für Stadtgeschichtsforschung*

Ergebnisse der Nationalratswahlen, Zweite Republik: *Stadt Linz, Amt für Stadtforschung*

Wir danken für die Unterstützung!

Wir Danken

allen Institutionen und Privatpersonen, die uns Bildmaterial für eine Veröffentlichung zur Verfügung gestellt haben.

Unser besonderer Dank gilt dem
Archiv der Stadt Linz
aus dessen Beständen der Großteil der abgebildeten Fotos stammt.

Weiters danken wir:
Aigner Hermine, Linz
ASKÖ OÖ – Bildarchiv, Linz
Bernaschek Peter, Linz
Ludwig-Boltzmann-Institut, Linz
Bundesbahndirektor für Oberösterreich und Salzburg, Linz
Dobesberger Edith, Linz
Gewerkschaft der Bau- und Holzarbeiter, Linz
Gewerkschaft Druck und Papier, Linz
Graenitz Ilona, Linz
Grill Trude, Linz
Horvath Waltraud, Linz
Kammer für Arbeiter und Angestellte – Archiv, Linz
Kammer der gewerblichen Wirtschaft – Archiv, Linz
Kammerstätter Peter, Linz
Kinderfreunde, Linz
Klima Hans, Linz
Konsum-Genossenschaft Oberösterreich, Linz
Koref Ernst, Linz
Lichtbildarchiv des Museums der Stadt Linz, Linz
Naturfreunde Linz – Zweigstellenarchive, Linz
OÖ. Nachrichten – Archiv, Linz
Salzer Amalia, Linz
Schepe Christian, Linz
Siess Leopold, Linz
SPÖ OÖ. – Archiv, Linz
SPÖ-Frauenorganisation Linz-Stadt, Linz
SPÖ Linz-Stadt – Sektionen: Altstadt, Auwiesen, Franckstraße, Froschberg, Keferfeld, Kleinmünchen, Neue Welt, Neustadt
Sozialistische Jugend Oberösterreich, Linz
Tagblatt – Archiv, Linz
Urbanides Sepp, Linz
Verein für Geschichte der Arbeiterbewegung, Wien
Victor Wolfgang, Linz
VOEST-ALPINE – Bildstelle, Linz